六枝年鉴

LIU ZHI YEARBOOK 2015

六枝特区史志办　编

方志出版社

图书在版编目（CIP）数据

六枝年鉴. 2015 / 六枝特区史志办公室编. ——北京：方志出版社，2015. 12

ISBN 978-7-5144-2012-8

Ⅰ. ①六… Ⅱ. ①六… Ⅲ. ①六盘水市—2015—年鉴 Ⅳ. ①Z527.33

中国版本图书馆CIP数据核字（2016）第117868号

六枝年鉴（2015）

编　　者：六枝特区史志办公室
责任编辑：顾　洁
出 版 人：冀祥德
出 版 者：方志出版社
地址　北京市朝阳区潘家园东里 9 号（国家方志馆 4 层）
邮编　100021
网址　http://www.fzph.org
发　　行：方志出版社发行中心
电话（010）67110500
经　　销：各地新华书店
印　　刷：云南速盈印刷有限公司
开　　本：889mm × 1194mm　1/16
印　　张：19.125
字　　数：553千
版　　次：2015年12月第1版　2015年12月第一次印刷
印　　数：0001~1100册

ISBN 978-7-5144-2012-8　　定价：120.00元

《六枝年鉴》编纂委员会

顾　　问：杨昌显　方裕谦　王朝荣　夏　明

主　　任：邹振伟

常务副主任：吕　荣

副 主 任：杨　刚　龚鸿文　赵孝和

委　　员：党办、人大办、政府办、政协办、纪委监察局、组织部、政法委、宣传部、统战部、直属机关工委、离退局、史志办、党校、信访局、编委办、总工会、团委、妇联、科协、工商联、残联、文联、红十字会、公安局、检察院、法院、司法局、人武部、发展改革局、财政局、经信局、审计局、统计局、农业局、扶贫局、林业局、水务局、供销社、住房和城乡建设局、城乡规划和城市管理局、交通局、国土资源局、人资社保局、民政局、民宗局、环保局、安监局、水库和生态移民局、教育局、文体广电新闻出版局、生态文明建设和旅游发展局、卫生和计划生育局、市场监督管理局、档案局、国税局、地税局、气象局、烟草局、六枝调查队、电信公司、移动公司、供电局、人行、工行、建设银行、农业发展银行、农村信用合作联社、木岗产业园区、六盘水路喜循环经济产业园区、六盘水牂牁江旅游文化产业园区、郎岱农业产业园区、市二医、人民医院、平寨镇、岩脚镇、郎岱镇、大用镇、木岗镇、落别乡、新窑乡、堕却乡、箐口乡、新场乡、新华乡、洒志乡、折溪乡、龙场乡、陇脚乡、牛场乡、梭戛乡、中寨乡、毛口乡及区直属中学等单位。

《六枝年鉴》编辑部

主　　编：焦兴敏

副 主 编：黄继洪　田文媛

编　　辑：左　燕　庞文晋　李玉梅　罗道勇　卢启国　龙　波
蔡兴祥　赵　薇　金正萍　陈金海

编辑说明

一、《六枝年鉴》是中共六枝特区委员会、六枝特区人民政府主办，由六枝特区史志办公室编纂的地方综合年鉴，是全面、系统地记述六枝特区行政区域自然、政治、经济、文化、社会等方面情况的年度资料性文献，是反映六枝区情的大型百科全书。旨在为各级领导决策提供可靠的参考依据，为社会各界人士了解和研究六枝提供最新的信息资料，为编辑地方志书积累资料。本卷为2015年卷，记述2014年的内容。《六枝年鉴》每年出版一卷。

二、《六枝年鉴（2015）》坚持以邓小平理论、“三个代表”重要思想和科学发展观为指导，以《地方志工作条例》为依据。坚持解放思想、实事求是、与时俱进的思想理念，坚持为人民服务，为社会主义服务，为推进小康社会建设服务的工作宗旨。内容着重反映全区2014年经济建设、政治建设、文化建设、社会建设和生态文明建设等方面的新举措、新进展、新成果、新经验、新问题。

三、本年鉴共设31个类目：特辑、文件选编、大事记、概况、2014年六枝特区领导名录、党政群团、武装、法制、经济管理与监督、农林水利·电力、城建·环保、安全监督、卫生和人口计生、交通运输、教育·文体广播旅游（新闻出版）、金融。

四、《六枝年鉴（2015）》内容设3个层次，在类目下设分目，分目下设条目（少数分目无条目），条目为年鉴的基本单位，用黑体字加【 】号作条目标题，一般先有介绍行业、事业的概况条目，后按一事一目的原则设置条目。

五、本年鉴采用的文稿，均从特区各单位各部门提供的2014年年鉴稿件编纂定稿，采用社会经济发展统计资料为特区统计局公布数据，地区生产总值，各产业增加值、总产值绝对数未注明不变价的，均为当年价；增减百分比除注明外均按可比价格计算。

六、《六枝年鉴（2015）》在编、印、发全过程中，得到各级领导、各有关部门和社会各界人士的关心与支持，在此一并致谢！本年鉴的不足之处在所难免，恳请各级领导和广大读者批评指正，并提出宝贵意见。

大用镇全景

中国共产党六枝特区第十次代表大会第四次会议

六枝特区第十一届人民代表大会第四次会议

十一届人民代表大会第四次会议会场一角

中国人民政治协商会议第八届六枝特区委员会第四次会议开幕式

省委书记赵克志（中）市委书记李再勇（左一）到路喜园区视察

省政协主席王富玉（左三）到宜枝魔芋公司调研工作

副省长慕德贵(左四)到六枝特区调研工作

市委书记李再勇(中)到木岗园区视察工作

市长周荣(右一)到六枝特区调研

六枝特区政府代理区长方裕谦(中)在六盘水路喜循环经济产业园区调研

2014年12月六枝特区2015年第一季度项目集中开工仪式

贵州省人口计生"双诚信双承诺"工作推进会

六枝特区党的群众路线教育实践活动总结大会

六枝特区2014年武装工作会议

六枝特区与中国银行贵州省分行座谈会

六枝特区侦破特大跨国贩毒案暨系列拐卖儿童案表彰大会

为民办实事，信访群众送来锦旗

城管人员上街清扫积雪

六枝特区人民政府政务服中心办事大厅

开展校车安全检查

城区一角（龙波 摄）

六枝特区庆祝建国64周年大型歌咏比赛

瓦窑小区

岩脚镇金星村新农村建设

城区夜景

城区夜景

郎岱古镇夜景

落别乡牛角村

落别乡牛角村

落别乡牛角村新农村建设

六六高速——新场乡夹岩大桥

六六高速——龙场乡彭家寨大桥

黔中水利枢纽——渡槽建设

河道治理

农村安全饮水工程

蓄水后的新场乡旧院水库

郎岱镇猕猴桃产业园套种的南瓜大丰收

郎岱农业园区猕猴桃种植园

布依族铜鼓舞

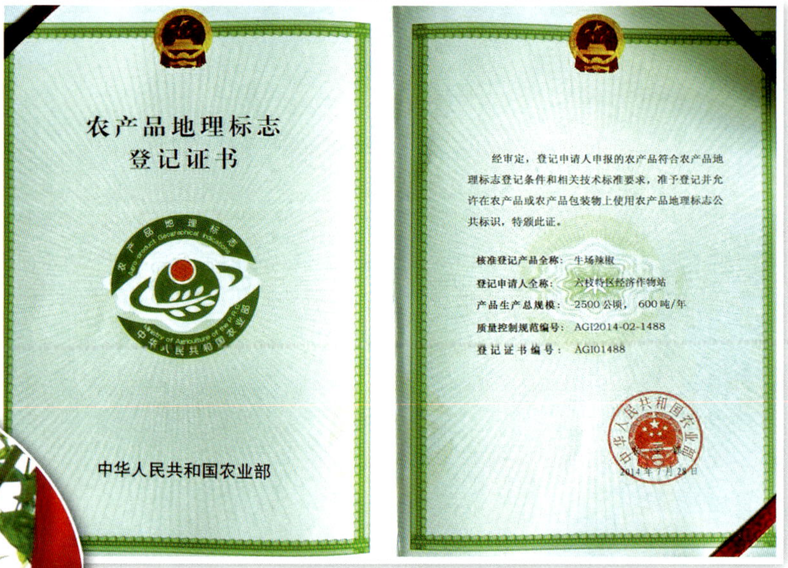

农产品地理标志
登记证书

中华人民共和国农业部

经审定，登记申请人申报的农产品符合农产品地理标志登记条件和相关技术标准要求，准予登记并允许在农产品或农产品包装物上使用农产品地理标志公共标识，特颁此证。

核准登记产品全称：牛场辣椒
登记申请人全称：六枝特区经济作物站
产品生产总规模：2500公顷，600吨/年
质量控制规范编号：AGI2014-02-1488
登记证书编号：AGI01488

中华人民共和国农业部
2014年7月28日

获国家农产品地理标志认证的牛场辣椒

落别乡蔬菜种植基地

郎岱坝子上油菜花风光

落别乡樱桃

六枝北部库区堕却乡长箐农业产业园区

六枝牂牁江

落别乡牛角文化广场

六枝特区教育局

局党组书记、局长 刘大宇

团结、务实的局领导班子

六枝特区教育局位于平寨镇那平路（实验小学旁），在编在岗38人，内设行政股室6个。教育局的主要职责是认真贯彻执行党和国家有关教育方面的方针政策和法律法规，及时传达、落实上级党委政府和教育行政部门布置的各项工作；研究拟定地方教育管理制度、措施规划、计划和办法并指导、协调和督促实施；负责全区各中小学校、幼儿园的思想政治、德育、体育卫生与艺术教育、国防教育、安全和稳定工作；检查各校、园的课程设置、开课、教师配备及教学计划等执行情况，做好中小学学籍管理；支持并参加对各中小学、幼儿园的评估、监督和指导；全面实施教师资格制度，负责教师资格的认定和管理；负责全区教育系统职工教育和培训及考核；负责全区教育事业发展规划的制定、学校布局调整和教育基础建设项目的实施；会同有关部门制定筹措教育经费、教育拨款和教育基础建设投资的政策和措施，督促检查下属单位各项教育经费的执行使用情况，指导下属单位使用好各项经费，并按要求规范教育经费账务；按照省市统一部署和要求，管理全区的中、高考和成人高考及高等

六枝特区第八教研协作区2014年"市、县、乡教师同课异构"活动

特区职校全景图

自学考试；负责协调相关部门，按规定程序做好教育系统的物资采购，管理好教育系统固定资产账目和清产核资；负责学校教学仪器设备、桌凳、图书和信息化建设的配置和管理；负责贫困大学生助学贷款管理和非义务教育阶段贫困学生资助审批和资助金发放及其他社会团体或个人捐助管理；承办上级党委政府和教育主管部门交办的其他工作。

教育局领导班子团结和谐、求真务实，是一个学习型、创新型、民主型的领导集体，紧紧围绕“办人民满意教育”的目标，带领全区教育工作者科学谋划、冷静思考，锐意进取，树立跨越赶超意识，积极适应新常态，加强统筹管理，为实现教育强区作出更大的努力。

新场乡新场中学学生“爱国主义”歌咏比赛

六枝特区“童心向党歌咏”和“中华经典优秀童谣诵读传唱”大赛

特区九中大门

特区八中校园一角

六枝特区第二届幼儿教师技能大赛

六枝特区安监局

检查渡口安全工作

特区安全监管局于2004年在特区安全生产委员会办公室基础上组建，是六枝特区人民政府综合监督管理全区安全生产工作，依法履行安全生产监督管理的行政执法单位，履行特区政府赋予的安全生产监督管理职能。

根据工作职责，特区安全监管局设6个股室：办公室、综合股（政策法规股）、非煤矿山安全生产监督管理股、八大行业安全生产监督管理股、危险化学品安全监督管理股（政务服务股）、职业安全与健康监督管理股。

六枝特区安全生产执法监察局（隶属于特区安全监管局），加挂“六枝特区煤矿安全监督管理局”牌子，实行“两块牌子，一套人马”的工作机制，内设7个股室：办公室、煤矿技术监察股、国有煤矿安全生产监督管理股、地方煤矿安全监督管理股、非煤行业安全监察一股、非煤行业安全监察二股、综合行业领域安全监察股。

六枝特区安全生产信息调度中心（隶属于特区安全监管局），加挂“六枝特区安全生产应急救援指挥中心”，内设2个股室：应急救援股、信息化平台调度室。

煤矿安全检查

煤矿应急救援演练

安全生产月活动

销毁违法烟花爆竹现场

目 录

特 辑

文件选编

大 事 记

概 况

党政群团

武装　法制

经济管理与监督

农林水气象 扶贫移民

城建 环保

安全监督

卫生和人口计生 医院

交通 信息 电力

教育 文体广电旅游（新闻出版）

金融 保险

学 校

乡 镇

特 辑

适应新常态 抢抓新机遇
为全面完成“十二五”规划目标而努力奋斗

——在中国共产党六枝特区第十次代表大会第四次会议上的报告

高玉林

2015年3月4日

各位代表、同志们：

现在，我代表中国共产党六枝特区第十届委员会向大会作报告，请予审议。

中国共产党六枝特区第十次代表大会第四次会议，是在全面建成小康社会、全面深化改革、全面依法治区、全面从严治党和全面完成“十二五”规划关键时期召开的一次十分重要的会议。会议的主要任务是：高举中国特色社会主义伟大旗帜，深入贯彻中共中央十八大、十八届三中、四中全会和习近平总书记系列重要讲话精神，坚决执行省委、市委全会战略部署，回顾总结2014年工作，研究部署2015年工作，动员全区上下适应新常态，抢抓新机遇，为全面完成“十二五”规划目标而努力奋斗。

一、过去一年工作回顾

2014年，面对“三期叠加”和经济下行压力加大的复杂形势，全区上下认真落实中央、省委、市委的各项决策部署，紧紧围绕特区十届三次党代会确定的目标，坚持主基调，实施主战略，以党的群众路线教育实践活动为主线，深化改革，锐意进取，各项工作取得较好成绩，经济社会保持平稳健康发展。全区生产总值完成127.52亿元，增长15.9%。财政总收入完成15.28亿元，增长6.59%；公共财政预算收入完成12.22亿元，增长10.54%。50万元以上固定资产投资完成193.59亿元，增长26.9%。社会消费品零售总额达29.3亿元，增长13.1%。城镇、农村居民人均可支配收入分别达19293.2元、6404元，分别增长11%、12.4%。

一年来，我们突出抓好以下几方面工作：

（一）突出结构优化，转型升级实现新突破。产业结构调整步伐加快，三次产业比为13.95：40.06：45.99。农业产业化呈爆发式增长。

农业增加值达17.79亿元，增长7.16%，非粮农业增加值占第一产业增加值比重达80%。完成猕猴桃、车厘子、核桃等农业特色产业“3155”工程39.07万亩，建成5000亩以上集中示范基地20个、规模养殖场87个、种植大棚22.3万平方米，省级、市级龙头企业分别达8家、28家，省级认证无公害农产品、省级著名商标分别达7个、11个，牛场辣椒获国家地理标志产品保护。7个农业园区全部进入省级名录，郎岱农业园区在全省绩效考评中排第5位，大用园区进入省级重点。工业产业在艰难中奋力前行。新增规模以上工业企业19户，工业增加值完成43.53亿元，同比增长13.8%。六枝经济开发区建设初见成效，六矿瑞安4500吨/日干法水泥生产线投产，路喜园区年产300万吨重介洗煤厂建成，六枝电厂一期项目快速推进。现代服务业发展日益增强。实施天顺汽摩机电城、国际商贸建材城、嘉年华商业市场等服务业项目31个，新增入驻商户1761家。老王山国家生态型多梯度运动示范基地开工建设，成功举办国际滑翔伞公开赛暨全国滑翔伞优秀选手赛。廻龙溪温泉度假景区投入试运营。牂牁江国家级湿地公园、黄果树瀑布源国家级森林公园总体规划通过国家级评审。全年实现旅游总收入12.72亿元，同比增长32.3%。

（二）突出城乡融合，统筹发展呈现新魅力。坚持抓新区开发、抓资源统筹、抓布局优化、抓环境整治，城乡发展协调推进。完成中心城区5个城市规划编制，高速公路东西连接线、城南大道、矿业南路、南环路西段等城市路网开工建设，城市扩容2.61平方公里。市容市貌持续向好。温莎小镇、那平路棚户区改造等旧城改造项目全面启动，桃花公园改造、滨河湿地公园、人行天桥、背街小巷改造等市政工程相继实施。基础设施建设步伐加快。六六高速公路建成通车，贵烟路、六郎路、六纳路改造启动实施，六安城际快速铁路六枝段前期工作有序推进，纳雍经六枝至兴义高速公路正式纳入国高网规划，全区公路里程达2592公里，路网密度为1.45公里/平方公里。黔中水利枢纽大坝主体建成、旧院水库开闸放水。城乡一体化统筹推进。郎岱、岩脚等特色示范小城镇和落别、大用、新窑、堕却等节点乡镇建设有力推进。美丽乡村连点成线。“四在农家·美丽乡村”六项行动计划完成投资6.38亿元，完成创建4.01万户，获评全省“十县百乡千村”示范工程重点县和小康寨省级重点示范县。认真做好十二件环保实事，城镇污水处理率达83.7%，生活垃圾无害化处理实现“零”的突破，城市环境空气质量达标率为97.5%，完成水土保持2.86万亩，治理石漠化面积16.43平方公里，营造林12.45万亩，森林覆盖率达43%。

（三）突出改革创新，全面深化改革实现新开局。牢牢把握改革方向，行政审批事项改革不断深化，承接省、市下放审批事项28项，优化审批环节124个。国有企业改革、农村综合体制改革稳步实施，工商管理登记、“负面清单”管理模式全面推行，权力清单制度不断完善，政府向社会力量购买服务逐步推开。政府机构改革圆满完成，撤区设市、撤乡建镇同步开展，撤平寨镇建社区服务中心工作顺利完成。检察机关办案程序暨终结性法律文书公开、乡镇行政管理体制改革等试点工作启动。荣获“全省发展与效率十佳县”称号，以改革促开放、以开放促发展的强大动力正在形成。

（四）突出民生保障，幸福指数实现新提升。全年减少贫困人口3万人，岩脚、堕却、中寨顺利实现“减贫摘帽”，完成整村推进任务14个，全面小康实现程度预计达84.7%。投资13.39亿元实施各类教育工程96个，小学、初中辍学率分别为0.11%、1.51%。积极推进“万户小老板工程”，完成微型企业注册450户，民营经济增加值同比增长25%。大力开展国家级创业型城市建设，城镇新增就业2.69万人。不断完善社会保障体系，农村合作医疗参合率达99.01%。人口计生工作再上新台阶，省级排名同比上升3位，全省“双诚信双承诺”工作现场推进会在我区召开。科技创新再创新成绩，获省级奖项5个。社会治理能力不断增强，社会治安和稳定形势良好，人民群众安全感满意度达97.54%，提高5.17个百分点，全省“双强化双化解”暨社会稳定风险评估经验推进会、全市复退军人信访维稳改革试点工作现场会在我区召开，复退军人帮扶解困工作得到省、市领导充分肯定。严格落实安全生产“党政同责、一岗双责”责任，安全生产形势趋于平稳。

（五）突出凝聚发展合力，民主法治和宣传文化呈现新气象。召开了庆祝全国人民代表大会成立60周年座谈会暨特区人大工作联席会议，全面贯彻中央、省委、市委关于坚持和完善人民代表大会制度的要求部署；召开了庆祝全国政协成立65周年座谈会暨特区政协工作联席会议，全面贯彻落实协商民主广泛多层制度化的要求。加强和改进党对人大、政协工作的领导，支持人大、政协依法履行职能，人大、政协的职能作用得到充分发挥。高度重视和加强统战工作，积极支持民主党派、工商联和无党派人士参与改革发展稳定各项工作；支持工会、共青团、妇联、科协、残联、计生协会、关工委等人民团体、群众组织开展工作，形成了团结协作、心齐气顺、和谐融洽、相互支持的良好局面。全面贯彻落实党的民族、宗教、侨务政策，在民族团结进步创建中，梭戛乡被国务院授予“全国民族团结进步模范集体”称号。出台全面推进依法治区实施意见，积极支持政府依法行政，支持司法机关公正司法，“六五”普法、民主法治示范村（居）创建工作扎实推进，基层民主法治化建设和管理水平不断提高。认真落实党管武装根本原则，驻境部队和国防后备力量建设进一步加强，军政军民关系更加融洽。坚持对内加油鼓劲和对外扩大宣传，广泛开展“明礼知耻·崇德向善”和“积德榜”主题实践活动，建成覆盖全区的528个道德讲堂，激发了全社会崇德向善的正能量。深入开展身边好人评选活动，涌现出了人民群众好警察涂作荣等一批典型模范人物。人民日报、中央电视台刊播六枝新闻分别达6篇和5条，境内外主流媒体报道量均大幅提升。长角苗特色歌舞《果山果者》获全国第七届原生态民歌大赛多人组合组银奖。

（六）突出党的建设不动摇，党风政风展现新面貌。深入开展党的群众路线教育实践活动，广大党员干部的思想政治素质明显提高，基层党组织建设进一步加强，荣获“全省基层组织建设先进县”称号。坚持从严教育管理干部，出台《关于加强和改进优秀年轻干部、少数民族干部和党外干部培养选拔工作的实施意见》《进一步加强干部日常监督管理暂行办法》《党员干部问责办法》等制度，清理“吃空饷”人员35人。坚定不移抓活村级集体经济，设立村级集体经济发展专项基金，消除空壳村44个，有集体经济积累的村（居）达150个，培育陇脚补雨、郎岱青菜塘、落别抵耳等党建示范点37个。建立村干部报酬增长机制，落实党组织运转经费和机关、园区党费返还机制，新改扩建活动场所14个，全面完成软弱涣散基层党组织的整顿转化和晋位升级。处置不合格党员试点工作先行先试，限期整改38名、劝退3名、除名3名。坚持在人才引进上下功夫，招聘和引进各类人才914人。深入推进党风廉政建设和反腐败斗争，认真落实“两个责任”，支持纪检监察机关推进“三转”，完善纪检监察机构设置，加强民生项目监督，推进惩防体系建设。全年立案79件92人，结案70件，给予党政纪处分81人，移送司法机关22件24人，收缴违纪资金237余万元，挽回直接经济损失340余万元。

各位代表、同志们，回顾2014年，面对经济下行的巨大压力，我们多措并举、真抓实干，确保了经济社会持续健康协调发展；面对各种难题的接踵而至，我们沉着应对、主动作为，化解了各种潜在风险。成绩来之不易，经验弥足珍贵：一是始终坚持“十个手指弹钢琴”“同频共振”成为常态。我们找准党的群众路线教育实践活动与中心工作的结合点，紧扣省、市重点工作与经济发展的连接点，实现了中心工作与重点任务“两不误”“两促进”“两提高”。二是始终坚持以上率下，“上行下效”成为常态。我们坚持领导以身作则，在重大项目建设、维护社会稳定等重点工作上既挂帅又出征，有力带动全区各级干部和广大群众攻坚克难、再创新业。一年来，全区上下蛮拼的！三是始终坚持实干导向，“夙兴夜寐”成为常态。我们以干部出实绩、工作出实效、群众得实惠为导向，致力于干打基础、管长远的事，干对发展有利、对群众有益的事，靠扎扎实实的工作创造实实在在的业绩。四是始终坚持贴地而行，“亲民为民”成为常态。我们牢记群众观，深入群众“面对面”，为民办事“实打实”，“民声政谈”“常委进中心、局长坐大厅、干部下农村”和“五个一”为民办实事等一系列做法赢得群众点赞。在此，我谨代表中共六枝特区第十届委员会，向全区广大党员干部和70多万各族人民，向各民主党派、工商联、无党派人士和各人民团体，向驻境军警、离退休老同志，向所有关心和支持六枝经济社会发展的社会各界，表示衷心的感谢和崇高的敬意！

在看到成绩的同时，我们也清醒的地认识到，对照全面建成小康社会的目标，对照人民群众的期望，我们还存在不小的差距和问题。主要表现在：一是经济总量小，人均水平低，发展形势复杂，内生动力不足，保持经济快速增长和完成“十二五”目标任务十分艰巨；二是体制机制性矛盾突出，开放水平不高，创新能力不强，市场活力未充分释放，改革开放创新任务十分艰巨；三是少数干部作风不实、服务不优、效率不高、落实不力的问题还不同程度存在，营造良好发展环境的任务十分艰巨；四是各种矛盾相互交织，社会不稳定因素增多，信访维稳压力加大，依法治区工作任重道远，维护社会和谐稳定的任务十分艰巨。

二、今年工作的目标要求和重点任务

2015年是全面深化改革的关键之年，是全面推进依法治区的开局之年，也是全面完成“十二五”规划的收官之年，做好今年的工作意义重大。当前，世界经济仍处在深度调整期，国内经济进入速度变化、结构优化、动力转换的新常态。新常态面临新挑战，也蕴含新机遇。我们必须坚定战略定力，坚定发展信心，适应新常态，抢抓新机遇，开创新局面。

今年工作的总体要求是：以邓小平理论、“三个代表”重要思想和科学发展观为指导，深入学习贯彻习近平总书记系列重要讲话精神，全面贯彻中央和省委、市委决策部署，充分发挥区委总揽全局、协调各方的领导核心作用，紧紧围绕建设现代化精品城市目标，牢牢守住发展、生态、安全“三条底线”，科学认识新常态，主动适应新常态，积极引领新常态，深入实施主基调主战略，以上率下、把握大势、统筹全局、着眼民生、提速转型，推动全区政治、经济、文化、社会、生态文明和党的建设开创新局面，为实现同步小康奠定坚实基础。贯彻落实这一总体要求，首要任务是保持经济平稳较快增长，这既是当务之急、头等大事，也是今年工作的主线和重要目标。

在立足实际、综合研判的基础上，提出今年的主要预期目标是：实现地区生产总值增长14%以上；50万元以上固定资产投资增长27%以上；2000万元以上工业增加值增长15%以上；社会消费品零售总额增长16%以上；财政总收入增长10%以上，公共财政预算收入增长6%以上；农村、城镇居民人均可支配收入分别增长14.5%、14%以上。

实现以上目标，关键要把握以下五点：一要准确把握全面建成小康社会这个总体目标。必须紧扣民生幸福主旨，促进经济发展、社会和谐、文化繁荣、生态宜居、政治稳定，彰显公平正义，实现群众利益最大化、公共服务最优化，走好实现中华民族伟大复兴中国梦的关键一步。二要准确把握全面深化改革这个核心动力。必须把改革贯穿于经济社会发展始终，坚持问题导向、目标指向，进一步激发市场活力和社会创造力，在全区营造大众创业、万众创新的浓厚氛围。三要准确把握全面依法治区这个基本准则。必须坚持在法治轨道上开展工作，运用法治思维和方式化解社会矛盾，更好统筹社会力量、平衡社会利益、调节社会关系、规范社会行为。四要准确把握全面从严治党这个必然要求。必须坚持党要管党、从严治党，增强从严治党的系统性、预见性、创造性、实效性，锻造我们事业更加坚强的领导核心。五要准确把握全面完成“十二五”规划这个重要任务。圆满完成“十二五”规划，既是全区70万人民的殷切期待，也是对本届党委执政能力和水平的重要检验，更关乎我区跨越发展、后发赶超、同步小康目标的实现。

实现以上目标，要重点推进以下六方面的工作：

（一）把稳定增长作为重中之重，着力提升发展质量

坚持定向施策、精准发力，积极挖掘和培育新的经济增长点，实现有速度、有质量、有效益的发展。

千方百计扩大有效投资。充分发挥投资的“牛鼻子”牵动作用。准确把握投资方向、消除投资障碍、创新投融资方式，围绕争取国家政策支持、基础设施建设、产业结构调整、民生改善抓投资，大抓项目、抓大项目。强力推进基础设施建设。积极做好六安城际快速铁路六枝段建设服务和六纳晴高速公路前期准备工作，加快实施六枝客运枢纽、六郎公路、贵烟公路过境段、六枝老街至石板街公路、大草坝至两路口公路等16个交通基础设施项目，行政村通村公路具备开通客车条件的全部开通客车，积极配合做好光照库区航运项目建设，推进郎岱、毛口通用航空文化小镇建设项目前期工作。加快懒龙河水库建设，开工建设茅草寨水库，解决农村5万人饮水安全问题，中心城区千人以上集中式饮用水源地水质达标率达100%。

千方百计促进消费增长。坚持把发展服务业与促进消费结合起来，完善产业体系，推进业态创新，完成社会消费品零售总额33.6亿元以上。适应消费新形势，着力培育信息、家政、文化、旅游、健康、养老、绿色等大众消费新的增长点，满足群众个性化、多样化消费需求。切实防范经济风险，有效有序用好举债手段，用足用活债务存量，科学规范债务增量。在基础设施及公共服务等领域推广PPP模式。提高资产经营水平，加强财源建设，密切关注煤矿、房地产、金融等行业的潜在风险，有效防控经济问题引发的社会风险。严打非法集资，净化金融市场。

（二）把调整结构作为主攻方向，着力促进转型发展

按照“市场要活、创新要实、政策要宽”和“一产转型、二产升级、三产优化”的要求，因地制宜，实事求是，大力推进结构调整，从经济结构调整中发现和培育新的增长点。

围绕“群众富、生态美”加快一产转型。始终把“三农”作为全区工作的重中之重，坚持产业基地与加工、加工与市场、新农村建设与产业发展“三结合”，夯实农业发展基础，保持农村经济持续向好局势，实现群众富与生态美的有机统一。念好“山字经”、种好“摇钱树”，大力实施种植业“5213”和养殖业“3215”工程，新增特色农业种植21万亩以上，建成10万羽蛋鸡、万头猪、千头牛、千只羊养殖场各1个以上。坚持种管并重，建立后续管护机制。推进品牌创建，大力打造猕猴桃、车厘子、核桃等特色农产品品牌。高标准推进郎岱、大用等现代农业示范园区建设，着力打造以六六、六镇高速公路和水黄高等级公路沿线为重点的经济示范带，大力发展特色有机农业、旅游农业、生态农业，走产出高效、产品安全、资源节约、环境友好的现代农业发展之路。积极培育新型农业经营主体，推动农业适度规模经营，重点鼓励发展种养大户、家庭农场、农民合作社，大力发展农业领域电子商务。加强农业科技队伍建设，积极与省内外农科院（所）和农业院校合作，

建立特色产业研发中心和研发基地。鼓励和支持返乡大学生、乡土人才、返乡创业人员创办示范园、示范场和农副产品加工企业，大力培育农村经纪人队伍。新增市级以上重点龙头企业6家、农民专业合作社20个以上。全面落实强农惠农政策，加快农村各项改革，健全公开规范的土地流转市场，盘活村级资金、资产和资源，丰富村级集体经济业态，发展壮大村级集体经济。

围绕“结构好、效益高”抓二产升级。大力实施工业“百千万”工程，政企同力、抱团取暖，分类指导、一企一策，推动工业企业投产达产。加大传统产业转型升级，加快盘活煤矿、机械制造等存量产业，延伸产业链，淘汰落后产能，提升煤炭资源就地转化率。大力发展循环经济，支持六枝工矿集团改革改制，积极解决木岗产业园区交通瓶颈，全力帮助路喜循环经济产业园区渡过难关，积极服务好华润六枝电厂项目建设和促成配套项目落地，力争把华润（六枝）园区打造成循环经济示范园。加快培育新兴产业。大力发展新医药大健康养身产业，支持宏奇药业做大做强，积极引进知名药业集团到我区投资兴业，规划建成一批中药材基地。着力打造新能源示范基地，力争开工建设箐口风力发电、落别百万立方米液化天然气加工厂项目，继续推进黔中水利枢纽工程发电项目。夯实园区载体。完善“一区三园”体制机制，加快园区基础设施建设，引导发展要素向园区倾斜，增强园区“造血”功能。大力提升园区服务配套能力，营造引进企业、留住人才的创新创业环境。坚持不懈做大园区经济，努力提高园区在全区经济中的份额。

围绕“市场活、可持续”抓三产优化。放宽市场准入，落实政策支持，大力发展服务业。积极培育壮大流通体系，规划建设一批物流中心，培育一批现代物流企业，大力引进国内国际知名零售商。推进嘉年华商业市场、滨河公园商业步行街、城东物流园、天顺汽摩机电城等项目建设。加强农村商贸流通设施建设，积极发展农村电子商务，新建和改造一批配送中心和“万村千乡市场工程”农家店。加快发展家政、社区服务等服务业，着力提升中心城区餐饮、住宿等服务水平。大力发展旅游业。高标准编制旅游业发展总体规划，加快编制各景区景点专项规划，加快完善旅游基础设施和配套设施。积极争取毛口沿江旅游精品线立项并开工建设，以牂牁江国家级湿地公园、黄果树瀑布源国家森林公园申报为契机，加快牂牁江、廻龙溪、洒耳等景区景点深度开发建设。大力发展特色工艺品、特色美食等旅游商品，通过文旅结合、农旅结合，构建“快旅慢游”服务体系，促进旅游经济快速发展。全年实现旅游收入17.68亿元以上，增长36%以上。

（三）把宜居宜业作为城市功能特质，着力推进山地特色新型城镇化

坚持以人为本、道法自然，优化城市结构布局，做强县城，做特小城镇，做美乡村，走山地特色新型城镇化路子。

加快中心城区建设。彰显城市特色。按照“50万人口100年不落后”战略思路，围绕建设现代化精品城市目标，尽快完善中心城区空间发展战略，推动城市规划建设管理科学化、精品化、特色化、生态化。坚持新区开发与旧城改造并举，着力推进以城南大道、欢乐谷无主题公园、南环路西段、阳光路等为主的南部新区开发建设，推进以春江花园、142队区域、六枝工矿集团区域、那平路区域等为主的旧城区改造，不断优化城市空间布局，大力发展餐饮娱乐、交通运输、房地产、金融保险、商贸等产业，使中心城区逐步从典型的工业化山地城市向现代化精品城市转型。完善城市功能。加快街心花园和火车站人行天桥等市政项目建设，尽快实施“电（讯）网入地”工程，继续实施背街小巷改造项目，启动六枝河建设南路至瓦窑小区段河道治理项目。鼓励社会资本参与投资、建设和运营城市基础设施项目。建设宜居宜业城市。深入开展“四创”活动，坚持建管并举、重在管理的原则，加强环境综合整治，深入开展交通秩序、

“两违”建筑、违法占地、农贸市场、主要河道、背街小巷等领域专项治理，不断提升城市文明水平。把依法管理、从严管理与人性化管理结合起来，进一步创新管理模式、提高管理水平，努力创造整洁靓丽、便捷舒适、宜居和谐的城乡人居环境。

加快特色小城镇和节点城镇建设。继续抓好郎岱、岩脚、木岗等特色小城镇打造，围绕高速公路、产业园区、景区景点等打造一批活力强、示范带动好的节点城镇。深入实施“8+X”项目，加强城镇基础设施建设，完善公共服务配套，提升城镇承载能力。加强绿色生态城镇建设，妥善处理好生产、生活与生态的关系，因地制宜定功能，因势利导搞建设，让山水、田园、村庄、社区各美其美、共生共荣。科学安排城镇建设规模，注重城镇风貌设计，不搞大拆大建、不乱铺摊子。把产业发展作为城镇化的重要支撑，大力培育城镇主导产业，以城聚产、以产兴城、产城互动、园镇互动，提高城镇产业支撑和人口集聚能力。加快推进撤乡并镇工作，优化镇域空间布局。

加快美丽乡村建设。坚持规划统筹、把握标准、整合资源、产业跟进的原则，深入实施“四在农家·美丽乡村”六项行动计划，推进“三城两线”综合示范带创建，整乡整村推进，集中连片打造，扩大覆盖面，增大受惠面，让美丽乡村处处可见。全年打造1个以上“四在农家·美丽乡村”升级版示范点和50个特色村寨。大力发展特色种养业和乡村旅游业，引导更多的特色农产品走出乡村、走向市场，让更多的游客在乡村坐下来、住下来，让美丽乡村生态美、产业美、环境美。

（四）把全面深化改革和法治建设作为活力源泉，着力增强发展动力

坚持深化改革和法治建设“两个轮子”一起转，既要推动各项改革举措尽快落地见效，又要切实发挥法治的引领和规范作用，自觉运用法治思维和法治方式来深化改革开放、规范发展行为、促进矛盾化解、维护社会稳定。

继续推进全面深化改革。充分发挥区委全面深化改革领导小组在改革总体设计、统筹协调、整体推进、督促落实等方面的重要作用，按照中央、省委、市委的要求，对各项重要改革举措进行一体部署、一体落实、一体督办。抓好第一批改革专题的跟踪、检查、评估，抓紧研究出台第二批改革专题，及时推出既具有年度特点又有利于长远制度安排的改革举措。坚持改革进度服从质量，做实做细调查研究，严格方案制订程序。坚持问题导向、发展导向、为民导向、环境导向，更加注重改革的系统性、整体性、协同性，协调推进经济体制、民主法制、行政管理机制、扶贫开发体制机制、社会体制、生态文明体制机制、教育科技文化卫生体制、党的建设制度和纪律检查体制等各个领域改革。

着力推进民主法治建设。坚持党的领导、人民当家做主、依法治国有机统一，扩大社会主义民主，健全社会主义法制，不断巩固和发展民主团结、生动活泼、安定和谐的政治局面。坚持和完善人民代表大会制度，支持各级人大及其常委会依法履行职能。坚持和完善中国共产党领导的多党合作和政治协商制度，支持人民政协围绕团结和民主两大主题，履行政治协商、民主监督、参政议政职能。支持民主党派加强自身建设，巩固和壮大最广泛的爱国统一战线。加强和改进新形势下党对群团工作的领导，支持工会、共青团、妇联等人民团体依照法律和各自章程开展工作。加强基层政权建设，积极扩大基层民主，依法保障公民的知情权、参与权、表达权和监督权。加强国防动员和后备力量建设，扎实开展双拥共建活动，争创全省双拥模范县城，促进军民融合式发展。

全面推进依法治区。建立健全党委领导依法治区制度和工作机制，加强对全面推进依法治区的统一领导、统一部署、统筹协调。深入推进依法行政，坚持在法治轨道上推进政府工作，加快建立权责统一、权威高效的依法行政体制，加快建设职能科学、权责法定、执法严明、公开公正、廉洁高效、守法诚信的法治政府。积极支持司法机关公正司法，全面落实中央、省委、市委关于推进司法体制改革的各项决策部署，不断完善司法管理机制和司法权力运行机制，树立司法权威，规范司法行为，加强对司法活动的监督，筑牢维护社会公平正义的最后一道防线。加强法治工作队伍和法律服务队伍建设，完善法治人才引进、培养、使用和管理制度。深入实施“六五”普法规划，深入开展法治宣传教育，大力弘扬法治精神，提高全民法律素质和社会管理法治化水平，增强全民学法守法用法意识，营造良好法治环境。

（五）把文化软实力作为灵魂，着力提升宣传文化工作水平

坚持围绕中心、服务大局，稳中求进、改革创新，着力营造改革发展稳定的良好舆论氛围，持续推动文化繁荣发展，增强文化创造力和竞争力。

大力开展理想信念教育。广泛开展中国特色社会主义理论体系宣传教育活动，以社会主义核心价值观引领社会思潮，不断夯实党执政的政治基础。充分发挥“道德讲堂”载体作用，广泛开展“明礼知耻·崇德向善”“我们的节日”“祖国好·家乡美”“中国梦·我的梦”等系列主题活动，推进公民思想道德、职业道德、家庭美德和个人品德教育。以推荐身边好人为抓手，讲好六枝故事，传递六枝好声音，引导群众学先进、学典型。大力开展志愿服务活动，推动志愿服务常态化、制度化，营造乐于助人、学习雷锋的良好社会氛围。

牢牢把握正确舆论导向。充分发挥新闻宣传在引导社会舆论中的核心作用，充分运用传统媒体和新兴媒体、境内媒体和境外媒体，积极营造健康向上的思想舆论文化环境。坚持“走出去”宣传、“请进来”采访相结合，将宣传触角延伸到招商引资、项目建设、统筹城乡、社会事业、民生工程等改革发展前沿，形成正面宣传的舆论强势，最大限度地凝聚共识、凝聚力量。加强互联网人才队伍建设，配齐配强网络宣传员，倡导区直各单位创办官方网站、微博、微信发布平台。加强网络信息行业管理，提高舆论监测、研判和处置能力，引导网络人士弘扬正气、理性发声，不断优化网络环境。加强对外宣传平台建设，精心策划重大外宣活动，努力形成立体宣传、深度宣传、持续宣传的良好态势。

扎实推进文化事业健康发展。加强和改进党对文艺工作的领导，深入学习贯彻落实习近平总书记在全国文艺工作座谈会上的讲话精神，推进文艺事业向纵深健康发展。大力实施文化惠民工程，深入开展全民阅读活动，扎实抓好群众性文娱活动，规划建设群众性文化场馆，设立政府文艺奖，鼓励创作一批群众喜闻乐见的文学、音乐、舞蹈、书画、摄影、戏剧等文艺作品。设立文化产业发展基金。深入挖掘历史文化、民族民间文化、独特气候文化、山地运动文化等地方特色文化资源，加强对优秀传统文化和民族民间文化的保护与传承。深化文化体制改革，引导、鼓励社会力量和资本参与公共文化服务体系建设。加强文化基础设施建设，大力推进文明单位、文明乡镇、文明村寨创建工作，为创建全国文明城市奠定基础。加强宣传思想文化工作队伍建设，加大文化人才培养力度，营造文化事业健康发展的良好环境。

（六）把惠民利民富民安民作为导向，着力提高人民群众生活质量

坚持惠民、利民、富民、安民导向，统筹经济发展和社会建设，加大民生工程实施力度，更好地保障和改善民生，更好地维护社会公平正义，努力让全区人民生活得更加富裕幸福、更有体面尊严。

着力保障和改善民生。紧扣全面小康目标，大力实施精准扶贫，全年减少贫困人口2.5万人，力争新华、新场2个乡镇实现“减贫摘帽”。推进和保障民生项目建设，坚持办好“十件民生实事”。继续实施教育“9＋3”计划，启动实施基

本普及15年教育计划，大力发展学前教育、高中阶段教育、职业教育，加强教师队伍建设，深入推进城乡义务教育均衡发展。全面提升公民科学素质，确保创建全省公民科学素质先进县。落实积极的就业政策，以产业带动就业，以创业带动就业，以园区建设、项目建设带动就业，实现城镇新增就业2.07万人以上。推进城乡居民社会养老保险、城镇居民医疗保险等社会保障扩面提标，认真落实临时救助制度。加强基层卫生计生机构标准化和全科医生队伍建设。推进六枝中医院建设，鼓励社会办医，加快解决“看病挤、住院难”问题。坚持以“双诚信双承诺”为载体，不断提高计划生育管理服务水平。加快推进棚户区改造、扶贫生态移民搬迁、保障性住房建设，逐渐改善城乡困难群众居住条件。

着力防范社会各类风险。深入推进社会管理创新，严格落实信访工作责任制，完善矛盾纠纷排查调处化解常态化机制，推进涉法涉诉信访制度改革。继续实行领导干部信访接待日制度和领导干部包案督访化解制度，发挥好各级群众工作中心（站、室）作用，坚决避免发生重大群体性事件。高度重视安全生产。始终绷紧安全生产这根弦，全面落实安全生产责任，做到“守土有责、守土有力、守土有方、守土有效”，坚决防止重特大事故发生。高度重视社会稳定。深入推进“平安六枝”建设，加强社会治安综合治理，大力整治“两抢一盗”等人民群众反映强烈的治安问题，坚决打击“黄赌毒”，严厉打击各类刑事犯罪，确保社会和谐稳定，不断提高人民群众安全感、满意度。

着力加强生态文明建设。深入推进“绿色贵州建设三年行动计划”，加快封山育林、退耕还林、植树造林步伐，积极推进高速公路沿线绿色通道建设。围绕治水、治气、治渣三个重点，加强污水处理、垃圾处理、大气监测等环保设施建设，确保污染物达标排放。加强对重点区域、重点流域、重点行业、重点企业的环境管控，坚决淘汰落后产能。正确处理开发与保护的关系，注重资源节约和环境保护，统筹抓好天然林保护、石漠化综合治理、饮用水源地保护等重点生态建设工程的实施。严格落实招商引资“六个一律”要求，坚决杜绝在农业生产、城市建设、园区建设中出现的破坏环境问题，坚决杜绝在生态环境上欠新账，建设资源节约型和环境友好型社会。加快编制生态文明建设总体规划、“十三五”生态文明建设规划，研究制订生态建设环境保护指标体系和考核办法，建立生态环境损坏责任终身追究制，扎实推进国家环保模范城市创建。

三、坚持党要管党从严治党，全面加强和改进党的建设

圆满完成“十二五”规划目标，实现转型跨越、富民兴区，关键在党、根本在人。要坚持党要管党、从严治党，全面加强党的思想、组织、作风、制度和反腐倡廉建设，不断提高党的建设科学化水平。

（一）*全面落实管党治党责任*。加强区委常委会自身建设，着力建设政治坚定、执政为民、团结和谐、勤政廉政的坚强领导集体，充分发挥管党治党的领导核心和示范带动作用。高度重视党的思想政治建设，把深入学习贯彻习近平总书记系列重要讲话精神作为首要政治任务，补精神之“钙”，培思想之源，始终做到心中有党、心中有民、心中有责、心中有戒，坚定道路自信、理论自信、制度自信。严明政治纪律和政治规矩，严格执行党员干部政治纪律“十严禁”，坚决落实“八个决不允许”。认真落实党建工作责任制，严格各级党委（党组）书记第一责任人责任和班子成员分管领域从严治党责任，形成一级抓一级、层层抓落实的党建工作格局。强化党建考核，健全党员领导干部履行党建工作责任述职评议制度，完善考核办法和责任追究体系，强化考核结果运用。

（二）*加强党的基层组织建设*。加强基层服务型发展型富民型党组织建设，着力在高速公路、主要干道沿线打造一批党建示范点。强化农村、非公经济组织、产业园区等领域党建工作。加强乡镇（社区）党委书记、村党组织书记和农村致富带头人“三支队伍”建设。围绕发展壮大村级集体经济，继续抓好联村党工委建设和同步小康驻村工作，全面消除村级集体经济“空壳村”，进一步增强基层党组织的战斗力、凝聚力和创造力。巩固提高软弱涣散基层党组织的整顿效果，坚决防止“反弹”。深入开展城市与农村、机关与居委会、机关与企业党组织“互助共建”活动，构建资源共享、功能互补、共同提高的工作新格局。推动干部培训、人才培养、阵地建设向基层倾斜，稳步提高村干部报酬和村级工作运转经费。完善党员日常教育管理的措施办法，健全不合格党员退出机制。

（三）巩固扩大作风建设成果。加强对教育实践活动整改落实工作的跟踪督查，确保后续整改任务全面落实。以“恪守‘三严三实’、深化‘三实三同’、推进从严治党”为主题，以县级以上领导干部为重点深入开展专题教育。认真贯彻中央“八项规定”和省委、市委、区委“十项规定”，严格执行党员干部作风“十不准”，持之以恒反对和纠正“四风”，驰而不息正风肃纪，推进作风建设常态化、长效化。健全和落实管党治党制度。坚持标本兼治，完善党员党性定期分析、述职述廉、重大事项报告、提醒谈话、约谈、巡查监督、责任追究等方面的制度规定。坚持制度面前人人平等、执行制度没有例外，坚决纠正有令不行、有禁不止的行为，使制度成为硬约束。加强对中央和省委、市委、区委重大决策部署和重大项目、重点工程、重要工作贯彻执行情况的监督检查，确保政令畅通。

（四）加强干部人才队伍建设。认真落实《党政领导干部选拔任用工作条例》，坚持德才兼备、以德为先、突出实绩、群众公认的用人导向，注重从基层一线、条件艰苦、工作困难的地方培养选拔干部。加强各级领导班子建设，合理配备优秀年轻干部、少数民族干部、妇女干部、党外干部，激发干部队伍活力。健全干部政绩考核评价机制，完善《六枝特区区管干部年度考核办法》，促进干部“有激情、想干事，有办法、会干事，作风硬、干成事”。深入实施“人才强区”战略，逐步完善人才培养、引进、使用、激励机制，大力引进高层次急需紧缺人才。逐步探索党政机关、企事业单位和社会各方面人才顺畅流动的制度体系，制订完善人才向基层流动、向艰苦地区和岗位流动、在一线创业的激励政策。

（五）推进党风廉政建设和反腐败斗争。全面落实党风廉政建设党委主体责任和纪委监督责任，稳步推进纪律检查体制改革。健全完善党风廉政建设制度体系，加强对权力运行的制约和监督，强化纪律审查，让铁规发力，形成干部不想腐、不能腐、不敢腐的有效机制。不断强化上级纪委对下级党委和纪委的监督，推动纪委双重领导体制落到实处。坚持把党纪党规和法治教育贯穿干部培养、选拔、管理和使用的全过程，推进廉政文化和警示教育基地建设。深化纪检监察派驻机构统管，全力推进双派驻。强化民生特派监督工作，加强民生领域监督检查。加强纪检监察干部队伍建设，着力打造忠诚、干净、担当的反腐铁军。坚持有案必查、有腐必惩、有贪必肃，始终以“零容忍”态度坚决惩治腐败。

各位代表、同志们，伟大的时代赋予我们光荣使命，崇高的事业召唤我们开拓奋进。让我们紧密团结在以习近平同志为总书记的党中央周围，在省委、市委的坚强领导下，继续发扬艰苦奋斗的工作作风，始终保持锐意进取的创业激情，在奋发有为中抢抓机遇，在改革创新中寻求突破，奋力开创发展新局面，不断谱写发展新篇章，为全面完成“十二五”规划目标而努力奋斗！

六枝特区人民代表大会常务委员会工作报告

（2015年3月13日在六枝特区第十一届人民代表大会第四次会议上）

六枝特区人大常委会主任　王朝荣

各位代表：

我受特区人大常委会委托，向大会报告工作，请予审议，并请政协委员和其他列席会议的同志提出意见。

2014年工作回顾

2014年，特区人大常委会在特区党委的领导和市人大常委会的指导下，坚持以邓小平理论、“三个代表”重要思想和科学发展观为指导，全面贯彻中共中央十八大、十八届三中、四中全会精神，深入学习贯彻习近平总书记系列重要讲话精神，坚持党的领导、人民当家做主和依法治区的有机统一，认真履行宪法和法律赋予的各项职责，切实发挥地方国家权力机关作用，有效地推进了全区经济社会持续发展和民主法治进程。

一、围绕中心，依法履行监督职责

围绕特区党委中心工作及稳增长、促改革、调结构、惠民生的工作方针，把改革发展中的突出问题、涉及民生的重大事项作为监督和关注的重点，不断完善监督措施、增强监督实效。全年共召开常委会会议9次，听取和审议“一府两院”专项工作报告18个，开展执法检查1次、专题询问1次。

围绕发展主题，促进经济健康运行。听取和审议了特区人民政府关于2014年1至6月国民经济和社会发展计划执行、财政预算执行情况的报告，2013年财政决算的报告及2013年财政预算执行和其他财政收支的审计报告，2014年财政预算调整情况的报告。向特区人民政府提出了要加快重大项目建设进度，注重引进科技型项目入驻园区，提高招商引资质量；发挥财政资金导向作用，提高税收质量，控制政府债务规模，重视审计结果运用等建议，推动了我区国民经济和社会发展计划的顺利实施，各项经济指标同比稳步增长，呈现出结构趋优、后劲增强的良好态势。

聚焦发展热点，促进产业优化升级。听取和审议了特区人民政府关于全区工业发展、煤矿安全质量标准化实施、农村土地流转、石漠化综合治理重点工程林业项目实施情况的报告。向特区人民政府提出了要正确研判我区工业发展形势，科学决策，提高资源综合利用率，促进产业优化升级；推进全区煤矿达标升级，达到安全与效益双促进；尽快制订农村土地流转管理办法，完善土地流转价格评估机制，促进农村土地依法、有序、公平、公正流转，保障农民合法权益；石漠化综合治理项目要科学规划、整合资源，实现生态效益与经济效益双赢等意见，推动了我区产业结构的进一步优化。

关注民生实事，促进社会和谐。听取和审议

了特区人民政府关于2013年以来民族宗教、2011年以来开展打击毒品犯罪、燃气安全管理、2010年以来医改工作、全区职业教育、“四在农家·美丽乡村”小康路规划及实施和“十件实事”工作开展情况的报告。建议特区人民政府要建立乡（镇）、村（社区）民族宗教管理网络，做好民族优秀传统文化的发掘传承保护和民族古籍整理工作；完善毒品预防体系，有效遏制毒品蔓延势头；明确监管部门及其职责，强化企业安全主体责任，建立事故预警预防机制，制订应急预案，公布应急电话，对事故做到快速反应、正确处置；坚持公益性、调动社会积极性、保障可持续性和充满活力的医改体制机制；强化职业教育教学设施和实验基地建设，优化学校布局和专业；建立道路管护机制，保障道路安全畅通；建立和完善后续管理机制，让实事充分发挥社会效益等建议，促进了我区各项民生事业全面发展，社会保障体系进一步健全，农村基础设施明显改善，群众生产生活水平不断提高，人民群众安全感、满意度进一步提升。

主任会议还视察了特区“四在农家·美丽乡村”小康寨建设情况，调研了廻龙溪度假村、岩脚小城镇和大畅面业建设情况，提出了小康寨建设要注意合理布局和选点，突出民族民居和村寨特点，做成精品；度假村要突出特色，小城镇要打造亮点，面业要体现风味等意见。

加强法律监督，促进公正司法。听取和审议了特区人民法院关于2011年以来未成年人犯罪审判工作情况的报告。建议特区人民法院要针对未成年人犯罪案件的特殊性，健全和完善帮教制度，扎实抓好庭前、庭中、庭后教育，千方百计对违法青少年进行教育和挽救。对平寨派出所、六枝公安局看守所、特区检察院办案流程和特区法院警示教育及文化建设进行了调研，对存在问题提出了意见。制订了《六枝特区人民代表大会常务委员会规范性文件备案审查办法》，以保证宪法、法律、行政法规在本行政区域内的遵守和执行。

组织开展了《中华人民共和国义务教育法》执法检查，提出了要强化教育资源配置，建立健全全区教育教学质量奖惩考核机制，加强教师队伍教育培训及强化校园周边环境整治等意见。对特区一中、落别乡木厂小学和原平寨镇沙子坡教学点进行了调研，针对存在问题提出了意见。

开展专题询问，增强监督实效。常委会第17次会议就如何打造六枝现代化精品城市对特区人民政府进行了专题询问。询问直面矛盾，问出了民心，答出了承诺。通过询问，特区人大常委会充分肯定了特区人民政府所做的工作，同时也指出了个别部门负责人对打造六枝现代化精品城市概念模糊、认识不一、准备不足等问题。提出了要从顶层设计、空间布局、精心策划入手，认真规划、严格把关、统一设计、坚持标准抓好建设；城市建筑风格既要体现现代气息，又要将历史文化、民族文化和三线文化等文化元素融入其中等意见。

做好信访工作，维护社会稳定。坚持常委会主任、副主任每周一信访接待日和信访约见制度，对来信来访做到件件有登记、处理意见或转办意见。一年来，特区人大机关共接待群众来信来访42件，211人（次），转办交办17件，疏导解决25件，办结率为100%。

二、坚持党管干部原则，依法进行人事任免和做出重大事项决定

坚持党管干部与人大依法任免干部相统一的原则。一年来，接受常委会副主任、委员、政府副区长和市人大代表辞职共8名，补选了4名市人大代表、4名区人大代表，任免了52名“一府两院”国家机关工作人员，任命了38名人民陪审员。坚持任前法律知识考试及供职报告制度。建立宪法宣誓制度，从2014年11月起，凡经人大及其常委会选举或任命的国家机关工作人员正式就职时须公开向宪法宣誓。加强任后监督，促进履职能力的提高，对2013年履职情况综合评定为优秀的王仕福等4名部门负责人进行了表彰。常委会第23次会议对所任命的“一府两院”国家机关工作人员2014年度履职情况进行评定，均评定为称职等次。

认真行使重大事项决定权，作出了关于将特区医疗、教育、交通等公益性项目建设贷款的还本付息资金纳入特区财政预算的决定；审查批准了2013年财政决算、2014年财政预算调整方案，保证了财政资金有效保运转、保民生和保发展；对城区牂牁大道和九龙路进行了命名。

三、完善机制，切实为代表履职服务

常委会的代表主体意识不断增强，把尊重代表看成是尊重人民当家做主，积极为代表创造良好工作环境。

密切与人大代表的联系，拓宽知情知政渠道。建立《六枝特区人大常委会组成人员联系代表制度》，明确每名常委会组成人员联系2名特区人大代表，采取走访、座谈等形式，向代表通报常委会重要工作，并听取代表意见和建议。利用广播、电视、报纸杂志和人大内部刊物等平台，为代表、代表小组提供更多的信息服务。坚持各级人大代表及公民列席常委会会议制度，全年共邀请24名市、区人大代表列席常委会会议，邀请12名公民旁听常委会会议。

认真督办代表建议，提高办理质量。及时将特区十一届人大三次会议收到的84件代表建议转交特区人民政府办理，将组织人事类2件转交特区组织部。提出书面督办要求，并将建议分解到人大相关委室进行督办。常委会第18次会议听取和审议了特区人民政府关于建议办理情况的报告。至目前，代表建议已全部办理答复完毕，代表满意和基本满意率达100%。已经办理落实的25件，正在落实的28件，因条件所限暂不能办理的31件。

开展代表履职活动，不断丰富活动内容。在人大代表中广泛开展“三带头、五个一”活动，引导代表在各行各业大显身手，在各自选区发挥模范带头作用，涌现出了王本志、赵卫平、赵强等一大批优秀人大代表。受市人大委托，组织省、市及部分特区十一届人大代表，深入郎岱宜枝魔芋厂、猕猴桃基地、落别蔬菜基地、落别大用车厘子基地、大用花卉观光园、六枝电厂、岩脚小城镇建设现场、岩脚面生产基地及特区人民法院、人民检察院，对六枝特区“3155”工程建设情况、2014年国民经济和社会发展计划及2014年财政预算执行情况，特区人民法院、人民检察院2014年工作进行专题调研和集中视察。认真梳理代表所提意见和建议，分别将视察及调研情况上报市人大常委会，将通报送交特区人民政府、人民法院、人民检察院研究办理，为推动全区经济社会发展建言献策。

加大培训力度，提高代表履职能力。6月26日至28日，特区人大常委会围绕“人大代表如何履职”主题分片区对代表进行了专题培训。通过培训，代表的责任感和使命感进一步增强，履职思路更加明晰，履职能力得到提升。

四、加强指导，促进乡镇人大工作有效开展

认真研究基层人大工作的新情况、新问题，及时总结、推广人大工作经验，促进乡镇人大相互学习与交流，提高工作水平。指导乡镇人大主席团会议、视察、执法检查、工作评议等，不断增强工作实效。加强乡镇人大主席培训，分两批组织乡镇人大主席到全国人大培训中心学习，坚持乡镇人大主席列席人大常委会会议制度。不断改进和完善乡镇人大工作年度目标考核制度，2014年乡镇人大考核得分的最低分从历年60多分提升到80分，实现了工作总体水平的提升。

五、强化自身建设，提高履职能力

以开展党的群众路线教育实践活动为切入点，切实加强思想建设、作风建设、制度建设和效能建设，不断提高常委会组成人员和人大机关工作人员履职能力。

开展党的群众路线教育实践活动，切实转变工作作风。按照中央、省委、市委和特区党委的统一安排部署，紧紧围绕为民、务实、清廉主题，按照“照镜子、正衣冠、洗洗澡、治治病”总要求，以“三实三同”为总载体，以“四找四转四进”为总抓手，自觉践行“三严三实”，着力聚焦“四风”突出问题，以求真务实的作风，扎实有效地开展党的群众路线教育实践活动。一是抓学习调研。坚持党组中心组学习、每周一次干部职工政治理论学习及群众路线教育活动专题学习制度，深入开展解放思想大讨论，道德讲堂持续开讲。举办法律专题讲座2期，学习了《中华人民共和国宪法》《中共中央关于全面推进依法治国若干重大问题的决定》《中华人民共和国消费者权益保护法》。常委会主任、副主任以上率下，带队深入乡镇、村、社区及代表和群众中开展调研200余次，听取意见、指导工作、释疑解惑、扶贫解困。二是抓对照检查。聚焦形式主义、官僚主义、享乐主义和奢靡之风等“四风”问题，采取“群众提、自己找、上级点、互相帮、集体议”等方式，深入查摆领导班子、个人在“四风”方面存在的突出问题，组织召开了高质量的专题民主生活会。三是抓制度建设。认真清理人大机关及其常委会各项制度，重申、修改完善及新建制度共33个，增强了制度的针对性、科学性和可操作性，形成了完备的组织制度体系和高效的工作制度体系。四是抓作风转变。认真贯彻落实和执行中央关于转变作风的八项规定以及省委、市委、特区党委十项规定，严格遵守和执行“十严禁”“十不准”。五是抓整改落实。认真制订整改措施，按照标本兼治、统筹推进的工作思路，一手抓教育实践活动，一手抓业务工作，使教育实践活动成为促进人大工作的助推器。通过开展教育实践活动，人大机关干部职工纪律意识和大局意识明显增强，工作更加务实，执行力得到提升，工作效能得到提高，服务发展能力进一步增强，党群干群关系进一步密切，为民务实清廉形象进一步树立。

加强交流，提升工作质量。加强与省内外人大的工作交流，相互借鉴与学习，拓宽见解和思路，更好地提升工作质量。先后组织考察学习组到织金、大方、黔西等县学习农业、工业园区及城镇化建设经验，为提高人大常委会做出相关意见、建议及决议的科学化水平提供了帮助。加强与杭州市及萧山区人大关于财政监督工作的交流学习，相互介绍工作经验，总结提炼特色和亮点，为推进全口径财政预算决算作积极的准备工作。

突出主题，提高宣传质量。牢牢把握宣传工作导向，准确把握人大工作的法律性和程序性，做好各种会议和代表视察、调研等活动的宣传，及时宣传报道人大及其常委会开展法律监督和工作监督情况；加大对代表履职活动的宣传报道，反映代表密切联系群众、代表人民意愿、参与管理国家事务的精神风貌；加强对宪法、组织法、选举法、代表法、监督法等法律法规的宣传及各乡镇人大履职情况的宣传。配合《人民代表报》及各级新闻媒体做好代表履职情况采写报道，办好人大机关内部刊物《六枝人大》，实行新闻对等奖励。组织稿件参加省、市人大好新闻评选，参加市人大组织的纪念全国人大成立60周年征文比赛及演讲比赛，分别受到表彰和奖励。召开庆祝全国人民代表大会成立60周年暨人大工作联席会，进一步深化了对人民代表大会制度的认识。

认真完成上级人大和特区党委交办的各项工作。配合市人大常委会开展教育“9+3”、旅游发展、“3155”工程及《中华人民共和国食品安全法》《中华人民共和国科学技术普及法》《贵州省民族宗教事务条例》贯彻实施情况的调查研究及《中华人民共和国未成年人保护法》《中华人民共和国环境污染防治法》执法检查。常委会主任、副主任多次带队深入联系乡镇及撤并乡镇、“百千万”企业、党建扶贫村、地质灾害点、包保煤矿、同步小康村实地调研，听取群众意见，指导工作，帮助解决困难和问题，全面完成党委交办的各项工作任务。为龙场乡红旗村、中寨乡小补王村等人大机关党建扶贫点、同步小康点协调项目资金共600余万元，拟办了二十余件好事实事，帮助当地群众改善了生产生活环境。

各位代表！过去的一年，特区人大常委会切

实履行宪法和法律赋予的职责，取得了一定的成绩，这是特区党委加强领导和市人大常委会有力指导的结果，是历届人大常委会打下坚实基础和全区各级人大代表、常委会组成人员、人大机关干部职工共同努力的结果，是“一府两院”和各乡镇人大及广大人民群众支持的结果。在此，我代表特区人大常委会，向关心、支持特区人大工作的离退休老同志，全区各级人大代表，各单位、各部门和社会各界，表示衷心的感谢！

过去的一年，我们的工作虽然取得了一定成绩，但离宪法、法律赋予的职责和人民的要求还有很大差距。一是监督方法和措施有待进一步完善，监督的针对性和实效性需不断加强；二是为代表服务的工作机制有待健全，代表履职能力还需提高；三是人大及其常委会监督公开工作还需做细做实；四是常委会自身建设还需不断改进等。对此，特区人大常委会将在今后的工作中认真加以改进。

2015 年的主要工作

各位代表，2015 年是全面深化改革的关键之年，是全面依法治区的开局之年，也是完成“十二五”规划的收官之年，做好今年的工作，任务艰巨，责任重大。特区人大常委会将在特区党委的领导和市人大常委会的指导下，坚持以邓小平理论、“三个代表”重要思想和科学发展观为指导，全面贯彻落实党的十八大，十八届三中、四中全会及特区党代会精神，认真学习贯彻习近平总书记系列重要讲话精神，坚持党的领导、人民当家做主和依法治区的有机统一，坚决维护宪法权威，认真履行法定职责，为全面建成小康社会、全面深化改革、全面依法治区作出新贡献。

一、依法行使监督权

牢固树立宪法权威，认真贯彻监督法，把履行宪法使命和依法治区要求贯穿人大工作各个方面。按照特区党委重大决策部署，围绕中心、服务大局、突出重点、讲求实效，依法行使好监督权。

2015 年，特区人大常委会将围绕重大项目、重点工程、民生实事和重要经济社会发展指标开展监督，推进“十二五”规划目标任务的全面完成。全面加强和改进对国民经济和社会发展计划、财政预决算执行情况的监督，积极探索全口径预算决算审查和监督的新途径，推动财政预决算科学化、法制化。加强对“三农”工作的监督，推进农业转型发展。加强对环境保护、生态文明建设的监督，推进科学发展、后发赶超。加强对司法体制改革的监督，促进公正司法。推进法治政府建设，做到法无授权不可为，法定职责必须为。对人民群众关注的热点难点问题，依法进行专项监督，回应社会关切。通过听取专项工作报告、视察、执法检查、专题调研等多种形式，积极开展法律监督和工作监督。完善专题询问制度，适时对“一府两院”专项工作开展专题询问，并规范和创新询问方式，确保问出发展共识和工作实效。认真执行规范性文件备案审查制度，依法纠正或撤销违宪违法的规范性文件。推进监督情况公开，加大社会监督力度。加强常委会审议意见跟踪督办，增强办理实效。在监督的同时，支持特区人民政府依法行政，支持特区人民法院和人民检察院独立行使审判权和检察权，确保公正司法。

二、切实履行重大事项决定权和人事任免权

把行使重大事项决定权和监督权结合起来，更好地履行宪法、法律赋予的职责。修改完善《六枝特区人大常委会关于重大事项的决定》，科学确定本行政区域内重大事项的重点及范围。完善重大事项调研、论证、审议制度，抓住事关全区大局、根本和长远的重大问题，以及人民群众普遍关心和迫切要求解决的民生问题，提高讨论决定重大事项的质量，增强决议、决定的科学性、针对性和可操作性。加强决议、决定执行情况的跟踪监督，确保贯彻执行到位。

健全和完善干部任前审查、法律知识考试、

供职报告和表决制度。加强任后监督，严格执行《六枝特区人大常委会关于“一府两院”国家机关工作人员年度履职情况监督办法》，开展履职情况监督，对所任命干部进行综合评定，促进干部认真履职。不断规范宪法宣誓制度，强化国家机关工作人员宪法意识，推进依法行政、公正司法。

三、加强代表工作

尊重代表主体地位，不断创新工作思路和工作方法，为代表履职提供服务、创造条件。

加强与人大代表的联系。认真执行常委会组成人员联系代表制度及工作办法，向人大代表通报有关工作，听取他们的意见，指导其履职。利用调研、视察、会议等机会，积极创造条件，开展代表培训。将常委会有关工作情况通过广播、电视及网络，向人大代表通报，向社会公开，为代表提供更多的信息服务。为人大代表订阅报刊，提供信息资料，提高人大代表的政治理论素质和业务能力。坚持人大代表列席、公民旁听常委会会议制度。

规范代表闭会期间活动。总结代表小组活动经验，加强指导，完善制度，使代表小组活动规范有序、扎实有效。积极推动代表走访选民活动，支持代表参加原选举单位活动，使其桥梁和纽带作用得到充分发挥。深入开展人大代表“三带头、五个一”活动，发挥代表的模范带头作用。组织辖区内的省、市人大代表及部分特区人大代表对全区国民经济和社会发展计划执行情况及其重大项目建设情况进行调研和视察，不断提升视察、调研效果。健全和完善代表议案、建议、批评和意见的交办、督办和反馈制度，加强督办和协调，把工作重点放在解决实际问题上，不断提高见面率、办结率、落实率和满意率。

四、强化自身建设

切实巩固党的群众路线教育实践活动成果，确保后续整改任务全面落实。积极适应新常态，抢抓新机遇，进一步增强道路自信、理论自信和制度自信，提高依法履职能力和水平。

创建学习型、服务型、创新型机关。坚持党的领导，充分发挥常委会党组作用，全面履行党风廉政建设主体责任。认真研究，解决影响和制约人大工作的突出问题。建立制度监督检查机制，以零容忍的态度对待违反制度的行为，充分发挥制度管理、制约和规范作用，促进人大工作规范化、法制化。抓班子、带队伍，坚持学习制度及法律专题讲座制度，加大人大常委会组成人员、机关干部培训力度，提高整体素质，提升服务水平和保障能力。加强信访工作，做到人民来信来访件件有着落，事事有回音。

深入开展宪法宣传教育。大力弘扬宪法精神，增强全民宪法意识和法律意识，树立宪法权威，维护宪法尊严。做好人民代表大会制度及代表大会、常委会会议和闭会期间人大工作的宣传，加大对代表履职情况的报道力度。继续办好人大机关内部刊物《六枝人大》，加强与上级人大杂志社和各新闻媒体的联系，不断丰富宣传内容，提高宣传质量，扩大宣传覆盖面。

各位代表！新机遇要有新思路，新常态要有新作为！让我们紧密团结在以习近平同志为总书记的党中央周围，在特区党委的坚强领导下，解放思想，振奋精神，团结奋进，为开创依法治区新局面和全面建设小康社会而努力奋斗！

政府工作报告

（2015年3月11日在六枝特区第十一届人民代表大会第4次会议上）

六枝特区人民政府代理区长　方裕谦

各位代表：

现在，我代表特区人民政府向大会作工作报告，请予审议，并请各位政协委员和列席的同志提出意见。

一、2014年工作回顾

过去一年，面对复杂多变的宏观形势和经济下行的巨大压力，我们在特区党委的正确领导下，在特区人大、政协的监督支持下，深入贯彻落实党的十八大和十八届三中、四中全会及习近平总书记系列重要讲话精神，紧扣“增量提质、跨越转型”目标，主动适应新常态（1），顶住压力、保持定力、精准发力，较好地完成了特区十一届人大三次会议确定的目标任务，经济社会保持了加快发展、加速赶超的良好势头。一是经济发展更有质效。生产总值完成127.52亿元，增长15.9%。财政总收入、公共财政预算收入完成15.28亿元、12.22亿元，分别增长6.59%、10.54%，非税收入占比下调14.86%。在全省非经济强县经济发展综合测评中排第六位。三次产业比为13.95∶40.06∶45.99，产业结构更趋优化。二是项目建设卓有成效。全社会固定资产投资完成384.95亿元，增长78.22%。省外投资500万元以上招商到位资金100.36亿元，位列非经济强县第二位。全年实施项目412个，建成105个，年度完成投资307亿元；亿元项目56个，总投资487亿元，累计完成投资329亿元。产业投资比重达40.8%，投资结构更趋合理。三是民生改善富有实效。社会消费品零售总额完成29.3亿元，增长13.1%。农村、城镇居民人均可支配收入达6404元、19293.24元，分别增长12.4%、11%。全面小康实现程度预计达84.7%，提高4.3个百分点。经济发展群众满意度达85%，效益结构持续向好。

一年来，我们重点抓了以下几方面工作：

（一）坚持做强特色、做大规模，产业实力在聚集发展中不断增强。一是农业发展日渐稳固。在粮食稳产基础上建成“3155”工程（2）产业基地39.07万亩，发展规模养殖场87个，经济作物播面达108.32万亩，非粮农业增加值占一产增加值比重达80%，农业结构更优。7个农业园区全部进入省级名录，大用园区列为省级重点；新增入园企业53家，培育市级以上龙头企业36家，现代农业合作组织达325个；农业增加值完成17.79亿元，增长7.16%，农业基础更实。牛场辣椒获国家地理标志产品（3）保护，省级认证无公害农产品7个，省著名商标达11件，入列全国9个魔芋产业重点基地县之一，农业品牌更响。二是工业发展日益加快。“一区三园”（4）建设加快推进，完成工业投资63亿元，新增入园企业15家，工业园区拓展升级。启动工业“百千万”工程（5），六矿瑞安干法水泥生产线等一批项目建成投产，华润六枝电厂一期（2×660MW）获国家发改委核准开工，工业企业优化提升。煤炭资源就地转化率达64.5%；新增规模以上工业企业19家；工业增加值完成43.53亿元，增长13.8%，工业经济提质转型。三是服务业态日显繁荣。天顺汽摩机电城、嘉年华商业市场等31个大中型商贸市场开工建设，新增入驻商户1761家，商贸业加快发展。牂牁江国家级湿地公园（6）、黄果树瀑布源国家级森林公园（7）获国家林业局批准，梭戛自然与生态文化旅游示范区列为全省生态文化旅游创新项目，扁朝、补雨等6个村寨入列全国旅游扶贫重点村；全年接待游客228万人次，增长157%；实现旅游收入12.72亿元，增长32.3%，旅游业融合发展。实施“引金入区”（8）工程，新增金融机构2家，全年融资10.8亿元，净增9.7亿元；金融机构存贷款余额达93.79亿元、79.79亿元，分别增长5.02%、16.53%，金融业健康发展。阿里巴巴—郎岱农业示范园电商平台建成投运，电子商务、广告策划、法律咨询等新型服务业持续发展。

（二）坚持改善面貌、完善功能，城乡环境在扩容提质中持续优化。一是城区形象明显改变。高标准编制《城市空间战略发展规划》等5个现代精品城市建设规划。启动南部新区开发，城市新增扩容2.61平方公里。桃花公园改造、中心城区天然气管网等一批市政工程相继完工，新建改造城市道路32.7公里。滨河城市综合体、凉都一品、阳光安置小区等住房项目加快建设，规划新增住房235.47万平方米，荣评全省建筑业发展示范县。二是镇村面貌明显改观。完成6个重点镇和25个村庄整治规划编制；岩脚、郎岱、木岗入列全国重点镇；毛口、大用等特色小城镇建设同步推进，建制镇集聚力全面增强。启动“三城两线”（9）综合示范带创建，六项行动计划（10）完成投资6.38亿元，“四在农家”创建4.01万户，实施“一事一议”财政奖补（11）项目322个，荣评全省小康寨重点示范县、“十县百乡千村”示范工程重点县，落别底耳、岩脚高桥等乡村打造各具特色，美丽乡村亮点纷呈。三是生态环境明显改善。坚持“五个优先”（12），完成营造林12.45万亩，公益林生态效益补偿69.6万亩，实施石漠化、岩溶治理55.59平方公里，森林覆盖率达43%，提高2.92个百分点，较好地保住了一片青山。出台山体水系保护“八条措施”（13），开工建设乡镇污水处理厂3座，龙场水质自动监测站建成投运，“河长制”（14）考核获全省县级第一，较好地保护了一片绿水。认真落实森林保护“六个严禁”（15），实施环境保护“六个一律”（16）利剑专项行动，取缔污染企业4家，六枝工矿煤矸石发电厂停产整顿，节能减排远低于市控制目标，空气质量PM10（17）均值每立方米仅61微克，较好地保持了一片蓝天。四是基础设施明显改进。实施交通建设“三年会战”（18），六六高速建成通车，纳六晴高速进入国高网规划横线，六安城际快速铁路六枝境内段前期工作顺利推进，全年建设运煤公路64.42公里，改造干线公路114.22公里，公路通车里程达2592公里，路网密度每平方公里达1.45公里。实施水利建设“三大会战”（19），黔中水利枢纽（20）一期大坝主体基本建成，旧院水库开闸放水，懒龙河水库建设有序推进，阿雨水库开工建设，全年实施饮水安全工程88处、“五小”工程（21）475个，荣列第六批中央财政小型农田水利重点县。启动信息基础设施“三年会战”（22），中心城区和乡镇集镇实现4G网络（23）覆盖，电子政务网络城乡互联互通。全力推动电力设施建设，新建及改造35千伏及以下线路371公里，110千伏河湾二期、堕却二期扩建工程建成投运，新增配变128台。

（三）坚持改革创新、开放带动，发展后劲在合力攻坚中加快提升。一是改革落实新要求。完成政府机构改革，承接上级下放审批事项28项，减少行政事业性收费23项。推行注册资本“零首付”，市场主体达1.75万户，注册资本达77.59

亿元，增长71%。全面推行“负面清单”管理模式（24），向社会公开部门“权力清单”。启动政府向社会购买服务工作。政府性一般债务率（25）为88.94%，控制在合理区间。土地流转服务网络基本形成，推动土地流转29.8万亩。农民住房财产权抵押、担保、转让试点有序推进。行政区划调整报省待批，平寨镇改社区工作稳步实施，“撤区设市”同步开展。二是开放激发新活力。立足资源优势，开通“幸福六枝招商”微信平台，全年接待客商189批次，小分队外出招商48批次，招商氛围越来越浓。立足招大引强，引进重大产业项目122个，全国百强企业中国石油入驻六枝建设LNG（26）加气站，招商项目越来越优。全年引进项目204个，总投资821.04亿元，实际到位资金257.37亿元，荣评全省发展与效率十佳县，招商效果越来越好。

（四）坚持民生共享、和谐共建，社会事业在协调并进中加速发展。一是民生工程扎实推进。全民共享发展成果。总投资14.12亿元的“十件民生实事”（27）基本办结；“五大社会保险”（28）参保达33.69万人，新农合参合率达99.01%；建设公共租赁住房2341套，实施棚户区改造2211户，完成农村危房改造1700户，被评为全省住房保障示范县；“四创”活动（29）深入开展，数字化城市管理调度指挥中心投入使用，被评为全省创建文明城市工作先进城市。全面提升就业水平。国家级创业型城市创建成效明显，新增城镇就业2.69万人，转移农业富余劳动力1.83万人，城镇登记失业率为3.89%。全力推进精准扶贫。3个乡镇“减贫摘帽”（30），14个重点村“整村推进”，净减贫困人口3万人；城镇、农村低保标准每人每年分别从4560元、1680元提高到5040元、1850元。二是平安创建稳步迈进。畅通渠道抓稳控。全年接待群众来访341批2611人次，办理信访事项937件、网络舆情157件，处置各类民生服务诉求84件，回复率达90.48%。注重安全促稳固。深刻吸取新华煤矿“6·11”事故教训，健全“党政同责、一岗双责、齐抓共管”安全生产管理办法及系列配套制度，安全生产不利态势得到有效遏制。强化综治保稳定。“六五”普法有序实施，被国家关工委等三部委评为全国青少年普法先进单位，成功承办全省“双强化双排查”暨社会风险评估现场会，人民群众安全感满意度测评达97.54%，提高5.17个百分点。三是社会事业协调共进。科技教育再现新成效。获评全省全民科学素质知识大赛优秀奖，全省第29届青少年科技创新大赛获奖全市第一；教育“9+3”计划（31）、“4+2”突破工程（32）深入推进，学生营养改善计划全覆盖，获全国“五好”小公民“美丽中国·我的中国梦”先进集体称号。体育文化再创新佳绩。老王山国家生态型多梯度运动示范基地开工建设，成功举办2014年“中国凉都·六盘水牂牁江”国际滑翔伞公开赛暨全国滑翔伞优秀选手赛；《笃谷笃杉》获文化部第七届中国原生民歌大赛银奖，箐苗音乐《我爱我家》获全国文艺奖。卫生计生再续新发展。国家慢性病综合防控示范区创建有序推进，成功承办省、市人口计生“双诚信双承诺”（33）推进会，人口计生工作省级排名上升3位。梭戛乡被国务院授予“全国民族团结进步模范集体”称号，殡葬改革有序推进，国防动员与后备力量建设进一步加强，法制、供销、气象、档案、保密、通信、人防、消防、残联、老龄、地方志、红十字、妇女儿童、防震减灾、对台和外事侨务等各项工作迈出了新步伐。

（五）坚持提高效能、提升形象，政府建设在依法行政中得到加强。一是政府公信力进一步提升。深入开展党的群众路线教育实践活动，认真落实党风廉政建设“一岗双责”，严格执行中央“八项规定”，公务用车整治全面加强，清理“吃空饷”（34）35人，腾退办公用房3354.52平方米，“三公”经费（35）压缩27.57%。二是政府执行力进一步增强。全面推进政务服务“并联审批”（36），畅通重大项目“绿色通道”；下力精文减会，会议压缩25%，文件压缩37%；出台重大决策部署跟踪督查办法，跟踪问效264件，确保了政令畅通。三是政府满意率进一步提高。主动接受特区人大的法律监督、特区政协的民主监督以及社会舆论监督，办理人大代表建议84件、政协委员提案130件，办结率100%，满意率100%；办理网民留言和网上诉求214件，办复率100%。

各位代表！过去一年的成绩来之不易。这是特区党委坚强领导的结果，是特区人大、政协监督支持的结果，是全区各族干部群众团结奋斗和各方大力支持的结果。在此，我代表特区人民政府，向全区各族人民，向人大代表、政协委员，向各民主党派、工商联、无党派人士和各人民团体，向驻境部队官兵、政法公安干警，向所有关心和支持我区改革开放和现代化建设的各界人士，表示衷心的感谢和诚挚的谢意！

在充分肯定成绩的同时，我们也清醒地看到发展中的矛盾和前进中的问题：一是经济总量小、人均水平低，发展形势复杂，内生动力不足，保持经济快速增长和完成“十二五”目标任务十分艰巨；二是精准扶贫不到位，贫困人口稳定增收保障不强，公共服务和社会保障体系不完善，安全生产形势依然严峻，保障和改善民生的任务十分艰巨；三是体制机制矛盾突出，开放水平不高，创新能力不强，市场活力未充分释放，改革开放创新任务十分艰巨；四是一些干部本领不强、作风不实、担当不够、执行不力，营造良好发展环境的任务十分艰巨。民之所望，政之所向；病之所在，治之所要。对于这些困难和问题，我们将在今后的工作中采取有效措施认真加以解决。

二、2015年工作安排

2015年，既是全面深化改革攻坚之年，又是依法治区开局之年，更是决战“十二五”规划收官之年。当前，我国经济正从高速增长转向中高速增长，经济发展方式正从规模速度型粗放增长转向质量效率型集约增长，经济结构正从增量扩能为主转向调整存量、做优增量并存的深度调整，经济发展总体向好的基本面依然没有改变。在中高速差别化发展的新常态下，六枝正处于保持适当速度、继续扩张总量的追赶期，促进转型跨越、不断深化改革的攻坚期，突破瓶颈制约、彰显相对优势的潜能释放期，统筹各种资源、增进群众福祉的民生普惠期。在这关键时期，我们既面临着发展环境深刻变化的严峻挑战，也叠加了新一轮西部大开发、国发2号文件项目实物化、在建大项目效益释放等重大机遇。只要我们善谋发展之势、善借发展之力、善闯发展之路，就一定能抢占制高点、赢得主动权。

新常态蕴含新动力，新思路孕育新作为。今年政府工作的总体思路是：全面贯彻落实党的十八大和十八届三中、四中全会以及习近平总书记系列重要讲话精神，坚持“稳中求进”总基调，紧扣“四化同步”（37）主战略，以提高经济发展质量和效益为中心，以“适应新常态、抢抓新机遇、实现新跨越”为主旋律，紧紧围绕建设现代化精品城市目标，坚守发展、生态、安全“三条底线”，坚定不移转方式、调结构、稳增长、惠民生，坚定不移推进“四个全面”（38），加快推进经济、生态、社会“三重转型”，确保“十二五”规划圆满收官，为开启“十三五”规划和实现同步小康奠定更加坚实的基础。

顺应新常态下的新要求，综合研判宏观形势和发展态势，今年经济社会发展主要目标是：生产总值增长14%以上；2000万元以上工业增加值增长15%以上；50万元以上固定资产投资增长27%以上；社会消费品零售总额增长16%以上；公共财政预算收入增长6%以上；城镇、农村居民人均可支配收入分别增长14%、14.5%以上；金融机构存贷款余额分别增长20.95%、30.68%以上；城镇登记失业率控制在4.2%以内；人口自然增长率控制在5.2‰以内；全面完成省、市下达的节能减排指标。

围绕实现上述目标，重点抓好以下几个方面的工作：

（一）以提质增效为主线，着力加快产业转

型升级。一是做优一产提质量。实施粮食安全工程。依托农业科技创新，实施好粮食增产工程和粮油高产创建项目，确保粮食总产稳定在19万吨；把产量做成产值、把产值做成收入，粮经比达32∶68。实施农业提升工程。积极与省内外农科院（所）合作，建立特色产业研发中心和研发基地；围绕“现代山地特色高效农业”，重点打造都香高速、水黄高等级公路沿线农业特色产业示范带，新增“3155工程”21万亩以上，建成千头牛、万头猪、千只羊山地畜牧养殖场各1个，培育10万只蛋鸡场1个，肉类总产增长10%以上。实施龙头培育工程。加强政策引导，强化资金扶持，做大龙头企业，新增市级以上重点龙头企业6家，新增农民专业合作社20个以上。实施农业品牌工程。推进“三品一标”（39）持续发展，创建以“凉都”冠名的猕猴桃、核桃、红樱桃、茶叶、中药材等一批特色生态农产品品牌，完成无公害农产品产地认定9万亩、绿色食品认证1个、有机食品认证2个。实施园区示范工程。按照“园区景区化、农旅一体化”，推动园区特色产业与现代加工业、物流业、生态观光业有机结合，巩固提升大用、郎岱现代高效农业示范园区，力争北部库区、月亮河、牂牁江等5个现代农业园区全部进入省级重点，促进园区增产增效。二是做强二产扩总量。传统产业抓集群。以实施工业“百千万”工程为抓手，持续推进煤矿企业兼并重组，加快砂石厂关闭整合，创造条件帮助六枝路喜工矿集团焕发活力，推动六枝工矿集团改革改制，加快传统煤业和现代煤化工一体化发展，煤炭资源就地转化率提高10个百分点以上，不断壮大工业经济规模、提高工业运行质量。围绕“四个一体化”（40），大力发展循环经济，稳步推进路喜循环经济示范园区、华润（六枝）循环经济示范园建设，力争年产120万吨新华煤矿投产达效，促成华润六枝电厂二期项目落地，发展下游产业，带动关联企业落户，形成产业集群。新兴产业抓培育。创造条件发展大数据（41）产业，千方百计引进一批电子信息产业项目落户六枝，带动智慧城市、智能交通、数字城管、电子商务、电子政务等产业发展；加快发展新医药大健康（42）产业，积极引进中药材、农产品加工及康体娱乐等新医药大健康产业项目，做好华润医药项目对接协调，推进圣济堂药业、宏奇制药二期等项目建设，深入实施“茶产业提升三年行动计划”（43）；创新发展新型建筑建材产业，编制新型建筑材料产业发展规划，吸纳高新技术和绿色环保建材企业在六枝投资建厂，引导社会资金和外资投向技术水平高、市场前景广、预期效益好的新型建筑材料项目，支持乡村建筑队伍做大做强。工业园区抓提升。坚持工业向园区集中，企业向园区集聚，要素向园区集结，功能向园区集成，吸附更多的企业落户园区，吸引更多的客商投资园区。加快“一区三园”基础设施建设，创新方式、优化措施开展产业园区攻坚行动，完成工业投资69亿元。三是做活三产壮体量。构造现代旅游品牌。围绕打造标准旅游休闲度假城市、大健康旅游目的地城市目标，抢抓“高速时代”机遇，着力提升旅游景区内涵魅力，构建以牂牁江风景名胜区为龙头，月亮河布依文化生态园、廻龙溪景区为龙身，梭戛自然与文化生态旅游示范区为龙尾的旅游发展格局，把景区景点串点成线；培育新兴旅游业态，编制旅游产业项目名录，高端策划体验式旅游营销热点，开展旅游项目招商，推动城旅融合、农旅融合、文旅融合，加快构建“快旅慢游”（44）服务体系；全年接待游客达390万人次以上，实现旅游收入17.68亿元，增长36%以上。构建现代商贸物流格局。加快推进滨河公园商业步行街、嘉年华商业市场、六枝华海广场、城东物流园等商贸流通项目建设，促进城区商贸基础设施合理布点、彰显品位，打造通道经济（45）发展核心区。构筑消费增长平台。积极争取国家“六大领域消费工程”（46）项目支持，大力培育健康、养老、信息、住房、绿色、教育文化体育等新的消费热点；创建民族团结繁荣示范县，力争民贸民品企业优惠利率贷款达4亿元；积极发展农村电子商务，促进农村商业连锁经营和统一配送，在更多乡镇打造“30分钟便民服务圈”，引导汽车、住房、物业、家政服务等消费业健康发展，推动服务业发展提速。

（二）以深化改革为路径，着力增强发展内生动力。一是通过改革释放体制机制活力。深入推进简政放权，积极做好行政审批事项的承接、精简、下放、监管等工作。全面推行权力清单、责任清单和涉企收费清单制度，完善政府权力公开运行、动态监管机制。建立跨年度预算平衡机制和预决算公开机制。深化教育综合改革，组建职业教育集团，推进中小学教师无校籍管理，加强师德师风师能建设。完善行政执法体制，建立综合执法机制。统筹推进基层医药卫生体制、公务用车制度等管理体制改革，理顺社区管理体制机制。二是通过改革释放市场要素活力。坚持放开竞争性领域，积极推广PPP模式（47）。强化政府性债务管理。完善政府投资项目招投标体制和决算审计机制。建立健全中小企业贷款“助保金”制度，建立完善政策性担保体系。积极推进“引金入区”工程，支持贵阳银行落户六枝。巩固并推广农村金融综合改革成果，大力发展普惠金融。加大非法集资打击力度，建立金融机构风险处置协调机制。坚持土地统一收储、统一出让、统一考核，确保土地等要素跟着项目走。三是通过改革释放市场主体活力。支持国有企业改革，促进股权多元化、运营专业化。继续解决制约企业发展的历史遗留问题，让市场主体轻装上阵。推进国有粮食购销企业、供销社、集体林权制度等配套改革，完成农村土地经营权确权登记颁证任务。有效推进公立医院改革。做好经营性资产清查，巩固资金、资产和土地清理成果，规范国有资产租赁管理行为。加强社会组织改革创新，完善社会组织培育扶持政策。

（三）以项目建设为支撑，着力拉动经济稳步增长。一是项目谋划出快招。准确把握国家产业政策、资金投向和扶持重点，抢抓国家实施“七大投资工程包”（48）机遇，抓紧包装储备项目，争取更多项目进入国家、省、市“十三五”规划项目库，特区“十三五”规划纳入项目1000个以上，概算投资突破1万亿元，全年争取上级补助资金25亿元以上，为实现更长时间、更高水平、更好质量发展打下扎实基础。二是要素保障出实招。积极争取金融机构信贷资源倾斜，着力解决项目资金难题。做深做实项目前期工作，加强城乡建设用地增减挂钩，开展闲置土地清理，优先保障重点项目用地，全年报批土地5000亩以上、储备土地3000亩以上。扎实推进依法征拆工作，加强项目用水、用电、用工等要素保障。严厉打击阻工闹事等破坏发展环境的行为，保护投资主体合法权益。三是项目推进出硬招。启动经济社会转型升级三年行动计划，完善重点项目建设“六个一”工作机制（49），在产业园区推行服务管理零距离、入园建设零障碍、生产经营零干扰、处理问题零缺位“四个零”工作机制，促进总投资1061.54亿元的381个项目加快建设或建成投产。加强项目跟踪管理，不断提高项目资金到位率、开工建设率、竣工投产率、达产达标率和税收贡献率。四是招商引资出真招。依托优势产业，围绕大数据、新医药和健康养生、“5个100工程”(50)、“3155工程”等方面谋划一批大项目、好项目，努力在集群引进、板块承接、产业延伸上取得新突破。突出节会招商，积极参加省酒博会、经贸洽谈会等招商活动，力争引进500强企业2家以上，加速形成优势产业集群。坚持招内商、强内商，引导煤矿、房地产企业转型发展，千方百计留住区内资金。全年新引进投资规模1000万元以上省外合同项目49个，签约总额224亿元以上，实现新引进投资增长30%以上。

（四）以城乡统筹为抓手，着力构建现代精品城市。一是规划与建设并重，展示中心城区新形象。按照“多规融合”（51）新要求，高起点编制城市专项规划和重要区域形象设计。加快推进南环路西段建设，力争建成六枝东、西互通式立交连接线，启动中心城区管线入地工程（一期），不断完善城市功能，增强城市吸纳能力。稳步推进东方龙城（二期）、七冶国际新城、连城国际（三期）等住房项目建设，实施华飞新都市温莎小镇（142队）、那平路等旧城改造，启动八栋楼、春江花园、富祥小区棚户区改造，不断优化城区居民居住条件。深入开展“四创”活动，探索城市管理综合执法新途径，彻底整治乱搭乱建、占道经营等突出问题，努力营造优美整洁的城市环境，积极申报全国卫生城市。二是扩容与提质并行，做强特色城镇新亮点。稳步推进“南部建新、东西拓展，中部同城、特色相辅”城市布局，合理控制中心城区规模，逐步拉开南部新区建设，新增城市扩容2平方公里。突出产城景互动融合，按照生产空间集约高效、生活空间宜居适度、生态空间山清水秀的城镇化建设总要求，以六枝全域谋划城镇化布局，走山地特色新型城镇化新路子，推进人口向城镇集中、基础设施和公共服务设施向农村延伸。持续推进郎岱、岩脚、木岗全国重点镇建设，加快落别、大用等特色小城镇建设步伐，持续优化镇区功能，打造中心城镇带动型新样板，提升特色小城镇辐射带动力，城镇化率达40%以上。三是生态与富民齐驱，打造城乡一体新景象。按照“城乡一体、规划先行、镇村联动、产镇融合”的思路，以“六项行动计划”为载体，按照“八化标准”（52），深度推进“三城两线”综合示范带创建，打造1个以上“四在农家·美丽乡村”升级版示范点，打造落别可布等50个特色村寨，让城市融入大自然，让居民看得见山、望得见水、记得住乡愁。强势开展“两违”（53）清理，采取疏堵结合、打防结合方式，强拆一批、制止一批、打击一批、处理一批，规范农村用地和建房行为。

（五）以绿色发展为引领，着力推进生态文明建设。一是积极开展“蓝天”行动。制订《六枝生态文明建设总体规划》《“十三五”生态文明建设规划》。深入贯彻落实新环境保护法，用好森林保护“六个严禁”、环境保护“六个一律”两把“利剑”，强化林业生态红线保护和环境污染“两个问责”。积极开展建筑工地扬尘、渣土运输洒漏、餐饮油烟排放整治工作。推广应用节能减排新技术、新产品、新装备，有序淘汰落后产能，发展绿色循环低碳经济，确保实现年度节能减排目标。二是积极开展“净水”行动。认真落实山体水系保护“八条措施”，实行最严格水权保护制度，深入实施重点流域“河长制”。城市生活垃圾无害化处理率达48%以上，城市污水处理率达85%以上。扎实推进国家环保模范城市创建，严格实行环保审批制度，拒绝污染项目。加快园区生态环保配套设施建设进度，逐步完善村庄垃圾清运和集中处理设施，全面改善人居环境。三是积极开展“绿地”行动。扎实推进“绿色六枝”三年行动计划，积极争取国家生态修复项目和生态补偿资金。坚持自然修复为主，宜林则林，宜草则草，抓好退耕还林、天然林保护、森林植被恢复费造林等林业生态建设，治理水土流失17.5平方公里，森林覆盖率提高3个百分点。突出“五个优先”，实施“多彩贵州·最美高速”（54）创建行动，创建绿色生态产业，努力把环境敏感期变成生态建设加速期。

（六）以完善设施为重点，着力夯实发展环境基础。一是完善城乡交通设施。构建外联内畅交通网络，开工建设六安城际铁路六枝段，扎实做好纳六晴高速建设前期工作，积极争取六（枝）普（定）高速纳入省“678”高速路网规划，开展六枝通用机场前期工作，改造六（枝）郎（岱）公路、六枝老街至石板沟公路、大草坝至两路口公路，配合实施光照库区航运建设。坚持建管并重，重拳整治车辆超限超载运输，切实减少交通基础设施人为损毁状况。二是完善水利能源设施。开工建设茅草寨水库，实现旧院水库正常供水，加快懒龙河水库建设进程，推进松树林、河头上、湾龙坡等水库前期工作。大力实施小型农田水利重点县建设，新增有效灌溉面积1万亩，实施磨盘河小流域治理11.86平方公里。着力打造新能源示范基地，力争箐口风力发电、西南能矿集团日产100万立方米LNG加工等项目开工建设，加快推进黔中水利枢纽工程发电项目。抓好区域内煤层气的勘探、开发与综合利用的跟踪和衔接，全力构建六枝能源经济新兴增长极。三是完善信息网络设施。提高光纤网络覆盖率、宽带速率和接入率，实现4G网络城乡全覆盖。促进农村电子商务配送，推进快递业务覆盖城乡。实施“八大文化惠民工程”（55），推进直播卫星户户通和无线数字电视发展，扩大数字电视网络覆盖面，让偏远山区村民更好地了解山外世界。

（七）以改善民生为根本，着力保障人民群众福祉。一是扎实做好普惠性民生。继续推进教育“9+3”计划和“4+2”教育突破工程，启动基本普及15年教育计划（56），加快特区职校二期及特区第二、第三幼儿园等教育工程建设；推进特区八中引进社会力量合作办学试点；支持市二医引进社会资本办医改革，加快六枝中医院建设；实现人口计生“三降一升”（57）目标；依法推进殡葬制度改革，加快镇域公益性公墓建设步伐；深入实施《全民科学素质行动计划纲要》，提高市民科学素质。二是扎实做好增长性民生。深入推进国家级创业型城市创建工作，城镇新增就业2.07万人；实施社保扩面提标“幸福行动”，“五大社会保险”参保率均达98%以上，新农合参保率提高到99.5%以上，城乡居民最低生活保障标准提高10%以上，新农合统筹基金最高支付限额提高到20万元。三是扎实做好特殊性民生。强化精准扶贫，落实“六个到村到户”（58），减少贫困人口2.5万人，贫困乡镇发生率控制在10.53%以内；兜底做好社会救助，全面提高各类特困群体基本生活保障标准；扎实开展“救急难”工作，建成特区救助站，确保困难群众求助有门、受助及时。四是扎实做好基础性民生。在满足基本需求上下功夫，深入开展“平安六枝”创建，坚决打好“三大战役”（59），全力维护社会和谐稳定；深入开展“抓典型促整改回头看”煤矿安全教育实践活动，健全完善“党政同责、一岗双责、齐抓共管”安全生产责任体系，完善安全隐患发现受理、处置问责制度，深入开展“六打六治”（60）和隐患排查等专项行动，坚决杜绝重特大安全生产事故发生；健全和完善食品药品监管体系，用最严格的监管、最严厉的处罚、最严肃的问责，确保全区人民“舌尖上的安全”；扎实做好信访工作，加强法律援助，畅通民意诉求渠道，健全矛盾纠纷排查调处机制，最大限度预防和减少各类不稳定因素；完善应急管理体系，提高应对处置突发事件能力，确保社会大局稳定。同时，认真做好民族宗教、对台和外事侨务、国防动员、人防战备、双拥优抚、统计、供销、气象、档案、保密、石油、盐务、消防、残联、老龄、地方志、红十字、妇女儿童、防震减灾等工作。在拓展基本服务上下功夫，按照量力而行、尽力而为的原则，集中力量办好“十件民生实事”：（1）创建市级示范中小学（幼儿园）4所，新建幼儿园2所，推进农村义务教育8万学生营养改善计划；（2）改扩建乡镇卫生计生院3个，规范配置4个社区卫生计生院；（3）实施扶贫生态移民搬迁工程348户1477人，开工建设保障性住房3152套；（4）完成2个乡镇“减贫摘帽”，实施15个贫困村“整村推进”；（5）继续实施“3个15万元”（61）扶持政策，新增微型企业450户，带动就业1350人以上；（6）解决农村5万人口饮水安全问题，确保中心城区及乡镇千人以上集中式饮用水源地水质达标率100%；（7）改造提升农村敬老院2所；（8）大力推进绿色贵州六枝绿化工程，完成荒山绿化、石漠化治理、退耕还林11.47万亩；（9）实施受地质灾害危害学校三年治理行动计划（62），治理受地质灾害危害学校4所；（10）建成通村油路（水泥路）250公里，实施中心城区背街小巷改造13条2.43万平方米。

（八）以提高效能为核心，着力加强政府自

身建设。一是倾力打造法治政府。以“法治指数”提升六枝的“公平指数”。按照“法无授权不可为、法定职责必须为”的要求，始终把依法行政作为政府工作的基本准则，依法行使职权，依规履行职责，不断完善“权责明确、行为规范、监督有效、保障有力”的行政执法体制，推进公正执法、文明执法、综合执法。建立健全公众参与、专家论证、风险评估、集体决策的议事决策机制。主动接受人大工作监督和政协民主监督，高度重视群众监督、司法监督、舆论监督和审计监督。加大政务公开力度，完善电子政务网络平台，做到职权法授、程序法定、行为法限、责任法究。二是倾力打造务实政府。以“效率指数”提升六枝的“发展指数”。依托“区长信箱”网络平台，进一步完善工作机制，畅通与群众联系渠道。加强政务服务规范性建设，优化绿色通道，畅通预约服务，实行并联审批，打造实体服务大厅和网上办事大厅线上线下一体的政务服务平台。建立和完善分类绩效考核体系，增加群众满意度权重，用绩效引领工作导向、评定工作实绩、检验工作成效。加强督查督办，坚决问责处理懒政、庸政、怠政等消极现象，形成团结奋斗、争创一流的工作合力。三是倾力打造勤政政府。以“辛苦指数”提升群众的“幸福指数”。只有勤政的政府，才是有为的政府。牢记“为官一任、造福一方”的责任担当，专心思考、用心工作、尽心办事、倾心服务，做到“人人有激情，时时在状态”。切实办好人大代表建议和政协委员提案，真正把各项工作做到群众的心坎上。加强对事关中长期发展战略全局的重点难点和关键问题研究，深入谋划好重大工程、重大项目、重大政策，科学编制“十三五”规划纲要及专项规划。四是倾力打造廉洁政府。以“清廉指数”提升群众的“满意指数”。落实“三严三实”（63）要求，遵循政治纪律“十严禁”（64）和干部作风“十不准”（65）。以权力瘦身为廉政强身。按照“一岗双责”的要求，增强党风廉政主体责任意识，严肃查处违法违纪行为，坚决纠正损害群众利益的不正之风，做到用制度管权、按制度办事、靠制度管人。加大对重点领域、重点部门、重点项目的全面监管和全程监督，强化事前防范和事中监控。继续保持艰苦奋斗的优良作风，牢固树立“过紧日子”的思想，坚持厉行节约，坚决反对浪费，严格控制“三公”经费支出，把有限的资金用到促进发展上、用到改善民生上、用到维护稳定上。

各位代表，时代赋予重托，奋斗铸就辉煌。让我们在特区党委的坚强领导下，在特区人大、政协的监督支持下，紧紧围绕“同步小康”的光荣使命，以更加饱满的精神、更加坚决的姿态、更加务实的工作，凝心聚力，奋勇前行，为建设产业更优、经济更强、百姓更富、生态更美的新六枝而不懈奋斗！

中国人民政治协商会议第八届六枝特区委员会常务委员会工作报告

（2015 年 3 月 9 日在政协第八届六枝特区委员会第四次会议上）

夏　明

各位委员：

我受政协第八届六枝特区委员会常务委员会委托，向大会报告工作，请予审议，并请列席会议的同志提出意见。

2014 年工作回顾

2014 年以来，在特区党委的领导和上级政协的指导下，特区政协坚持以邓小平理论、“三个代表”重要思想、科学发展观为指导，认真贯彻落实中央、省、市、特区的重大决策部署和要求，牢牢把握团结和民主两大主题，紧紧围绕特区党委、政府中心工作，带领政协各参加单位和广大政协委员，扎实履行政治协商、民主监督、参政议政职能，为促进我区经济社会提速转型、持续健康发展贡献力量。

一、强化理论武装，不断巩固共同思想政治基础

坚持把增强理想信念、增进政治共识作为首要任务，强化理论武装，筑牢共同团结奋斗的思想政治基础。

深入加强政治理论学习。通过政协党组中心学习组学习、机关政治理论学习、会议学习、培训、自学等多种形式，深入学习领会中共十八大、十八届三中四中全会、习近平总书记系列重要讲话精神，学习中央、省委、市委和特区党委的重要会议文件精神，学习政协、统战工作方针政策和理论知识，不断提高政治理论素养，增强政治把握能力，增进对中国特色社会主义思想政治认同，强化中国特色社会主义共同思想政治基础，确保中央、省委、市委和特区党委的决策部署在政协的贯彻落实。积极协助特区党委组织召开庆祝中国人民政治协商会议成立 65 周年、特区政协成立 30 周年暨特区政协工作座谈会，深入学习习近平总书记、省委赵克志书记、市委李再勇书记分别在中央、省、市庆祝中国人民政治协商会议成立 65 周年大会上的重要讲话精神，准确把握人民政协的新思想、新论断、新举措，加深对政协工作新形势新任务新要求的认识，增强政协围绕中心、服务大局的责任感、使命感，拓宽做好政协工作的新思路新方法，坚定走中国特色社会主义政治发展道路的信心和决心。

扎实开展党的群众路线教育实践活动。严格按照中央、省委、市委和特区党委的部署，切实

按要求参加党的群众路线教育实践活动。集中开展学习30余次，讨论活动6次。通过发放征求意见表、上门走访、召开座谈会等形式，征求到意见建议200余条，综合梳理出意见建议74条，查摆出特区政协领导班子和党组成员在“四风”方面的问题52个。深入开展交流谈心活动，认真拟写领导班子及个人对照检查材料，进一步找准查实“四风”突出问题，全面剖析问题根源，明确整改措施和努力方向。认真组织开好高质量的专题民主生活会和专题组织生活会。认真制订“两方案一计划一措施”，列出整改落实清单，明确整改目标、措施和时限，狠抓整改落实。建立健全有关规章制度，为巩固活动成果、密切联系群众、弘扬优良作风提供有力保证。通过开展活动，进一步转变作风，密切联系群众，提高服务质量，增强履职实效。

二、围绕中心服务大局，助推转型跨越发展

围绕我区发展的主题主线、主基调主战略和主要目标任务，把促进转型跨越发展作为第一要务，充分发挥政协智力优势、组织优势和渠道优势，认真履行政治协商、民主监督、参政议政职能，助推六枝全面建成小康社会进程。

扎实推进政治协商。一是全体会议整体协商。精心筹备召开特区政协八届三次会议，协商讨论了特区政府工作报告和其他相关报告，围绕事关全区经济社会发展大局的重要问题和群众关心的热点难点问题认真协商建言，共商富民强区大计。会后及时组织梳理会议讨论发言，从城镇基础设施建设、工业、农业、教育、社会保障、交通、文化、旅游、医疗卫生等方面归纳出意见建议100余条，形成会议通报报送特区党委、政府和特区人民法院、人民检察院。二是常委会议专题协商。共主持召开常委会议5次，集中协商讨论了我区煤炭生产、教育“9+3”、公共文化服务体系建设和旅游发展、“四创”、环境保护、扶贫、小微企业发展、特区政协八届三次会议以来提案办理等重要工作，提出了相关合理化意见建议近百条。三是主席会议重点协商。召开主席会议12次，协商讨论了我区加强城市基层管理推进社区建设实施方案、交通基础设施建设目标执行情况、行政区划调整等工作，积极提出意见建议，有效支持特区党委、政府做好相关工作；协商研究了特区政协八届三次会议和各次常委会议召开、提案交办督办、特区政协委员培训、六枝片区市政协委员视察等日常工作，保证了常委会闭会期间各项工作正常开展。四是专委会对口协商。各专委会分别就我区春季农业、“六六”高速公路建设、扶贫开发、招商引资、计划生育“双诚信双承诺”“六五”普法、城乡居民社会养老保险、“天网工程”建设等工作，与特区政府相关部门对口协商，积极建言献策，促进相关工作。

强化民主监督。一是推进提案监督。特区政协八届三次会议以来共收到提案131件，经审查立案112件。通过重点督办、联合督查、走访跟踪、组织视察、座谈协商、联合办理、表彰激励等形式，有效推动提案办理落实，促进相关问题解决。截至2014年底，112件提案全部办理答复，办复率100%。二是组织视察监督。通过政协常委会议和有关专委会组织委员对特区三小、四小、五小、八中规划建设、职业技术学校发展、木岗产业园区建设、公安局“三所合一”工程建设及“三所”卫生监督工作等情况进行视察，提出了大量意见建议，形成视察报告报送特区党委、政府及有关部门。组织六枝片区市政协委员、特区政协不是市政协委员的领导班子成员、各委室主任副主任及特区政府相关部门负责人对华润电力六枝电厂项目建设情况进行视察，就如何推进项目建设、带动六枝经济发展进行协商讨论，及时形成视察报告报市政协转市委、市政府决策参考。三是拓展特约监督。向市二医、特区法院、检察院、公安局、六枝消防大队、原特区质监局等执纪执法部门和窗口单位委派特约监督员，对特区人资社保局、教育局有关考聘工作进行巡视，推荐政协委员参加特区党的群众路线教育实践活动有关征求意见和测评，参加市检查特区党风廉政建设座谈会、特区“阳光晒权”活动面对面评议，参加六枝特区乡（镇）党政领导班子运转情况及培养乡科级后备干部专项调研，旁听特区人民法院有关案件庭审等等，认真提出意见建议，促进行风政风进一步好转。

积极参政议政。一是认真组织调研。选取新型农村合作医疗制度实施、农村闲置校园校舍管理使用、大用现代农业园区发展、移民后期扶持、彝族村寨特色文化、牂牁江景区旅游开发等课题，深入乡村、企业和项目建设一线了解情况，收集困难和问题，认真思考对策，形成调研报告报送特区党委、政府及有关部门。二是积极参与党政工作。政协领导班子成员按照分工，积极与特区党委、政府相关分管领导协调配合，加强对党政部门工作的联系，共同协调、督促、指导全区各项工作。服从和服务全区大局，经常深入乡镇、部门、园区调研，及时研究解决产业发展、农业农村、党风廉政、人口计生、“美丽乡村·四在农家”、党建扶贫、安全维稳、“四创”、工业“百千万”工程等工作中存在的困难和问题，提出意见建议，助推问题解决。例如，政协一名副主席兼任特区高速公路、铁路项目建设指挥部常务副指挥长，参与项目建设协调工作。积极开展招商引资工作，利用政协各种会议和活动，广泛宣传动员广大委员参与招商引资，想方设法联系客商与特区政府及其部门洽谈投资事宜，促进六枝转型跨越发展。根据特区党委关于六枝特区全面深化改革重点专题安排，牵头承担了特区关于推进乡镇基层民主制度建设和完善六枝特区政协提案工作机制两个专题的相关工作，通过调查研究和广泛征求意见，结合实际起草了两个改革专题的方案，按时报特区党委，为促进我区改革事业贡献力量。

三、发扬民主团结各界，营造和谐发展环境

坚持团结和民主两大主题，充分发挥政协独特优势，团结各方人士，凝聚各种力量，广泛调动一切积极因素，积极推动我区经济社会发展，构建和谐六枝。

畅通渠道，沟通政群促和谐。充分发挥政协联系各族各界的优势和作为党委、政府联系人民群众的桥梁纽带作用，加强与社会各方面的联系，听取不同阶层的呼声，反映不同群体的诉求，汇集不同方面的意见，积极协调各方关系，努力协助党委、政府做好宣传引导、释疑解惑、协调关系、化解矛盾、汇聚力量、助推发展的工作。坚持民主协商、平等议事的原则，妥善处理政党、民族、宗教、阶层和海内外同胞等关系，加强与党外人士、新的社会阶层人士、民族宗教界人士、海内外同胞的团结联络，加强与政协各参加单位的沟通联系，鼓励支持他们参政议政，积极营造民主团结、和谐活跃的履职氛围，巩固和发展生动活泼、团结和谐的政治局面。

交流联谊，凝聚力量促发展。本着促进发展、扩大交流、热情大方、厉行节约的原则，积极加强对外交流往来。认真做好各级政协到我区开展交流、调研考察等活动的协调服务；按要求参加省政协、市政协全会和有关常委会议；参加了省、市庆祝人民政协成立65周年大会、省政协工作座谈会，积极报送纪念、交流文章；出席了黔滇两省北盘江流域16县（市、区、特区）政协第二轮协作会第十次年会，等等。通过这些交流活动，汲取先进经验，增进友谊，开阔视野，拓展思路，扩大对外宣传，搭建合作平台，为促进我区经济社会跨越发展发挥了积极作用。

扶贫济困，力所能及办实事。充分发挥政协联系面广、渠道畅通的优势，深入联系乡镇、党建扶贫点，察民情、集民意、帮民需、解民忧，切实为基层群众办实事好事，积极促进相关民生问题的解决。一年来，协调特区农村综合培训中心到联系点大用镇黑晒村举办“绿色证书”培训，协调相关部门帮助木岗镇戛陇塘村建设村活动室、文化广场和修建机耕道，协调香港慈恩基金会在陇脚乡中心小学发放助学金，引进香港爱心人士捐资40万元援建龙场乡新场坝小学和梭戛乡团结小学，协调民建贵阳市委会员企业贵州合石电子商务有限公司到梭戛乡团结小学捐赠价值10万余元的校服、图书及文具，等等。

四、切实加强自身建设，不断增强人民政协的生机与活力

加强委员队伍建设。制订《六枝特区政协委员履职保障办法（试行）》，加强委员履职服务、管理和保障，增强委员履职的责任感、积极性、主动性，强化委员履职的纪律严肃性。通过行文安排学习、订阅报刊、会议学习等方式，加强委员学习培训，提高委员思想政治素质和履职能力。例如根据现代网络信息发展形势，于2014年8月组织全体政协委员培训了大数据、云计算等现代知识。通过分工走访、到委员所在乡镇、单位调研联系工作时联系委员等方式，加强委员联系，适时了解委员思想动态、生活现状和工作情况，积极宣传党的路线方针政策，加强交流、增进友谊、促进学习、推进工作，不断增强政协凝聚力和委员履职活力。

加强政协机关建设。以党的群众路线教育实践、“十破十立”解放思想大讨论、全民读书等活动为载体，全面加强机关思想建设、组织建设、作风建设和制度建设，不断提高政协机关干部职工大局观念、服务意识和工作水平。支持政协机关多名干部分别到全国政协培训中心、贵州省委党校、六盘水市委党校、特区党校等培训机构培训，拓展视野，更新观念，丰富学识，增强履职能力。结合“四创”活动，加强机关办公环境整治，进一步改善机关办公条件。结合开展党的群众路线教育实践活动，及时修订完善有关制度，严格抓好制度落实，增强服务意识，提高机关效能，不断推进政协机关制度化、规范化、程序化建设，促进政协机关建设上台阶。

加强文史宣传工作。密切与新闻单位的联系与合作，积极协调新闻单位宣传报道政协履职活动，增进各界对人民政协的认识，提高人民政协的影响面和知晓度，营造良好的履职氛围。认真做好《贵州政协报》《文史天地》征订工作，积极向省、市、特区相关媒体报送政协工作信息，及时反映政协工作动态。发挥文史资料“存史、资政、团结、育人”的作用，高度重视文史资料收集整理和编辑出版工作，大力挖掘、宣传神秘悠远的古夜郎文化，进一步提高六枝知名度，振奋民族精神，积极促进我区经济社会协调发展。组织政协委员调研、收集彝族文化资料和双语教学资料，组织农业、林业、水务、文化、教育、卫生、民政、文联、交通等部门负责人召开文史资料征集会，积极推动我区的贵州文史资料征集和回忆西部大开发（贵州卷）史料征编工作，共征集到文史资料22篇。

各位委员，特区政协一年来取得的成绩，离不开特区党委的正确领导和特区人大、特区政府的大力支持，离不开上级政协的关心和指导，离不开各乡镇、各部门、各族各界的积极帮助，离不开政协各参加单位和广大政协委员的共同努力。在此，我谨代表特区政协常委会向所有关心支持政协事业的同志们、朋友们表示衷心的感谢并致以崇高的敬意！

各位委员，在肯定成绩的同时，我们也清醒地认识到，我们的工作与新时期新任务的要求，与广大委员和人民群众的期望相比，还存在一些差距和不足。主要是：政协作为协商民主重要渠道的作用还需进一步发挥，民主监督的力度还需进一步加大，政协的界别特点和优势还需进一步体现，等等。对于存在的问题和不足，我们将在今后的工作中认真研究、努力改进。

2015年主要工作安排

2015年是全面深化改革的关键之年，是全面推进依法治国的开局之年，是“十二五”规划收官和“十三五”规划谋划之年，也是深入推进全面建成小康社会宏伟目标的重要一年。特区政协工作的总体思路是：高举中国特色社会主义伟大旗帜，以邓小平理论、“三个代表”重要思想、科学发展观为指导，深入学习贯彻中共十八大、十八届三中四中全会和习近平总书记系列重要讲话精神，认真落实中央、省委、市委和特区党委重大决策部署，牢牢把握团结和民主两大主题，坚持把促进发展作为第一要务，围绕法治建设新部署、经济发展新常态、深化改革新举措、民生保障新任务、生态建设新要求，认真履行政协三大职能，为促进六枝经济转型跨越发展和社会和谐贡献力量。

一、加强理论学习，筑牢共同奋斗思想基础

把坚持和发展中国特色社会主义作为巩固共同思想政治基础的主要工作，把深入学习贯彻中共十八届四中全会精神与学习贯彻中共十八大、十八届三中全会和习近平总书记系列重要讲话精神结合起来，与学习省委十一届五次全会、市委六届七次全会和特区十届四次党代会精神结合起来，与学习贯彻中央、省、市、特区庆祝人民政协成立65周年大会精神结合起来，全面领会精神实质，准确把握精髓要义，不断用党的最新理论成果武装头脑，不断增强思想认同、理论认同和情感认同，坚定道路自信、理论自信、制度自信，牢牢把握正确的政治方向，与特区党委同心同向，形成推动改革发展和依法治区的强大合力。加强学习新经济知识，正确认识新常态，了解和掌握经济社会发展新常态下的新特征、新规律、新机遇，认真领会国家宏观调控的新举措，团结引导各族各界把思想和行动统一到中央、省委、市委和特区党委的重大决策部署上来，增强做好工作的信心，鼓足履行政协职能的干劲，为促进我区经济社会持续健康发展做出积极贡献。

二、围绕改革发展大局，精心履行政协职能

深化拓展民主协商。认真贯彻《中共中央关于加强社会主义协商民主建设的意见》。紧紧围绕特区党委、政府年度工作重要目标任务，紧密结合经济发展新常态下我区经济社会发展的新特征新挑战，充分发挥政协人才荟萃、智力密集的优势，着重就特区稳定经济增长重大措施、深化法治建设重大任务、产业结构调整优化、城乡统筹协调发展、交通水利基础设施、环保生态文明、民生社会事业推进、重大项目建设、发展风险防范化解以及安全生产、维稳等方面工作，通过政协全会、常委会议、主席会议、对口协商会议、界别、提案办理、参加党政有关会议等协商形式，有效开展多层次有质量的协商讨论，为推进我区改革发展、进位争先建言献策。按照中央、省委、市委和特区党委关于社会主义协商民主的新部署新要求，充分发挥人民政协专门协商机构作用，围绕我区改革发展中的重点热点工作，积极拓展协商内容，丰富协商形式，为我区进一步推进协商民主广泛多层制度化发展提供有益借鉴。按照市委关于推进乡镇基层协商民主制度建设的暂行办法和特区党委的相关实施办法，指导乡镇政协联络组开展工作，推进协商民主向基层延伸。

着力强化监督职能。围绕党的大政方针的贯彻、国家法律法规的实施、惠民利民政策的落实、特区党委政府决策部署的执行、社会热点难点问题的处理等，继续运用提案、反映社情民意、视察等形式，强化政协监督职能。以特区改革完善提案工作机制为契机，进一步做好提案的指导、征集、审查、交办、督办等环节工作，着力在提案质量和办理落实两方面下功夫，更好发挥提案的监督作用。围绕全区重点项目建设、产业园区建设、农业产业化推进、城镇化建设、生态环境保护、文化旅游产业发展、交通水利基础设施、教育医疗卫生事业发展、司法工作、殡葬改革等有关专题，组织政协委员视察，助推特区党委、政府重大决策部署的贯彻落实。围绕群众关心的热点难点问题，多形式多渠道反映社情民意信息，为维护群众正当利益沟通情况、建言献策，助推党群干群关系进一步密切、社会进一步和谐。进一步服务和保障好委员参与行风、政风、执法、司法评议活动，按要求开展好对有关工作的测评、督查，充分发挥委员的评查监督作用。

积极担当参政议政。深入把握经济社会发展的新特征、新规律，认真领会国家宏观调控的新举措，聚焦推动我区全面建成小康社会、全面深化改革、全面依法治区中的重大问题和群众关切的热点问题，结合实际选取全面建成小康相关指标推进、有关重大项目落实、政府和社会资本合作(PPP)政策实施、产业园区建设发展、城镇化建设、农业产业化提质增效、重大改革专题推进、重大改革措施执行、全面推进依法治区有关工作、生态环境建设保护、民生事业重点热点等专题，组织多渠道、多层次、多形式、多角度的调研考察，聚集区内智力，借鉴外部经验，努力为我区改革发展出实招、谋良策。按照习近平总书记在纪念人民政协成立65周年大会上的讲话和十八届四中全会关于建设法治政府的要求，认真组织开展好特区党委、政府委托开展的重大课题调研，组织政协委员开展好应邀参与的重大项目研究论证，更好发挥人民政协建言资政作用，切实帮助特区党委政府科学决策、民主决策。牢固树立全区“一盘棋”思想，按要求协助特区党委、政府做好有关工作。充分利用政协委员双重岗位、双重身份优势，进一步发挥好委员在政协工作中的主体作用、本职工作中的带头作用、界别群众中的代表作用。

三、发挥统一战线作用，凝心聚力促进和谐

充分发挥人民政协统一战线组织作用，在爱国主义和社会主义旗帜下，坚持大团结大联合方针，最大限度地调动一切积极因素，团结一切可以团结的力量，积极汇聚共襄我区全面转型跨越发展的强大力量。

坚持求同存异、体谅包容、民主协商、平等议事原则，加强与政协各参加单位的联系合作，加强同各族各界各阶层的联系沟通，努力营造民主和谐、生动活泼、安定团结的良好氛围，为全面深化改革、推动经济社会加速发展聚合力。发挥人民政协联系广泛、渠道畅通的优势，从群众最关心、最现实、最直接的问题入手，创新人民群众利益诉求表达机制，拓展公民有序政治参与渠道，如实反映群众的愿望、呼声、意见和要求，使党委、政府的决策更加贴近群众、符合实际、赢得民心。努力发挥桥梁纽带作用，协助特区党委、政府做好宣传引导、释疑解惑、汇聚力量、促进发展的工作，促进各方面关系融洽和谐。

坚持“存史、资政、团结、育人”的方针，适应新的形势和任务，积极做好文史资料调研挖掘、收集整理、编辑出版等工作，增强我区文化自信、民族自信、发展自信，为我区经济社会跨越发展提供精神动力。根据工作需要开展与有关兄弟县（市、区）政协的走访交流，增进了解和友谊，促进学习借鉴，服务我区发展。积极联系有关民主党派、社会团体、爱心人士，多形式开展智力支边工作。

四、进一步加强政协自身建设，提高履职能力和水平

人民政协是国家治理体系和治理能力现代化的重要组成部分。加强政协自身建设是政协工作取得成效的基础，也是政协工作与时俱进的关键所在。以提高履职能力为中心，着力提高政治把握能力、调查研究能力、联系群众能力、合作共事能力，自觉运用社会主义协商民主的重大战略思想和社会主义法治精神、法治理念、法治思维、法治方式来认识、研究和谋划政协工作，不断促进政协履职制度化、规范化、程序化建设。

以实施《六枝特区政协委员履职保障办法（试行）》和成立委员联络办公室为契机，强化委员履职服务保障，进一步做好委员走访联系，与时俱进提高委员政治业务素质，坚决维护委员正当权益，调动和激发委员履职的积极性、主动性和创造性，为委员发挥主体作用营造良好环境。注重发挥政协界别优势，根据界别特点，探索界别活动方式，不断突显界别的行业专业等作用。积极拓展专委会工作的新思路新方式，着力增强专委会工作的活力和成效，更好发挥专委会的基础性作用。按照省委、市委和特区党委部署，扎实开展好“三严三实”主题教育活动，坚持对政协机关干部职工严格要求、严格教育、严格管理、严格监督，增强大局观念和服务意识，提高服务质量和履职能力，努力建设政治坚定、作风优良、学识丰富、业务熟练的机关干部队伍，为有效履行政协职能提供有力保障。深化拓展党的群众路线教育实践活动成果，深入贯彻落实中央、省委、市委和特区党委关于改进工作作风、密切联系群众各项规定，推动作风建设常态化长效化。严格落实党风廉政建设“两个责任”和“一岗双责”，树立人民政协清正廉洁、风清气正的良好形象。

各位委员、同志们，新的形势和任务对人民政协工作提出了新的更高的要求，也为人民政协事业的发展提供了更为广阔的舞台。让我们紧密团结在以习近平同志为总书记的中共中央周围，在特区党委的坚强领导和上级政协的指导下，高举中国特色社会主义伟大旗帜，紧紧围绕特区党委、政府年度重大目标任务，充分发挥人民政协的社会主义协商民主重要作用，扎实履行政治协商、民主监督、参政议政职能，不断谱写人民政协事业新篇章，为推进我区全面建成小康社会、全面深化改革、全面依法治区的伟大事业而努力奋斗！

严明纪律主动作为　坚定不移推进党风廉政建设和反腐败斗争

——在中国共产党六枝特区第十届纪律检查委员会第五次全体会议上的工作报告

（2015 年 3 月 3 日）

杜安祥

同志们：

现在，我代表十届特区纪律检查委员会常务委员会向第五次全体会议作工作报告，请予审议。

这次会议的主要任务是：深入贯彻十八届中央纪委五次全会、十一届省纪委四次全会、六届市纪委五次全会精神，回顾总结 2014 年全区党风廉政建设和反腐败斗争工作，研究部署 2015 年工作。特区党委对这次会议高度重视，专门召开特区党委常委会听取特区纪委工作汇报，审议工作报告。刚才，市人大常委会副主任、特区党委书记高玉林同志出席全会并作重要讲话，对深入推进我区党风廉政建设和反腐败斗争提出了具体要求，大家要认真学习领会，坚决贯彻落实。

一、2014 年工作回顾

2014 年，特区党委深入学习贯彻中央、省委、市委精神，将党风廉政建设和反腐败斗争工作摆在更加重要的位置来抓，带头落实党风廉政建设主体责任，深入推进党风廉政建设和反腐败斗争。及时召开特区党委常委会研究重大问题，党委主要领导认真履行第一责任人责任，对全区党风廉政建设工作作出重要部署，带头示范，率先落实党风廉政建设责任制，参加党风廉政教育基地揭牌仪式并讲话，亲自到办案点检查指导办案安全工作。全区各级纪检监察机关紧跟中央、省、市、特区决策部署，主动适应新常态、新形势、新任务，转职能、聚焦主业，转方式、提升效率，转作风、打造铁军，强化监督执纪问责，全区党风廉政建设和反腐败斗争不断取得新成效。

（一）坚决落实“三转”要求，精力聚焦主责主业

认真落实“转职能、转方式、转作风”要求，切实厘清党委（党工委、党组）、纪委（纪工委、纪检组）在党风廉政建设和反腐败斗争中的职责。开展纪委参与的议事协调机构清理，从 171 个减少到 14 个，减幅达 92%。督促乡镇纪委清退 260 个、部门纪检组清退 142 个。大力推进内设机构调整，在第一轮内设机构调整中，撤销合并了党风廉政室等 5 个室，设立 1 个案件管理室。确保委局机

关人员执纪监督力量占73%以上，精力聚焦主责主业，做到不缺位、不错位和不越位，更加科学有效地履行监督责任。参照市纪委内设机构模式及要求，积极部署第二轮内设机构调整工作。规范纪委书记、纪检组长分工，19个乡镇、45个纪检组长不再分管除纪检监察业务以外的工作。

（二）加强协调督促，推进“两个责任”落实

严明党的纪律，积极协助特区党委加强党风廉政建设和组织协调反腐败工作，及时向特区党委汇报上级纪委决策部署和要求，并提出贯彻落实建议。约谈乡镇党委、部门党组（党委）及纪检监察机构负责人150余人（次），严肃查处了特区人资社保局落实“两个责任”不力典型案件，督促各级党组织知责、担责、尽责。对党风廉政建设党委（党组）9项主体责任，纪委（纪检组）6项监督责任清单进行分解，督促学习，强化检查，认真落实。做到责任层层明确、压力层层传递、动力层层递增。认真落实“两报告”制度，要求各级纪检监察机构负责人每季度书面向特区纪委报告同级党政领导班子及其成员履职及廉洁自律情况。制订《2014年度惩治和预防腐败体系工作计划》，着力推进惩防体系建设，建立惩防体系领导小组联席会议、重大事项报告、问题线索管理、协同办案、跟踪督办、信息综合反馈和重要情况通报、责任追究等7项制度，形成合力反腐的良好格局。立足抓早抓小，强化廉政文化教育，投入20余万元建成郎岱、法院2个警示教育基地，以案示警、防微杜渐。定期向党外人士通报党风廉政建设和反腐败斗争工作情况，接受社会监督。充分发挥反腐败协调领导小组作用，形成人人肩上有担子，全社会共同参与惩治和预防腐败的氛围。发挥宣传舆论攻势，切实加强干部日常监督，发放廉政纸杯50000个，勤政学习笔记本1300本，廉政短信10000余条，播放廉政公益广告等，营造廉洁从政氛围。

（三）强化执纪监督，保障决策部署落实

按照“监督的再监督、检查的再检查”要求，开展政府性投资重点工程专项检查，对项目推进不力、工作落实不力的责任人进行问责。坚持群众利益无小事、惩治腐败无盲区，严格按照“发现不了问题是失职，发现问题不解决就是渎职”的要求开展执纪监督，紧紧围绕民生政策落实、民生项目建设、民生资金安全，有针对性开展民生领域问题大摸底，扎实开展新农合、农低保等惠农政策执行情况专项监察，开展水利项目专项监察，严肃查处落实惠农政策缩水走样等侵害群众利益的问题。2014年，开展民生项目督导检查442次，发放宣传册50000余份，接受群众咨询2000余次，直接为群众解决问题1457个，清理民生项目1619个，涉及资金87.02亿元，备案项目1500个，发现问题线索154条，立案55件，给予党政纪处分44件52人，移送司法机关8件13人。涉案金额280.4万元。

（四）坚决正风肃纪，党风政风进一步好转

坚持治标与治本结合、长期与节点结合、查处与教育结合，加大明察暗访力度，向“慵懒散慢浮”“冷硬横推拖”“吃拿卡要报”顽疾“开刀”。围绕作风建设长效化目标，切实运用通报曝光和责任追究等有效手段，盯住不落实的事，抓住不落实的人，追究不落实的责任，主动适应作风建设新常态，做到发现一起、惩治一起、曝光一起。代特区党委起草并出台了《机关工作人员作风问题处理办法》《推进作风建设常态化实施意见》等制度，坚持用制度管事、管人、管作风，实现作风建设常态化。一年来，明察暗访乡镇60个（次），区直部门100个（次），宾馆、酒楼、会所等公共场所80余家（次），累计处理违反中央八项规定，省、市、特区十项规定精神人员295人，58人被取消评先选优资格和年度目标考核奖，36人被待岗处理，52人被提醒谈话，39人被诫勉谈话，2人被免职、调离处理，给予党政纪处分33人。有效遏制了“四风”突出问题，推动全区党风政风社风民风持续深入好转。

（五）强力治标，坚决遏制腐败蔓延势头

突出办案重点。出台《奖励信访举报人制度》《保护信访举报人制度》《信访线索集中排查制度》等制度，开通24小时信访举报电话，鼓励实名举报，畅通信访举报渠道。坚决落实好“两报告”制度，建立健全安全文明办案责任制等一系列办案机制制度，强化案件查办的治本功能，坚决“打虎拍蝇”。2014年，共接受信访举报347件(次)，同比上升110.74%；初核94件104人，同比上升276%；立案79件92人，同比上升102.56%；结案70件81人，同比上升100%；给予党政纪处分81人，同比上升131.4%；移送司法机关22件24人，均为自办案件，同比上升300%，其中乡科级9件9人，占37%。收缴违纪资金237余万元，挽回直接经济损失340余万元。个人主动上交礼金18.46万元。重点查处了特区扶贫局原局长马勇、新华乡原党委书记王军受贿案，着力查处了特区交通、林业、建设系统腐败窝案串案。大力支持配合省、市纪委和盘县纪委查办了黔西南州民族职业技术学院党委副书记、院长姜紫勤违纪案、水城县原副县长罗忠国、全市交通系统腐败窝案等重大案件。反腐的高压态势，释放了有腐必反、有贪必肃、有案必查的强烈信号。投资100万元建成谈话室5个，为依法依规安全文明办案提供保障。

（六）务实创新，推进体制机制改革

落实党要管党、从严治党要求。坚持顶层设计与底层突破相结合，以改革创新成效释放监督执纪问责活力和动力。认真落实“双派驻”要求，增设2个纪工委，向特区党办、人大机关、政协机关、组织部等14个单位派驻纪检组，并将未派驻纪检监察机构的单位归类划片由各纪工委监察分局联系指导，实现了对党的国家机关和政府工作部门派驻纪检监察机构全覆盖。出台《国家工作人员勤政廉政等级管理制度》《党风廉政建设“签字背书”实施意见》等制度，织密制度笼子，用制度管人、依制度管事、靠制度管权，做到真管真严、敢管敢严、长管长严。

（七）自我完善，提升执纪监督能力

通过“学思践悟”提升忠实履职能力，通过谈心谈话统一思想，通过“汇报+评议”努力做到情况明、数字准、作风正、工作实。将熟悉案件查办工作的同志纳入常委班子，调整充实二级班子，共调整、交流纪检监察干部45人（次），提拔15人，调入6人，优化队伍结构，提升队伍活力，调动工作激情。建立办案协作区制度，将全区19个乡镇划为4个办案协作区，建立检查室联系办案协作区和纪工委监察分局制度，加强对查办案件的指导。建立80人的陪护人才库，形成查办案件合力。采取以案代训方式，分批抽调乡镇纪检干部70人（次）参与查办案件，进行实战锻炼，提升办案能力，突破了乡镇纪委零办案或不会办案、不愿办案格局。加强内部管理和监督，约谈7名上半年“零办案”的乡镇纪委书记，10名纪检监察干部因责任落实不力、制度执行不力被问责，有效防范和解决“灯下黑”问题，引导纪检监察干部树立集体意识，自觉筑牢“防火墙”，自增“免疫力”，按本色做人、按角色办事，形成正气、正派、正直的职业品质。

同时，我们更清醒地看到，工作中还存在一些亟待解决的问题。主要表现在：有的党委（党工委、党组）抓党风廉政建设主动性不够，履行主体责任还不到位，有的领导干部“一岗双责”意识不强，落实“两个责任”存在层层递减现象；“四风”问题树倒根存，重压之下花样翻新，防止“四风”问题复发反弹的任务依然艰巨；工程建设、扶贫资金、惠农政策等重要民生领域的违纪违法案件时有发生，甚至发生系统性腐败问题，遏制腐败蔓延势头形势依然严峻复杂；少数党员干部法纪意识淡薄，面对正风反腐的高压态势，仍然我行我素，不收敛、不收手，顶风违纪时有发生；一些单位一些领导干部对党风廉政建设和反腐败斗争新常态学习不深、领悟不透，对纪检监察机关“三转”认识不深、支持不够，存在“内转外不转”“口转心不转”“明转暗不转”；反腐败协调机制还需进一步完善，在线索移送、信息共享、案件查处等方面的协作配合有待加强；有的纪检监察机构“三转”跟进不及时、措施不落实、工作不到位，存在“上转下不转”；有的纪检监察干部的责任担当和能力素质与履行监督责任的需要还存在不小差距。对此，我们务必要高度重视，切实加以解决。

二、工作体会

回顾一年来的工作，我区党风廉政建设和反腐败斗争取得了新进展新成效。成绩的取得，离不开上级党委和纪委的坚强领导，离不开全区各级党组织和纪检监察机构的共同努力，离不开广大党员和人民群众的支持和参与。我们深刻地认识到：

一是必须聚焦中央、省委、市委、特区党委决策部署。面对党风廉政建设和反腐败斗争的新形势、新任务、新要求，我们自觉把思想和行动统一到中央、省委、市委和特区党委对反腐败斗争的形势判断和工作部署上来，旗帜鲜明地惩治腐败，态度坚决地抓党风促政风带民风，赢得了广大干部群众和社会各界的充分肯定。但是，当前六枝与全市、全省、全国一样，反腐败斗争形势依然严峻复杂。党风廉政建设和反腐败斗争永远在路上。我们要保持政治定力，树立必胜信心，迈着不变的步伐，把握节奏和力度，坚定不移抓好党风廉政建设和反腐败斗争。要保持高压、持续震慑，着力强化“不敢腐”的氛围；加大治本力度，深化改革，完善制度，有序构建“不能腐”的机制；加强党性修养，坚定理想信念，努力形成“不想腐”的自觉。

二是必须强化主体责任、从严治党。加强党风廉政建设和反腐败斗争是全党上下的共同责任。党风廉政建设主体责任是党章赋予各级党组织的重大政治任务。各级党组织必须自觉把党风廉政建设主体责任放在心上、扛在肩上、抓在手上。我们要继续紧紧牵住党风廉政建设主体责任这个“牛鼻子”，督促各级党组织发挥总揽全局、协调各方的作用，切实当好党风廉政建设的领导者、执行者、推动者，以上率下，有效组织和动员各方面的力量，层层负责、层层推动、层层落实，形成全党一起抓的工作格局，不断开创反腐败斗争的新局面。

三是必须持续深入推进“三转”。“三转”是党的十八大以来中央纪委根据党章规定、党风廉政建设和反腐败斗争形势任务，与时俱进提出的工作要求，必须要上下一致、内外协调，真转、实转、整体转，切实解决职能发散有余、聚焦不足，越位、缺位、错位，工作方式和作风难以适应形势任务的需要，影响监督执纪问责成效的问题，找准职能定位，聚焦主业主责，把力量集中到强化监督执纪问责上来，更好地发挥党内监督专门机关的作用。要坚持“抓统筹谋全局、抓重点求突破、抓具体务实效、抓创新出特色”的工作思路，强化“监督的再监督”“检查的再检查”，以纪督政、以纪促政，履行好纪检监察机关的监督责任，为经济社会发展营造良好政治生态。

四是必须严格管理纪检监察干部队伍。打铁还需自身硬，信任不能代替监督。抓好党风廉政建设和反腐败斗争，离不开一支政治过硬、业务过硬、纪律过硬的纪检监察干部队伍。纪检监察干部必须要正人先正己，以正己一点带正人一片，以正己之效立正人之威。严管就是厚爱，我们要坚持进一步严格教育、严格监督、严格管理，加强纪检监察干部思想作风、能力素质建设，知任图进、知责思为、知德守正，彰显纪检监察机关的权威、地位和形象，不断巩固和维护良好的工作态势和氛围。

三、2015 年主要任务

2015 年是加快全面建成小康社会、全面深化改革、全面依法治区、全面从严治党的关键之年，抓好党风廉政建设和反腐败斗争工作责任重大、意义深远。今年工作的总体要求是：深入学习贯彻党的十八大，十八届三中、四中全会和习近平总书记系列重要讲话精神，按照十八届中央纪委五次全会，十一届省纪委四次全会、六届市纪委五次全会部署，围绕从严治党、依规治党这条主线，保持政治定力，坚决推进“三转”，强化监督执纪问责，重点抓好着力严明党的政治纪律、政治规矩，稳步推进纪律检查体制改革，持之以恒纠正“四风”，始终保持惩治腐败高压态势，从严管理纪检监察干部队伍等五项重点工作，坚定不移推进全区党风廉政建设和反腐败斗争，为推动全区后发赶超、同步小康营造风清气正环境。

（一）严明党的纪律，坚决落实从严治党、依规治党要求

坚决落实党要管党、从严治党要求。党纪党规严于国家法律，管党治党首要的是严明党的纪律。强化全区党员干部特别是领导干部党性意识、政治觉悟和组织观念，模范遵守党规党纪和国家法律法规。各级党组织要把纪律建设作为治本之策，加强党规党纪宣传教育，党员干部必须敬法畏纪、遵规守矩。严明政治纪律和政治规矩，严格执行贵州省党员干部政治纪律“十严禁”“八个决不允许”等规定。严明组织纪律，增强组织观念，严肃查处目无组织、目无规矩、欺骗组织、对抗组织行为，坚决查处选人用人上的不正之风和腐败问题。

坚决推进党风廉政制度建设。按照于法周延、于事简便的原则，立体式、全方位推进反腐倡廉制度建设。制订务实科学的具体规定和配套制度，明确执行程序，做到顶层设计与底层突破相结合，上下统一、相互衔接。坚持问题导向，针对行政审批、工程建设、土地出让、资源开发、民生等腐败问题易发多发领域和环节，推进廉政风险防控制度建设，不断织密、扎紧规范权力运行的制度“笼子”，让铁规发力。

坚决以强有力的责任追究推进“两个责任”落实。建立健全压力传导、责任落实机制，完善“签字背书”等制度，防止和纠正责任层层递减现象。督促各级党委（党工委、党组）认真履行党风廉政建设主体责任，严格执行“一岗双责”专题报告、下级党委向上级纪委述责述廉、廉政谈话、检查考核制度，加强作风建设，坚决惩治腐败，旗帜鲜明并以实际行动支持纪委工作。定期向上级党委、纪委报告责任落实情况。各级纪检监察机构要认真履行监督责任，牵头制订切实可行的责任追究办法，着重加大问责力度，严格落实“一案双查”制度，对违反政治纪律和政治规矩、组织纪律；“四风”问题突出，发生顶风违纪问题；出现区域性、系统性腐败案件的地方、部门和单位，既追究主体责任、监督责任，又严肃追究领导责任，做到有错必纠、有责必问，通报曝光典型案件，以动真碰硬的实际行动，倒逼“两个责任”落地生根。

切实加强执纪监督。各级纪检监察机构要严格执行党规党纪，严明党的政治纪律和组织纪律，强化纪律检查，坚持有纪必执，有违必查，对罔顾纪律规定和约束，敢于突破“底线”、逾越“红线”、触碰“高压线”的，发现一起查处一起，确保纪律刚性约束，做党规党纪的坚定拥护者、模范执行者、有力监督者。加强对上级党委、纪委重大决策部署执行情况的监督检查，严格监督执纪问责，确保政令畅通。

（二）积极稳步推进纪律检查体制改革

强化反腐败协调领导小组职能。健全反腐败领导体制和工作机制，改进反腐败协调领导小组及其办公室工作，进一步加强纪检监察、法院、检察院、公安、审计、税务等部门在查办党员、国家工作人员违纪违法案件的协作配合，完善信息沟通、案件移送、疑难会商、手段互补、力量互助等协作机制。

强化对下级纪委的领导。认真落实“两为主”“两报告”，强化“对下领导、对上负责”。制订完善下级纪委向上级纪委报告线索处置和案件查办情况制度，建立完善乡（镇、社区）纪委书记、专职纪委副书记、纪工委书记、纪检组长提名考察办法。建立完善纪委（纪工委）书记（纪检组长）备用人选库及管理制度，健全纪检监察领导

干部交流推荐制度。按照“重点派驻、系统管理、全面监管”和“调整结构、盘活存量、优化配置”的原则，深化派驻机构统管。全力推进双派驻，并统一名称为派驻纪检组或纪检监察组。进一步理顺工作关系，加强日常管理和年度考核，促进规范高效履职。派驻机构要督促驻在部门党委（党组）认真落实主体责任，加强对驻在部门领导班子及成员的监督，真正发挥“派”的权威和“驻”的优势。扎实深入开展民生项目监督特派组示范创建工作，充分发挥示范带动作用，扎实推进“民生整治铸廉三年行动”，加强对基层党员干部的监督，严肃查处发生在群众身边的腐败案件，强力夯实基层党风廉政建设基础。

强化构建“三转”长效机制。以深化三转“回头看”活动为契机，对“三转”进行再学习、再认识、再巩固、再提升，切实解决“不想转、不会转、不敢转”“上转下不转、内转外不转、明转暗不转”等问题。聚焦监督执纪问责，进一步清理议事协调机构，防止边调整边新增现象；督促乡（镇、社区）、园区、部门继续清理议事协调机构。推进第二轮内设机构调整，进一步清理纪委书记（纪检组长）工作分工，明确职能职责，优化人员配备，将更多资源和力量聚集到主业主责上来。加强调查研究，准确把握新形势下惩治和预防腐败工作规律，转变思想观念、创新方式方法，认识新常态、适应新常态、引领新常态，不断提高履行监督责任的能力和水平。

（三）横下一条心纠正“四风”，常抓抓出习惯，抓出成效

重点纠正“四风”，驰而不息正风肃纪。各级党委（党工委、党组）要深刻认识不良作风的顽固性和反复性，严格落实抓作风建设的主体责任，紧紧扭住落实中央八项规定和省、市、特区十项规定精神不放松，在坚持中深化、在深化中坚持，督促党员干部严格遵守贵州省党员干部作风“十不准”规定，持之以恒纠正“四风”，坚决防止反弹。各级纪检监察机构要把违反中央八项和省、市、特区十项规定精神列入党的纪律审查重点，作为纪律处分的重要内容，发现一起，查处一起，绝不姑息；坚持严查快处，及时点名道姓通报曝光典型问题；对问题严重的地方和部门，切实加大问责力度，严肃追究相关人员和领导的责任，强力营造“不敢”的氛围。

重点盯牢重要环节，在坚持中抓出常态。紧盯重要时间节点，畅通社会监督渠道，坚决查处违规收受礼品、礼金，违规发放福利、津补贴，公款旅游、大操大办婚丧喜庆等“节日病”；深入开展领导干部收受红包、礼券、购物卡专项整治，严厉整治党员干部参赌涉赌问题；加强对中央、省、市、特区厉行节约，以及公务接待等规定执行情况的监督检查，狠刹奢华浪费、违规公款吃喝等不正之风；认真分析党员干部作风问题新特点、新动向，及时发现和查处违规公款吃喝转入隐蔽场所、利用电子礼品卡收礼送礼等隐性“四风”问题。重点查处十八大后、中央八项规定出台后、开展群众路线教育实践活动后的顶风违纪行为，越往后执纪越严、处理越重、曝光越快，推进作风建设常态化、长效化。

重点营造优良的民风社风，释放社会正能量。党风政风与民风社风紧密相连、相互影响、相互渗透。形成好的风气，需要全党全社会共同努力。孝悌忠信礼义廉耻是中华文明的基因，大力传承发扬中华民族优秀传统文化，广泛宣传社会主义核心价值观，广泛开展廉政文化创建活动，扬真抑假、扬善抑恶、扬美抑丑。发挥德治礼序、乡规民约的教化作用，移风易俗，培育良好的民风社风。强化党风廉政宣传教育，强化纪律教育，使讲规矩守纪律真正入脑入心。强化纪检监察网站的“前台”作用，充分发挥宣传教育、投诉举报等功能，对受到诬告的党员干部，及时澄清事实，保护干部干事创业积极性。

（四）严格纪律审查，始终保持惩治腐败高压态势

突出纪律审查重点。正确处理树木与森林的

关系，凡腐必反、除恶务尽，治病树、拔烂树，重点查处十八大后不收敛不收手，问题线索反映集中，群众反映强烈，现在重要岗位且可能还要提拔使用的领导干部。严肃查办审批环节设租寻租，插手工程建设、项目开发、土地出让、资源开发，侵吞国有资产，买官卖官、腐化堕落的案件；严肃查办损害群众利益、侵吞民生资金的案件；严肃查办重大安全生产事故和群体性事件背后的腐败案件。对转移赃款赃物、销毁证据、掩盖事实，搞攻守同盟、对抗组织审查的严肃查处，增强震慑和警示作用。必须坚持政治定力，坚决“打虎拍蝇”，全力营造干部清正、政府清廉、政治清明的良好生态。

突出纪律审查程序。积极推进信访举报信息化建设，健全完善信访举报体系。动态清理问题线索，开展专项督查，严格按五类标准规范处置。优先研办巡视发现交办的问题线索。坚持实体与程序并重，严格执行立案、初核请示报批制度，从严管理、慎重使用办案措施。强化证据运用，调查取证实现“由供到证”向“由证到供”转变。坚持抓早抓小，对党员干部思想、工作、生活等方面存在的苗头性问题，及时约谈、函询、诫勉。落实快查快结机制，严格时限要求、缩短办案周期。开展纪律处分执行情况专项检查，确保对违纪行为惩处到位。加强对办案过程的监督，规范办案行为和涉案款物的管理。落实办案安全责任制，强化安全保障措施，对发生办案安全事故的，依规严肃追究直接责任和领导责任。

突出民生项目监督实效。深入开展民生项目监督特派示范创建，稳步推进落别、龙场、堕却、郎岱 4 个示范点创建，以点带面，发挥示范带动作用，形成整体效应，确保创建工作有特色、出亮点、见实效；扎实推进“民生整治铸廉三年行动”，2015 年重点抓好水利、交通、农危改项目等专项监察，不折不扣抓好省、市纪委统一部署的监察内容。围绕民生政策落实、民生项目建设、民生资金安全，着力发现问题、主动发现线索、主动查处案件，严肃查处落实惠农政策缩水走样等侵害群众利益的问题。努力把民生特派工作打造成为服务人民的一张名片。

（五）严格管理，着力打造忠诚、干净、担当反腐铁军

提升履职能力。加强教育培训。将学习作为纪检监察干部终身追求，学理论、学政策、学业务，深入推进“学思践悟”，全面提高思想水平、增强工作能力、完善知识结构、提升精神境界，做本职工作的行家里手。加强对党内法规和国家法律法规的学习，提高法治思维和依法办事能力，带头学法、懂法、守法、用法，努力把法治思维和法治方式落实到反腐败斗争工作的全过程和各方面，在推进依法治区中走前列、作表率、树榜样，做推进依规治党、依法治国的坚定维护者、忠实执行者、有力促进者、模范遵守者。

践行忠诚干净担当政治操守。坚决做到对党绝对忠诚。对党忠诚是对纪检监察干部最根本的政治要求，没有绝对忠诚，就没有纪检监察事业。加强党性锻炼，增强“三个自信”，讲政治、顾大局，坚决贯彻党的路线方针政策，严格执行党规党纪，做到思想上坚守、政治上坚定、行动上坚决，当好党的忠诚卫士。始终保持干净做人做事底线。时刻对权力、纪律心存敬畏和戒惧，严格自律、防微杜渐，牢牢守住廉洁底线，不碰法纪红线，把“三严三实”作为行为规范，做到自身正、自身净、自身硬。自觉将践行担当作为职业素养。认真履行党章赋予的监督责任，敢于担当、敢于负责、敢于监督，聚焦主业、主动作为、真抓实干，坚决同不正之风和腐败行为做斗争。

加强自我净化。执纪者更要带头遵守纪律，监督者更要自觉接受监督。从严立规矩，从严管干部，从严带队伍，完善自我监督机制，健全内控措施，重点规范信访举报处置、问题线索管理、案件查办、定性量纪等关键环节权力的运行，严肃查处跑风漏气、以案谋私行为。对尸位素餐、碌碌无为的干部，该撤换的撤换、该调整的调整；

对不敢抓、不敢管，监督责任缺位的坚决问责；对反映纪检监察干部问题的信访举报，严查快处，坚决防止“灯下黑”，用铁的纪律维护纪检监察干部队伍的纯洁。

同志们，做好党风廉政建设和反腐败斗争工作责任重大、使命光荣。让我们更加紧密地团结在以习近平同志为总书记的党中央周围，在市纪委和特区党委的坚强领导下，牢记使命、坚定信心、主动作为、忠诚履职，深入推进党风廉政建设和反腐败斗争，努力营造风清气正的政治生态环境，在我区全面建成小康社会、全面深化改革、全面依法治区、全面从严治党的伟大征程中做出新的更大贡献！

文件选编

中共六枝特区党委工作要点

（2014 年 3 月 14 日）

2014 年，是贯彻落实党的十八大和十八届三中全会精神、全面深化改革的关键一年，也是我区实施“十二五”规划承上启下的重要一年。工作的总体要求是：以党的十八大、十八届二中、三中全会和中央经济工作会议、十八届中央纪委四次全会以及习近平总书记一系列重要讲话精神为指导，全面贯彻落实省委十一届四次全会、市委六届五次全会精神，按照特区第十次党代会第二次会议和区委十届四次全会的部署，坚持主基调、实施主战略，以建设现代化精品城市为目标，坚持发展、生态、安全“三条底线”，把全面深化改革贯穿于经济社会发展各个领域各个方面，统筹推进经济建设、政治建设、文化建设、社会建设、生态文明建设以及党的建设，奋力开启转型发展、创新超越、后发赶超、同步小康的新局面。经济社会发展的主要预期目标是：生产总值增长 18% 以上，力争 20%；财政总收入增长 20% 以上，力争 25%；全社会固定资产投资增长 35% 以上，力争 40%；社会消费品零售总额增长 18% 以上，力争 20%；城镇居民人均可支配收入增长 17% 以上，力争 19%；农民人均纯收入增长 18% 以上，力争 20%。

一、深入学习贯彻党的十八届三中全会和省委、市委全会精神，不断增强后发赶超的精神动力

1. 全面把握党的十八届三中全会和省委、市委全会精神。把学习贯彻党的十八届三中全会、习近平总书记一系列重要讲话精神和省委十一届四次全会、市委六届五次全会精神作为首要政治任务，做到学与思、学与用、知与行的高度统一，认真做好我区改革发展的顶层设计，确保各项工作定位高起点、谋划高标准、推进高质量。特区党委常委会要带头学习，通过党委常委会议、领导干部大会、党委中心组集中学习会、邀请专家专题辅导等形式，进行全面系统深入学习。举办学习十八届三中全会和习近平总书记一系列重要讲话及省委、市委全会精神培训班，用一年时间把科级以上领导干部轮训一遍，有针对性地组织干部外出考察学习。深入开展十八届三中全会、省委十一届四次全会和市委六届五次全会精神的宣传阐释、理论研究和学习宣传活动，促进全会精神进社区、进农村、进机关、进企业、进学校，广泛凝聚改革发展共识，大力营造人人关心改革、支持改革、参与改革的良好氛围。

2. 认真开展党的群众路线教育实践活动。按照中央部署和省委、市委要求，坚持以“为民务实清廉”为主题，以“照镜子、正衣冠、洗洗澡、治治病”为总要求，以“三实三同”为总载体，以“四找四转四进”为总抓手，切实增强“五种意识”，积极学习借鉴第一批教育实践活动的经验，组织开展好学习实践教育活动，做到问题清楚、目标明确、路径科学、措施具体。坚持领导干部带头，坚持开门搞活动，坚持活动发展两不误，突出中央“八项规定”和省委、市委、区委“十项规定”，聚焦“四风”，从群众最关心、最迫切的问题入手，着力解决关系群众切身利益的问题，解决群众身边的不正之风问题，把改进作风成效落实到基层，真正让群众受益，使群众满意。

二、坚持发展第一要务，全面提升经济社会发展水平

3. 扩大投资推动发展。以项目建设为抓手，在扩大固定资产投资规模的同时，全力抓好重点领域和重大项目建设，进一步提升规模以上企业产值。准确把握、紧密跟踪国家宏观政策的取向和变化，进一步抓好项目谋划和生成，通过向上争取，力争六枝在各类资金和项目中占有更多的份额。围绕国发 2 号文件，以“5 个 100 工程”“十大民生工程”为平台，抓好重大产业、基础设施和民生工程项目建设，确保全年新开工项目 180 个，总投资达 414 亿元以上。按照看高新不看低端、看投产不看在建、看规上不看规下“三看三不看”的要求，加大对项目建设工作的考核督促力度。

4. 加快转变发展方式。把优化产业结构作为提速转型的首要任务，推动三次产业结构转型升级、融合发展。加快一产转型。围绕打造“山地特色农业新区”，大力发展特色农业、高效农业、观光农业、旅游农业、休闲农业。推进实施“3155 工程”，发展壮大“六大产业”，新增商品蔬菜、核桃、中药材等产业化基地 32.9 万亩。加快郎岱、大用、北部库区等农业产业园区建设，规划新增 3 个农业园区，积极培育和引入一批农业龙头企业、农民专业合作社入园经营。大力发展农产品精深加工，培育一批农产品生态品牌，提高农产品附加值。加快二产升级。强力推进工业园区建设，完善园区基础设施，推动产业集约、集聚、集群发展。改造提升能矿产业，加快推进煤矿企业兼并重组，把发展循环经济作为煤炭工业走增值化道路的主攻方向，加快实施路喜园区“15155 工程”和华润集团六枝循环经济产业示范区建设，实现煤、电、焦、化一条龙发展。大力引进和发展新能源新材料、生物医药、信息技术、节能环保、装备制造等新兴产业。启动实施新一轮“民营经济倍增计划”，积极探索“负面清单”管理模式，鼓励民营企业多元投资、做大做强。加快三产优化。大力发展以旅游业为龙头的第三产业，抓好牂牁江风景名胜区、回龙溪景区、梭戛自然与文化生态旅游示范区、陇脚布依文化生态园的开发建设，围绕“吃、住、行、游、购、娱”要素做好旅游文章。加快商贸物流、农副产品物流等项目建设，构建功能齐全的物流配送体系。加强银政、银企深度合作，加快金融业发展。大力发展生产性服务业和生活性服务业，强化对现代农业、新型工业、新型城镇特别是实体经济的服务支撑。

5. 大力统筹城乡发展。以“南部建新，东西拓展，中部同城，特色城镇相辅”为核心，积极构建具有六枝特色的现代城镇体系。围绕建设现代化精品城市目标，以中心城区南部新区开发建设为重点，高标准做好城市规划的顶层设计，加快推进南部新区开发建设，引领中心城区加快发展。深入开展“多彩贵州文明行动（整脏治乱）”活动，推进城市管理重心下移和执法关口前移，探索建设“数字城管”，着力提高城市管理水平。按照“小而精、小而美、小而富、小而特”的要求，重点抓好木岗、郎岱、岩脚等示范乡（镇）建设，统筹推进其他小城镇建设。探索“镇园合一”发展模式，因地制宜培育特色产业集群，做强镇域经济。全面启动集镇控制性规划编制，规范引导农村居民建房，依法严厉打击违法违规建设行为。深入推进农村产权制度改革，增加农民财产性收入；加快乡改镇、镇改办工作和户籍制度改革，推进农村转移人口市民化，力争城镇化率达50%以上。

6. 突出基础设施建设。抢抓省委、省政府实施铁路、高速公路、水运“三年会战”和水利建设“三大会战”的重大机遇，全力加快以交通和水利为重点的基础设施建设。抓好六盘水至安顺城际铁路六枝段建设工作，力争开工建设纳雍经六枝至晴隆高速公路，建成六六高速公路，推进景区景点旅游公路和重要节点公路建设或改造。抓好黔中水利枢纽一期工程建设，完成旧院水库配套工程，推进懒龙河水库建设，力争开工建设阿雨、松树林2座水库，实施小型农田水利专项县及农业综合开发水土保持滇黔桂石漠化综合治理项目。统筹用好各类资金，落实好政策支持，全力推进“四在农家·美丽乡村”基础设施建设六项行动计划，加快全面小康建设进程。

7. 注重生态文明建设。按照生态产业化、产业生态化的目标，把生态文明建设融入发展各方面和全过程，大力推进绿色发展、循环发展、低碳发展、可持续发展。建立严格的生态保护红线制度，认真落实省、市明确的环境保护重点工作责任，以治水、治渣、治气为重点，扎实抓好环境保护12件实事，切实解决关系民生的突出环境问题。以争创国家环保模范城市和全国绿化模范县为目标，持续开展园林城市创建，扎实开展绿色六枝建设，积极创建生态村、绿色学校、绿色社区和绿色企业。抓好退耕还林、天保工程、森林植被恢复费造林等各项林业生态项目建设，完成营造林面积9万亩以上，实施石漠化综合治理16.43平方公里，提高森林覆盖率2个百分点以上。

8. 着力全面深化改革。坚定不移地深化改革开放，以开放倒逼改革，以改革促开放，以开放促发展，最大限度地释放改革“红利”，增强经济社会发展活力。成立特区党委全面深化改革领导小组，负责改革总体设计、统筹协调、整体推进、督促落实。主动加强与国家部委和省直、市直部门对接，科学制订专项改革方案。突出战略导向、民生导向和问题导向，着力抓好深化资源市场化配置、统筹城乡发展、生态文明建设、国有企业、扶贫开发、财税金融、教育、行政管理、开放型经济和社会治理等十项重点领域体制机制改革。

9. 打造对外开放平台。加快推进六枝经济开发区和木岗工业园区、路喜循环经济园区、郎岱现代农业产业园区等重点发展平台建设，不断增强园区承载项目、集聚要素、孵化产业的能力，促使更多、更好、更强的企业入园发展。坚持把大连市、贵阳市、安顺市作为开展区域合作的重点，开展全方位、多领域深度合作。结合区位、交通、资源等存量优势，向东融入黔中经济区，向西对接毕水兴资源富集区，向外坚持对接央企、对接民企、对接科企、对接外企“四个对接”，积极拓宽区域对接与合作形式。加强科技、人才、经济对外联系合作，启动建设中关村贵阳科技园六枝园区。积极参加各种招商引资和对外交流活动，加大招商引资力度，拓宽招商区域，创新招商方式，明确招商重点，优化招商环境，改进招商引资考核方式，提高招商引资的针对性和有效性。建立投资环境量化评价体系，大力改善、优化投资环境。

三、大力保障和改善民生，促进社会和谐稳定

10. 积极促进就业创业。实施更加积极的创业政策，加快构建和完善政府激励创业、社会支持创业、劳动者勇于创业的体制机制。完善扶持创业的优惠政策，认真落实好“3个15万元”政策，加大对返乡农民工和扶贫生态移民的创业扶持，鼓励大学毕业生、科技人员、返乡农民工、退伍军人、残疾人、农村能人和广大妇女等人员自主创业。完善公共就业服务体系，继续推进区、乡就业创业服务设施建设，加强职业技能培训和创业培训，统筹推进农村富余劳动力就近就地转移就业和劳务输出，多渠道增加农民收入。

11. 加快教育卫生事业发展。以实施教育“9

＋3”计划为总抓手，大力发展学前教育、高中阶段教育、职业教育，逐步解决城区中小学校大班额问题，深入推进城乡义务教育均衡发展。继续抓好“控辍保学”和农村义务教育阶段营养改善计划。逐步推行教师“县管校用”政策。全面推广“产业园区＋标准厂房＋职业教育”模式，加快培养一批推动我区产业转型升级的骨干技术人才。统筹推进医疗卫生综合改革，大力发展优质医疗。积极推进特区优抚医院、残疾人康复中心建设，继续实施中心乡镇卫生院达标建设工程，加强农村医疗队伍建设，提高基层医疗服务能力。全面实施公共卫生项目，健全疾病预防控制体系。围绕“三降一升”目标任务，着力夯实基层基础，提升服务管理水平，切实控制政策外生育，提高出生人口素质。

12. 建立完善社会保障体系。启动整合城乡居民基本养老保险和基本医疗保险制度，建立兼顾各类人员的社会保障待遇确定机制和正常调整机制。提高城镇职工基本养老保险、城乡居民社会养老保险、城镇基本医疗保险、工伤保险参保率。健全城乡居民最低生活保障制度，城乡低保标准提高10%以上。继续推进和完善商业保险机构参与经办新农合业务和新农合补充医疗保险，提高城镇居民基本医疗保险、新农合政府补助标准和最高支付限额。实施受灾困难群众冬春基本生活救助，落实好农村低保季节性缺粮户粮食救助制度。加快建立完善社会养老服务体系。统筹推进城镇保障房、农村危房改造、扶贫生态移民房建设。完善社会救助体系，支持发展慈善事业。加快残疾人社会保障和服务体系建设，切实保障残疾人权益。

13. 建立精准扶贫工作机制。深入实施扶贫攻坚“六大提升行动”计划，做到对贫困人口精细化管理、对扶贫资源精确化配置、对贫困农户精准化扶持，大力推进结对帮扶、产业扶持、教育培训、农村危房改造、扶贫生态移民、基础设施“六个到村到户”。深入推进工业反哺农业、城市支持农村工作，采取财政扶持、政策优惠、项目帮扶等方式积极引导二、三产业资金、技术、人才、管理等要素流向农村，加快推进农村公共服务设施建设和产业发展。深入开展同步小康创建活动，继续选派干部组成同步小康驻村工作组，开展同步小康、精准扶贫驻村活动，继续抓好党建扶贫、集团帮扶、对口帮扶和定点扶贫工作，大力实施专项扶贫、行业扶贫、社会扶贫，构建“三位一体”大扶贫工作格局。2014年，新华乡、岩脚镇、堕却乡实现“减贫摘帽”，减少贫困人口3万人。

14. 加强和创新社会管理。加强党委领导、政府主导的维护群众权益机制建设，学习借鉴社会稳定风险评估“铜仁经验”、社区管理“贵阳经验”、农村基层治理“余庆经验”，继续开展重大突出矛盾和信访问题集中化解“百日攻坚战”，坚持领导干部包案化解和接访下访制度，确保及时发现和处置各种苗头性、倾向性问题。深入推进“平安六枝”建设和治安整治“333工程”，加大重点地区、重点场所、重点部位的治安整治力度，努力提升群众的安全感和满意度。加强国家安全和反恐怖反邪教工作，严厉打击境内外敌对势力渗透破坏活动。按照党政同责、一岗双责的要求，坚决守住“安全生产不能松”的底线，强化煤矿、交通、消防、危化物品、卫生、食品药品等重点领域安全生产，有效防范和坚决遏制重特大事故发生。

四、加强民主政治建设，广泛凝聚加快发展的合力

15. 坚持扩大人民民主。加强和改进对人大工作的领导，支持人大及其常委会依法行使职权，充分发挥人大在法律监督、重大事项决定和人事任免等方面的作用。领导和支持政协牢牢把握团结和民主两大主题，认真履行政治协商、民主监督、参政议政职能，充分发挥政协协调关系、汇聚力量、建言献策、服务大局的作用。巩固和发展最广泛的爱国统一战线，认真贯彻落实党的民族、宗教、港澳台和外事、侨务政策。支持工商联、工会、共青团、妇联等人民团体依照章程开展工作，参与社会管理和公共服务，维护群众合法权益。紧紧围绕党在新形势下的强军目标，进一步强化党管武装工作，夯实国防动员基础，拓展军事斗争准备，加快后备力量转型和新质力量建设，推动军民融合深度发展。推进基层民主建设，促进基层民主运行机制规范化。

16. 大力推进依法治区。加快推进法治政府、服务政府建设。深入开展“六五”普法工作，完善机关单位和领导干部学法用法守法制度，健全社会普法教育机制，加大法律服务力度。推进综合执法工作，整合行政执法主体，完善行政执法程序，落实行政执法责任制。加强食品药品、安全生产、环境保护、劳动保障、城市管理等基层执法力量。深化司法体制改革，推进审判公开、检务公开、警务公开，以公开促公正，以公正促公信。健全司法救助制度，不断扩大法律援助覆盖面。抓好涉法涉诉信访工作改革。

五、加强和改进宣传思想文化工作，筑牢“精神高地”

17. 牢牢把握意识形态的主动权。切实加强理想信念教育，把“富强、民主、文明、和谐，自由、平等、公正、法治，爱国、敬业、诚信、友善”的社会主义核心价值观融入国民教育全过程，广泛开展中国特色社会主义理论体系宣传普及活动。大力弘扬“奉献、包容、创新、超越”的新时期六盘水精神，凝聚改革发展共识，激发干事创业热情。开展“贵人善行”“祖国好·家乡美”“感动凉都十大人物”等主题活动，广泛开展志愿活动，推进公民思想道德、职业道德、家庭美德、个人品德教育，加强未成年人思想道德建设，提升全区人民思想道德水平，形成热爱六枝、建设六枝的强大精神动力。

18. 牢牢把握舆论宣传的话语权。坚持正确的舆论导向，充分运用传统媒体和新兴媒体、境内媒体和境外媒体，突出对内凝聚“六枝力量”，对外展示“六枝形象”，积极营造健康向上的思想舆论文化环境，最大限度地凝聚共识、凝聚力量、促进和谐。加大资金投入，推动特区广播电视台、《六枝》、互联网信息中心的装备力量和技术水平提高。加强对互联网等新兴媒体的使用和管理，加强网络互动交流，突出网络正面宣传和舆论引导，壮大主流思想舆论，促进网络健康发展。整合外宣资源，拓宽外宣渠道，加大外宣工作力度，形成全方位、多层次的“大外宣”格局。

19. 大力发展文化事业。深入实施文化惠民工程，充分发挥现有文化场馆的作用，加大乡镇、村公共文化基本运行经费投入，确保城乡文化基础设施发挥作用。加快牂牁江旅游文化产业园区、陇脚布依文化生态园、梭戛自然与文化生态旅游示范区、落别乡牛角村博物馆建设，深入挖掘历史文化、民族民间文化、独特气候文化、山地运动文化等地方特色文化资源，加强优秀传统文化和民族文化的保护、传承和发展。积极推动政府部门由办文化向管文化转变，引导、鼓励社会力量和资本参与公共文化服务体系建设，参与重大文化产业项目和文化园区建设，做大做强文化产业。

六、加强和改进党的建设，为改革发展提供坚强保障

20. 加强干部队伍建设。坚持正确的用人导向，建立建强一支善于推动转型发展、创新超越的干部队伍。大力加强改革发展能力培训，提升领导班子和领导干部推动改革发展的能力。拓宽社会优秀人才进入党政干部队伍渠道，做好培养选拔优秀年轻干部、女干部、非党干部和少数民族干部工作。落实从严管理干部的要求，对干部严格考核、选拔和监督。落实好人才引进各项优惠政策，以高层次人才和高技能人才为重点，深入开展招商引才、项目引才和技术引才等专项活动。建立和完善人才“引进、管理、使用、评价”科学体系，激发引进人才与本土人才的干事创业激情。

21. 加强党的基层组织建设。以打造服务型、富民型党组织为载体，创新基层民主自治机制，着力抓好乡镇党委书记、村党组织书记、农村致富能人、先进纯洁党员队伍“四支队伍”建设，进一步加强党的基层组织建设。建立健全优先从基层一线选拔领导干部和选调优秀公务员制度，营造优秀人才积极投身到基层一线展现才华、推动发展的良好氛围。以创建“学习型、服务型、创新型、发展型、效能型”党组织为载体，重点抓好“效能型”党组织建设，促进机关效能提升，推进机关作风转变。创新机关与社区“互助共建”方式，增强机关党员干部联系服务群众的能力，密切党群干群关系。

22. 加强作风建设。认真落实中央“八项规定”和省委、市委、区委“十项规定”，坚决反对和纠正“四风”，推进作风建设日常化、常态化、制度化，以良好的党风、政风影响和带动社会风气彻底好转。加强对中央和省委、市委、区委重大决策部署和重点项目、重大工程、重要工作贯彻执行情况的监督检查力度，确保政令畅通。开展政务服务规范化建设，深化拓展“阳光晒权”系列活动，严肃查处破坏发展环境的突出案件，优化经济社会发展软环境。以党的群众路线教育实践活动为契机，继续深化“四帮四促”“帮联驻”等活动，推动作风在一线转变、问题在一线解决、工作在一线落实。

23. 加强党风廉政建设。认真贯彻落实十八届中央纪委三次全会、十一届省纪委三次全会和六届市纪委五次全会精神，切实加强党风廉政建设和反腐败工作。严格执行党风廉政建设责任制，明确党委负主体责任，纪委负监督责任，强化特区反腐协调小组职能，推进纪律检查工作双重领导体制具体化、程序化、制度化。完善纪检监察派驻机构统一管理工作，健全重点派驻、系统管理、全面管理的工作机制。坚持派驻机构对派出机关负责，履行监督职责。强化乡镇纪检组织建设，加强民生领域监督检查，深入治理损害群众利益的突出问题。旗帜鲜明地开展反腐败斗争，坚持有案必查、有腐必惩，以零容忍态度坚决惩治腐败，始终保持反腐高压态势。

七、做好“四个表率”，加强区委常委会自身建设

24. 做加强学习的表率。坚持区委中心学习组学习制度，坚持用中国特色社会主义理论体系武装头脑、指导实践、推动工作，广泛学习现代化建设所需要的经济、政治、文化、社会管理等方面知识，不断提高总揽全局、科学判断形势、驾驭市场经济、应对复杂局面和做群众工作的能力。坚持理论联系实践，经常深入基层调查研究，及时把学习成果转化为突破县域经济、推动全区发展、维护社会稳定的科学思路、政策措施和实际能力。

25. 做真抓实干的表率。把加快发展作为第一要务，强化机遇意识、责任意识和发展意识，全力推动经济社会提速增效发展。始终做到勇于任事、敢于担当、善于作为，把敢于担当作为分内之责，增强应该担当、必须担当的意识，提高能够担当、善于担当的能力，确保区委各项决策部署落实到位。始终保持奋发有为的精神状态，坚持“争第一、创一流”的工作标准，提升标杆、自我加压，瞄准先进、比学赶超，力争各项工作全市争一流、全省进位次。

26. 做服务群众的表率。坚持以人为本、执政为民，把增进人民福祉作为一切工作的出发点和落脚点，时刻做到心中装着群众、凡事想着群众、一切为了群众。坚持带头走千村、入万户，听民声、察民情，解民忧、安民心，创稳定、促发展，从群众中了解实情、汲取智慧、获得力量，使各项工作更加符合发展的需要、时代的要求和群众的意愿。坚持问政于民、问需于民、问计于民，自觉落实领导包案和接访、约访、下访、联系点等制度，着力做好解疑释惑、理顺情绪、化解矛盾的工作，以最大决心、最大诚意、最大努力解决群众的合理诉求。

27. 做清正廉洁的表率。带头落实党风廉政建设责任制，自觉承担起推进反腐倡廉建设的政治责任和领导责任。模范遵守党纪党规党纪，严格执行廉洁从政各项规定，自觉做到自重、自省、自警、自励，旗帜鲜明地反对腐败，永葆共产党员本色。主动接受党内监督、群众监督、民主监督和舆论监督，不断加强党性修养，做到不为名利所惑、不为声色所迷、不为私心所困，始终对组织负责、对人民负责、对同志负责、对个人和家庭负责，一身正气、两袖清风，保持区委立党为公、清正廉洁的良好形象。

中共六枝特区委员会
关于全面深化改革的实施意见

（2014年3月28日中国共产党六枝特区第十届委员会第六次全体会议通过）

为认真贯彻落实党的十八大、十八届三中全会、省委十一届四次全会和市委六届五次全会关于全面深化改革的部署和要求，全面推进我区深化改革工作，奋力推进转型升级、创新超越、同步小康，结合我区实际，提出如下实施意见。

一、深入学习贯彻中央、省委和市委重大决策部署，准确把握全面深化改革的总体要求

1. 重大意义。党的十八届三中全会对全面深化改革做出了总体部署，明确了全面深化改革的时间表、路线图，这是以习近平同志为总书记的党中央在新时期做出的重大战略决策，对全面推进改革开放和现代化建设，具有重大的现实意义和深远的历史意义。省委十一届四次全会、市委六届五次全会深入分析了全省、全市改革开放面临的新形势和新任务，进一步明确全省、全市全面深化改革的目标、任务和举措。当前，我区正处在加快创新转型、全面建设小康社会的关键时期，全面深化改革是破解发展难题，推进经济社会发展的强大动力和重要支撑。全区各级党组织和广大党员干部要以强烈的使命感、责任感和紧迫感，以“爱拼敢赢”的锐气、“先行先试”的勇气和“海纳百川”的大气，持续全面深化改革，以全面深化改革的新举措新成效推动全区科学发展、后发赶超、同步小康。

2. 指导思想。以邓小平理论、“三个代表”重要思想和科学发展观为指导，全面贯彻落实党的十八大、十八届三中全会、省委十一届四次全会和市委六届五次全会精神，高举“发展、为民”旗帜，按照“全党抓经济，全民奔小康”的要求，以破解发展瓶颈打造“牂牁胜景·幸福六枝”为目标，坚持主题主线和主基调主战略，坚持“四化”同步、城乡一体、产城互动，立足实际、务求实效，整体规划、突出特色，力争在重点领域和关键环节改革取得实质性突破，为推进六枝经济社会转型发展和全面建成小康社会，加快建设链接黔中经济圈现代精品节点城市提供强大动力和制度保障。

3. 目标任务。按照中央“六个紧紧围绕”的要求，紧紧围绕创新驱动、转型升级、区域合作、城乡统筹、资源整合、基础设施、民生保障、生态建设等八个方面，突出战略、民生、问题“三个导向”，处理好速度与质量、发展与民生、改革与稳定“三个关系”，针对六枝发展的制约瓶颈，强力推进实施一批重点改革创新项目，按照“一年起好步，两年有进展，三年大突破”的工作要求，努力取得一批改革创新成果，争取到2020年在重要领域和关键环节改革上取得决定性成果，着力在发展提速、民生改善、社会和谐、同步小康等方面释放更大的改革“红利”。

4. 基本要求。坚持解放思想、先行先试，发扬“艰苦奋斗、无私奉献”的三线精神和“奉献、包容、创新、超越”的新时期六盘水精神，大胆探索，勇于担当，以敢想敢干、敢闯敢试、敢为人先的勇气和智慧推进改革，努力实现我区体制更好、机制更活、发展更快；坚持体现特色、注重实效，着眼于推动六枝科学发展、和谐发展和跨越发展，把建设好“绿水青山”和“金山银山”结合起来，聚焦制约六枝转型升级的瓶颈问题，科学规划全面深化改革项目，走出一条欠发达地区转变发展方式、全面建设小康社会的新路子；坚持统筹推进、攻坚克难，充分认识全面深化改革的艰巨性和长期性，立足当前、着眼长远，增强改革的系统性、整体性和协同性，最大限度地凝聚改革共识，使改革在确保质量的前提下实现创新超越。

二、坚持和完善基本经济制度，激活市场活力

5. 优化非公经济发展环境。坚持权利平等、机会平等、规则平等，废除对非公有制经济各种形式的不合理规定，消除各种隐性壁垒。创新非公经济发展的体制机制，积极支持民间资本进入基础设施、公共事业、金融服务和社会事业等领域，平等享受市场准入待遇和公共服务资源，公平获得生产要素。继续落实好“3 个 15 万元”政策，大力支持小微企业加快发展。规范行业协会、市场中介组织服务和收费行为。制订有利于中小企业加快自主创新的政策意见，支持和引导农民专业合作社改制升级为农业公司，鼓励有条件的个体工商户、家庭农场等向民营企业转型发展，积极引导民营企业入驻园区。启动实施新一轮“民营经济倍增计划”，到 2015 年全区民营经济占 GDP 的比重提高到 60% 以上。

6. 深化国有企业改革。推动国有企业完善现代企业制度，规范法人治理结构。深化国有企业内部管理人员能上能下、员工能进能出、收入能增能减的制度改革。建立职业经理人制度，完善经营管理人员薪酬管理制度，建立长效激励约束机制，强化经营投资责任追究。完善国有资产管理机制，以管资本为主加强国有资产监管。改革国有资本授权经营机制，增强国有资本投资和运营公司产业集聚和资源整合功能。支持有条件的国有企业通过行业整合、资本整合改组为国有资本投资和运营公司。鼓励国有企业引入战略投资者，支持民间资本参与国有企业改革重组，大力发展国有资本、集体资本、非公有资本等交叉持股、相互融合的混合所有制经济。支持非国有资本参股国有资本投资项目建设。推动股权结构多元化，支持混合所有制经济实行企业员工持股、专业技术人员技术入股，形成资本所有者和劳动者利益共同体。

7. 建立更具活力市场体系。研究制订市场准入负面清单，各类市场主体可依法平等进入清单之外领域。推进工商注册制度便利化，实行先照后证登记制、注册资本认缴登记制、年度报告公示制，简化经营场所登记手续，放宽企业经营范围登记。改革市场监管体系，清理和废除妨碍统一市场和公平竞争的各种规定和做法。按照“政府掌控资源、市场配置资源”的原则，做好资源配置市场化改革，加快公共资源交易平台建设，拓展交易领域，进一步发挥市场配置资源的基础性作用。完善主要由市场决定价格的机制，凡是能由市场形成价格的都交给市场，政府不进行不当干预。政府定价范围主要限定在重要公用事业、公益性服务、网络型自然垄断环节，提高透明度，接受社会监督。推进上网电价同网同质同价，鼓励天然气、液化石油气、煤气等多种燃气市场竞争，积极探索预防和查处价格串通、垄断的监管方式。力争作为全省扩大用户直供电试点。加快供销合作社改革发展，加强新农村现代流通网络和农产品批发市场建设。

8. 健全现代金融服务体系。积极发展村镇银行，着力引进和培育一批风险投资公司、创业投资公司、贷款担保公司、消费金融公司、财务决算公司。积极引进外地金融机构来六枝设立分支机构，优化金融生态环境，规范民间融资行为。创新政府投融资模式，建立完善的政府投资代建办法和 PPP 融资模式，吸引社会资金投入城市建设和产业发展，实现财政资金撬动大量社会资金，加速辖区产业结构升级和城市建设。推进中小企业信用体系建设，探索和推进中小企业联保贷款模式。加快推进农村信用体系建设，建立政府扶持、多方参与、市场运作的农村信贷担保机制。以解决低收入农户小额贷款的贴息和风险补偿问题为重点，探索建立扶贫小额信贷制度，努力提升地方合作金融对“三农”的服务能力。探索开展低收入农户集中村资金互助组织试点，落实支农贷款风险补偿制度，发展壮大村级集体经济。

三、坚持创新驱动发展机制，打造六枝经济升级版

9. 大力推动一产转型。坚持以市场为导向，以农民增收致富、全面小康为目标，坚持产业生态化、生态产业化，构建“公司＋农户”“合作社＋农户”的发展平台，鼓励土地承包经营权依法、规范向专业大户、家庭农场、农民合作社、产业化龙头企业流动，推动农业经营方式创新，大力推进农业产业化经营。创新支农资金管理体制，探索建立财政资金带动社会资本投入“三农”的办法。积极探索和有序推进乡镇干部入股生态农业发展，并参与收益分成的政策措施。加强对我区多样性物种基因库的保护和开发利用，大力发展特色农业、生态农业、高效农业、观光农业，全力打造喀斯特山区特色农业示范区。大力推进“3155”工程。到2018年，建成茶叶基地20万亩，蔬菜（含魔芋）基地20万亩，精品水果（含刺梨、猕猴桃）基地20万亩，中药材（含油茶、红豆杉）基地20万亩，种草、改良草场20万亩，核桃基地30万亩；建成年出栏商品猪30万头、肉牛20万头、肉羊10万头、家禽500万羽。

10. 大力推动二产升级。启动编制六枝主导产业发展规划，引导企业技术改造和技术创新，大力拓展发展平台，推进选商引资和产业招商，培育新的增长点。以产业园区为载体，突出比较优势，优化工业布局，实现错位发展，重点发展煤炭、电力、医药、建材、轻工、特色产业、新型合金材料等优势产业和战略性新兴产业。围绕实施以“四个一体化”为重点的能矿产业升级工程，加快推进六枝电厂和路喜园区热电联产项目，大力发展资源精深加工项目，尽可能拉长能矿产业链条，提高产品附加值。扶持培育一批中小企业，推动民族医药、特色食品、茶叶、白酒等本土特色优势轻工产业与外向电子科技、家居、管塑企业融合发展，促进中小企业优化结构和转型成长。注重产业的横向配套和纵向延伸，提高资源就地加工转化率、资源循环利用率、原材料就近采购率。着力推进大企业、大项目向园区聚集发展，推动中小企业入驻标准厂房，形成相互关联和支撑的产业配套优势。

11. 大力推动三产优化。围绕推进以现代服务业为龙头的精品城市发展，强化三产发展规划，研究制订三产集团化发展支持政策。探索服务业重大项目用地最高限价制度。创新服务业集聚发展的体制机制，推进现代服务业集聚区建设。以创建全国文明城市、国家卫生城市、国家环保模范城市、国家循环经济示范城市“四创”活动为载体，打造精品旅游线路，加快把旅游业培育成为支柱产业；依托高速公路、高速铁路，规划建设一批大型货运场站、多式联运中转站和物流枢纽、物流园区、物流中心，大力发展公路物流、铁路物流，提高运输效率，降低物流成本。大力发展电子商务、金融服务、信息服务、研发设计、动漫创意、检验检测等生产性服务业，优化发展家政服务、文化娱乐、体育健身、医疗康复、养老托幼、社区服务等面向民生的生活性服务业。

12. 坚持开放带动。加强与周边县市区及省会城市贵阳、对口帮扶城市大连的交流合作，着力在科技创新、产业发展、人才培养、园区建设等领域提高合作水平。借助高速时代、高铁时代到来的机遇，突破行政区划割裂，提升周边市、县之间人流、物流、商务流、信息流的流量与流速，形成辐射力、协同力和竞争力越来越强的板块经济。加快融入黔中、滇中、成渝、长株潭和北部湾经济区，全面对接珠三角、长三角和长江经济带，提升区域合作的层次和水平。加强对外开放的平台建设，创新体制机制和开发模式，将产业园区作为对外开放的“桥头堡”和“主战场”，推动各产业园区特色化、差异化发展。创新招商引资机制，完善招商引资考核办法，推行招商引资项目全程代办和并联审批制度，健全跟踪服务机制，探索建立投资环境量化评价体系，提高招商引资实效。

13. 坚持创新驱动。以冲刺贵州经济强县为目标，以“5个100工程”为发展平台，大力实施提高县域经济比重五年行动计划，发展壮大县域经济实力。建立鼓励技术创新支持机制，增加财政对科技的投入，发挥政府引导作用。强化企业创新主体地位，发挥大中型企业创新骨干作用，激发小微企业创新活力，引导创新要素向企业集聚。加强知识产权运用与保护。建立健全技术创新激励机制，建立主要由市场决定技术创新项目和经费分配、评价成果的机制。支持构建产学研联盟，力争在矿产资源精深加工、装备制造、新材料、新能源、节能环保、基因工程、生物医药、特色食品、花卉产业等领域攻克一批关键技术，促进资源就地转化和综合利用，变资源优势为经济优势、发展优势。

四、健全城乡统筹发展体制机制，推进城乡一体化发展

14. 统一城乡建设用地市场。稳步推进城乡统一用地市场建设，对经营性土地“征收、储备、出让”全过程实行规范化管理。改革土地市场运行机制，坚持统一规划、统一收储、统一出让、统一交易平台、统一出让金收缴、统一监管，变“生地出让”为“净地出让”，由政府掌控土地一级市场，严格按规划出让土地。缩小征地范围，规范征地程序，完善对被征地农民合理、规范、多元保障机制。扩大国有土地有偿使用范围，减少非公益性用地划拨。建立兼顾国家、集体、个人的土地增值收益分配机制，合理提高农民在土地增值收益的分配比例。完善土地租赁、转让、抵押二级市场。完善最严格的耕地保护和节约集约用地制度，建立非法占地建设行为综合治理机制，规范用地管理。

15. 推进公共资源均衡配置。积极推进六枝撤区设市、平寨“一改三”撤镇设街道办，有序推进新窑、毛口、中寨、龙场、堕却撤乡建镇和郎岱与洒志、陇脚与折溪等乡镇合并工作。对设有产业园区的乡镇，探索实行“镇（乡）园合一”体制。全面实施提高城镇人口比重五年行动计划，逐步把符合条件的农业转移人口转为城镇居民。放开进城落户限制，六枝户籍出生人口无条件落户，六枝户籍人口的直系、旁系亲属均可到城镇投靠落户，具有合法稳定职业或合法稳定住所（含租赁）条件、经本人申请均可落户，并设立派出所公共户，放开集体户设立条件。稳步推进城镇基本公共服务常住人口全覆盖，把进城落户农民完全纳入城镇住房和社会保障体系，在农村参加的养老保险和医疗保险规范接入城镇社保体系。积极推进城乡要素平等交换和公共资源均衡配置，维护农民生产要素权益，保障农民工同工同酬。统筹城乡基础设施建设和社区建设，推进城乡基本公共服务均等化。以“四在农家·美丽乡村”建设为载体，大力实施小康路、小康水、小康房、小康电、小康讯、小康寨基础设施建设“六项”行动计划，改善农村生产生活条件。

16. 完善城镇化协调发展机制。按照50万人口、一百年不落后的要求，坚持规划引领，完善城镇规划编制体系，促进城乡规划、土地利用规划、产业发展规划、城镇功能规划、公共服务规划、人口发展规划、生态保护规划、民生保障规划“八规合一”，推动城镇化与信息化、工业化、农业现代化融合互动，通过承接贵阳和贵安新区，联动安顺和市中心城区，着力打造建设最具地域特色的现代化精品城市。坚持“南部建新，东西拓展；中部同城，特色相辅”的发展思路，抓好中心城区控制性详细规划修编，根据各乡镇发展目标、定位及实际，编制集镇总体规划、控制性详细规划、各项专项规划，着力优化城镇空间布局，构建特色小城镇协调发展、产业和城镇融合发展、城镇化和新农村建设协调推进的新型城镇化格局，不断增强城镇综合承载能力，确保城镇化率每年提高2个百分点以上。

17.推进城镇建设体制创新。严格按照规划推进城市建设，严格按规划批租出让土地，土地出让收益主要用于城市建设发展。完善城镇建设土地储备制度。完善“融投建、借用还”制度体系建设，做强做实民生开发投资公司等城市开发建设投融资平台公司，提高融资能力。鼓励社会资本通过特许经营等方式参与城市基础设施投资和运营，建立由政府、企业、个人共同参与的城镇化成本分担机制，加快形成以政府推动、市场运作、专业化管理的城镇建设投融资机制，促进城镇资源资产化、资产资本化和资产股权化，提高经营城市的水平。

18.推进城镇管理体制创新。以创建国家卫生城市为目标，进一步规范城市管理体制。理顺城管执法体制，健全城市管理政策保障机制，推进严格执法、规范执法、文明执法。深入整治机动车争道抢行、乱停乱放、乱鸣乱叫和行人乱穿马路、践踏绿化带等不文明行为。加快完善交通标识信号的规范设置和城区智能交通管控系统的升级改造，严厉打击非法营运车辆。以实现“减存量、零增量”为目标，加强日常巡查管控，完善控制违法建筑的长效机制。探索环卫作业、园林养护“外包”机制，积极引入社会资本参与城市管理。完善网格化、信息化、数字化城市管理机制，借助物联网、云计算、大数据等先进技术，加快推进“智慧城市”建设。

五、深化农村综合改革，促进农民增收致富

19.完善新型农业经营体系。坚持农村土地集体所有权，依法维护农民土地承包经营权，发展壮大集体经济。鼓励和引导工商资本到农村发展适合企业化经营的现代种养殖业，向农业输入现代生产要素和经营模式。加大投入机制，创新培育方式，大力培育具有创业创新能力的新型农民。规范培育壮大农民专业合作社的扶持机制，探索开展农村股份合作制改革，研究完善村企合作机制。加快建立特区和乡镇土地流转服务平台，建立流出农户养老保障、规模大户配套设施建设用地等政策制度。

20.深化农村产权制度改革。加快推进农村承包地、宅基地和住房确权登记颁证，赋予农民对集体资产股份占有、收益、抵押、担保权，保障农户宅基地用益物权，推进农民住房财产权抵押、担保、转让，大幅提高财产性收入在农民收入中的比重。深化农村集体林权、农村小型水利和水电工程产权制度改革。稳定农村土地承包关系并保持长久不变，赋予农民对承包地占有、使用、收益、流转及承包经营权抵押、担保权能，支持农民以承包经营权入股发展农业产业化经营。探索土地信托流转，鼓励承包经营权向专业大户、家庭农场、农民专业合作社、农业企业流转，发展多种形式规模经营。扶持发展龙头企业、家庭农场、专业大户、合作社、股份制企业等各种新型主体，允许财政补助形成的资产转交合作社持有和管护。

21.创新扶贫开发体制机制。按照“实事求是、因地制宜、分类指导、精准扶贫”的要求，健全“区负总责、乡镇落实”的管理体制，完善片为重点、工作到村、扶贫到户的工作机制，做到结对帮扶、产业扶持、教育培训、农村危房改造、扶贫生态移民、基础设施“六个到村到户”。建立精准扶贫机制，对贫困对象实行动态管理，做到“户有卡、村有册、乡有簿、区录入、市联网”，实行扶贫开发与农村低保制度的有效衔接。坚持和完善党政机关、驻境部队、企事业单位和群众团体定点帮扶制度，充分发挥党建扶贫队、同步小康驻村工作组在扶贫开发中的重要作用，切实做到不脱贫不脱钩。继续深化“千企帮村、万户结对、共奔小康”活动，积极动员社会力量参与扶贫。建立扶贫资金有偿使用、滚动发展、多元投入机制，实行扶贫资金绩效评价机制和竞争性分配方法，强化扶贫资金监督检查，完善监督机制。完善扶贫工作考核方式，实行扶贫开发与全面小康、绩效考核、评先选优、干部使用“四挂钩”制度。

六、深化行政管理体制改革，加快转变政府职能

22. 完善宏观调控机制。健全以发展规划为导向，以公共财政投向等为主要手段的调控制度，进一步厘清政府权责边界，全面履行公共服务、市场监管、社会管理、环境保护等职责。加强发展战略、规划、政策、标准等的制订和实施，加强市场活动监管，加强各类公共服务提供。推广政府购买服务，节约行政成本。健全完善促进科学发展的政绩考核评价体系，增加扶贫开发、民生改善、社会进步、生态效益、全面小康的权重。

23. 推进政府机构改革。按照中央和省、市的统一部署，优化政府机构设置、职能配置、工作流程，理顺部门职责关系，完善决策权、执行权、监督权既相互制约又相互协调的行政运行机制，探索垂直管理部门与地方政府规范管理的体制机制。加快事业单位分类改革，建立事业单位法人治理结构，推动公办事业单位与主管部门理顺关系和去行政化。严格控制机构编制，严格按规定职数配备领导干部，减少机构数量和领导职数，严格控制财政供养人员总量。鼓励社会力量兴办公益事业，充分发挥市场在公益事业领域资源配置中的积极作用。

24. 深化行政审批制度改革。进一步简政放权，对行政审批事项、非行政审批事项、服务事项进行全面清理，做好省、市下放事项的承接工作，该取消的事项一律取消。落实好行政审批“准入制”，不准擅自设立管理、收费、罚款项目。深化政务服务平台、电子政务平台建设，全面推行并联审批、网上审批电子监察，实施“超时默认制”“缺席默认制”，推行行政审批服务规范化。建立行政审批绩效评估机制、责任追究制、奖惩激励机制，进一步提高行政审批效率。确立企业投资主体地位，除关系国家安全和生态安全、涉及重大生产力布局、战略资源开发和公共利益等项目外，一律由企业依法规范自主决策，政府不再审批。

25. 深化财政税收体制改革。深化“乡财县管乡用”和“部门预算”改革，建立公开、透明、规范的预算管理制度。进一步完善“村财乡代管村用”管理制度。建立财政支出绩效评价体系，按照“公开、公平、公正”的原则，采用竞争立项的方式，将绩效理念融入部分财政专项资金分配、管理的全过程。健全财政国库集中收付制度。加强政府性工程项目的审计，强化政府性债务风险管控，建立健全规范的举债融资和债务规模控制制度。建立健全非税收入征收管理制度。推进“金财”“金税”信息系统的建设。理顺国地税征管体制，大力推进资源税改革，健全政府预算外收入、非税收入征收管理制度。优化支出结构，加大专项资金清理、整合力度。完善财政转移支付制度，深化专项性一般转移支付改革，推进财政专项资金竞争性分配，提高财政资金绩效。

七、加强民主法治建设，广泛凝聚发展合力

26. 加强民主政治建设。健全和完善“一府两院”由人大产生、对人大负责、受人大监督制度。健全人大讨论、决定重大事项制度，区、乡（镇）政府重大决策出台前向本级人大报告。加强人大预决算审查、国有资产监督职能。完善人大工作机制，扩大公民有序参与范围，通过询问、质询、特定问题调查、备案审查等方式，积极回应社会关切。推进协商民主制度建设，积极构建程序合理、环节完整的协商民主体系，深入开展行政协商、民主协商、参政协商、社会协商。完善特区政协直接向特区党委提出意见建议制度。坚持把政治协商纳入特区党委、政府的决策程序，特区党委、政府出台的重大决策要充分听取政协意见。在特区政协设立委员会联络办公室，完善委员会联络制度。拓展协商民主形式，更加活跃有序地组织专题协商、对口协商、界别协商、提案办理协商，增加协商密度，提高协商成效。发挥统一战线在协商民主中的重要作用，认真听取无党派人士意见。积极发展基层民主，畅通民主渠道，健全和完善基层选举、议事、公开、述职、问责等制度和规定。健全基层党组织领导的充满活力的基层群众自治机制和居民、村民监督机制。完善以职工代表大会为基本形式的企事业单位民主管理制度，保障职工参与管理和监督的民主权利。

27. 深入推进法治建设。深化司法体制改革，推进法治政府建设。普遍建立法律顾问制度。完善规范性文件、重大决策合法性审查机制。健全规范性文件备案审查制度。健全社会普法教育机制，增强全民法制观念，提高公民法律素质。整合执法主体，相对集中执法权，减少行政执法层级，加强食品药品、安全生产、环境保护、劳动保障等重点领域执法力量。健全司法权力运行机制，优化司法职权配置，完善人权司法保障制度，确保法院、检察院依法独立公正行使审判权检察权。健全司法权力分工负责、互相配合、互相制约机制，加强和规范对司法活动的法律监督和社会监督。积极推进审判公开、检务公开。广泛实行人民陪审员、人民监督员制度。健全法律援助制度。完善律师执业权利保障机制和违法违规执行惩戒制度。健全完善特殊人群、社区矫正人员教育管理体制。

28. 推动军民融合深度发展。坚持党管武装原则，形成推动军民融合发展的统一领导、军地协调、需求对接、资源共享机制。加强军民结合基础设施、产业基地、公共服务、应急体系建设，健全完善扶贫开发、参建援建协调机制，推动经济建设、国防建设协调发展。推进国防动员信息系统建设。深入推进“双拥”工作，完善退役军人优抚安置、随军家属就业、军人子女入托入学、退役士兵职业教育和技能培训等政策措施，解决好部队官兵后顾之忧，加强军政军民团结，巩固和密切同呼吸、共命运、心连心的鱼水关系。

八、推进文化体制机制创新，提升文化软实力

29. 加强和改进文化管理。围绕构筑文化“精神高地”，大力发展文化产业，推进文化大繁荣大发展。按照政事分开、管办分离的原则，稳步渐进推进区属新闻媒体改革，全面提高新闻传播能力。坚持正确的舆论导向，建立健全重要舆情信息互通机制和应急机制，形成正面引导和依法管理相结合的网络舆论工作格局。推进文化行政管理体制改革，实行政企分开、政资分开、政事分开，理顺文化行政部门与文化企事业单位的关系，强化政府在宏观调控、政策引导、依法行政、市场监督、社会管理和公共服务等方面的管理职能，真正由主要办文化转到加强文化管理、提供公共服务上来。完善国有文化资产管理体制和运行机制。积极探索并持续推进文化与科技、市场、资本结合的路子，与城市建设相结合的方式，打造个性鲜明的地域文化特色，不断提高文化资源“保护、利用、再生”的能力。

30. 培育现代文化市场体系。整合“三线”文化、夜郎文化、生态文化等优质文化资源，传承历史文化，延续历史记忆，打造六枝文化特色品牌。围绕文化旅游、影视制作等重点文化产业，集中力量、集中资源，策划包装一批体现六枝特色、科技含量高、成长性好的重点文化产业项目。采取项目补助、股权投资、贴息等方式，支持具有导向性、示范性的重点文化产业项目建设。在国家许可和有利于先进文化发展的前提下，吸引国内外资本、金融资本、民间资本参与文化开发和建设，积极扶持创作更多更好体现时代精神、具有文化个性和创新意义、有较大影响的文艺精品。加强文化市场综合执法，完善执法制度、充实执法力量、提升队伍素质、提高执法效能。深入开展“扫黄打非”，坚决扫除毒害人们心灵的腐朽文化垃圾。

31. 加强公共文化服务体系建设。制订支持和保障公共文化服务体系建设的投入办法和财政投入绩效评价机制，形成稳定的投入保障机制。坚持政府主导、多方筹资、因地制宜、合理布局，把文化基础设施建设纳入经济社会发展总体规划，形成以中心城区为主干、覆盖全区城乡的文化服务网络。整合乡镇宣传文化、党员教育、科学普及、体育健身等设施，建设综合性文化服务中心。推动在图书馆、文化馆、博物馆等文化事业单位探索建立法人治理结构，允许和吸纳社会力量参与管理。采取政府采购、项目补贴、定向资助、贷款贴息、税收奖补等政策措施，鼓励各类文化企业参与公共文化服务。加强非物质文化遗产的研究、保护及开发利用，深入开展民族民间文化的发掘、收集、整理和研究工作，大力挖掘我区丰富的特色文化资源。

九、推进社会事业改革创新，提升民生保障水平

32. 完善城乡就业保障制度。健全政府促进就业责任制度，消除城乡、行业、身份、性别等一切影响平等就业的制度障碍和就业歧视。全面落实“劳动者自主择业、市场调节就业、政府促进就业”的方针，在重点解决好就业困难人员就业问题的同时，有步骤地统筹城乡就业。加快建立统一规范的人力资源市场，完善城乡均等的公共就业创业服务体系，构建劳动者终身职业培训体系。完善全民创业政策体系，坚持创业培训、政策扶持、创业服务三位一体，形成政府激励创业、社会支持创业、劳动者勇于创业的新机制。完善就业失业监测统计制度。采取政府购买基层公共管理和社会服务岗位等措施，促进以高校毕业生为重点的青年就业和农村转移劳动力、城镇困难人员、退役军人就业。实施离校未就业高校毕业生实名制就业促进计划，把未就业的纳入就业见习、技能培训等就业准备活动之中，对有特殊困难的群体实行全程就业服务。加大就业援助力度，托底安置城乡就业困难人员。

33. 推进公平教育体制改革。全面贯彻党的教育方针，深化课程课堂教学、教育资源配置、校长任命、教师职称评定、考试招生、职业教育管理等改革，促进各类教育协调发展。实行教师“县管校用”政策，采取学区一体化管理、学校联盟、名校办分校模式和手段，促进名教师、名校长向薄弱学校、农村学校流动，使教师由“学校人”变为“系统人”。按照“小学就近入学、初中相对集中”的原则，加快农村寄宿制学校标准化建设，每个农村中心集镇都要建立一所小学和初中寄宿制学校。逐步实施中心城区“退高进初进小”计划，切实解决中、小学大班额问题。推进学区化改革，城镇新建改建扩建居民区必须配套建设中小学、幼儿园，推进城镇教育资源布局优化。关心支持特殊教育，保障残疾学生接受教育的权利。高度重视老年教育，将老年教育纳入大教育的格局。加大教育对内对外开放力度，在中心城区建设双语学校，探索与外地知名学校合作办学新模式。大力实施教育“9＋3”计划，推动产教融合、校企合作，全面推广“产业园区＋标准厂房＋职业教育”模式。成立特区教育发展基金会，建立政府补贴、政府购买服务、基金奖励、助学贷款等优惠政策，鼓励社会力量兴办教育。放开民办学校收费政策，扩大优质教育资源。鼓励多元主体，支持股份制、混合所有制办学，实施集团化办学。

34. 深化医疗卫生体制改革。统筹推进医疗保障、医疗服务、公共卫生、药品供应、监管体制综合改革，进一步提升医疗卫生服务水平和人民群众健康水平。以公立医院为主导，以社会办医为支撑，加快形成多元办医格局。深化医疗卫生机构管理综合改革，加强区域公共卫生服务资源横向整合，促进优质医疗资源纵向流动，健全网络化城乡基层医疗卫生服务运行机制。加快公立医院改革，落实政府责任，建立科学的医疗绩效评价机制和适应行业特点的人才培养、人事薪酬制度。完善合理分级诊疗模式，建立社区医生和居民契约服务关系。鼓励社会办医，调整和新增医疗资源优先保障社会资本进入，鼓励多种形式参与公立医院改制重组，优先支持兴办非营利性医疗机构，大力发展康复、护理、临终关怀等特色医院。允许医师多点执业，允许民办医疗机构纳入医保定点范围。推进远程医疗平台建设，促进优质医疗资源共享。坚持计划生育基本国策，创新人口计生社会管理机制，促进人口长期均衡发展。按照中央、省、市的统一部署，积极推进区乡卫生、计生机构职责合并整合步伐。

35. 深化社会保障体系改革。坚持社会统筹和个人账户相结合的基本养老保险制度，完善个人账户制度，建立健全多缴多得激励机制，确保参保人权益。推进机关事业单位养老保险制度改革。整合城乡居民基本医疗保险制度，努力提高医疗保障覆盖面。大力推进分层分类的社会救助制度建设，完善社会救助体系。完善社会保险关系转移接续手续，建立统一的社保机构信息库和基本养老保险参保缴费信息查询服务系统，发行统筹地区通用的社会保障卡，扩大参保缴费覆盖率。统筹深化住房制度改革，推动城镇保障房向乡镇、园区延伸，促进城镇保障房建设、农村危房改造、扶贫生态移民房建设相互融合。加快建立社会养老服务体系，探索建立居家养老新模式，鼓励发展公办、民办养老机构，大力发展老年服务产业。健全农村留守儿童、妇女、老人和违法犯罪未成年人等特殊群体关爱服务体系。加快残疾人社会保障体系和服务体系建设，健全残疾人权益保障制度。

十、创新社会治理机制，促进社会和谐稳定

36. 改进社会治理方式。坚持党委领导、政府负责、社会协同、公众参与、法制保障，实现政府治理和社会自我调节、居民自治良性互动。学习借鉴城市社区管理“贵阳经验”，有序推进撤乡（镇）建社区，剥离社区经济发展职能，强化公共服务和社会治理职能，推动社会治理重心下移。加快乡镇社会管理服务中心和村级（社区）社会管理服务站规范化建设，推动社会管理资源要素向基层转移。强化居委会自治职能，将居委会纳入新型社区整体工作体系中，实现居委会委员与社区网格管理员身份融合、职能衔接，形成更加有力的信息收集、事态掌控、服务覆盖网络。大力探索农村新型社区建设模式。在社区（乡、镇）建立流动人口和房屋租赁物业管理服务系统。加快实施政社分开，培育和发展行业协会商会类、科技类、公益慈善类、城乡社区服务类社会组织，引导社会组织健全内部治理结构，积极承担社会责任。

37. 创新群众工作机制。以群众工作统揽信访工作，完善特区党委群众工作机制。建立健全重大决定、重大政策、重大项目和敏感事项社会稳定风险评估机制，从思想和行动上提前介入、全程跟进，切实把工作重心从事后处置转移到事前防范上来。拓宽社情民意表达渠道，关注网络民意，建立特区党政主要领导与群众直接交流网络平台。改革行政复议体制，健全行政复议案件审理机制。建立调处化解矛盾纠纷综合机制，形成社会矛盾大排查、大调解组织管理体系和工作运行机制，促进人民调解、行政调解、司法调解衔接联动。创新完善领导干部定期接访、主动约访、包案督访、带案下访、入户回访等制度，大力推行网上信访制度和逐级信访制度。把涉法涉诉信访纳入法治轨道，建立涉法涉诉信访依法终结制度。

38. 健全公共安全体系。加强社会治安综合治理，进一步完善立体化现代化社会治安防控体系，依法严防和惩治各类违法犯罪活动，提高人民群众安全感和满意度。加强食品药品安全监管，实行最严谨的标准、最严格的监管、最严厉的处罚、最严肃的问责，确保广大人民群众“舌尖上的安全”。深化安全生产管理体制改革，全面落实“党政同责”和“一岗双责”，按照“全覆盖、零容忍、严执法、重实效”的要求，建立隐患排查治理体系和安全预防体系，进一步提升安全管理精细化、信息化、智能化、标准化水平，有效遏制较大以上安全事故。健全防灾减灾应急机制，加强应急专业队伍和装备建设，增强防灾减灾能力。坚持积极利用、科学发展、依法管理、确保安全的方针，加大依法管理网络力度，确保信息和网络安全。

十一、推进生态文明体制改革，转变经济发

展方式

39. 完善生态文明体系。牢固树立生态是“底线”、也是“红线”的理念，着眼于争创国家环保模范城市和全国绿化模范县目标，推动生产方式、生活方式和价值观念的革命性变革。坚持政府主导、企业主体、多方参与、全民行动的基本工作格局，引导全社会树立生态理念、生态道德，把生态文明建设牢固树立在公众思想自觉、行动自觉之上，形成生态文明建设人人有责、生态文明制度人人遵守、生态文明成果人人享有的良好氛围。建立特区生态文明建设委员会，整合部门职能，全面履行生态建设和环境保护职能。

40. 健全生态文明制度。实行严格的源头保护制度、损害赔偿制度、责任追究制度，将生态文明评价指标纳入专项考核和年度考核，用制度保护生态环境。建立生态环境损害终身追究制，对造成生态环境损害的责任者实行赔偿制度，依法追究法律责任。建立生态损害终身追究制。充分发挥财政资金导向作用，完善对生态文明建设的资助政策，制订低碳发展产业政策和鼓励类产业指导目录，重点支持物流、旅游、高新技术企业进行节能降耗、循环经济、清洁生产和资源综合利用方面的技术改造。出台绿色建筑发展规划、激励政策和扶持机制等政策，2015年前实现政府投资新建房屋项目100%为绿色建筑。引导督促企业公开环境信息，开展生态文明岗前教育，制订生态企业规范、员工生态文明行为守则和奖惩机制。出台支持社会组织和家庭参与“微绿化”的奖励激励制度，调动全社会参与城区绿化美化和环境提升工作。

41. 加大生态环境治理力度。优化国土空间开发，大力调整产业结构，推动资源利用方式转变，努力促进单位生产总值能耗、用水量和主要污染物排放总量“三个下降”。扎实推进环境保护“十二件民生实事”，进一步完善污染减排工作机制，加快推进环境资源有偿使用制度改革，严格环境准入和环境影响评价制度。加强空气质量的监测治理，做好空气质量PM2.5数据监测并向社会公布，自觉接受群众监督。逐步建立生态系统保护修复和污染防治区域联防联控机制，全面实行“河长制”。建立完善农业面源污染减排和治理机制，建立健全农村生活污水和垃圾处置机制。开展排污权有偿使用和交易试点，建立污水处理收费的价格机制，提高污水排放的收费标准。全面深入推进殡葬管理改革，大力整治乱埋乱葬行为。继续抓好退耕还林、天保工程、石漠化综合治理、森林植被恢复费造林等各项生态项目建设，确保全区森林覆盖率每年提高2个百分点以上。

十二、强化权力运行制约和监督体系建设，用制度管权管事管人

42. 构建科学有效的权力制约机制。坚持民主集中制，充分发挥党的领导核心作用。科学配置党政部门及内设机构权力和职能，推行区、乡镇政府及其工作部门权力清单制度，依法公开权力运行流程。完善党务、政务和各领域办事公开制度，推进决策公开、管理公开、服务公开、结果公开，深化拓展“阳光晒权”活动，建立健全权力公开透明运行工作保障机制，让权力在阳光下运行。加强和改进党政主要领导行使权力的制约和监督，加强行政监察和审计监察，强化审计成果运用。积极推行新提任领导干部有关事项公开制度试点。

43. 加强反腐败体制机制创新。加强党对党风廉政建设和反腐败工作统一领导，落实党风廉政建设责任制，党委负主体责任，纪委负监督责任，实施责任追究制度。各级纪委要履行协助党委加强党风廉政建设和组织协调反腐败工作的职责，加强对同级党委特别是党委组成成员的监督，更好发挥党内监督专门机关作用。推动党的纪律检查工作双重领导体制具体化、程序化、制度化。实行查办腐败案件以上级纪委领导为主，线索处置和案件查办在向同级党委报告的同时必须向上级纪委报告，建立完善案件线索管理和案件查办监督体系。强化纪检监察派驻机构统一管理，派驻机构对派出机关负责，履行监督职责。完善惩治和预防腐败、廉政风险防控、防止利益冲突、领导干部报告个人有关事项、任职回避等方面的制度。强化乡镇纪检组织建设，整合纪检力量，充分发挥其监督作用。

44. 深化机关作风和效能建设。贯彻执行中央八项规定和省委、市委和特区党委十项规定，健全领导干部带头改进工作作风、深入基层调研制度，完善各级干部直接联系和服务群众制度，建立健全厉行节约、反对浪费制度。完善选人用人专项检查和责任追究制度，着力纠正跑官要官等不正之风。着力解决“形象工程”“政绩工程”以及不作为、乱作为、慢作为等问题。严格控制“三公”经费支出和楼堂馆所建设。规范并严格执行领导干部工作生活保障制度。完善并严格执行领导干部亲属经商、担任公职和社会组织职务等相关制度规定，防止领导干部利用公共权力或自身影响为亲属和其他特定关系人谋取私利，坚决反对特权思想和作风。建立健全反对形式主义、官僚主义、享乐主义和奢靡之风的体制机制，健全并严格执行服务承诺、限时办结、首问责任等制度。深入推进机关作风教育整顿和“效能革命”，着力解决“慵懒慢浮贪”和“吃拿卡要”等问题。

十三、加强党对全面深化改革的领导，确保各项改革任务落到实处

45. 加强组织领导。充分发挥党委总揽全局、协调各方的领导核心作用，切实履行对改革的领导责任，完善科学民主决策机制，加强对重大改革问题的统筹协调和总体指导，做到党政主要领导亲自抓，分管领导具体抓，其他成员配合抓。特区党委成立以党委主要领导任组长、政府主要领导及机关领导任副组长的全面深化改革领导小组，负责对全区深化改革的统筹协调、整体推进和督促落实。各乡镇、各部门要成立相应的领导机构和工作机构，研究部署本乡镇本部门的改革工作。

46. 加强干部队伍建设。坚持党管干部原则，深化干部人事制度改革，着力构建有效管用、简便易行的选人用人机制，着力选拔“信念坚定、为民服务、勤政务实、敢于担当、清正廉洁”的好干部，建设一支想干事、能干事、干实事、干得成事的干部队伍。突出改革和完善干部考核评价制度，健全完善竞争性选拔干部办法和优秀年轻干部培养选拔机制，更加注重对领导干部的品德考核、对科学发展的实绩考核、对打基础利长远的潜绩考核，坚决防止唯票取人、唯分取人、唯资历取人，合理用好各级各类干部，创造条件推进干部跨条块跨领域交流，切实调动广大干部的积极性。深入推进“人才强区”战略，建立科学的人才培养、引进、发现、评价机制，完善党政机关、企事业单位、社会各方面人才顺畅流动的制度体系，健全人才向基层流动、在一线创业的激励机制。围绕“六个一批”人才引进计划，加大科技人才培养力度，围绕人才高地、科创基地、生态园目标，探索与省内外中高院校联合办学及校企合作。整合放大各类人才扶持政策效应，落实好高层次人才购房（租房）补贴、免费入住等政策，加快建设一批人才公寓、人才小区，努力营造人才能发展、留得住、用得好、出成果的良好环境。

47. 调动全社会积极性。充分尊重基层和群众的首创精神，发挥全社会的积极性、主动性和创造性，建立有利于社会广泛参与的机制，引导广大人民群众理解改革、支持改革、参与改革。充分发挥人民团体和“两新组织”作用，齐心协力推进改革，形成全面深化改革的强大合力。要以开展党的群众路线教育活动为契机，通过找差距、找问题、找目标、找路径，有重点、有步骤、有秩序地推进改革。宣传部门要加强对深化改革的舆论宣传，营造鼓励创新、宽容失误的良好环境。

48. 建立督促落实机制。对中央、省委、市委、特区党委确定的重点突破项目，要明确路线图、确定工作量、列出时间表，督促抓好落实。对推进不力的要进行通报和问责。建立考核激励机制，把深化改革开放、促进科学发展纳入对领导干部实绩考核的内容，推动各项改革顺利进行。

全区广大党员和干部群众，要更加紧密团结在以习近平同志为总书记的党中央周围，在市委、市政府的坚强领导下，坚持解放思想，锐意进取，勇于创新，攻坚克难，不断开创改革发展新局面，为与全市全省全国同步全面建成小康社会而努力奋斗！

六枝特区加强城市基层社会治理推进社区建设实施方案

（2014 年 10 月 24 日）

为深入贯彻落实《中共贵州省委办公厅贵州省人民政府办公厅关于加强和改进城市社区居民委员会建设工作的实施意见》（黔党办发〔2011〕18 号）、《中共六盘水市委办公室六盘水市人民政府办公室关于印发〈六盘水市加强城市基层管理推进社区建设的指导意见〉的通知》（六盘水党办发〔2014〕57 号）和《六盘水市机构编制委员会关于县、特区、区设立社区服务中心的通知》（六盘水机编发〔2014〕39 号）精神，学习借鉴社区管理“贵阳经验”，推进城市基层社会公共服务和社区治理体系建设，结合我区实际，提出如下实施方案。

一、指导思想和主要目标

（一）指导思想。深入贯彻落实党的十八大和十八届三中全会精神，按照市委、市政府对城市基层管理体制改革的总体部署，以提高效能、方便群众为重点，推动人力、物力、财力和服务资源向基层集聚，推动公共服务和社会治理工作向基层延伸，逐步构建“架构合理、职责明确、运转高效、服务优质”的新型社区治理和服务体制机制。

（二）主要目标。围绕构建区域化社区党建新格局、增强居民自治能力、提升社区服务水平、率先实现全面小康目标，撤销特区政府所在地的平寨镇，建立社区服务中心，由社区服务中心直接向居民群众提供公共服务和社会治理，充分发挥社区“凝聚人心、服务群众、优化管理、维护稳定”的作用，逐步推行“居政分离”，使居民委员会自治职能归位，促进和谐社区建设再上新台阶。

二、改革城市基层社会治理体制

（一）合理划分治理范围

本着便于社会治理，做好公共服务，综合利用社区资源的原则，撤销六枝特区平寨镇，设立那克、九龙、银壶、塔山4个社区服务中心。实行“一社多村（居）”治理体制，切实落实“市—特区—社区”三级管理机制。

1. 九龙社区服务中心。辖原平寨镇的河湾、营盘 2 个居委会及茶山、五龙、小寨、波凹、波乍 5 个村；国土面积 43.21 平方公里，人口 4.7221 万人，人口密度 1092 人 / 平方公里。

2. 那克社区服务中心。辖原平寨镇的那平路、公园路、文化路、团结路、青龙 5 个居委会；国土面积 7 平方公里，人口 4.1999 万人，人口密度 6000 人 / 平方公里。

3. 银壶社区服务中心。辖原平寨镇平寨、铁路、补林、银壶、兴隆、地宗 6 个居委会和杨丰、东风 2 个村；国土面积 31.6 平方公里，人口 4.2581 万人，人口密度 1348 人 / 平方公里。

4. 塔山社区服务中心。辖原平寨镇电厂、六枝、四方坡、那固坝、四角田、塔山、凉水井7个居委会和高峰村；国土面积21.9平方公里，人口4.4527万人，人口密度2033人/平方公里。

（二）统一社区组织架构

各社区实行“一委一会一中心”组织架构，为全额预算管理的正科级事业单位，直接受特区党委、政府领导，并接受特区职能部门指导。社区党委和社区服务中心负责统筹区域内党务、政务、服务工作；社区居民议事会承担议事协商职能。

六枝特区公安局负责按照新设立的社区服务中心调整所属派出所责任区，分片维护社区治安和公共秩序。

司法、国土资源、工商、税务、中（小）学校等法律法规明确的上级政府部门设在原平寨的工作机构，由对应的区级单位根据新设立的社区服务中心分布重新派驻机构或实行分片管理。

（三）社区服务中心的功能定位

撤销平寨镇，建立社区服务中心后，特区政府及相关职能部门对居民的事务性社会治理和公共服务直接延伸到社区。原由平寨镇承担的行政执法职能由区直部门直接承担或按社区分片派驻机构、人员进行管理或委托社区管理，社区服务中心积极支持配合。原由平寨镇承担的经济发展职能，由特区相关经济发展部门直接负责或按社区分片派驻机构、人员进行管理，社区服务中心积极支持配合。特区经济发展部门要加强与社区服务中心的沟通协调，全面承接好原平寨镇承担的经济发展职能，统筹抓好城区经济发展工作。

社区服务中心作为特区政府在社区实施公共服务和社会治理的平台，不再承担经济工作任务，主要承载凝聚、服务、治理、维稳等社会功能。一是凝聚功能。充分发挥社区党委的领导核心作用，努力构建“社区党委—居委会党支部—网格党小组—住宅党员”组成的党组织网格化治理模式，实行居民院落“两长三员”（院长、楼栋长和治安管理员、卫生管理员、物业管理员）治理办法，尊重群众主体地位，建立健全社区服务中心、居民议事会、物业服务机构、居民代表等定期商讨社区事务的民主管理制度、决策听证制度和监督评议制度，推行社区党务、政务、服务公开，拓展居民参与社区事务的渠道，强化社区党组织与居民群众的血肉联系，把广大居民群众紧紧团结在党组织周围。形成社会各方关心、支持、参与社区“结对帮扶”“互助共建”的良好氛围，提升社区的统筹协调能力和凝聚居民群众的向心力。二是服务功能。着眼于满足居民群众多层次、多样化的需求，推行“一站式”办公、“零距离”服务，整合资源，广泛开展社会保障、低保优抚、扶贫帮困、就业培训、提升素质、户籍登记、法律援助等便民利民服务，建立健全多类型、经常性、广覆盖的服务体系和工作机制。合理布局商业网点，规范服务标准，全力打造金融、电信、超市、服装、便民诊所、农贸市场、煤气水电、居家养老、物业管理、家政服务等便民利民、门类齐全、方便快捷的“生活服务圈”，最大限度满足居民需求。三是治理功能。在社区党委领导下，统筹、协调和发挥社区各类组织作用，支持各类组织依照法律和有关政策开展工作，形成合力。建立健全社区居民信息库，随时了解和掌握居民动态信息，切实做到“六必访六个好”。即：家有困难群众必访、家有矛盾纠纷必访、家有重大疾病患者必访、家有下岗失业人员必访、家有刑释解教（社区矫正）人员必访、家有孤寡老人留守儿童必访，真正服务好居民群众、关爱好困难群众、协调好群众矛盾、处理好突发情况、组织好社会化服务、开展好志愿者服务，做到事有人管、难有人帮、责有人问。进一步完善社区党组织领导的居民自治机制，通过村（居）民会议、村（居）民代表会议、村（居）民小组会议、“院坝会”“恳谈会”“议事会”以及网上工作室、电子信箱、楼栋留言簿等形式和渠道，做到民事民提、民事民议、民事民决、民事民解。理顺和处理好社区服务中心与居委会、小区业主委员会、物业服务机构之间的关系，团结各方面力量共同做好社区治理工作。积极开展红歌会、诗画会、表彰会、敬老会等红色教育活动和群众文体活动，弘扬红色文化和传统文化，凝聚正能量，树立新风尚。四是维稳功能。建立健全人防、物防、技防相结合的社区防范机制和防控网络，建立定期排查和经常走访制度，对影响稳定的隐患、矛盾和问题早发现、早化解、早处理、早排除。深入推进社区网格化管理，建立健全社区维稳工作网络和突发事件应急处理机制，引导居民理性表达诉求，自觉依法办事，使利益纠纷得到妥善处理。广泛开展平安社区创建等活动，组织、动员居民群众开展社区治安群防群治。

（四）社区组织主要职责

1. 社区党委。受特区党委直接领导，行使特区党委赋予的权力，统筹领导本社区党务、政务工作。贯彻执行党的路线、方针、政策，落实上级党组织的决议、决定；发挥党组织的领导核心作用，支持和保证本社区各类组织按有关法律、章程和规定开展工作，团结和领导社区各类组织共同讨论、决定社区党建和社区治理中的重大事项；负责党员教育、管理和服务工作；抓好党风廉政建设；组织开展精神文明创建活动；加强对所辖村（居）委会党组织的领导和指导；负责社区非公有制企业党建工作，不断扩大党建工作覆盖面；完成区委交办的其他工作。

2. 社区居民议事会。负责收集来自各方面的意见、建议；讨论社区建设和社会治理事项；代表居民群众和驻社区单位对社区各项事务进行民主决策、民主管理、民主监督；引导居民群众自觉参与社区事务、监督社区服务中心工作；建立社区协商议事机制，制订社区事务决策听证、监督评议等制度、办法，并组织实施；负责辖区各级人大代表、政协委员的联络服务工作，受理区人大常委会、区政协委托办理的事项。

3. 社区服务中心。负责制订和执行社区发展规划，组织开展和谐社区建设；负责本社区综合治理、信访维稳、劳动保障、民政、统计、卫生计生、环卫管理、“四创”城市、社区服务、文体教育、民族宗教、农业农村等社会治理和公共服务；协同和支持区级职能部门派出机构、延伸机构在本社区的服务和社会治理工作；协助开展经济发展相关服务和基础数据统计工作；指导、支持和帮助村（居）民委员会依法开展自治活动；组织社区志愿者服务活动；推进社区网格化管理；培育、发展、指导和协助本社区社会组织依照法律和有关政策开展工作；完成区政府交办的其他工作。

4. 公安派出所。分片负责维护社区治安和公共秩序，确保社区和谐稳定。接受群众报警、求助，为群众提供服务；收集、掌握、报告影响社会政治稳定和治安稳定的情报信息；管理社区人口户籍；实施重点行业、公共场所、娱乐场所和枪支、弹药、爆炸等危险物品管控；指导、监督驻社区机关、团体、企事业单位内部治安保卫工作；组织开展多层次群防群治工作，预防可防性案件发生；依法受理一般刑事案件，查处治安案件，调解治安纠纷；协助上级公安机关处置群体性事件。

（五）人员编制和领导职数

核定社区服务中心事业编制总数270名（含社区计生卫生院），各社区服务中心编制数根据人口规模和地域面积核定。原则上，4万人以下、10平方公里以内每个社区服务中心核定事业编制60名。

核定各社区领导职数7名，设党委书记1名、副书记2名（1名兼任社区服务中心主任、1名兼任居民议事会主任，正科级）、纪委书记（副科级）1名；社区服务中心副主任3名。

政法综治维稳、人民武装、组织、宣传及工、青、妇等组织机构按有关法律、章程和规定设置。

撤销平寨镇后原平寨镇的行政编制收回特区编委办公室统一管理。

1. 社区党委实行专、兼职制，兼职副书记和委员（不占社区编制）名额由社区党委根据驻社区单位党组织情况和开展党建联席会议要求提出并报特区党委组织部批准。

2. 社区居民议事会设兼职副主任（不占社区编制）2—3名。兼职副主任和其他成员由社区居民代表、党员代表、驻社区单位代表和人大代表、政协委员、非公有制企业代表等各行业代表组成，通过公开报名和民主推荐相结合的方式产生。

（六）内设机构

各社区服务中心内设综合办公室、群众工作部、社会事务部、环境管理部、卫生计生部和便民利民服务厅等6个服务机构，均为财政全额预算管理的正股级事业单位。各部、办、厅分别设主任1名、副主任1—2名。其中，卫生计生部加挂卫生计生院牌子，设主任（院长）1名、副主任（副院长）3名，其中1名熟悉医疗卫生业务、1名熟悉计划生育技术业务。

1. 综合办公室。承担社区党的基层组织建设和群团组织建设工作；负责纪检（监察）及宣传、精神文明建设、统战、人民武装、老干部等方面工作的综合协调、服务和督促检查工作；负责文秘、信息、保密、组织、人事劳资、财务、统计、档案、固定资产管理和后勤服务等工作；负责各级党代表、人大代表、政协委员的选举、协商及有关工作；负责社区党建联席会议日常事务；负责协调区级部门在本社区的服务和社会治理，以及对区级部门下派人员的日常管理和考核；负责社区网格员管理。

2. 群众工作部（挂综治维稳工作部牌子）。承担社区综合治理、信访、维稳、禁毒服务和管理工作。负责群众来信来访和矛盾纠纷排查调处工作，协调处理各类突发性和群体性事件；指导、督促辖区内社会防控措施的落实，做好禁毒、预防青少年违法犯罪、违法人员帮教转化、反邪教、社区矫正、流动人口的管理与服务等工作；促进村（居）委会等基层组织和社会工作者参与社区戒毒、社区康复人员就业等工作；组织开展平安社区创建活动，引导居民理性表达诉求，自觉依法办事。

3. 社会事务部（有农业农村工作的社区加挂就业和社会保障服务中心牌子）。承担社区民政、老龄、人力资源、社会保障、民族宗教、文体教育、残疾人、红十字、科协等相关工作和服务。负责《中华人民共和国村委会组织法》《中华人民共和国居委会组织法》的贯彻实施和村（居）民自治指导工作；培育、发展、指导和协助公共服务类社会组织，丰富和拓展社区服务、活动的内容，组织开展社区志愿者服务工作等。

4. 环境管理部（挂农业工作服务部牌子）。承担社区城市管理、“四创”宣传等服务和治理工作。负责社区内环境卫生维护，落实“门前三包”责任制，动员社区居民和驻社区单位共同创建整洁、优美、舒适、方便的生活环境；指导小区业主委员会建设，协调、帮助小区业主引进物业管理服务或实施物业管理自治，指导和监督物业管理机构的服务工作；配合、协助有关部门做好社区内环境绿化、市场管理、“两违”管控，以及房屋征收和补偿管理等工作。

承担农业、林业、水利、扶贫开发等相关服务工作。

5. 卫生计生部（挂卫生计生院牌子）。对卫生计生事务性工作和技术性服务工作进行统管。

事务性服务和管理方面：负责开展社区爱国卫生宣传；做好驻社区单位、村（居）民群众和流动人口的计划生育事务管理、服务和协调工作；教育、帮助村（居）民自觉履行计划生育义务，维护村（居）民群众计划生育合法权益；及时反映驻社区单位、村（居）民和流动人口对卫生和计划生育工作的意见、建议；协助上级有关部门做好医疗保健、卫生防疫、食品安全、生殖健康等知识的宣传、普及工作。

技术性服务方面：向辖区村（居）民综合提供预防、保健、基本医疗和公共卫生服务；承担宣传教育、技术服务、药具发放、人员培训、信息咨询、优生指导、随访服务、生殖保健等公共服务职能；配合承担孕前优生健康检查项目等任务；负责对村级服务人员进行业务培训和指导。

6.便民利民服务厅。直接向村（居）民群众提供政策咨询、信息发布、证照办理、证明证据等服务。负责老年优待证、残疾证、就业证、失业证、独生子女父母光荣证、生殖保健服务证、二孩准生证等证照办理、审核、换发或初审、代办、转办服务；受理城乡低保、医疗救助、临时救助、养老保险、医疗保险、工伤保险、失业保险、农村合作医疗、廉租住房、经济适用房等社会保障业务的申请、登记、初审、审核、费用缴交等服务工作；负责党、团员组织关系转接，为辖区居民出具相关证据、证明服务；以及其他需要在服务窗口办理的服务事项。

受托承办、代办或提供场地由有关部门派驻人员办理水、电、煤气、税收、工商管理等费用缴交或证照办理、换发服务；提供家政服务、物业管理、就业介绍、婚姻介绍等中介服务以及其他便捷、高效的便民利民服务。

三、健全社区运行机制

（一）推进区域化党建工作。社区党委为区域性建制党委，除专职党委副书记和委员外，应协商选聘部分有影响力的驻社区单位党组织负责人兼任社区党委副书记或委员参与社区重大问题的研究、讨论和决策，按照“条块联动、组织联建、党员联管、活动联搞、资源联用、服务联做”（六联）要求，统筹抓好社区内各领域党的基层组织建设、村（居）委会建设及工青妇等群团组织建设，形成党员教育联管、社区治安联防、社区环境联治、公共设施联造、弱势群体联帮等区域性党建机制。采取“领导体制扁平化、运行机制规范化、党组织设置网格化、党组织活动方式多样化、党员发挥作用常态化、党组织和党员服务群众长效化、工作载体品牌化、党务工作者队伍专职化、阵地建设标准化、经费保障制度化”（十化）推进措施，进一步解决基层组织经费保障和活动场所等突出问题。将非公有制经济组织和社会组织的党组织、流动党员纳入社区党委管辖范围，探索在居民小区或楼栋建党支部、楼道建党小组，做到有群众的地方就有党的工作，有党员的地方就有党的组织，实现党的工作和党的组织全覆盖。积极推行区委委员、党代表、机关党员、党员义工和党务工作者进社区工作，认真倾听群众呼声，了解群众疾苦，解决群众困难，实现“党员群众有呼声、党代表有反应、党组织有行动”的良性互动，使城市基层党组织凝聚人心、服务群众、推动发展、促进和谐的作用更加突出。

（二）实施“三会一评”，扩大基层民主。通过“社区居民提议，社区党委决策，社区服务中心执行，群众评议成效”的方式，组织村（居）民群众有序参与社区治理。一是群众意见收集会。社区居民议事会成员在所联系区域内召开院坝会或其他形式的群众意见收集会，广泛收集村（居）民群众关心的事项、需要解决的问题及对社区事务和社区服务、社区治理的意见、建议。二是议题讨论会。收集到一定数量的群众意见后，及时召开居民议事会全体成员会议，商讨社区服务和社区治理中急需办理的事项，作为意见、建议提交社区党委和社区服务中心。三是议事决策会。召开社区党委会议，对社区居民议事会提出的意见建议进行讨论，形成决策，交由社区服务中心组织实施。四是述职评议。每年年终，组织社区党员代表、驻社区单位代表、村（居）民代表参加社区居民议事会扩大会议，由社区党委书记对党建工作情况进行述职，社区服务中心主任对年度工作任务完成情况进行述职，社区居民议事会主任对群众意见建议办理情况进行述职，接受与会代表现场提问并现场回答，对述职情况进行现场评议并公布评议结果，评议结果与社区党委和社区服务中心评先选优、年度目标考核挂钩。

（三）实行“一站办结”，优化服务和社会治理。推行社区党务、政务“一站式”服务。按照“统一内容、统一标准、统一流程、统一窗口”的要求，进一步整合资源，简化程序，认真做好扶贫帮困、城乡低保、医疗救助、临时救助、养老保险、医疗保险、工伤保险、失业保险、农村合作医疗、就业创业等公共服务和其他便民利民服务，规范和提升以人为本、需求导向的社区服务；建立健全社区各类组织和驻社区单位相结合、无偿与低偿相结合、社会化与产业化相结合的社区服务体系；动员机关、企事业单位、业主自治组织和物业管理机构为社区服务提供场地、设施、资金、人力等资源，鼓励社会组织、村（居）委会、物业管理机构和以追求社会价值为目标的社会企业参与社区服务；广泛开展社区志愿者服务活动，形成多元提供的社区服务模式，确保社区服务全覆盖，不断提高服务居民群众的质量，增强社区服务功能。

（四）逐步推行居政分离，强化村（居）民自治。社区服务中心对村（居）民委员会工作进行指导和帮助，村（居）民委员会对社区服务中心工作进行协助、支持和监督。社区服务中心要指导村（居）委会健全日常运行机制，实现居委会成员与社区网格员的职能衔接，形成更有力的信息收集、事态掌控、服务覆盖网络。村（居）民委员会要按照《村民委员会组织法》《居民委员会组织法》的相关规定，教育村（居）民遵守社会公德和村（居）民公约、依法履行应尽义务，开展多种形式的精神文明建设活动；通过村（居）民会议、村（居）民代表会议或村（居）民小组会议、院坝会等民主管理形式，办理村（居）委会公共事务和公益事业；开展便民利民服务活动；协助社区服务中心做好与村（居）民利益有关的社会保障、扶贫救助、优抚救济、公共卫生、计划生育、青少年教育和社区矫正等工作；向社区服务中心反映村（居）民群众的意见、要求和建议；组织村（居）民群众对社区服务中心及其工作人员开展工作情况和驻社区单位参与社区建设情况进行民主监督和评议。区政府和社区服务中心为村（居）党支部和村（居）民委员会协助开展经常性工作提供必要的经费和工作条件。村（居）党支部和村（居）民委员会协助办理阶段性、突击性、高强度、工作量大的专项事务或村（居）党支部和村（居）民委员会做起来有优势的行政性事务时，区级有关部门或社区服务中心要按照“权随责走、费随事转”的要求，兑现相应的工作经费。建立健全规范化、制度化和科学化的政府购买服务机制，逐步减少直至消除村（居）民委员会承担的行政性事务，实现居政分离，确保村（居）委会有序、高效、规范开展自治活动，回归自治属性。

（五）深入推进网格化管理。按照“科学设置、尊重历史、合理布局、界定清晰、方便管理、便于服务”的基本原则，形成一个网格覆盖所有社区服务和社会治理的网格建设模式，把社区服务和社会治理的触角延伸到每个家庭，做到信息全收集、事态全掌控、服务全覆盖。各社区服务中心要按照“职责明确、一岗多责”的原则，明晰网格管理员的工作任务，负责网格内居民的动态管理和服务，畅通基层群众直接反映问题的渠道，使社区实现无缝隙管理，精细化服务。

（六）推进社区信息服务。充分整合利用区内各级现有信息网络资源，加大投入，建立健全社区综合服务信息平台，实现“区—社区—居委会”三级网络的纵向互联互通，提高社区服务效率。建立“一口采集、多口使用”的信息共享机制，以家庭为单位，以社区服务中心为结点，统一采集原分散在各单位的各类服务对象及其需求信息，实现社区公共服务信息跨行业、跨区域共享，逐步提高社区服务与社区治理的智能化水平。

四、加强社区工作者队伍建设

（一）实行分类管理。按照“老人老办法，新人新办法”的原则，对社区工作者进行分类管理。

1. 原平寨镇分配到社区的公务员、机关工勤人员或其他乡镇、区直部门调整到社区任职的公务员，保留其原身份，工资待遇不变。

2. 原平寨镇使用的公益性岗位人员，可根据各社区服务中心承担的工作量和服务人口规模、服务半径等合理分流。

3. 特区有关部门和社区服务中心要加大对社区技术型服务人才的引进和培养。

4. 各社区服务中心要实施社区服务志愿者登记制度，广泛发动社会各界成立社区服务志愿者队伍（义工），根据志愿者专业和特长，组织开展相应的志愿服务活动。

5. 社区专职工作人员缺额补充时，统一面向社会公开招考，同等条件下优先安排和吸纳符合岗位要求的大专以上毕业生和村（居）委会工作骨干。

（二）提高专业素质。制订六枝特区社区工作者队伍建设专项规划，并纳入全区人才建设总体规划。将社区工作者纳入全区干部教育培训计划，每年定期开展能力提升培训。鼓励社区工作者立足岗位，自学成才，参加社会工作职业资格考试和学历教育考试，提高综合素质。鼓励社区专职工作人员资格认证，推行持证上岗制度，提升社区工作者队伍的专业化水平。

（三）建立健全激励机制。从经济上、政治上关心社区工作者，逐步建设一支稳定的、有生机活力的社区干部队伍。对获得社会工作者职业水平证书的社区工作者给予适当津贴补助。任用干部时，在德才兼备、以德为先的前提下注重提拔社区专职工作人员，并在同等条件下优先提拔社区专职工作人员。在各级党代表、人大代表、政协委员和劳动模范、评先选优中，增加社区工作者的比例，最大限度调动社区工作者的积极性。

五、实施步骤

（一）启动阶段（2014年7月1日—9月20日）。对平寨镇行政区划进行调整，合理划分社区服务中心。制订各社区服务中心机构设置和人员编制方案，做好原平寨镇工作人员思想疏导和分流工作，选配好社区领导班子。平寨镇要妥善清理，并向新设立的社区服务中心移交各类文书、文件、图片等档案及财务、人事、资产等重要资料，保证新老机构有序衔接和过渡。

（二）实施阶段（2014年9月21日—10月31日）。各社区服务中心挂牌运行，组织开展工作。认真调研，了解、掌握居民和驻社区单位服务需求，建立居民基本信息、社区服务资源和服务需求信息库；根据居民和驻社区单位需求，针对性地开展服务工作，并建立健全相关规章制度。特区有关部门清理和明确部门自行承担、下放或委托社区服务中心办理的事项，进一步理顺特区职能部门、社区服务中心和村（居）委会之间职责与关系。核定社区服务中心人员经费、工作经费、公益事业费等相关费用，并出台经费运行方案。

（三）总结提升阶段（2014年11月1日—12月31日）。积极探索城市基层社会治理的新办法、新措施，做好相关制度的规范和完善工作。各社区服务中心要结合本社区城市建设发展主体情况、主体居民构成情况、居民主要文化传承情况等确定社区服务和社区治理方向，定位社区发展类型，并积极统筹实施。特区有关部门要分类进行指导和规范，推动社区服务中心建设取得新成效。

六、组织领导和保障措施

（一）加强组织领导，抓好责任落实。为确保城市基层社会治理体制改革取得实效，成立“六枝特区加强城市基层社会治理推进社区建设工作领导小组”，成员如下：

组　长：高玉林　市人大常委会副主任、特区党委书记
　　　　舒　勇　特区党委副书记、政府区长
副组长：石灿敏　特区党委副书记
　　　　吕　荣　特区党委常委、组织部部长、统战部部长、党校校长
　　　　郭　萌　特区政府副区长
成　员：付应荣　党　办　金　波　政府办
　　　　周定忠　组织部　李万军　宣传部
　　　　梁　斌　政法委　卢　刚　编委办
　　　　金家琪　发展改革局
　　　　钱国富　民政局
　　　　邓仁委　教育局
　　　　郭军力　公安局
　　　　丁勇　经信局

苏勇　财政局

何兴品　审计局　丁朝栋　司法局

龙启江　国土资源局

刘廷和　人力资源和社会保障局

敖　勇　城乡建设局

刘　义　人口计生局

左永洪　统计局

周元军　文体广电旅游局

郭永贤　卫生食品药品监管局

王士福　农业局

路　林　林业局

梁厚学　水务局

李清洋环保局

罗晓蓉　交通局

谢锡骞　工商局

柴　君　质监局

杨　强　平寨镇

领导小组下设办公室在特区组织部，吕荣同志兼任办公室主任，郭萌同志兼任办公室常务副主任，周定忠、卢刚、钱国富、苏勇、刘廷和五名同志兼任办公室副主任，负责指导全区城市基层社会治理体制改革工作。

（二）健全投入机制，完善基础设施。进一步加大对社区服务中心基础设施建设投入力度，形成社会各界、社区企业自愿捐助相结合的多元化投入机制。将社区工作人员经费、办公经费、公益事业费等纳入特区财政预算，并建立逐年增加的长效机制。将社区服务用房和居民公益性服务设施纳入城市整体规划和相关专项规划，规划、住建等部门对新建住宅小区、新开发区和旧城改造区，按照每50户10平方米社区服务用房的标准进行规划审查，配建社区办公服务用房，社区办公服务用房原则上安排在1楼或2楼。对未按要求建设社区服务用房和居民公益性服务设施的不能通过验收。验收合格后，建设单位将社区服务用房和居民公益性服务设施无偿移交给社区服务中心使用，社区服务用房和居民公益性服务设施产权无偿归社区服务中心所有。逐步探索对政府需要居委会协助完成的工作，通过政府购买服务的方式完成。

（三）加强协调配合，形成强大合力。特区各级各有关部门要顾全大局，相互支持配合，切实按照各自职能和权限，采取有力措施，推动人力、物力、财力等资源下沉到社区，支持社区建设和发展，大力推进转变职能和建设服务型政府，履行好社会治理和公共服务职责，形成整体工作合力。各职能部门要全面清理和修订与社区、村（居）委会相关的部门文件、审批表格等，以适应社区职能调整和村（居）委会自治属性回归的需要。工、青、妇等群众团体要积极参与社区建设。各级各有关部门既要各负其责、各司其职，又要加强沟通、协调配合，指导、帮助社区服务中心理顺工作职能职责，建立健全有效运行机制，解决好改革中出现的新情况、新问题，确保本次改革各项工作平稳过渡。

（四）加大宣传力度，营造良好氛围。要充分发挥新闻媒体的作用，通过报刊、电视、广播、网络及社区宣传栏等载体，多渠道、多层次宣传新型社区建设的思路和要求、做法和经验、特色和亮点，以及取得的成效、群众的反应等，为全面推进新型社区建设营造良好的舆论氛围。

六枝特区机关工作人员作风问题处理办法（试行）

（2014年10月24日）

第一章 总 则

第一条 为推进作风建设常态化、长效化和制度化，改进工作作风，提高行政效能，根据《中共中央办公厅国务院办公厅印发关于实行党政领导干部问责的暂行规定的通知》（中办发〔2009〕25号）、《贵州省机关工作人员作风问题处理办法（试行）》《六盘水市机关工作人员作风问题处理办法（试行）》及我区《关于进一步加强干部日常监督管理暂行办法》等规定，结合我区实际，制订本办法。

第二条 本办法所称作风突出问题，是指违反政治纪律、言行失检，违反廉政纪律、铺张浪费，自由散漫、松垮拖拉，推诿扯皮、不敢担当，形式主义、落实不力，工作粗糙、不重细节，漠视群众、脱离群众等问题。

第三条 本办法所称机关工作人员包括全区各级党的机关，人大机关，行政机关，政协机关，审判机关，检察机关，民主党派、工商联机关和群众团体、人民团体及参照《公务员法》管理的事业单位工作人员。

对其他事业单位、国有及国有控股企业的各级各类人员实施处理，参照本办法执行。

第四条 处理坚持实事求是、惩教结合的原则，由纪检监察机关、组织人事部门按照干部管理权限进行。

第五条 实施处理前，应当听取被处理人员陈述和申辩，并且记录在案；对其合理意见，应当予以采纳。

第二章 处理的情形、方式

第六条 对机关工作人员存在下列问题的，应予以处理：

（一）违反政治纪律、言行失检，有下列情形之一的：

1. 散布违背党的理论路线方针政策的言论；

2. 公开发表违背中央决定的言论；

3. 制造、传播政治谣言及丑化党和国家以及国家领导人形象的言论。

（二）违反廉政纪律、铺张浪费，有以下情形之一的：

1. 违反中央、省、市、特区廉洁从政规定，利用职务上的便利谋取不正当利益；

2. 在公务活动中，提供或接受高标准接待；

3. 组织或参与用公款支付高消费娱乐、健身活动；

4. 违反规定超标准购买、更新、装饰或使用公务用车；

5. 贯彻党风廉政建设责任制不力，落实党内监督各项制度不到位；

6. 操办、参加违规酒席，或对违规酒席抵制不力、存在给宴请人员送礼，或本人家庭成员违规操办酒席；

7. 收受礼品、礼金不按规定处理。

（三）自由散漫、松垮拖拉，有以下情形之一的：

1. 无故迟到早退、擅自脱离岗位；

2. 公众场合参与打麻将，上班时间玩游戏、上网聊天、网购、炒股等与工作内容无关的活动；

3. 工作日中午期间、执行公务或值班时间饮酒；

4. 违反会风会纪，随意派人代会，无故缺席、迟到、早退或做与会议无关的事，影响会场秩序的；

5. 目无组织纪律，有令不行、有禁不止，顶风违纪。

（四）推诿扯皮、不敢担当，有以下情形之一的：

1. 对职责范围内的事项，应告知而不告知，应办理而不办理，或不按程序、时限等要求办理；

2. 对职责范围内发生的事故、事件、案件等，不及时采取措施处理或处置不当或不按要求上报或瞒报；

3. 工作不愿担当，不敢碰硬，应作为而不作为，不正确及时履行规定的职责。

（五）形式主义、落实不力，有以下情形之一的：

1. 在检查、调研、会议等活动中，搞形式、走过场，增加企业和群众负担，造成不良影响；

2. 在接受上级单位和领导调研考察工作中弄虚作假；

3. 对上级党委、政府的重要工作部署、重大任务贯彻落实不力，造成不良影响或后果。

（六）工作粗糙、不重细节，有以下情形之一的：

1. 工作质量差、效率低，影响部门、单位重要任务的完成；

2. 工作不细致，对苗头性、倾向性问题应发现而未发现，应处理而未处理，造成不良后果。

（七）漠视群众、脱离群众，有以下情形之一的：

1. 对群众举报该受理而不受理、合理诉求该解决而不解决；

2. 对群众态度生硬、蛮横粗暴，导致矛盾激化、群众不满，党群干群关系紧张。

（八）存在其他作风方面问题需要予以处理的。

第七条 处理的方式为：提醒谈话、诫勉谈话、通报批评、责令公开检讨、待岗、免职。

受到以上处理后，同时需要追究纪律责任的，严格按干部管理权限依照有关规定给予相应的党纪政纪处分。

第三章 处理权限和结果运用

第八条 机关工作人员发生的作风问题，原则上由其所在乡镇、部门、单位党委（党组）和纪委（纪检组）查处并向特区纪检监察机关、组织部门报告处理情况；必要时，由特区纪检监察机关、组织部门联合查处。

第九条 被特区及以上通报批评、责令公开检讨处理的机关工作人员，取消其当年评选各类先进的资格、年度目标考核奖励以及当年第13个月工资（事业编制人员扣发其等额绩效工资）；受到待岗、免职的，除取消当年评选各类先进的资格、年度目标考核奖励以及当年第13个月工资（事业编制人员扣发其等额绩效工资）外，当年年底考核评定为“不称职”或“不合格”等次。

因其他问题被党政纪处分的，取消当年评选各类先进的资格、年度目标考核奖励以及当年第13个月工资（事业编制人员扣发其等额绩效工资）。

第十条 对本部门、本单位发生的作风违规问题不制止、不查处、不管理或不及时查处上级交办的作风问题，造成恶劣影响或重大损失的，追究单位党委（党组）落实党风廉政建设的主体责任和纪委（纪检组）的监督责任。一年被处理累计达3次的，对该单位主要负责人提醒谈话，单位当年目标考核“班子奖”下调一个等次；累计达5次的，对该单位主要负责人诫勉谈话并全区通报批评，单位当年目标考核“集体奖”下调一个等次；累计达7次以上的，对该单位主要负责人进行组织处理，取消单位当年目标考核“集体奖”。

对乡镇发生作风问题的问责，比照上述规定处理。

第四章　附　则

第十一条　纪检监察机关应当及时将被处理领导干部的有关处理材料归入其廉政档案。组织人事部门应当及时将被处理人员的有关处理材料按照干部人事档案管理规定归入其个人档案。

第十二条　本办法由特区纪委、组织部、人资社保局负责解释。

第十三条　本办法自发布之日起施行。

六枝特区区管专家选拔办法

（2014 年 11 月 7 日）

第一章　总　则

第一条　为大力实施“人才强区”战略，营造“尊重劳动、尊重知识、尊重人才、尊重创造”的良好氛围，进一步加强人才队伍建设，激发人才的创造活力和创业热情，特制订本办法。

第二条　六枝特区区管专家（以下简称区管专家）是指为全区经济社会发展做出突出贡献，由区委组织部会同有关部门选拔，经特区人才工作领导小组审定，报特区党委、政府批准命名，纳入特区党委、政府统一管理的各类优秀人才。

第三条　区管专家选拔工作在特区党委、政府领导下，由特区人才工作领导小组组织实施，日常工作由特区人才工作领导小组办公室（区委组织部人才办）负责。

第四条　坚持党管人才和民主、公开、平等、择优原则，以能力、业绩和对社会的实际贡献为主要依据，不唯学历、不唯职称、不唯资历、不唯身份，面向生产、教学、科研、医疗第一线选拔。

第五条　区管专家原则上每三年选拔 1 次，管理期原则上为三年，实行动态管理，管理期满后区管专家资格自动终止，不再享受相关待遇。

第二章　选拔对象及条件

第六条　坚持四项基本原则，热爱祖国，遵纪守法，崇尚科学，勇于创新，具有良好的职业道德，具有履行岗位职责的身体条件和工作能力，年龄原则上在 18 至 60 周岁，在全区同行业中享有较高声誉或在社会上有较好评价，近 5 年来取得以下成绩之一的社会各阶层人员：

（一）在科学研究、科技创新和推动科技成果转化方面，具备以下条件之一者：

1. 获国家科技进步奖、自然科学奖、技术发明奖等国家级（任一等次，下同）奖项的人员。

2. 获省（部）级以上科技进步奖项（任一等次，下同）、市科技进步二等奖及以上或三等奖 2 项以及其他相应奖项的主要完成人员（主要完成人员指排名在前三位，下同）。

（二）在引进、推广应用科学技术方面，具备下列条件之一者：

1. 在农作物新品种选育、推广、病虫害防治等方面有重大突破，或在农业科技成果转化、新技术推广、农产品质量建设中业绩突出，并获得省（部）级以上科技进步奖项、市科技进步三等奖及以上以及其他相应奖项的主要完成人员。

2. 获得国家专利，实施后经省、市、特区有关部门鉴定取得显著经济效益和社会效益的主要完成人员。

3. 创造性地推广应用国内外新技术、新成果、新工艺或在工程建设、企业技术改造中解决重大技术难题，在科技成果转化中成绩突出，经济效益和社会效益显著，受到区级以上表彰奖励的主要完成人员。

（三）在工程和工艺设计方面获得国家级奖励、省(部)级三等奖及以上、市级二等奖及以上1项或三等奖2项以及其他相应奖项的主要完成人员。

（四）在教育工作第一线，教学科研成果获得国家、省（部）级表彰、获市级二等奖及以上1项或三等奖2项以及其他相应奖项的主要完成人员。

（五）在医疗卫生工作第一线，疾病预防控制或医疗临床实践效果达到国内先进水平，特别是在疑难病症防治方面做出重大贡献，获国家级奖项、省（部）级三等奖及以上1项或省级优秀奖2项、市级二等奖及以上1项或三等奖2项以及相对应的其他专业奖项的主要完成人员。

（六）在社会科学研究方面有深厚的学术造诣，具有创造性研究成果，获省哲学社会科学优秀成果三等奖及以上、市哲学社会科学优秀成果二等奖及以上以及其他相对应奖项的专家。

（七）在文学艺术领域有较高艺术造诣、德艺双馨，获国家级文艺新闻出版奖的主要完成人员；入选省“五个一工程”奖的主要完成人员；获贵州省文艺奖、贵州省新闻奖三等奖及以上以及其他相应奖项的主创人员；获市文艺奖、市新闻奖二等奖及以上以及其他相应奖项的主创人员。

（八）在美术、书法、摄影等艺术创作中成果卓著，艺术创作成果入选过文化部、中国文联主办的全国性展览评选活动并获优秀奖及以上，或入选过省文化厅、贵州文联主办的全省性展览评选活动并获三等奖及以上，或六盘水市文联举办的全市性大奖赛二等奖及以上，以及其他相应奖项的艺术家。

（九）在图书馆、文博考古、民族民间文化、群众文化工作领域贡献卓越、业绩显著，有专著在省、市级以上出版社公开发行，或是各相关专业领域公认的权威、获得过省、市级以上奖励、表彰的专业人员。

（十）培养运动员参加或参加全运会以上级别体育运动会获前3名，参加贵州省省级重大体育运动会获第一名，对我区体育事业发展做出突出贡献的教练员、运动员。

（十一）在政法系统学术研究领域基础理论扎实，实践经验丰富，利用专业技术研究成果为重（特）大案件侦破做出重大贡献，获省（部）级以上表彰或三等功及以上奖励、市级二等功及以上奖励；专业技术研究成果获市级有关专业评比三等奖及以上或正式出版过在省内外有影响学术专著的人员。

（十二）运用现代管理知识进行科学管理，有重大改革创新的管理措施，有反映管理经验的论文或著作，所在单位管理水平或综合经济指标达到省内同行业先进水平以及超过市内同行业水平的管理人员。

（十三）应用高新技术成果，在领办、创办高新技术企业，推广科技成果转化、高新技术产业化中取得显著经济效益的企业主要负责人。

（十四）职业技能在全省、全市同行业中处于领先水平，能够解决生产工作实践中的关键技术问题，在技术革新改造或生产工作中做出突出贡献，取得重大经济效益和社会效益，在全区有较大影响并获得区级以上表彰的技术工人。

（十五）在农业产业化经营、产业结构调整、发展农村新型合作组织等方面取得显著经济效益和社会效益的农村实用人才。

（十六）在其他工作中取得优异成绩，为我区经济社会发展做出较大贡献，在国家、省、市、区评比中多次获奖，在区内同行业中享有较高声誉的其他人才。

第三章　选拔程序

第七条　区管专家选拔程序：

（一）宣传发动。广泛宣传区管专家选拔的相关政策，公布选拔标准、条件和方法步骤等。

（二）逐级推荐。推荐人选采取自下而上、

单位推荐的方式产生。农村实用人才由所在乡镇党委负责推荐；非公企业人才由特区工商联党组负责推荐；区直部门党委（党组）负责本系统、管理及下属企（事）业单位人选的推荐。推荐人选经个人申报、单位遴选、归口管理单位党委（党组）审核同意后报特区人才工作领导小组办公室。

（三）资格审查。由特区人才工作领导小组办公室会同相关部门对上报的推荐人选进行资格审查。

（四）专业评审。根据推荐和资格审查情况，按照专业组建以相关部门负责人、专家和学者为主体的评审组，采取审阅材料、集中评议、无记名投票表决等方式，对通过资格审查的人选进行专业评审，提出评审意见和人选建议名单。

（五）考察。区委组织部牵头组织对初步人选的德、能、勤、绩、廉五个方面进行综合考察。

（六）审议。根据评审及考察结果，特区人才工作领导小组研究，择优提出区管专家人选名单，报特区党委、政府讨论决定。

（七）公示。将人选名单进行公示，接受社会监督。公示期内有异议的，由特区人才工作领导小组办公室对有关情况进行复核，并将复核意见提交特区人才工作领导小组复议。没有异议的，按程序进行。

（八）命名。特区党委、政府研究后，以特区党委、政府名义命名，并颁发荣誉证书。

（九）获得市管专家及以上称号或国务院特殊津贴、省政府特殊津贴的人员，提供相关证明材料，经所在单位及主管部门审核并报特区人才工作领导小组办公室认可后，纳入区管专家管理。

第四章　待　遇

第八条　区管专家享受下列待遇：

（一）区管专家岗位津贴列入区级财政预算，每人每月补贴800元，获得市管专家及以上称号或国务院特殊津贴、省政府特殊津贴且纳入区管专家管理的享受区管专家50%比例的岗位津贴。在管理期内完成年度工作职责、考核合格的，由特区人才工作领导小组办公室审核后提交特区财政局按年度发放。

（二）对区管专家申报科研、创新创业等项目经费资助的，有关部门在同等条件下给予优先安排。

（三）区管专家所在单位党委（党组）要为其提供必要的工作条件，在参加学术会议、外出考察进修及工作经费方面给予支持。

（四）特区人才工作领导小组办公室根据需要选派区管专家到高校、科研机构、大型企业学习、进修以及挂职锻炼；所在单位每年组织管理期内的区管专家进行体检。

第五章　附　则

第九条　本办法自下发之日起实施。此前的有关规定，凡与本办法不一致的，按照本办法执行。

第十条　本办法由区委组织部负责解释。

六枝特区禁毒工作奖惩办法

（2014年6月2日）

第一条 为全面贯彻落实《中华人民共和国禁毒法》《戒毒条例》《贵州省禁毒条例》等有关禁毒工作法律法规和政策规定，促进全区各级各部门依法履行禁毒工作职责，根据《国家禁毒委禁毒工作责任制（试行）》《贵州省禁毒工作领导责任追究暂行办法》《六盘水市禁毒工作领导责任追究办法》，结合我区实际，特制订本办法。

第二条 本办法所称责任人是指乡镇和特区禁毒委成员单位的主要领导与分管领导。

各乡（镇）党政主要领导和特区禁毒委成员单位主要领导是本乡镇、本单位禁毒工作第一责任人，对本乡镇、本单位禁毒工作负总责。

各乡镇和特区禁毒委成员单位分管禁毒工作的领导是本乡镇和本单位禁毒工作的直接责任人，具体负责禁毒工作的组织实施，对本乡镇、本单位的禁毒工作负直接责任。

第三条 各乡镇和特区禁毒委各成员单位根据特区人民政府既定的禁毒工作职责和任务，组织、协调、指导本乡镇、本单位、本系统禁毒工作，定期向特区禁毒委、上级主管单位汇报禁毒工作情况。

第四条 特区党委、政府每年对禁毒工作成绩突出的乡镇、特区禁毒委成员单位进行奖励。乡镇设一等奖1名，奖励3万元；设二等奖2名，各奖励2万元，设三等奖3名，各奖励1万元。禁毒委成员单位设一等奖1名，奖励2万元；设二等奖2名，各奖励1万元；设三等奖3名，各奖励5000元。

第五条 对未完成禁毒工作目标任务和工作不力、工作不实、毒情加剧、毒品问题反弹，人民群众反映强烈的乡镇和部门，按照干部管理权限和本办法规定，对负有责任的领导干部进行责任追究，并视其情节轻重分别予以诫勉谈话、通报批评、引咎辞职、责令辞职等纪律处分。

第六条 被省禁毒委、市禁毒委或特区禁毒委认定挂牌为毒品危害重点整治的乡镇，党政主要领导在整治期限内（整治期限为三年）不能调整工作岗位，第一年未完成工作目标任务的，在全区通报批评，对党政主要领导勉免谈话，分管领导向特区党委、政府书面检查；第二年禁毒工作仍未完成工作目标的，取消各种评先评优资格，党政主要领导和分管领导不得晋职晋级；第三年仍未完成工作目标的，对党政主要领导和分管领导责令辞职。

第七条 毒品危害重点整治乡（镇）的领导在任期内，出现下列严重情形之一的，对党政主要领导和分管领导先免职，再按有关规定进行处理。

因工作严重不负责任，致使本辖区零包贩毒泛滥、新增吸毒人员超过登记在册吸毒人员总数10%或超过常住人口万分之五的，被外省抓获的外流贩毒人数超过上年度10%且总数位居全区第一位的。

因规章制度不健全，责任不明确，检查督促不力，在“七包”责任制（党委政府包块、单位包干部职工、学校包教师、教师包学生、村包组、组包户、家长包子女）、禁种铲毒、禁毒预防教育等工作中弄虚作假的。

领导不重视、措施不力，出现非法种植毒品原植物万株以上的。

（4）因毒品问题被中央、省、市新闻媒体曝光，对全区造成负面影响，导致特区被国家、省、市禁毒委通报批评的。

（5）本乡（镇）辖区内国家公职人员、在校师生年度内出现新增涉毒人员总数 5 名以上或占该乡（镇）国家公职人员、在校师生总数5%以上的。

（6）未认真履行“阳光工程”建设工作职责，导致“阳光工程”建设不能有效推进，被省、市禁毒委通报批评后，又未按要求进行整改的。

第八条 毒品危害一般乡镇（除毒品危害重点整治乡镇外）领导在任期内，由于忽视禁毒工作，致使发生下列情形之一的，由特区党委、政府委派有关部门对党政主要领导进行诫勉谈话，分管领导向特区党委、政府写出书面检查，党政主要领导和分管领导当年不得评先受奖。

（1）禁毒工作未摆上重要位置，责任不明确，保障措施不落实，检查督促不到位，禁毒办和禁毒委成员单位职能作用发挥不好，基础工作薄弱，导致整体工作出现较大滑坡的。

（2）不认真贯彻落实上级的安排部署，未能完成年度禁毒工作目标的。

（3）对本地毒情不清、情况不明，对禁毒工作相关指标、数据虚报和编造的。

第九条 毒品危害一般乡镇（除毒品危害重点整治乡镇外）的领导在任期内，由于对禁毒工作不负责任，致使发生下列情形之一的，给予通报批评，责令限期整改，党政主要领导向特区党委、政府写出书面检查，分管领导当年不得晋职晋级并引咎辞职。

（1）连续两年未完成特区禁毒目标，本地毒情进一步蔓延和加重的。

（2）已授牌的“无毒乡镇”，因工作严重滑坡，毒情反弹加剧，被上级禁毒委员会取消其称号的。

（3）“无毒乡镇”因不认真开展“无毒”创建工作，已创建的“无毒社区”经特区禁毒委评估复核，“无毒社区”巩固率未达 95% 以上，且连续两次整改仍达不到验收标准的。

第十条 毒品危害一般乡镇（除毒品危害重点整治乡镇外）领导在任期内，由于不履行或不正确履行职责，致使发生下列严重情形之一的，严格执行“一票否决制”，对党政主要领导进行引咎辞职，对分管领导责令辞职。

（1）连续三年未完成市、特区禁毒工作目标，本地毒情进一步恶化加剧的。

（2）本年度新增吸毒人员总数超过本地登记在册吸毒人员总数 10% 或超过本地常住人口万分之五，被外省抓获的外流贩毒人数超过上年度 10% 且总数位居全区第一位的。

（3）不认真落实禁种铲毒工作，一年内发现 2 起以上非法种植毒品原植物且总数量超过 5000 株的。

（4）因规章制度不健全，责任不明确，检查督促不力，在“七包”责任制（党委政府包块、单位包干部职工、学校包教师、教师包学生、村包组、组包户、家长包子女）、禁种铲毒、禁毒预防教育等工作中弄虚作假的。

第十一条 毒品危害一般乡镇（除毒品危害重点整治乡镇外）领导在任期内，由于未履行职责，致使发生下列严重情形之一的，对党政主要领导和分管领导责令辞职。

（1）领导不重视、措施不力，出现非法种植毒品原植物万株以上的。

（2）因编造、虚报禁毒工作相关指标、数据，导致被省、市通报批评或在禁毒工作决策上出现重大失误的。

（3）因毒品问题被中央、省、市新闻媒体曝光，造成不良负面影响，被国家、省、市禁毒委通报批评的。

（4）本乡（镇）辖区内国家公职人员、在校师生年内出现新增涉毒人员总数5名以上或占在校师生及本乡（镇）国家公职人员总数5%以上的。

（5）未认真履行“阳光工程”建设工作职责，导致“阳光工程”建设不能有效推进，被省、市禁毒委通报批评后，又未按要求进行整改的。

第十二条 禁毒委成员单位领导在任期内，由于忽视禁毒工作，致使发生下列情形之一的，由特区党委、政府委派有关部门对其党政主要领导进行诫勉谈话，分管领导向特区党委、政府写出书面检查，当年度不得评先受奖。

（1）禁毒机构不健全，人员经费不到位，工作无安排、无检查、无总结的。

（2）未完成禁毒工作目标任务和未认真履行禁毒委员会成员单位主要职责的。

（3）单位或部门在禁毒工作中互相推诿扯皮，影响禁毒工作正常开展的。

（4）禁毒工作问题突出，被上级禁毒部门通报批评后，在接到通知20日内没有进行整改的。

第十三条 禁毒委成员单位领导在任期内，由于对禁毒工作不负责任，致使发生下列情形之一的，给予通报批评，责令限期整改，主要领导向特区党委、政府写出书面检查，当年不得晋职晋级，分管领导引咎辞职。

（1）已授牌的“无毒单位”由于领导不重视，巩固措施不落实，导致工作严重滑坡，毒情反弹，被特区禁毒委取消其称号的。

（2）有关禁毒委成员单位不履行工作职责，工作不力，管理不严，致使发生下列情形的：①造成公共娱乐场所毒品泛滥的；②易制毒化学品大量流入非法渠道的；③精麻药品大量流入非法渠道的；④林场、林区出现大量非法种植毒品原植物的；⑤特区直属学校年度内出现10个以上在校学生涉毒的。

（3）对禁毒工作相关指标、数据谎报、虚报、瞒报，导致禁毒工作决策出现重大失误的。

（4）禁毒、戒毒单位负责人不履行或不正确履行职责，致使管理混乱，出现执法犯法，造成恶劣影响的。

第十四条 禁毒委成员单位领导在任期内由于未履行职责，致使发生下列严重情形之一的，单位主要领导引咎辞职，对分管领导责令辞职，给予党纪、政纪处分，直至追究失职、渎职责任。

（1）连续三年未完成禁毒工作目标，导致严重影响全区禁毒工作正常开展的。

（2）因编造、虚报禁毒工作相关数据，导致特区禁毒工作决策上出现重大失误被省、市通报的。

（3）本单位年度内新增涉毒人员占本单位公职人员总数5%或5名以上的，或对本单位干部、职工参与吸、贩、种、制毒情况隐瞒不报的。

第十五条 驻境省、市属大企业、省市直属部门的责任追究，由特区禁毒委写出书面建议，上报省、市禁毒委，由省、市进行追究；乡镇以下部门的责任追究，由乡镇按有关规定对追究对象进行调查，根据调查情况，按其应负的责任做出相应的处理，调查处理结果分别报特区纪委、组织、政法、监察等部门。

第十六条 省、市驻境企业对下属单位责任追究，由驻境省、市属企业参照本办法制订责任追究办法。

第十七条 经济处罚和其他问责并处。

(1）乡（镇）禁毒工作在季度考评中连续两个季度在全区排名后三位且未完成目标任务的，由特区禁毒委通报批评，乡(镇)党政主要领导向特区党委、政府作书面检查。

（2）对年终综合评估考核未达到合格等次的乡镇、特区禁毒委成员单位除进行相应纪律处分外，并进行经济处罚；对未达到合格等次的乡镇处罚1万元，未达到合格等次的特区禁毒委成员单位处罚5000元。

（3）乡镇年度内新增吸毒人员增幅超过在册吸毒人员5%或上年度户籍常住人口万分之三的，每超1人对该乡镇禁毒工作分管领导处罚500元，对党政主要领导处罚1000元。

（4）乡镇年度内外流贩毒人员较上年度增幅超过5%且外流贩毒人员总数位居全区第一位的乡镇，每超一人，对该乡镇禁毒工作分管领导处罚1000元，对党政主要领导处罚2000元。

（5）本乡（镇）辖区内在校师生及本乡（镇）国家公职人员，禁毒委成员单位国家干部职工年度内出现新增涉毒人员，经查证属实的，每新增1名涉毒人员，对该乡镇、禁毒委成员单位禁毒工作分管领导处罚3000元。对党政主要领导处罚5000元。

第十八条 各乡镇、特区公安局以及其他特区禁毒委成员单位，应当根据本办法制订相应的奖惩办法。在禁毒工作中，经济处罚款项上缴特区财政。

第十九条 不属于特区禁毒委成员单位的特区机关单位及部门，禁毒工作不参与评先评优，其禁毒工作成绩列入特区年终目标成绩。如本单位国家公职人员出现涉毒人员的，参照禁毒委成员单位处罚执行。

第二十条 本办法由特区禁毒委办公室负责解释。

第二十一条 本办法自发布之日起执行。

六枝特区实施工业“百千万”工程加快推进新型工业化进程实施意见

（2014年9月24日）

为深入贯彻落实《中共贵州省委办公厅贵州省人民政府办公厅关于实施工业“百千万”工程加快新型工业化进程的意见》（黔党办发〔2014〕34号）、《中共六盘水市委办公室六盘水市人民政府办公室关于实施工业“百千万”工程加快新型工业化进程的意见》（六盘水党办发〔2014〕94号）文件要求及相关会议精神，结合我区实际，制订本实施意见。

一、总体要求

实施工业“百千万”工程（省级重点抓100户工业企业“立标杆”，市级重点抓1000户工业企业“强骨干”，县级抓10000户工业企业“夯基础”），是省委、省政府重点突破工业发展瓶颈的重要举措，是“稳增长、调结构、促发展、惠民生”的重要手段。通过实施工业“百千万”工程，对我区推进工业强区，促进工业转型升级、跨越发展以及坚守发展、生态、安全“三条底线”具有十分重要的作用；对推进我区新型工业化进程，进一步促进我区工业经济保持平稳快速健康发展，实现总量不断扩大、结构不断趋优、发展后劲不断增强的目标具有重要而深远的意义。

二、工作目标

（一）总量规模不断扩大

力争2015年实现工业总产值125亿元，2017年达350亿元，2020年达750亿元，年均增长83%。

——到2015年，工业总产值达125亿元；全区形成工业总产值10亿元级企业1户，亿元级企业5户。新增规模以上企业20户。——到2017年，工业总产值达350亿元；形成200亿元级企业1户，100亿元级企业1户，10亿元级企业2户，亿元级企业5户。

新增规模以上企业40户。——到2020年，工业总产值达750亿元；形成500亿元级企业

1户，200亿元级企业1户，10亿元级企业1户，亿元级企业10户。

新增规模以上企业100户。

（二）发展质量明显提升

——新兴产业占比。到2017年，新兴产业工业总产值占全部工业比重由2013年的1%提高到3%；到2020年，比重提高到8%以上。

——轻重工业比重。到2017年，轻工业总产值占全部工业比重由2013年的1%提高到4%；到2020年，比重提高到7%以上。

——工业占GDP比重。到2017年，全部工业增加值占GDP比重保持2013年水平，稳定在40%左右；到2020年，比重提高到43%以上。

——研发投入占比。到2017年以后，“百千万”工业企业研发投入占主营业务收入比重达1.5%以上。

（三）发展后劲不断增强

到2017年，“百千万”工业企业投资总额保

持年均增长20%以上，占全社会固定资产投资比重达30%以上。到2020年，随着结构优化、效益提高、增量释放，我区“百千万”工业企业将尽显竞争实力，工业经济发展后劲和可持续发展能力显著提升。

三、重点任务

（一）全面深化改革。充分发挥市场在资源配置中的决定性作用和政府主导作用，始终坚持战略导向、民生导向、问题导向，创新工作思路，强化顶层设计，搞好总体规划，着力破解难题，全面推进国企改革、产业园区管理体制机制、非公经济、资源配置等重点领域改革进程，以改革增动力，以改革促转型，以改革谋发展，确保在创新驱动、转型升级、区域合作、城乡统筹、资源整合、基础设施、民生保障、生态建设上实现重大突破。

（二）优化投资结构。坚持把增投入、上项目作为第一位的工作，注重把扩大投资与优化结构结合起来，更加突出产业链、价值链招商。在项目建设中突出发展新兴产业项目、高科技项目、高附加值项目。着力培育新的经济增长点，大力发展新能源、新材料、节能环保、新医药、特色轻工等对未来竞争力有重要影响的产业和生产性服务业。积极引导民间投资增长，进一步研究落实促进民间投资的政策措施。

（三）推进创新驱动。着力构建以企业为主体、市场为导向、产学研相结合的技术创新体系。提高原始创新、集成创新和引进消化吸收再创新能力，更加注重协同创新。实施知识产权战略，加强知识产权保护，提高科学研究水平和成果转化能力，突破重大技术瓶颈。加快新技术新产品新工艺研发应用，加强技术集成和商业模式创新。加强对企业创新人才的培育和有效管理，真正让人才成为推动科技进步的智力支撑。

（四）加快平台建设。按照“聚集要素，产城融合，合理布局，科学发展”的思路，坚持规划引领，夯实园区基础，创新体制机制，完善政策措施，加快推进产业园区建设，提升产业承载能力。更加注重服务体系建设，加强对创业就业、技术创新、信息咨询、市场开拓、企业融资等领域服务主体的支持及企业综合性服务平台的打造。

（五）着力主体培育。按照“引导创业发展一批、招商引资落户一批、指导转型升级一批、扶持上市带动一批”的基本思路，综合施策，多措并举，量质并重，既要引入增量、做大总量，又要盘活存量、提高质量，促进市场主体又好又快发展。加大对中小微企业的培育和政策支持力度，营造公平、开放、规范、有序的市场环境，促使企业健康成长。加强对土地、资金、技术、人才、物流等要素资源的保障力度，强化对市场主体的发展支撑。

（六）坚守三条底线。坚守生态、发展、安全三条底线，把生态环境保护放在突出位置，坚持用生态文明引领发展。按照减量化、再利用、资源化的原则，以提高资源产出效率为目标，加快构建覆盖全社会的资源循环利用体系，抢占产业链的末端和价值链的高端，加快产业转型升级步伐，提高资源就地转化率、资源循环利用率、工业产品就近采购率。进一步提高安全生产意识，健全安全生产防范体系，夯实安全生产基础。

四、工作措施

（一）大力实施存量提升工程。一是充分释放企业现有产能。通过“深化改革盘活一批，帮扶脱困释放一批，降本增效做强一批”，推动现有企业开足马力生产。积极稳妥推进煤矿兼并重组，强力推进煤矿机械化、新技术、新工艺的应用，提升矿井整体水平。提升煤矿配套洗选能力，通过提高洗精煤产量，调整产品结构，增加煤炭产品附加值，进一步提高煤炭资源就地转化率，实现煤、钢、电、材、焦化“五位一体”，促进煤炭行业提质增效、产能释放；加快华润六枝电厂建设步伐，促成项目尽快建成投产，实现满负荷运行目标；支持德鑫、永盛等铁合金企业降本增效，开拓产品市场，努力实现铁合金行业稳定生产；积极争取直供电政策，使铁合金等高载能企业增加直供电量、降低生产成本、提高竞争能力、保持稳定生产。二是努力做大做强支柱产业。进一步夯实煤炭、铁合金、电力、建材等支柱产业基础，为转型发展提供产业保障。重点推进煤炭行业在开采设施、技术保证、质量标准化建设、从业人员管理等方面再上新台阶。抓住我市实施“3651”（即：建设三大基地、“六化”矿井建设、五条发展途径、构建一个具有六盘水特色的煤炭工业循环经济体系）的契机，加快实施煤炭转型升级发展战略；电力行业在生产技术监督、行业标准化管理、输配送布局、新能源运用、供给保障、服务企业等建设方面高标准、严要求；建材行业在传统工艺基础上，进一步拓宽材型，加大资源综合利用力度，扩大规模，提升质量，降低成本，增强市场竞争能力。三是积极帮助企业开拓市场，开展多层次、多渠道的推介活动，鼓励企业积极参与各类展销会、博览会，支持企业与专业机构合作开展产品包装、市场推广，引导企业提高市场营销信息化水平，不断扩大产品知名度和市场份额。（责任单位：特区发展改革局，经信局，煤炭局，质监局，城乡建设局，六枝供电局，六枝经济开发区及各园区管委会）

（二）大力实施增量培育工程。实施投资“负面清单”和“准入前国民待遇”管理，营造公平投资环境，充分调动各类投资主体积极性，推行投资项目全程代办和并联审批制。一是加大项目服务力度，努力“帮一个”。继续深入开展服务企业、服务项目大行动，落实好副县级领导干部挂帮企业（项目）和园区的“点对点”帮扶行动和工作组帮扶机制，形成多层次、全覆盖的网状服务格局。强化服务督导，及时协调解决重点项目推进过程中面临的规划、土地、环保、融资、用水用地等问题，加快项目实施，完成更多实物工作量。二是积极推进项目建设，努力“上一个”。加大资金和人力投入，强化项目研究和规划设计。建立完善项目协调机制，开辟项目绿色通道，加快推进项目建设，促进开工一批、加快建成一批、投产达产一批。重点推进华润电力（六枝）电厂、路喜集团等一批重大项目建设，力争早日实现投产达产。三是加大招商引资力度，努力“招一个”。依托“5个100工程”，发挥劳动力资源、矿产资源、原材料资源、电力资源等优势，以资源优势谋项目，借助政策机遇争项目，采取逐个突破跑项目，通过综合招商、专题招商、行业招商和定向招商，着力在煤化工、大数据、新医药、装备制造等领域引进一批标志性、引领性项目。四是加大规模以上工业企业培育。按照“储备一批、培育一批、入库一批”的要求，抓好规模以上工业企业入库工作，着力突破工业总量小的主要矛盾，有计划、有步骤、分批次、分层级地抓好500万元口径和2000万元口径规上企业入库。千方百计为企业优服务、解难题、释产能、拓市场、增效益、促发展，提升支柱产业和传统优势产业的总体实力和市场竞争力。（责任单位：特区发展改革局，经信局，煤炭局，投资促进局，六枝经济开发区及各园区管委会）

（三）大力实施结构调整工程。一是加快推进“四个一体化”。加快发展以节能、环保、综合利用为重点的新型建材，提高煤矸石、粉煤灰、脱硫石膏、水渣、城市矿产等大宗废弃物综合利用水平，重点布局路喜循环经济产业园区现代煤化工基地，重点推进路喜集团240万吨/年焦炭、热电联产、华润电力（六枝）电厂等一批煤电化一体化项目建设，形成上下游产业联动。二是加快发展特色轻工业。加快推进酒、水、饮料等液态产业，农副产品加工，文化旅游商品等为重点的特色轻工产业发展，扶持发展六枝宜枝魔芋生物科技有限公司、九龙酒业有限公司等一批重点企业。三是加快发展新兴产业。推进以新医药、电子、信息产业及新能源、新材料为主的新兴产业发展。（责任单位：特区经信局，发展改革局，煤炭局，农业局，环保局，六枝经济开发区及各园区管委会）

（四）大力实施平台带动工程。一是着力搭建产业园区平台。提高园区承载能力，着力推进“配套项目进园区”，快速推进包括供水、排水、供电、道路、通信、供热、供气、宽带网络、有线电视、场地平整等“九通一平”和医院、学校等基础配套设施建设。加快园区内引外联道路建设，实现园区与高速公路、国道、省道的快速衔接；支持园区供配电设施建设，探索推进直供电模式，保障园区用电需求；推进园区污水集中处理设施示范项目建设，严格按照《贵州省产业园区污水集中处理设施五年建设规划》认真组织项目实施。创新招商引资模式，着力推进“重大项目进园区”，围绕园区产业特色、编制完善项目招商指南，加强项目库建设；立足于产业发展规划，着力推进大企业、大项目向园区聚集发展，推动中小企业入驻标准厂房，形成相互关联和支撑的产业配套优势。二是着力搭建技术创新平台。发挥企业主体作用，推动产学研结合，依托六枝工矿（集团）公司、六矿瑞安水泥有限公司、路喜循环经济产业园区、华润电力（六枝）电厂等大企业的技术平台，积极与省内外高校和科研院所建立技术创新联盟，力争在我区建设一批省级、市级重点实验室和工程技术中心、企业技术中心；大力开发先进技术、工艺和装备，力争在矿产资源精深加工、装备制造、新材料、新能源、节能环保、基因工程、新医药等领域攻克一批关键技术，促进资源就地转化和综合利用。三是着力搭建创业兴业平台。以六盘水市创建国家级创业型城市为契机，通过实施“23337”创业平台建设工程和“34415”创业实体增长工程，不断完善“3个15万元”扶持政策，实现创业更加活跃、产业更加优化、就业更加充分。同时，深入实施中小企业成长工程、市级重点中小工业企业培育计划，着力培育规模企业和龙头企业，形成大企业顶天立地、小企业铺天盖地的良好局面。四是着力搭建综合服务平台。推进各级中小企业服务平台建设，力争两年内基本形成“1+5”综合服务网络，鼓励和支持有条件的产业园区搭建中小企业服务机构，不断整合服务资源，充分发挥中小企业综合服务、企业生产经营信息收集、综合信息发布、维护企业合法权益投诉举报等积极作用，为企业提供“找得到、用得起、有保证”的服务。重点打造以煤、电、材一体化为主的循环经济示范平台、以现代煤化工为主的资源就地转化示范平台、以中小企业服务中心为主的企业综合服务平台。（责任单位：特区经信局，煤炭局，农业局，人资社保局，环保局，六枝经济开发区及各园区管委会）

（五）大力实施深化改革工程。一是加快推进国有企业改革。深化产权制度改革，支持配合六枝工矿（集团）公司国有企业实施产权制度改革三年行动计划；有计划、有步骤地推进国有企业改革，引进战略投资者，鼓励民间资本投入重要领域，发展混合所有制经济，在国企改革中关闭注销一批、发展壮大一批、转制搞活一批，促进全区工业经济健康、有序发展；力争到2017年底，完成国有企业改革工作。二是加快推进产业园区管理体制机制改革。从理顺园区管理关系、创新园区发展方式、推进园区管理机构改革、优化人事管理体制、完善财政管理体制、下放园区管理权限6个维度，从推行“园镇合一”模式、创新建设经营方式、实行弹性化人事管理制度等方面进行改革创新，着力消除制约园区发展的体制机制障碍，建立充满活力的创新创业体制、公平有序的社会管理体制、精简高效的行政管理体制，实现产业园区的全面升级。三是加快推进非公经济改革。改革市场准入制度，推广“先照后证”。加快推动实施国务院批准下发的《注册资本登记制度改革方案》，推进国务院确定的工商登记前置审批事项改为后置审批，使市场主体可以更便利、更快捷进入市场，获得“入场券”。扩大民营企业投资领域，建立民间资本投资开放项目库，激发民营经济发展活力。四是加快推进资源配置改革。充分发挥市场和政府“两个作用”，合力形成要素配置与企业质量和效益相挂钩的机制，通过加快推进土地、矿产等资源要素市场化配置改革，着力破除要素配置中的体制性障碍，提高要素配置效能和节约集约利用水平，切实推动资源配置向发挥市场决定性作用转变，推动企业由要素驱动向创新驱动转变，推动政府管理向积极有为、强化服务转变。（责任单位：特区经信局，工商局，发展改革局，国土资源局，煤炭局，六枝经济开发区及各园区管委会）

五、保障措施

（一）完善政策支持。全面落实《国务院关于进一步促进贵州经济社会又好又快发展的若干意见》(国发〔2012〕2号）、《省人民政府关于支持工业企业加快发展若干政策措施的通知》（黔府发〔2014〕16号）、“3个15万元”等支持企业发展的各项政策；切实将《中共六盘水市委六盘水市人民政府关于深入实施工业强市战略加快推工业转型发展的指导意见》(六盘水党发〔2014〕17号)、《关于加快我市民营经济发展的意见》（六盘水党办发〔2014〕84号）、《市人民政府办公室关于印发六盘水市煤矿企业兼并重组工作方案的通知》(六盘水府办发〔2013〕18号)、《市人民政府办公室印发关于推进“六化”矿井建设的意见的通知》(六盘水府办函〔2014〕45号)等文件精神落到实处；进一步完善服务企业、推动发展的政策体系，确保工业“百千万”工程出成果、见实效。（责任单位：区直各部门，六枝经济开发区及各园区管委会）

（二）加大财政扶持。改革和创新财政专项资金使用方式，通过贷款贴息、补助等方式，引导社会资金向工业“百千万”工程企业投资，实现资金效应最大化。从2015年起，财政每年安排专项资金作为实施工业“百千万”工程、推进工业转型发展专项资金，主要用于支持转变工业发展方式,促进结构优化升级,推进新型工业化进程。（责任单位：特区财政局，六枝经济开发区及各园区管委会）

（三）突破融资瓶颈。建立长效、稳定的沟通交流机制，努力打造政银企融合发展、共赢发展的“铁三角”，每半年由特区人民政府组织一次“政银企”联席座谈会，促进银企合作。鼓励金融机构创新金融产品，规范发展融资性担保公司和小额贷款公司，搭建产业投融资平台，积极引导中小企业到“创业板”“新三板”挂牌，运用多层次资本市场解决融资难题。（责任单位：特区政府金融办，人行六枝支行，特区经信局，六枝经济开发区及各园区管委会）

（四）争取土地支持。在符合土地利用总体规划的前提下，积极争取我区重点项目更多地使用国家、省用地指标，争取对工业“百千万”工程中重大项目采取“点供”“直供”等分配方式；建立健全低效利用土地退出机制，鼓励闲置、废旧工业厂房再利用及租用、购买园区标准厂房等集约节约用地方式，提高园区单位土地面积投资强度。（责任单位：特区国土资源局，六枝经济开发区及各园区管委会）

（五）构建交通网络。紧紧依托攀西—六盘水经济区、毕水兴经济带、泛珠三角经济带的区域联动，加快推进高速公路、高铁、水运、航空等基础设施建设，全力打造我区立体运输体系，进一步降低企业物流成本。依托六枝工矿（集团）公司等大型国企平台，规划建设一批大型货运场站、多式联运中转站和物流枢纽、物流园区、物流中心，努力把我区打造成为连接黔中经济圈和滇中经济圈的精品节点城市。〔责任单位：特区交通局、发展改革局，各乡（镇）人民政府，六枝经济开发区及各园区管委会〕

（六）保障电力供应。在全力保障重点工业企业用电需求的同时，按照工业“百千万”工程推进要求，结合我区传统能源优势与工业用电实际，推进电网建设；推动电力大用户协议供电模式，解决用电企业因用电成本高导致开工不足与发电企业机组负荷不足的矛盾；推进产业园区、工业集中区区域直供电模式；推动企业自备电厂和热电联产项目建设，不断降低企业用电成本，提高

经济效益和市场竞争力。（责任单位：六枝供电局，特区发展改革局、经信局、煤炭局，六枝经济开发区及各园区管委会）

（七）强化人才支撑。认真贯彻落实《六盘水市“33111产业人才引进计划”实施方案》和《六盘水市引进高层次人才试行办法》；引导企业与高校、科研院所等建立柔性引进人才机制；鼓励企业与职业技术院校开展校企联合办学，建立订单式培育的合作关系，不断加快企业家队伍、专业人才队伍、技能人才队伍建设，为企业发展提供技术支撑和智力支持。（责任单位：特区人资社保局、教育局、煤炭局、农业局，六枝经济开发区及各园区管委会）

六、工作要求

（一）加强组织领导。建立六枝特区工业“百千万”工程联席会议制度，特区党委常委、政府常务副区长邹振伟为总召集人，特区人民政府副区长谭枫为具体召集人，特区相关部门为成员单位，负责领导和总体安排部署工业“百千万”工程相关事宜。定期召开工业“百千万”工程联席会议，协调解决面上共性问题；不定期组织召开专题会议，协调解决重要的专项问题、点上问题，为工业“百千万”工程顺利推进提供组织保障。特区工业“百千万”工程联席会议办公室设在特区经信局，具体负责日常工作。（责任单位：特区经信局，区直各有关部门，六枝经济开发区及各园区管委会）

（二）明确工作职责。联席会议制度办公室负责向上对接工业“百千万”工程企业服务组，具体搞好省、市级领导帮扶企业的问题梳理、情况汇总、信息上报等工作；负责统筹协调调度县级领导帮扶工作，具体做好日常联络、情况汇总及通报、信息报送、问题梳理等工作；负责指导、协调、督促工业“百千万”工程工作，负责配合特区党委政府督查室对各相关部门、六枝经济开发区及各园区管委会工作进行考核。各联席会议办公室成员单位要有专门联络员，负责定期调度领导帮扶企业情况，实行旬调度，月帮扶，并定期向联席会议办公室报送帮扶工作进展和问题解决情况。联席会议办公室负责与上级工业“百千万”工程联席会议办公室进行具体工作对接。（责任单位：特区经信局，特区党委政府督查室，区直各有关部门，六枝经济开发区及各园区管委会）

（三）细化工作方案。联席会议办公室根据我区工业结构特点、行业属性和地位、企业规模、发展前景、创新能力等情况，制订六枝特区工业“百千万”工程实施意见，筛选100户重点企业作为帮扶对象，明确定点联系领导和责任单位；在筛选帮扶企业时，为保证对企业帮扶工作的连续性，应充分考虑省、市工业“百千万”工程的重点任务，按照上规模、有潜力、符合产业政策及发展方向、符合技术创新的要求，结合我区今年以来开展的“帮扶企业”“双服务”“三个一”大行动等工作情况进行筛选。（责任单位：经信局，区直各有关部门，六枝经济开发区及各园区管委会）

（四）强化协调服务。一是挂帮领导在实施工业“百千万”工程中，按照“一企一策”的工作思路，采取对症下药、分类指导、重点突破的工作方法，积极开展帮扶式服务，指导企业理清思路、制订目标，切实帮助企业协调解决问题，营造良好发展环境，形成企业主体、政府服务、领导联系、部门帮扶、社会支持、齐抓共管的工作格局。二是主动作为，统筹安排部署，强化协调服务，形成合力，确保所梳理问题的及时解决，对确需上级协调解决的要及时梳理上报。对正在开展前期工作的项目，及时介入并提供政策等方面的指导服务；对手续办理困难的项目，及时组织发改、国土、环保、住建、水利、能源、安监等相关部门帮助解决。（责任单位：经信局，各相关部门，六枝经济开发区及各园区管委会）

（五）强化调度督查。建立企业问题办理情况台账，对企业存在的问题及办理进度实行动态管理。开设“百千万企业直通车”，以热线电话、电子邮箱、微博微信等形式，畅通沟通渠道，及时收集、梳理、汇总和解决问题，特区党委政府督查室要定期开展督办督查，及时通报督查结果。〔责任单位：特区党委政府督查室，经信局，各乡（镇）人民政府，六枝经济开发区及各园区管委会〕

（六）加大宣传力度。要结合“四创”活动总要求，由宣传部牵头，统筹做好宣传报道，特区主流媒体聚焦“百千万”工程，形成全方位、多层次的立体宣传格局，对在工业“百千万”工程中涌现出来的先进集体、先进个人及典型事例，对有突出贡献的单位和个人，要大力宣传，进行表彰，树立榜样和模范，在全社会营造关心企业、服务产业、支持工业的良好氛围。（责任单位：宣传部，区直各有关部门，六枝经济开发区及各园区管委会）

六枝特区“明礼知耻·崇德向善”主题实践活动实施纲要（2014-2018）

（2014年5月31日）

根据《中共贵州省委办公厅贵州省人民政府办公厅关于印发〈“明礼知耻·崇德向善”主题实践活动实施纲要（2014—2018）〉的通知》（黔党办发〔2014〕16号）和《中共六盘水市委办公室六盘水市人民政府办公室关于印发〈六盘水市“明礼知耻·崇德向善”主题实践活动实施纲要（2014—2018）〉的通知》（六盘水党办发〔2014〕46号）文件精神，为深入贯彻党的十八届三中全会、省委十一届四次全会、市委六届五次全会和区委十届三次党代会精神，大力弘扬社会主义核心价值观，推进国家治理体系和治理能力现代化，完成“两个一百年”奋斗目标、实现中华民族伟大复兴中国梦，进一步凝心聚力、固本强基，六枝特区精神文明建设指导委员会决定，从2014年起，用五年左右的时间，在全区广泛开展“明礼知耻·崇德向善”主题实践活动。为推动活动有序开展，结合实际，特制订本实施纲要。

一、活动主题

以邓小平理论、“三个代表”重要思想、科学发展观为指导，扎实推进社会主义核心价值体系建设，大力弘扬中华民族优秀传统美德，激发全区党员干部群众学雷锋、学道德模范、学感动凉都人物、学身边好人的热情，广泛组织社会各界和广大群众参与到社会公德、职业道德、家庭美德和个人品德建设中来，在全区营造明礼知耻、崇德向善、见贤思齐的浓厚氛围，进一步提升公民文明素质和社会文明程度，培育知荣辱、讲正气、作奉献、促和谐的良好风尚，增强全区党员干部群众的发展自信、跨越自信和小康自信，为构筑六枝“精神高地”，为全区科学发展、后发赶超、同步小康传递正能量、凝聚精气神。

二、活动目的

通过开展“明礼知耻·崇德向善”主题实践活动，以“仁、义、诚、敬、孝”为五礼（仁：即关爱他人，助人为乐，立人达人；义：即坚守正道，见义勇为，敢于担当；诚：即以诚待人，诚实守信，履约践诺；敬：即忠于职守，敬业奉献，虔诚勤勉；孝：即倾心侍奉，孝老爱亲，知恩图报），以“懒、贪、奢、浮、愚”为五耻（懒：即好逸恶劳，好吃懒做，不思进取；贪：即贪图享受，巧取豪夺，唯利是图；奢：即骄奢淫逸，铺张浪费，挥霍无度；浮：即心浮气躁，急功近利，弄虚作假；愚：即愚昧无知，麻木不仁，迷信盲从），在公众交往中乐于助人，在危急时刻见义勇为，在职业活动中诚实守信，在现实工作中爱岗敬业，在家庭生活中敬老爱幼。使全区广大干部群众的道德建设与祖国发展同行，与国家治理体系和治理能力现代化同步，争取一年重点治理，两年初见成效，三年巩固提高，四年规范有序，五年大见成效，力争到2018年，在全区进一步形成“我为人人、人人为我”的人际关系和积极向上的精神风貌。

三、活动内容

（一）开展“明礼知耻·崇德向善”十大主题活动

人无礼则不生，事无礼则不成，国无礼则不宁。结合深入开展党的群众路线教育实践活动，将“明礼知耻·崇德向善”的价值理念融入先进人物学习宣传，融入学习雷锋活动，融入基层思想政治工作，融入精神文明创建，融入学校教育，融入各种文化形式，融入节庆礼仪，融入部门行业规范管理，充分发动广大党员干部群众从自身做起、从现在做起、从身边小事做起，在全区迅速掀起明“五礼”知“五耻”，遵守社会公德、履行职业道德、践行家庭美德和提升个人品德的热潮。

1. 开展“明礼知耻·崇德向善在机关”主题活动。以“忠于国家、服务人民、恪尽职守、公正廉洁”为主要内容，推动党政群机关公务员明“五礼”知“五耻”，加强公务员职业道德教育和官德修养，切实做到“严以修身、严以用权、严于律己，谋事要实、创业要实、做人要实”，引导机关工作人员常怀公心、慎用公权、捍卫公信、严守公德，自觉维护好党政机关的良好形象，努力做秉持职业道德操守、为民务实清廉的优秀公务员。

2. 开展“明礼知耻·崇德向善在校园”主题活动。对广大青少年学生进行明“五礼”知“五耻”培训教育，增强学生的道德判断力和道德荣誉感，引导他们从文明礼貌开始、从礼节规范入手，自觉实践礼仪知识、养成文明习惯，通过开展“小手拉大手、我把礼仪带回家”活动，让青少年学生成为倡导、传播文明礼仪的使者。推动教育工作者积极践行职业道德规范，修师德、铸师魂，做到爱岗敬业、无私奉献、教书育人、为人师表，争做人民满意的好教师。

3. 开展“明礼知耻·崇德向善在家庭”主题活动。以亲情、爱情、友情为纽带，围绕日常生活中待人接物的基本礼节，在家庭中开展生活礼仪教育，倡导男女平等、夫妻和睦、孝老爱亲、勤俭持家、讲究卫生、文明礼让、睦邻友善、守望相助等礼仪知识，倡导科学、文明、绿色、健康的生活理念和生活方式，培育形成良好家风。

4. 开展“明礼知耻·崇德向善在社区”主题活动。对社区居民进行文明礼仪常识和社会公德规范等宣传教育，使广大社区居民讲文明、讲礼貌、讲卫生、讲秩序，积极参与志愿服务，构建和谐邻里关系，在文明用语、礼貌待人、讲究公德、遵纪守法、维护秩序等方面有明显进步，构建和谐美好的人际关系和社区环境。

5. 开展“明礼知耻·崇德向善在乡村”主题活动。建立完善村规民约，大力推进移风易俗，加强文化、科技、法律等知识培训，引导群众明是非、知荣辱，分善恶、辨美丑，自觉履行法定义务、社会责任、家庭责任，自觉告别陋习，成为讲文明、讲科学、讲健康、讲奉献的“四讲”村民，进一步推动形成文明乡风。

6. 开展“明礼知耻·崇德向善在窗口”主题活动。以服务人民、奉献社会为主要内容，大力倡导爱岗敬业、诚实守信、办事公道、服务群众、奉献社会的职业道德规范，有爱心、有热心、有恒心，不怕难、不怕烦、不怕苦，努力提高业务能力和服务水平，为群众提供优质、高效、温馨、便捷的服务。

7. 开展“明礼知耻·崇德向善在企业”主题活动。开展以职业道德为主要内容的职业观教育，开展以知识技能、爱岗敬业为主要内容的素质教育，大力倡导敬业奉献、忠于职守、吃苦耐劳的精神，提升职工文明素养；倡导企业积极参与社会公益事业，认真履行社会责任，不断提升企业文化内涵，进一步塑造企业形象。

8. 开展“明礼知耻·崇德向善在商户”主题活动。大力开展诚信守法和文明经商宣传教育，引导商家努力提高服务质量，文明礼貌待客，不制假售假，树立良好形象，打造诚信文明品牌。督促商家实行“门前三包”，自觉维护沿街环境卫生、整顿门头橱窗牌匾、爱护街道绿化美化、加强治安安全防范。大力开展“文明餐桌”行动，倡导不剩饭、不剩菜。

9. 开展“明礼知耻·崇德向善在交通”主题

活动。大力倡导机动车礼让斑马线、按序排队通行、有序停放、文明使用车灯、行人与非机动车各行其道、过街遵守信号等文明交通行为，引导广大群众自觉摒弃机动车随意变更车道、占用应急车道、开车打手机、不系安全带、驾乘摩托车不戴头盔、行人过街跨越隔离设施等交通陋习，自觉抵制酒后驾驶、超速行驶、疲劳驾驶、闯红灯、强行超车、超员超载等危险驾驶行为，努力营造安全文明的出行环境。

10. 开展“明礼知耻·崇德向善在旅游”主题活动。开展文明出游宣传教育，曝光不文明旅游行为，引导游客自觉摒弃大声喧哗、乱丢乱扔、随意攀爬、乱写乱画等旅游陋习；大力整治旅游秩序，规范旅游服务行为，督促旅行服务行业诚信经营，强化导游日常培训和文明礼仪教育，全面提升导游服务质量；完善旅游景区（点）公共设施，规范服务价格，优化服务环境，提升服务水平。

（二）实施“明礼知耻·崇德向善”教育培训工程

充分利用乡村学校少年宫、“道德讲堂”等各类平台，发挥资源优势，广泛深入开展明“五礼”知“五耻”教育培训，弘扬传统美德，倡导时代新风，增强文明自觉。

1. 加强学校德育教育。特区教育局要在各个层面加强优秀传统文化教育。小学包括学前教育，要将优秀传统文化纳入教学体系，使优秀传统文化融入世界观、人生观、价值观的早期形成过程，多开展启蒙教育讲座。中学教育要紧紧抓住思想品德和价值观形成的关键时期，加强优秀传统文化课堂教育，激发和强化青年人的社会责任感。以“学习雷锋，做一个有道德的人”为主题，广泛深入开展“祖国好·家乡美”教育实践活动，推动道德教育日常化、生活化，使广大青少年的思想道德品质在实践活动中得到锻炼和提高。

2. 加强社会公德教育。各类社团群体要充分利用好各种教学阵地，进一步加强对相关领域、相关行业的优秀传统文化教育。特区团委要注重引导青年的思想，在“我们的节日”等主题活动中，多引入优秀传统文化元素，增强青年人对传统文化的认知度和认同感。特区妇联要发挥自身特有作用，组织妇女学习传统美德，促进家庭和睦，社会和谐。特区工商联要组织非公企业举办活动，增强企业家的社会责任感，引导他们义利兼顾、德利并重、诚实经营，守信用、讲信誉、重信义。

3. 加强干部官德教育。特区各有关部门要重视发挥自身在培养官德方面的职能作用。特区纪委监察局要大力弘扬廉政文化，在全社会培育清正廉洁的价值理念，发挥中华优秀传统文化在反腐倡廉中的巨大作用。特区组织部要把党校作为干部教育的重要场所，加强党史、国史教育，使中华优秀传统文化作为党员干部的必修课，使各级党员干部在汲取传统文化智慧中提升思想境界和个人修养。特区政法部门要重点组织政法系统在基层一线的干警进行学习，增强执法为民、执法守规的意识，加强政法干警的道德约束。特区人资社保局要协助市人资社保局，在我区新考录公务员初任培训活动中加入中华优秀传统文化的课程，提高国家公职人员的传统文化素质。

4. 加强教师师德培训。实施“千校万师”工程，加强对思想道德教育骨干老师的培训，要把建设社会主义核心价值体系、中华优秀传统文化作为培训学习的重点，精心设计方案和培训课程，建立长效机制，打造一支政治素质高、业务能力强的学校思想道德骨干教师队伍，发挥教师在未成年人思想道德建设工作中的关键作用。

（三）实施“明礼知耻·崇德向善”典型示范引领工程

以培育和弘扬社会主义核心价值观为主线，组织开展“明礼知耻·崇德向善”身边好人、行业道德标兵、道德模范评选活动，大力开展“明礼知耻·崇德向善”重大典型宣传。

1. 开展“明礼知耻·崇德向善”身边好人评选活动。通过发动广大干部群众发现、推荐群众身边事、寻常事、感人事，宣传群众身边人、平常人、高尚的人，引导人们从自己做起、从身边做起、从平凡事做起，大力弘扬中华传统美德，唱响六枝好声音，促进好人好事不断涌现。每月30日前，各行业各单位要按照“助人为乐、见义勇为、敬业奉献、诚实守信、孝老爱亲”五个类别向文明办报送身边好人，特区文明办将向上级文明办推荐参与全省、全国身边好人好事评选，力争榜上有名。

2. 开展“明礼知耻·崇德向善”行业道德标兵评选活动。各行各业要加大评选“明礼知耻·崇德向善”行业道德标兵的力度，政法、交通、教育、卫生、农业、旅游、团委、妇联、工会、金融十大行业系统要认真组织“明礼知耻·崇德向善”先进典型评选活动，充分动员本行业、本系统的力量，层层动员、层层推荐，每个系统推荐10名“明礼知耻·崇德向善”行业道德标兵候选人报特区文明办，特区文明办择优向上级文明办推荐。

3. 开展“明礼知耻·崇德向善”道德模范评选活动。要注重扩大工作覆盖面和影响力，尊重群众意愿，立足社区、企业、村镇、学校、机关等基层单位，广泛发动群众积极推荐。要将“明礼知耻·崇德向善”道德模范事迹在特区级主要媒体进行展示和公示，征求社会各界意见，组织群众踊跃参与评议和投票。要坚持公平公开公正原则，按照推荐、资格审核、公众投票、专家评审、社会公示等程序进行评选推荐。要把挖掘、推荐、评议、宣传的过程，作为群众自我教育、自我提升的过程，从而引领树立“明礼知耻·崇德向善”的社会价值导向。

4. 开展“明礼知耻·崇德向善”重大典型选树活动。通过建立和完善“明礼知耻·崇德向善”重大典型工作联动机制、培育机制、推荐机制、储备机制、学习宣传机制、评价奖励机制，积极发现挖掘、层层遴选推荐“明礼知耻·崇德向善”重大典型。通过重大典型的引领示范，引导广大群众学习先进、崇尚模范、见贤思齐，努力营造知荣辱、讲正气、促和谐的社会风尚。

（四）实施“明礼知耻·崇德向善”道德传播工程

坚持经世致用、知行合一，自觉将优秀传统文化传承弘扬与经济建设、政治建设、文化建设、社会建设、生态建设和党的建设有机融合，立足常态化、长期化和干部群众生产生活实际，大力传播优秀文化传统，推动广大干部群众知荣辱、明是非，使传统美德和文明礼仪内化于心、外践于行。

1. 开展理论传播活动。特区宣传部、党校要围绕活动主题，组织专家学者进行调查研究，举办宣讲，为活动深入开展提供强有力的理论支撑和导向引领。举办“明礼知耻·崇德向善”道德讲堂、理论研讨会、座谈会、报告会，组织刊发有针对性、说服力强的理论、评论文章，紧密结合生产生活实际，深入阐述优秀传统文化在经济社会全面进步中的地位和作用，增强人们对传承弘扬优秀文化传统的认知度和参与的自觉性。编辑出版具有六枝特色、适合各类群体的文明手册。编印中小学生德育教材和公民文明手册，建立完整的明“五礼”知“五耻”规范体系。

2. 开展社会传播活动。特区宣传文化系统各单位要齐心协力，发挥各自的资源优势，加强优秀传统文化的研究和推广，积极争取上级部门的支持，举办各种活动。引入专家教授开展优秀传统文化研究传播活动。在重大节庆日、纪念日，组织群众诵读经典，传承文明。

3. 开展志愿传播活动。要积极传播“学习雷锋、奉献他人、提升自己”志愿服务理念，积极传播“奉献、友爱、互助、进步”志愿精神，积极传播“明礼知耻、崇德向善”道德追求，大力推进学雷锋志愿服务制度化、常态化。积极搭建志愿服务平台，做到志愿者、服务对象和服务项目的有效对接。要以城乡社区为重点，以相互关爱、社会服务为主题，围绕扶贫济困、应急救援、大型活动、环境保护等方面，围绕空巢老人、留守儿童、困难职工、残疾人等群体，广泛深入开展“和谐贵州三关爱”绿丝带志愿服务活动。

4. 开展新闻传播活动。善用各类媒体，大力宣传推广，阐释活动意义，宣传报道活动情况和先进典型，让更多群众了解支持，积极营造人人支持、人人参与、人人受益的浓厚社会氛围。六枝电视台、《六枝报》等区内新闻媒体，在重要版面、主要时段和重要位置统一开设“明礼知耻·崇德向善”主题活动专栏，集中宣传阐释中华优秀传统文化、传统美德和时代新风，使主题活动宣传周周有报道、月月有重点、长年不断线。电视台要选派精兵强将深入基层采访拍摄“明礼知耻·崇德向善”实践活动的感人事迹，选取好人好事等先进典型进行专题报道。《六枝报》要开辟专栏，宣传弘扬中华优秀传统文化，反映活动情况。六枝公众信息网要建设“明礼知耻·崇德向善”专题网页，建立专题微博和公众微信，宣传展示活动情况，邀请群众身边的先进典型与广大网民开展在线交流互动。

5. 开展公益广告传播活动。以“明礼知耻·崇德向善”为主题，设计制作一批公益广告，组织媒体开展公益广告宣传。各单位要在学校、社区、广场、车站等公共场所，利用短信、户外广告、电子显示屏、楼宇电视、宣传栏、文化墙、交通工具、工地围栏等阵地，做好“明礼知耻·崇德向善”公益广告宣传。

6. 开展文艺传播活动。文艺、文化、广播等文化单位，要按照“三贴近”原则，围绕反映“明礼知耻·崇德向善”活动情况，创作生产一批艺术节目，如舞蹈、歌曲等。文化工作者要深入基层进行专题创作和演出，挖掘宣传各条战线涌现的先进典型，用艺术的表现手法引领社会风尚。群众性文艺团体要广泛组织开展“三下乡”“我们的节日”等群众性文化活动，歌颂身边好人好事，让群众在参与中受到教育和熏陶。

（五）实施“明礼知耻·崇德向善”阵地建设工程

1. 加快道德讲堂建设。特区文明办要整合资源，做好环境布置，建立1个道德讲堂总堂；各单位要利用会议室、礼堂等场所，乡镇、村（居、社区）要充分利用文化站、村级组织活动场所、远程教育站点、文化活动室等，发挥一室多用功能，建设道德讲堂。按照规范流程，开展好讲堂活动，大力传播传统美德和时代新风。

2. 加快乡村学校少年宫建设。进一步加强乡村学校少年宫规模，配备活动器材，规范活动开展，充分发挥乡村学校少年宫思想道德建设的阵地作用、文体活动乐园作用和社会实践基地作用，让未成年人在活动参与中传承中华优秀传统文化，提高科学文化素质、思想道德素质和身体健康素质，实现“以乐促智、以技促能、以读养德”。

四、加强领导

1. 完善组织领导机制。建立健全“党委统一领导、文明委组织协调、有关部门各负其责、全社会共同参与”的领导体制和工作机制，为活动广泛深入开展提供强有力的组织保证。各乡镇各单位要把活动作为贯彻落实科学发展观、构建和谐社会的重要内容，作为培育和践行社会主义核心价值观的主抓手，摆上重要议事日程，纳入经济社会发展总体规划。各有关单位要结合实际制订年度工作计划，并组织实施，每年年末向文明办报工作开展情况。各乡镇各单位要不断加强组织协调，充分调动各方力量，促进活动扎实开展，形成条块结合、上下联动、行业互动的局面。

2. 完善奖励帮扶机制。加大对被评为好人模范的物质和精神奖励，鼓励有关部门在就业、晋职、入学、医疗、保险等方面出台激励政策。大力发展各种形式的群众性好人后援会，公益组织和机构要对身体病残和生活困难的道德模范进行重点帮扶，在全社会进一步形成好人有好报的良好导向。

3. 完善统筹协调机制。建立工作协调会制度，及时通报活动进展情况，安排部署重点工作，细化措施、明确责任。协调解决工作中存在的问题，及时发现各乡镇各单位的突出典型并上报，确保正确导向，把握宣传节奏，通过建立完善科学高效的运行机制，确保活动不断向纵深发展。各乡镇各单位要向社会公布监督举报电话和邮箱，对举报投诉的问题，要及时责成有关部门限期整改。

4. 完善督导考核机制。各乡镇各单位要加强对活动开展情况的督导，确保各项工作落到实处。活动开展情况纳入各级领导班子实绩考核范围，由活动主管部门负责专项考核评价，考核评价结果作为对领导班子和领导干部综合考核评价的重要依据。活动开展要与创建文明城市、文明村（镇）、文明单位紧密结合，将道德建设的成效作为各项创建活动评选表彰的重要标准和条件。各乡镇各单位要将活动开展情况及时上报特区文明办（宣传部），特区文明委将根据工作需要适时组织督查。

大 事 记

一 月

2日 六枝特区召开全区党政机关公务用车和办公楼等楼堂馆所建设情况专项清理工作会议，会议由特区党委常委、纪委书记杜安祥主持，传达学习了上级有关文件精神，特区党办、人大办、政府办、政协办等26个单位领导和19个乡镇纪委书记参加了会议。

是日 六枝特区殡葬联合执法专项行动会议在六枝宾馆六楼会议室召开，特区人大常委会副主任韩伟兴、特区政府副区长郭萌、各乡镇及殡葬改革各成员单位参会。

18日 六枝特区特色农业发展“3155”工程推进会在特区党委政府多功能会议室召开。

二 月

7日 六枝特区党委常委、政府副区长安长辅在农业局会议室主持召开特色农业产业发展“3155”工程调度会，各乡镇分管领导和农业服务中心、产业牵头单位、四个农业园区主要负责人共50余人参加会议。

10日 贵州六枝经济开发区正式启动运行。

14日 六枝特区召开党的群众路线教育实践活动动员大会。

15日 六枝特区党委常委、组织部部长、统战部部长吕荣在党委政府多功能会议室主持召开全区清理和规范领导干部企业兼职（任职）工作会议。

三 月

3日 六枝特区政协六届三次会议开幕。

4日 六枝特区第十一届人民代表大会第三次会议召开。

13日 六枝特区召开“3155”工程暨扶贫开发六项行动计划推进会，特区党委副书记、政府区长舒勇，政协主席夏明，党委副书记石灿敏，党委常委、政府副区长安长辅，人大常委会副主任王道洪出席会议。各相关单位、乡镇、各园区管委会主要负责人参加会议。

18日 六枝特区出台《关于进一步加强干部日常监督管理暂行办法》。

22日 六枝特区政府副区长谭枫到开展党的群众路线教育实践活动联系点新窑乡联盟村蹲点调研。

24日 六盘水市委副书记、组织部部长杨昌鹏到六枝特区郎岱镇和陇脚乡补雨村就党的群众路线教育实践活动和基层组织建设开展调研。

25日 六盘水市人民政府副市长尹志华到六枝特区路喜工业园区调研，深入了解园区现状及在建设过程中存在的困难和问题，市安全生产执法监察局专职副局长吴学刚、市经信委、市能源局、特区人民政府相关领导等陪同调研。

是日 六枝特区党委常委、组织部部长、区委党的群众路线教育实践活动领导小组办公室主任吕荣深入毛口乡西陵村开展党的群众路线教育实践活动蹲点调研。

26日 六枝特区政府副区长郭萌深入落别乡牛角村开展党的群众路线教育实践活动蹲点调研。

27日 六枝特区妇联获全省"三八红旗集体"荣誉称号；特区疾病预防控制中心主任吴永萍获全省" 三八红旗手"荣誉称号；特区煤炭局黄万英家庭获全省"五好文明家庭"荣誉称号；落别乡副乡长梁明丽获全省"巾帼建功标兵"荣誉称号；落别乡可布村村民卢梅获全省"致富女能手"荣誉称号。

29日 在2014年贵州省第29届青年科技创新大赛上，六枝特区获1个一等奖，1个二等奖，3个三等奖，占六盘水市选送作品的63%。其中特区三中吴德洪制作的"近视眼、远视眼的形成及矫正原理演示器"获一等奖；特区三中张德辉老师指导盛艳红同学创作的"带卡的钢卷尺"获二等奖；特区二中邓洁老师制作的"'（气体、液体）两用流体压强与流速的关系'实验器"、特区实验小学陈祖友老师和平寨镇二中周志雄制作的"除法九九表""简易坡角测量仪"分别获三等奖。

是日 特区政府区长舒勇到落别乡底耳村开展党的群众路线教育实践活动蹲点调研。

31日 中国共产党六枝特区第十次代表大会第三次会议召开。

四　月

2日 六枝特区政府副区长于军锋到龙场乡龙场村开展党的群众路线教育实践活动蹲点调研。

6日 六枝特区280名县、乡、村三级干部分三期到遵义市凤冈县"充电"，学习借鉴该县的先进经验，推进全区新农村建设步伐和农业现代化进程，此次学习至七月份结束。

11日 六枝特区第二期科级干部培训班培训期间，对少数科级干部在培训中不遵守纪律的现象通过摄像取证后进行了视频公开曝光，引起了强烈反响。

15日 为深入开展党的群众路线教育实践活动，充分发挥领导干部的示范表率作用，及时协调解决办事企业和办事群众在窗口办件中遇到的问题，进一步提高服务质量和办事效率，创新政务服务方式，全面优化政务服务软环境，即日起从32家具有行政审批服务职能的单位中，选取20家办件量较大的单位作为第一批开展"局长进中心"活动试点单位。

16日 六盘水市人大常委会副主任、六枝特区党委书记高玉林率六枝特区党委中心学习组成员，到安顺市王若飞故居，开展重温入党誓词、缅怀革命先烈活动。

17日 六盘水市委副书记、组织部部长、党的群众路线教育实践活动领导小组常务副组长、办公室主任、第一督导组第一组组长杨昌鹏到六枝特区对党的群众路线教育实践活动开展情况进行督导调研。

是日 中央活动办网站转载六枝特区"民声政谈"创新之举。"民声政谈"是六枝特区在党的群众路线教育实践活动中，通过报告会、院坝会、换位体验等多种形式搭建的干部与群众交流的新平台。是干群彼此"零距离"互动、心与心相连的主题活动。

五　月

4日 《贵州日报》报道在党的群众路线教育实践活动中，六枝特区在全区范围内开展的"民声政谈"活动。

15日 特区党委常委、宣传部部长幸雪梅到洒志乡就党的群众路线教育实践活动开展调研。

20日 全省"双强化双化解"暨社会稳定风

险评估经验推进会在六枝特区召开。会议深入学习贯彻中央、省委关于维护社会稳定的一系列决策部署，传达学习了省委书记赵克志、省长陈敏尔、省委副书记李军关于维护社会稳定工作的系列重要批示精神，安排部署近期全省维护社会稳定工作。省委常委、省委政法委书记、副省长秦如培出席会议并讲话。

是日 六枝特区党务干部绩效能力提升研修班在浙江大学玉泉校区举行，54名党务干部参加了本次学习。

25日 中央电视台中文国际频道《远方的家·江河万里行》摄制组走进六枝，对牛场乡平寨村水落洞组“短角苗”进行拍摄。拍摄专题片一集，片长约30分钟，将于8月份在CCTV4中播出。

27日 六盘水市委副书记、市长周荣赴六枝特区落别乡抵耳村、板照村蹲点调研。高玉林、特区党委常委、政府常务副区长邹振伟，党委常委、组织部部长吕荣陪同调研。

六　月

5日 六枝特区党的群众路线教育实践活动工作推进会在多媒体会议室召开。六盘水市人大常委会副主任、六枝特区党委书记、区委党的群众路线教育实践活动领导小组组长高玉林强调，全区教育实践活动将进入查摆问题、开展批评环节，各级党组织要以高度的政治自觉和认真的工作态度，切实做好第二环节的各项工作，确保教育实践活动扎实推进。

7日 高考期间，六枝特区团委组织公交车和出租车参与六枝首次“绿丝带爱心送考”公益活动。考生凭高考准考证免费乘坐所有线路公交车。82辆爱心出租车贴上“爱心送考车”标牌，安全、及时、有序地在高考期间免费接送考生，先后接送学生和家长4600人（次）。

11日 六枝工矿集团控股贵州华隆煤业有限公司新华煤矿发生煤与瓦斯突出事故，10人遇难。

12日 贵州省政府副省长王江平到六枝路喜循环经济园区调研，高玉林等陪同调研。

19日 教育“9+3”工作推进会在特区教育局召开，全区19个乡镇主要领导、乡镇中心校校长、乡镇直属中学校长、区直属初中学校校长、职业技术学校校长及路喜分校区校长、省机械职业技术学校校长及相关部门负责人共计80余人参加会议，撒玉怀出席会议。

是日 木岗镇召集各村村民集中开展“严禁违规办酒席万人签名”活动。

25日 贵州省设计二院项目技术小组到折溪乡实地踏勘和现场设计折溪乡高标准基本农田建设项目。该项目预算总投资2170.48万元，涉及土地总面积约1.82万亩，建设规模约1.78万亩。项目建设工期为18个月，本次踏勘至30日结束。

是日 贵州省教育厅党组成员、机关党委书记赵廷昌一行到联系点六枝特区新窑乡新河村播毕小学慰问贫困党员和困难学生，分别为他们送上慰问金，书包和文具。

30日 在2014年上半年贵州省市县经济发展综合测评排位中，全区社会消费品零售总额以绝对数14.01亿元、城镇新增就业人数以绝对数6647人、税收收入增长速度以52.4%、城镇常住居民人均可支配收入增长速度14.1%位居全省非经济强县榜首。

七　月

1日 全省2013年基层组织建设先进县名单揭晓，六枝特区是六盘水市唯一获此殊荣的区。六枝特区公安局党委、统计局党组荣获全省机关企事业单位党建工作先进党组（党委）称号；郎岱镇党委、木岗镇瓦窑村党支部、疾控中心党支部荣获省级“五好”基层党组织称号。

2日 贵州省委常委、宣传部部长张广智在六盘水市委常委、宣传部部长杨宏远，到六枝特区调研宣传思想文化工作情况以及农业产业发展情况。高玉林，党委常委、宣传部部长幸雪梅陪同调研。

9日 贵州省科协党组成员、副主席钱斌到六枝特区调研创建贵州省公民科学素质先进区工作，市九三学社副主委、科协主席卢瑶陪同调研。

24日 六枝特区邀请贵州省地理标志研究中心主任、贵州省社会科学院研究员、贵州省知识产权专家库专家李发耀教授一行对“落别樱桃”申报国家地理标志产品保护项目进行实地考察调研并召开论证会。

26日 六枝特区党委常委班子召开党的群众路线教育实践活动专题民主生活会。六盘水市委常委副书记、市长周荣到会指导并作讲话。贵州省委第三督导组副组长杨献忠到会指导。市委副书记、市委组织部部长、市委第一督导组第一组长杨昌鹏参加会议，市委第一督导组组长朱绍伦作点评。

28日 农业部发布公告（第2316号）六枝特区牛场乡“牛场辣椒”获农业部农产品地理标志登记。

31日 特区党委书记高玉林率特区四大班子到六枝消防大队慰问消防官兵，特区人大常委会主任王朝荣，政协主席夏明，人武部部长马占营、政法委书记卢波及宣传部、民政局有关领导陪同慰问。

八　月

8日 2014年“中国凉都六盘水牂牁江”国际滑翔伞公开赛暨全国滑翔伞优秀选手赛在六枝特区毛口布依族苗族乡开赛，本次活动由六枝特区政府承办。

12日 共青团六枝特区委员会组织召开了2014年度新晋大学生宣讲会，旨在使即将踏入大学校门的大学生能够提前认识大学，了解春晖行动，知道黔归人才战略，从而在今后的大学生活中为自己树立积极向上的人生奋斗目标，激发他们“反哺”家乡、建设家乡的热情。活动共60余名新晋大学生参加，邀请到中国青年政治学院在读大学生、贵州大学生团结发展联合会主席董志鹏以及河北大学第九届研究生支教团贵州服务队队员周谧主讲。

15日 六枝法院组织开展“执行风暴”专项行动，对不履行法院生效裁判的“老赖”采取重拳出击，有效维护申请人的合法权益及法律权威。专项行动开展以来，共强制执行各类案件30件，实施司法拘留4人，执行标的到位金额120余万元。

16日 “共产党员网”报道：在第二批党的群众路线教育实践活动中，贵州省六枝特区以“民声政谈”为载体，促使党员干部走村入户，干群“零距离”互动，为破解服务群众“最后一公里”难题做出了有益探索。

17日 六枝特区岩脚镇召开党的群众路线教育实践活动专题民主生活会，高玉林到会指导并讲话。

18日 在贵州省第五届残疾人运动会上，六枝特区特殊学校学生施厚美在省第五届残疾人运动会上取得女子飞镖项目银牌的优异成绩。

21日 六枝特区人才工作会议在特区党委五楼第一会议室召开。邹振伟主持会议。吕荣出席会议。特区人才工作领导小组各成员单位、路喜园区、公安局、投资促进局、团委、工商联、国税局、地税局等单位参加会议。邹振伟、吕荣、特区组织部常务副部长周定忠分别为路喜工矿集团朱煜、刘磊、特区文联副主席陈文洪颁发市管专家证书。

22日 在2014中国·贵阳国际特色农产品交易会暨绿茶博览会上，六枝特区重农茶叶种植农民专业合作社种植户张廷兵荣获贵州省十大种茶能手称号。

26日 《贵州日报》以《聚民心　解民困　惠民生六枝特区开展“民声政谈”活动的深度调查》为题，在头版头条就六枝特区在党的群众路线教育实践活动中开展的“民声政谈”活动进行专题报道。

九　月

2日　以贵州省文化厅副厅长黎盛翔为组长，由省文化厅、省民委、省教育科学院、省委政研室有关领导组成的调研组，到六枝特区梭戛生态博物馆调研民族文化传承创新及民族教育的基本现状。六盘水市委常委、宣传部长杨宏远，特区党委常委、宣传部部长幸雪梅陪同。

4日　在党的群众路线教育实践活动中，六枝特区以深入贯彻中央“八项规定”为总抓手，以大力推进作风建设常态化为着力点，清理清退违规公车17辆；制止、规范（含报备）国家公职人员办酒席300余起；处理违规参与打麻将人员8人；核查30家单位3至5月大额度接待发票；清理清退“吃空饷”人员31人；下达干部“走读”整改通知书50余份；媒体曝光国家公职人员违章驾车21起；调整清理办公用房1700余平方米；个人主动上交礼金18.46万元；清理党员领导干部企业兼职95人；同比精简会议930次、文件1900份；上半年“三公”经费支出同比下降24.7%。

是日　由贵州省委统战部、贵州省教育厅、共青团贵州省委主办，贵州省青少年发展基金会承办的2014年度“香港主力教育基金”山区优秀教师评选活动中，六枝特区大用镇黑晒小学教师袁贵祥、六枝特区堕却乡郎节坝小学教师余林榜上有名。

16日　全省人口计生“双诚信双承诺”推进会在六枝特区召开。贵州省卫生计生委主任王忠主持会议并发表讲话，六盘水市委副书记、市长周荣致辞，省卫生计生委副主任黄平对推行“双诚信双承诺”工作一年来的情况进行总结分析。省卫生计生委副主任张光奇、龚仲明、贺宏琼出席会议，市政府副市长谢朝碧，特区政府区长舒勇等领导参加会议。

17日　在四川省绵阳市北川县召开的2014年中国魔芋产业发展研讨会上，六枝特区被授予“全国魔芋产业重点基地县”称号，全国仅有9个县获此殊荣。

19日　由共青团贵州省委、贵州省教育厅、贵州省少工委联合下发的《关于表彰“贵州省优秀少先队员”“贵州省优秀少先队辅导”“贵州省优秀少先队集体”的决定》，六枝特区丁诗懿等四名同学荣获2014年度“贵州省优秀少先队员”称号，李安慧等四位老师荣获“贵州省优秀少先队辅导员”称号，特区第一小学少先队大队、第二小学四（1）中队、大用镇第二小学少先队大队、落别乡索考小学五（2）中队荣获　“贵州省优秀少先队集体”称号。

是日　六枝特区质监局在辖区内开展儿童用品专项监督检查行动，此次行动共检查儿童用品销售企业10余家，出动执法人员20余人（次），重点检查了电玩具、童车、奶瓶奶嘴、纸尿裤等产品，主要检查产品标识标注是否符合相关规定，是否建立进销货台账等。

22日　六枝特区党外干部培训班在特区党校开班。

23日　贵州省人大常委会副主任袁周一行赴六盘水路喜循环经济产业园区开展工业“百千万”帮扶调研，调研组实地察看了六盘水路喜循环经济产业园区项目建设情况，并听取园区项目有关情况介绍。六盘水市人民政府副市长陈华、市人大常委会副主任、特区党委书记高玉林、特区党委副书记、政府区长舒勇及园区党工委书记卢启达等领导陪同调研。

25日　贵州省小康寨行动计划省级重点示范县公开竞争立项会议在省财政厅召开，全省18个县（区）参加本次竞争立项PK会议。会上高玉林对六枝特区实施“四在农家·美丽乡村”基础设施建设小康寨行动计划“十县百乡千村”示范工程工作方案作现场陈述。经过10余位专家对特区编制的“一方案两规划”专业技术的评审及专家提问，最后以优异成绩喜获成功。六枝特区将纳入小康寨行动计划10个省级重点示范县之一，预计从2014年至2017年每年得到中央及省级补助小康寨建设资金不低于3000万元，为特区改善农村村容村貌和农民生产生活条件提供有力的资金保障。

30日 是我国第一个烈士纪念日。六枝特区在大用烈士陵园举行公祭烈士活动，深切缅怀烈士的不朽功勋，向人民英雄致以崇高敬意。

十　月

8日 党的群众路线教育实践活动总结大会于8日在北京举行，六枝特区党委、人大、政府、政协领导班子成员，及全区各乡镇、各区直部门和有关单位负责人在六枝分会场参加电视电话会议，聆听了习近平总书记在会上发表的重要讲话。

14日 六枝特区人民政府与苏州苏伟光能科技（太仓）有限公司签订LED照明及高铁紧固件等高科技产品生产项目投资协议，项目投资总额为2.5亿元，于2014年12月底前在六盘水木岗产业园区开工建设，建设内容主要是生产LED照明及高铁紧固件等高科技产品。

15日 CCTV10《文明密码》栏目将播出六盘水专题节目《六月六，狂欢节》，节目将全方位展现六枝特区陇脚乡月亮河村“六月六”节日盛况，展示布依民族风情，解码布依民族文化。

17日 六枝特区团委联合特区农业局在六枝特区朝华农业科技有限公司落别乡木厂村茶叶基地，举办六枝特区2014年茶产业观摩暨培训会。培训分为理论培训和现场培训，理论培训由无公害茶园建设等方面的专家开展理论讲座，现场培训由宋荣晶专家现场示范茶树栽培（茶园间套种模式）。

20日 六枝特区召开全区纪检监察系统落实党风廉政建设监督责任工作推进会。特区党委常委、纪委书记杜安祥主持会议，各乡镇纪委、各部门纪检组参加会议。会上特区民政局、环保局纪检组，木岗镇、龙场乡纪委就履行监督责任作交流发言。

22日 六枝特区召开全区党的群众路线教育实践活动总结大会，深入学习贯彻中央、省委、市委第二批党的群众路线教育实践活动总结会议精神，总结全区党的群众路线教育实践活动，巩固扩大活动成果，对全面推进从严治党进行部署，持续推进作风建设规范化、常态化、长效化。

23日 “天朝上品”杯贵州省第三届烹饪技术大赛在贵州饭店国际会议中心宴会厅举行，此次大赛汇集了全省9个市（州）122家企业、300名厨师参与团体赛、大众婚宴赛、特色火锅赛、个人赛等名次争夺，另有177家企业参加贵州名优牛肉粉、名点、名菜和名小吃的评比认定。六枝特区职业技术学校代表队获得个人热菜比赛金牌及团体比赛铜牌；六枝工矿集团公司迎宾馆代表队获个人雕刻比赛金牌及个人冷拼比赛铜牌。

29日 贵州省农委发展计划处处长刘玉国一行莅临六盘水郎岱农业产业园区对山地高效农业发展进行调研，市政府副秘书长王维家，市农委赵庆强、王奇兵，六枝特区政府副区长安长辅，郎岱园区党工委书记何啟筠陪同调研。

30日 贵州省水利厅调研员杨全明一行五人到六枝特区阿珠水电站进行取水许可监督检查。市水务局副局长段炼、特区水务局局长梁厚学陪同。

是日 贵州省委第三督导组组长赵松恒一行赴陇脚乡调研，六枝特区党委副书记石灿敏、六枝特区党委组织部常务副部长周定忠、陇脚乡党委书记卢运勇等陪同调研。

31日 六盘水市委书记李再勇到六盘水牂牁江旅游文化产业园调研。调研时指出要强化顶层设计，坚持规划引领，加强生态建设，突出文化特色，按照“细致、精致、极致”的要求，围绕吃、住、行、游、购、娱“六大要素”，充分发挥市场作用，调动一切可以调动力量，全力加快景区开发建设步伐。

十一月

1日 六枝特区举办以“感悟马向阳下乡记、践行党的群众路线、展现驻村干部风采”为主题的同步小康驻村干部演讲比赛，特区党委副书记龙超出席并致词，特区党委常委、政府副区长杨权出席会议。

4日 中国流动科技馆“体验科学，走进六枝”巡展在六枝特区九中举行开馆仪式，标志着中国流动科技馆六枝特区巡展拉开序幕，贵州科技馆党委书记、馆长杨泳斌、六盘水市科协主席卢瑶到场祝贺，特区人大常委会副主席龚鸿文宣布开馆。

5日 六枝特区政府机构改革干部联动调整任前集中谈话在特区党委政府多媒体会议室举行。特区党委书记高玉林，特区党委常委、纪委书记杜安祥，以及特区政府机构改革联动调整相关干部参加了此次谈话会议，会议由特区党委副书记石灿敏主持。

6日 六盘水市政府副市长谢朝碧一行到六枝特区调研。特区党委常委、政府副区长任明星、特区卫生和计划生育局相关负责人陪同调研。

7日 2014年六枝特区非物质文化遗产保护工作培训班在文体广电旅游局会议室举行。特区文物管理所全体工作人员、全区19个乡镇综合文化站负责人共30余人参加了本次培训。

9日 国家湿地保护管理中心相关人员一行4人到六盘水市对六枝特区2014年申报的牂牁江国家湿地公园进行考察评估。

11日 中国循环能源有限公司副总裁何小山一行到六枝特区考察六盘水路喜循环经济产业园区4×350兆瓦热电联产项目，并洽谈投资事宜。六盘水市人民政府副市长陈华，特区人民政府区长舒勇，副区长谭枫，路喜园区党工委书记卢启达、管委会主任郭旭照等领导陪同考察。

是日 由省、市道路运输局组成的评审专家组对六枝特区众合汽车驾驶培训学校进行评审验收，评审组通过对六枝特区众合汽车驾驶培训学校的标准化考试场地、各种教学车辆、教练员队伍资质等教学设施进行了认真细致的检查。通过评审，众合汽车驾驶培训学校均符合国家一级驾校标准。

12日 “万名科技专家讲科普”活动在新窑乡联盟村举行，开展果树栽培培训会，高级农艺师王葆钧一行走进田间地头，帮助农户栽植果树苗木，讲解果树栽培技术。

13日 贵州省科协党组成员、副主席钱斌到六枝特区堕却乡调研农村专业技术协会建设工作，到平寨镇文化路社区调研科普进社区工作。

18日 贵州省能源局兰海平副局长兰海平率省商务厅、省煤监局、省安监局一行到六枝特区中寨乡督查“六打六治”打非治违专项行动工作，六枝特区人民政府副区长周金平陪同督查。

20日 中央电视台到六枝采访三线建设。

22日 特区政府区长舒勇率特区安监局主要负责人到郎岱青菜塘煤矿、平桥煤矿，中寨乡湘发煤矿、凸山田煤矿，平寨镇六龙煤矿等检查煤矿安全生产工作。

25日 六枝特区召开全国第三轮艾滋病综合防治示范区项目启动暨2014年艾滋病工作会议。特区政府副区长郭萌出席会议并讲话。特区防艾委成员单位、乡镇政府相关负责人及乡镇卫计院负责人参加会议。

26日 六盘水市委副书记、市长周荣在六枝特区岩脚镇调研，调研时指出要围绕国家、省特色小城镇建设的要求，借势发力，以规划引领布局生态农业、休闲度假、养老服务等产业，深度挖掘人文历史，加强城镇环境管理和配套基础设施建设，守住发展和生态两条底线，抢抓新机遇、建设新岩脚、实现新跨越。

29日 六盘水市同步小康驻村工作调度会在六枝特区中寨乡扁朝村召开。会议由市委组织部部务委员孔滔主持，市委组织部副部长张勇出席会议并提要求。各县（特区、区）党委副书记、党建扶贫团团长，组织部副部长，集体经济指导组组长，钟山经济开发区组织人事部部长和六枝特区部分乡镇党委书记、驻村干部参加会议。

十二月

1日 以“学习贯彻新法　增强安全意识”为主题的新《中华人民共和国安全生产法》宣传咨询日活动在特区新广场举行。活动由安监局、交警大队等15个部门和企业参与宣传。

2日 六盘水市中级人民法院副院长马敏龙一行到六枝法院检查指导“三个严打”专项行动工作，并就刑事审判工作提出要求。

3日 国家林业局公园处调研员许晶、中科院地理所研究员张百平等一行到落别乡对拟建国家森林公园的坝湾瀑布群、溶洞群、黄果树瀑布源头进行考察，省林业厅、市林业局领导和六枝特区人民政府副区安长辅陪同考察。

4日 贵州省法院纪检监察工作交流座谈会在六枝特区召开，贵州省高级人民法院纪检组长王天佑出席会议并作工作要求。六盘水中级人民法院、安顺市中级人民法院，钟山区法院、水城县法院、盘县法院、六枝特区法院、西秀区法院、镇宁县法院、平坝县法院、关岭县法院、紫云县法院、普定县法院共2个中级人民法院、10个基层法院参会。

6日 六枝特区召开领导干部大会，宣布六盘水市委对六枝特区政府主要领导的调整决定，方裕谦任中共六枝特区委员会委员、常委、副书记，舒勇不再担任中共六枝特区委员会副书记、常委、委员职务；提名方裕谦为六枝特区人民政府区长候选人，舒勇不再担任六枝特区区长职务。

10日 六盘水市委常委副书记、市长周荣一行到六枝特区调研和督促检查安全生产工作。在听取安全生产工作汇报后，要求各级相关部门要全面贯彻落实习近平总书记和中央、省关于安全生产的一系列重要决策部署和指示精神，把思想和行动统一到中央和省的要求上来，夯实基础能力建设，抓好机械化矿井建设，加快推进精煤矿兼并重组，强化技术人员队伍建设强化煤矿日常监管，严禁超能下派高指标；进一步强化监管，坚决落实“八个100%”措施，做到管理规范化、制度化、紧盯重点矿井、突出问题，提高隐患排查有效性；落实好煤矿企业主体责任，督促煤矿企业主体责任，提升管理水平。

10日至25日 六枝特区举办首届文化旅游产品制作培训班，来自西陵、大冲、木城等村的120名学员参加培训。

12日 CCTV10《文明密码》摄制组再次走进六枝进行拍摄，此次拍摄分别对六枝迴龙溪“鱼王”、仡佬族“腰上的织布机”、仡佬族“全牛祭”“分天马”“老王山月亮洞”等美丽传说等内容进行摄制，通过纪实的手法，从不同视角揭示六枝独特的文明密码，进一步挖掘六枝民族文化，展现六枝美丽、神奇的传说，将美丽而独特的六枝呈现给全国观众。

16日 国家林业局同意建立贵州六盘水牂牁江建国家湿地公园。

是日 贵州省煤矿隐患排查治理行动第56组到中寨乡督查凸山田煤矿隐患治理工作，六枝特区安全生产执法监察局副局长吴辉刚陪同。督查组共查出凸山田煤矿存在16条安全隐患，责令凸山田煤矿立即按“五落实”要求进行整改，要求安监部门及当地政府要督促整改到位。

17日 频道《地理中国》栏目组到六枝特区拍摄牂牁江犀牛洞科考纪录片。

19日 六盘水市政协副主席邓刚率市深化改革工作督导二组到六枝特区对改革工作推进情况进行检查指导，特区党委副书记石灿敏陪同检查。

23日 六枝特区组织召开党代表开展视察培训，以进一步推进党代表任期制工作，增强党代表的代表意识，提高党代表的履职能力。来自区直机关、乡镇、村以及学校、医院等行业的特区第十次党代会部分代表参加了此次视察培训，特区党委副书记龙超参与培训。

24 日 方裕谦到六盘水路喜循环经济产业园区调研，特区政府办、经济和信息化局有关领导陪同调研。

25 日 六盘水市发改委副主任唐波率市有关部门到六枝特区毛口乡、郎岱镇、中寨乡就六枝特区通用机场（飞机临时停靠点）建设项目选址工作进行考察。

27 日 共青团六枝特区第十二次代表大会在平寨镇政府一楼会议室召开。六枝特区党委副书记石灿敏，共青团六盘水团市委副书记李睿，特区政协副主席余红亚，共青团盘县团委书记王娴出席了会议。会议由特区团委党组书记罗文主持。

是日 六枝特区陇脚乡补雨村、新窨乡联合村、郎岱镇阿乐村、落别乡牛角村、岩脚镇金星村荣获全省 2012—2014 年度“文明村”称号。

30 日 六枝煤电一体化循环经济园项目六枝电厂暨六枝特区 2015 年第一季度项目集中开工仪式在岩脚镇举行。贵州省发展和改革委员会主任付京，省经济和信息化委主任李保芳，市委副书记、市长周荣，市人大常委会副主任、六枝特区党委书记高玉林，市政府副市长马雷，市政府秘书长罗资湘，六枝特区党委副书记、代理区长方裕谦，特区人大常委会主任王朝荣，特区政协主席夏明，华润电力控股有限公司副总裁陈运龙等出席。特区代理区长方裕谦主持开工仪式，高玉林致辞，周荣讲话，付京宣布项目正式开工。

31 日 六盘水市委书记李再勇率市委第一考核组到六枝特区对2014年度落实党风廉政建设“两个责任”和推进惩防体系建设情况进行检查考核。六枝特区党政班子、人大、政协、法院、检察院党组书记，部分乡镇、部门、园区党委（党组、党工委）负责人、纪委（纪检组、纪工委）负责人参加汇报会。

是日 贵州省文明委以黔文明〔2014〕20 号文件授予六枝特区“创建文明城市工作先进城市”称号，授予郎岱、梭戛和岩脚等乡镇“创建文明乡（镇）工作先进乡镇”称号。

概　况

六枝特区政区概况

【名称来历】 六枝特区前身为郎岱县。清雍正九年（1731年）设郎岱厅，辖七个枝，包括郎岱本枝和上枝、下枝、西堡枝、化处枝、木岗枝、六枝。六枝位于上、下枝和本枝、西堡枝之间，即今平寨镇、大用镇、落别乡、新窑乡一带。六枝名称为郎岱厅为枝命名而来。

【地理位置】 位于东经105° 08′—105° 43′，北纬25° 59′—26° 33′之间，地处贵州省西部，六盘水市东部，东与安顺市普定县、镇宁县相邻，南与安顺市关岭县接壤，西南与黔西南布依族苗族自治州的晴隆县、普安县毗邻，西与六盘水市水城县相连，北与毕节市纳雍县、织金县为邻。辖区东西最大距离56公里，南北最大距离61公里，总面积1792.1平方公里，人口密度为385人/平方公里。人民政府驻平寨镇团结路，电话区号“0858”，邮政编码“553400”，距六盘水市区98公里。

【政区沿革】 清雍正九年（1731年）设郎岱厅。民国二年（1913年）改为郎岱县。县政府驻地在郎岱。1950年，郎岱县和平解放，1月15日，成立郎岱县人民政府，属安顺专区。县机关驻地在郎岱。1960年5月，撤销郎岱县，改设六枝市，机关从郎岱迁至六枝下营盘。1962年10月，改六枝市为六枝县。1964年11月，国家经委批准设立西南煤矿建设指挥部，指挥部设在六枝下营盘，直接领导西南三省（贵州、云南、四川）五个矿区（贵州的六枝、水城、盘县，云南的宝顶山、四川的芙蓉山）建设。1965年12月，从六枝县划出六枝、店子、营盘、渔塘4个公社和头塘公社的博爱大队，从安顺地区普定县划入大用公社、索考公社和化处公社的斗蓬、抵簸、抵岗、上木冲、毛栗坡5个大队，朵贝公社的岱港大队，腊柳公社的沙子坡大队，田官公社的黄桶大队，羊场公社的良田、四角田大队及镇宁县的木岗公社，成立六枝矿区，机关驻地在六枝下营盘，为县级建制，与六枝县并存，隶属西南煤矿建设指挥部领导。1966年4月，六枝矿区改为六枝特区。6月，六枝县恢复郎岱县名称。1970年12月，六盘水地区成立，郎岱县与六枝特区合并，成立六枝特区，为县级建制，机关驻地仍在下营盘，属六盘水地区管辖。

【政区划分】 2014年12月，依据《中共六盘水市委办公室六盘水市人民政府办公室关于印发〈六盘水市加强城市基层管理推进社区建设的指导意见〉的通知》和《六盘水市机构编制委员会关于县、特区、区设立社区服务中心的通知》，撤平寨镇，原平寨镇划分为那克社区、银壶社区、九龙社区、塔山社区。2014年年末，六枝特区辖那克、银壶、九龙、塔山四个社区，郎岱、岩脚、大用、木岗4个镇，新窑、新场、堕却、龙场、新华5个乡，落别布依族彝族乡、折溪彝族乡、牛场苗族彝族乡、中寨苗族彝族布依族乡、箐口彝族仡佬族布依族乡、洒志彝族布依族苗族乡、毛口布依族苗族乡、梭戛苗族彝族回族乡、陇脚布依族乡9个民族乡，共18个乡镇和四个社区。

【人口】 2014年年末，辖区总人口71.44万人，总人口中，以汉族为主，另有苗族、蒙古族、回族、布依族、彝族、仡佬族等37个民族，占总人口29%，2014年人口出生率11.7‰，符合政策生育率为94.75%，人口自然增长率2.34‰，“双诚信、双承诺”推进率100%。

自然条件

【地形地貌】 地处黔中高原向黔西北高原的斜坡过渡地带，系乌蒙山脉至苗岭山脉的五指山中段，地势西北高、东南低。境内由于地质构造复杂、岩性组合多样，加上内外引力的作用，峰峦起伏、岩溶地貌发育、地貌类型丰富多样，主要有山地、高原丘陵、盆地谷地。其中，山地约占70%，西部堕却老黑山一带海拔在1800—2000米之间，北部新华的岩背及龙井大坡海拔在1900米左右，其余大部分地区海拔在1350米左右；最高点在西南部的老王山海拔为2126.9米，最低点在南麓的北盘江出境处海拔为745.5米，相对高差1381.4米。

【气候】 属中亚热带湿润气候，雨量充沛、光照充足，冬无严寒，夏无酷暑。年平均气温14.4℃。总降雨量1280.3毫米。

【水文】 六枝处于长江流域与珠江流域分水岭地带，其北部河流属长江流域，干流为三岔河，流域面积662.5平方公里，占全区总面积的37%，地表水资源量9.62亿立方米，地下水资源量2.65亿立方米。

【矿产资源】 境内已探明的地下矿藏有煤炭、铁、铅、锌、硫铁矿、萤石、冰洲石、重晶石、水晶、石膏、硅石、石英砂岩、石灰石、白云岩等14种。其中煤炭探明储量33.8亿吨。

【自然灾害】 主要自然灾害有干旱、洪涝、冰雹、霜冻、雪凝、滑坡、泥石流、坍塌、地裂等。多数年份由于冬春连续少雨，造成夏粮减产，严重的年份导致秋粮播种推迟、减产，甚至造成人畜饮水困难。

经济概况

【综合经济】 2014年生产总值为127.52亿元，比上年增长15.9%，其中：第一产业增加值17.79亿元；第二产业增加值51.09亿元，第三产业增加值58.64亿元，三次产业比重为13.95∶40.06∶45.99。人均生产总值为25648元。财政总收入完成15.27亿元，同比增长6.59%。公共财政预算收入完成12.22亿元，同比增长10.54%。完成全社会固定资产投资384.95亿元，比上年增长78.22%，50万元以上投资193.67亿元，比上年增长26.9%。招商引资实际到位资金100.36亿元。金融机构人民币存款余额为9.37亿元，同比增长5.05%。各项贷款余额为7.98万元，同比增长16.53%。票据融资3323.92万元。农村居民人均可支配收入6404元，同比增长12.4%，城镇居民人均可支配收入达19293元；非公有制经济总产值达180.52亿元，实现营业收入175.92亿元，交税金5.08亿元。非公经济增加值61.94亿元，占GDP比重48.57%。

【工业】 2014年全年完成工业总产值108.81亿元，比上年下降11.14%，其中：规模（2000万元）以上工业产值完成57.07亿元，比上年下降18.34%，规模以下工业产值完成51.74亿元，比上年下降1.56%，规模（500万元）以上工业产值完成70.2亿元，比上年下降10.23%。实现工业增加值完成43.53亿元，比上年增长13.8%，规模(2000万元)以上工业增加值23.1亿元，比上年增长12.9%，规模(500万元)以上工业增加值34.01亿元，比上年增长18.5%。

“一区三园”完成工业投资63亿元，新增

入园企业15家，工业园区拓展升级。启动工业“百千万”工程，六矿瑞安干法水泥生产线等一批项目建成投产，华润六枝电厂一期（2×660兆瓦）获国家发改委核准开工，全国百强企业中国石油入驻六枝建设LNG加气站。煤炭资源就地转化率达64.5%，新增规模以上工业企业19家。

建筑业发展加快。在基本建设投资高位增长的拉动下，全年实现建筑业增加值7.55亿元，比上年增长30.06%。

【农业】 2014年农业总产值达28.7亿元，同比增长52.66%，实现农业增加值17.79亿元。粮食种植面积60.89万亩，比上年减少3945亩。油料种植面积10.58万亩，比上年增加7590亩。水果种植面积4.19万亩。蔬菜种植面积7.25万亩，比上年增加5565亩。粮食总产量211815吨，比上年减产3585吨，比上年下降1.66%。肉类总产量25453吨，其中：猪肉产量19831吨、牛肉产量2086.7吨、羊肉产量420吨、禽肉产量2794.3吨。水产品产量达1307.4吨，畜牧业产值达74022万元，畜牧业产值占农业总产值的比重为25.79%，比上年下降11.77个百分点。

在粮食稳产基础上建成“3155”工程，产业基地39.07万亩，发展规模养殖场87个，经济作物播面达108.32万亩，非粮农业增加值占一产增加值比重达80%。7个农业园区全部进入省级名录，大用园区列为省级重点；新增入园企业53家，培育市级以上龙头企业36家，现代农业合作组织达325个；农业增加值完成17.79亿元，增长7.16%.牛场辣椒获国家地理标志产品保护，省级认证无公害农产品7个，省著名商标达11件，入列全国9个魔芋产业重点基地县之一，农业品牌更响。

【区内贸易和旅游】 社会消费品零售总额实现29.3亿元，比上年增长13.1%，其中：批发和零售业完成25.67亿元，同比增长13.1%，住宿和餐饮业完成3.63亿元，同比增长13.08%。阿里巴巴—郎岱农业示范园电商平台建成投运，电子商务、广告策划、法律咨询等新型服务业持续发展。

2014年共接待旅游总人数228万人次，同比增长157.81%，实现旅游总收入12.72亿元，同比增长32.3%。

【交通运输和邮电通信】 2014年交通运输及邮政业完成增加值13.85亿元，增长15.4%。

完成道路货物周转量202017万吨公里，比上年增长49.4%；完成道路旅客周转量41246万人公里，比上年增长89.86%。

完成邮电业务收入总量22465.59万元，其中：邮政业务收入总量1795.34万元；电信业务收入总量2.06亿元，年末城乡固定电话用户12538户；移动电话用户33.95万户；互联网用户达16936户；年末全区固定电话和移动电话用户总数达到351990户，电话普及率达到71部/100人。

【社会事业】 2014年年末，全区有各类学校256所，教职工5670人，专任教师5464人，在校学生117334人，小学适龄儿童入学率达99.3%，小学六年巩固率达79.3%，学前三年毛入学率达72.12%，初中阶段毛入学率达110.4%，高中阶段毛入学率达75.4%。全省第29届青少年科技创新大赛获奖全市第一，教育“9+3”计划，“4+2”突破工程深入推进，学生营养改善计划全覆盖，获全国“五好”小公民、“美丽中国·我的中国梦”先进集体称号。

全区共有医院、卫生院38所，采血机构1所，计生妇幼保健服务中心1所，疾病预防控制中心1所，卫生监督所1个。医院、卫生院年末共有床位2928张，卫生技术人员2261人。

完成农村广播电视村村通9778万户、有线电视覆盖220个行政村，“农家书屋”全覆盖，老王山国家生态型多梯度运动示范基地开工建设，举办2014年“中国凉都·六盘水牂牁江”国际滑翔伞公开赛暨全国滑翔伞优秀选手赛，《笃谷笃杉》获文化部第七届中国原生民歌大赛银奖，箐苗音乐《我爱我家》获全国文艺奖。

城镇新增就业1.9万人，转移农村劳动力就业1.83万人。城镇登记失业率为3.89%。建设公共租赁住房2341套，实施棚户区改造2211户，完成农村危房改造1700户，被评为全省住房保障示范县，推进精准扶贫。3个乡镇“减贫摘帽”，14个重点村“整村推进”，净减贫困人口3万。

新农合参合49.46万人，参合率达99.01%。城镇低保年保障标准从4560元提高到5040元，农村低保年保障标准从1680元提高到1850元；发放城低保4607万元，保障约1.3万人；发放农低保9472.6万元，保障约8.4万人，“五大社会保险”参保达33.6万人。

【城乡建设】 编制《城市空间战略发展规划》等5个现代精品城市建设规划。启动南部新区开发，城市新增扩容2.61平方公里。桃花公园改造、中心城区天然气管网等一批市政工程相继完工，新建改造城市道路32.7公里。有滨河城市综合体、凉都一品、阳光安置小区等住房在建设，规划新增住房235.47万平方米，荣评全省建筑业发展示范县。镇村建设完成6个重点镇和25个村庄整治规划编制；岩脚、郎岱、木岗入列全国重点镇；毛口、大用等特色小城镇建设同步推进，建制镇集聚力全面增强。启动“三城两线”综合示范带创建，六项行动计划完成投资6.38亿元，“四在农家”创建4.01万户，实施“一事一议”财政奖补项目322个，荣评全省小康寨重点示范县、“十县百乡千村”示范工程重点县，落别抵耳、岩脚高桥等村打造特色。

【生态环境】 坚持“五个优先”，完成造林12.45万亩，公益林生态效益补偿69.6万亩，实施石漠化、岩溶治理55.59平方公里，森林覆盖率达43%，提高2.92个百分点。出台山体水系保护“八条措施”，开工建设乡镇污水处理厂3座，龙场水质自动监测站建成投运，“河长制”考核获全省县级第一，较好地保护了一片绿水。落实森林保护“六个严禁”实施环境保护“六个一律”利剑专项行动，取缔污染企业4家，六枝工矿煤矸石发电厂停产整顿，节能减排远低于市控制目标，空气质量PM10均值每立方米仅61微克，保持了一片蓝天。

【基础设施】 实施交通建设“三年会战”，六六高速建成通车，纳六晴高速进入国高网规划横线，六安城际快速铁路六枝境内段前期工作顺利推进，建成运煤公路64.42公里，改造干线公路114.22公里，公路通车里程达2592公里，路网密度每平方公里达1.45公里。实施水利建设“三大会战”，黔中水利枢纽一期大坝主体基本建成，旧院水库开闸放水，懒龙河水库建设有序推进，阿雨水库开工建设，全年实施饮水安全工程88处、“五小”工程475个，列第六批中央财政小型农田水利重点县。启动信息基础设施“三年会战”中心城区和乡镇集镇实现4G网络覆盖，电子政务网络城乡互联互通。新建及改造35千伏及以下线路371公里，110千伏河湾二期、堕却二期扩建工程建成投运，新增配变128台。

【改革改制】 完成政府机构改革，承接上级下放审批事项28项，减少行政事业性收费23项。推行注册资本“零首付”，市场主体达1.75万户，注册资本达77.59亿元，增长71%。全面推行“负面清单”管理，向社会公开部门“权力清单”，启动政府向社会购买服务工作。土地流转服务网络基本形成，推动土地流转29.8万亩。农民住房财产权抵押、担保、转让试点有序推进。行政区划调整报省待批，平寨镇改社区。

【效能提升】 开展党的群众路线教育实践活动，落实党风廉政建设“一岗双责”，严格执行中央“八项规定”，公务用车整治，清理“吃空饷”35人，腾退办公用房3354.52平方米，“三公”经费压缩27.57%。推进政务服务“并联审批”，畅通重大项目“绿色通道”。精文简会，会议压缩25%，文件压缩37%。出台重大决策部署跟踪督查办法，跟踪问效264件，确保了政令畅通。发挥人大的法律监督、政协的民主监督以及社会舆论监督，办理人大代表建议84件、政协委员提案130件，办结率100%，满意率100%；办理网民留言和网上诉求214件，办复率100%。

2014年六枝特区领导名录

本名录时限为2014年，姓名后面有★号的为2014年底去职，无★号的仍在职。

中国共产党六枝特区委员会

书　记　高玉林
副书记　舒　勇*　方裕谦　石灿敏（女）
常　委　邹振伟　吕　荣（白）　李海燕
幸雪梅（女）　卢　波　安长辅　杜安祥（彝）
任明星　杨　刚

中国共产党六枝特区委员会工作部门

区委办公室
主　任　杨　刚
副主任　付应荣　张　斌　卢昱龙（彝）
督查室主任　杜应良
督查室副主任　卢红梅（女）　陈诗贤
政研室（兼改革办）主任　付应荣
改革办专职副主任　黄　科
小康服务中心主任　朱建达
机要局长　徐贵恒
保密局长　方志萍

组织部
部　长　吕　荣（白）
常务副部长　周定忠（仡佬）
副部长　洪　军*　彭康
远教办主任　洒海林

宣传部
部　长　幸雪梅（女）
常务副部长　龙尚国
副部长　李万军（彝）
创建办主任　蔡　林*　陈本玉
文明办副主任　陈　慧

统战部
部　长　吕　荣（白）
常务副部长　赵　勇
副部长　陈　芳

政法委
书　记　卢　波
常务副书记、综治办主任　梁　斌*
副书记、维稳办主任　刘胜才
副书记、国家安全工作领导小组办公室主任　彭建华
政工科科长　付　伟（白）

机构编制委员会办公室
主　任　卢　刚
副主任　吴文娣（女）
事业登记局局长　曾正美

信息域名管理中心主任　周小玲（女）

直属机关工委

书　记　韦如电（布依）

副书记　余福泰（蒙古）　杨　珂（苗）

信访局

党办副主任、局长　陈米突（女）*　江浩

副局长　王　晟（彝）

离退休干部工作局

局　长　陈　方（女）

副局长　伍　江（布依）　何剑华（回）

党　校

常务副校长　周　龙（正科级、彝）

副校长　李海燕（女）*　龚小龙　刘　翠（女）

史志办公室

主　任　焦兴敏（女）

副主任　黄继洪（苗）　田文媛（女）

老年大学

校　长　刘佐祥

六枝特区纪律检查委员会

书　记　杜安祥（彝）

副书记、监察局局长　陈俊松*　龙　醒（彝）

副书记　龙　醒*（彝）

副局长　刘　涛（彝）*　王翠微（女）

办公室主任　王　将（苗）

党风政风监督室主任　贺建贤

执法和效能监察室主任 郑元广（彝）

案件审理室主任　殷　琼（女）

统管室主任　彭德刚

宣教室主任　陈钦利

信访室主任　陈景伟

案件管理室主任　何文娟（女）

纪检监察一室主任　田有华*

纪检监察二室主任　彭　峰

纪检监察三室主任　郭永发（彝）

非公有制经济侵权投诉中心　龙兴燕（女）

第一纪工委

书　记　李玉萍（女）

副书记　（监察分局局长）　陈　谛*

副书记　严兴华

委　员　潘祖英　王发昌

第二纪工委

书　记　高良翠（女）

副书记（监察分局局长）　吴国琴（女）

副书记　王　勇

委　员　付　梅　（女）

第三纪工委

书　记　胡小单（女）

副书记　（监察分局局长）　任天祥*　甘　露

副书记　许荣美

委　员　王明玺　王　翔

第四纪工委

书　记　安士学（仡佬）

副书记　（监察分局局长）　刘安翔

副书记　吴　帆

委　员　胡敏芝（女）

六枝特区人大常委会

主　任　王朝荣

副主任　韩伟兴　胡长福　金　芬（女）
李德兴　龚鸿文　王　菁（女、布依）
王道洪

人大办公室

主　任　杨朝荣

副主任　吴开敏（女）

选任联委主任　杜　鹃（女、彝）

教科文卫委主任　向忠花（女）

副主任　赵永红（女）

财经委主任李开学

副主任　左　玲（女）
民族宗教侨务与农村经济委员会主任　王元礼
信访办主任　王　毅（彝）
法工委主任　喻　勇
环资委主任　叶　波

六枝特区人民政府

区　长　舒　勇*
代理区长　方裕谦
常务副区长　邹振伟
副区长　安长辅　周金平　撒玉怀（回）
　　　　于军锋　郭　萌（女、白）
　　　　谭　枫　（苗）

六枝特区人民政府工作部门

政府办公室
主　任　金　波
副主任　李　新　毕腱*　金林华　谭文洪*
　　　　付　昆*　王　春
法制办主任　龚代彪
法制办副主任　蔡　敏
人防办主任　吕阳光
副主任　金　霞
国教办主任　宋绍高
副主任　田景坤
政务服务中心主任　周平凹
副主任　何应港
电子政务办公室主任　肖富华
政府机关事务管理局局长（六枝宾馆所长）
　　　　谢全文
政府金融办主任　索才欣

发展和改革局
局　长　金家琪
副局长　潘云良（正科级）　贝荣青（女）
　　　　李　湘（女）
纪检组长　王明玺（仡佬）
开发投资办公室主任　陈贵豫
西开办专职副主任　江吉芬（女、彝）
节能减排监察大队大队长　刘登宇

经济和信息化局
党组书记　陈富强
局　长　丁　勇
副局长　黄　平（彝）*　王振贵*　吴仕君
　　　　熊　翱
纪检组长　安仕学（仡佬）
煤产办　熊　翱（主持工作）
副主任　黄碧波

教育局
教育工委专职副书记　杨文光（苗）
局　长　邓仁委*　刘大宇
副局长　蔡洪江　袁　岑　帅学将
纪检组长　严兴华

民政局
局　长（老龄办主任）　钱国富
副局长　程　慧（女）*　罗　涛*（女，布依）
　　　　何剑梅　汪元祥
纪检组长　吴　帆
老龄委办公室专职副主任　杨洪武

财政局
局　长　杨　彬*　苏　勇
副局长　田洪权（土家）*　田　莉（女）
　　　　宋家荣
纪检组长　王发昌
国库集中收付管理局局长　李建国
特区基层财政管理局局长　胡　斌
非税收入管理局局长　王善辉

投资促进局
局　长　牟　艳（女）
副局长　曹　政　吴　萍（女）

扶贫局
局　长　马　勇*

副局长　李世然（女）　肖　炜　胡　江
世行办副主任　王朝俊

人力资源和社会保障局

党组书记　陈家富＊
局　长　刘廷和（回）
副局长　陈家富　戴文生　赵东进＊
　　　　田孟琴（女）
纪检组长　陈　谛＊
社会保险事业局局长　陈　瑾
副局长　付锡敏（女）　万　祥
就业局局长　张德平

住房和城乡建设局

局　长　刘孟祥＊　敖　勇
副局长　张录全　迟秀莉（女）　付洪彬＊
纪检组长　高良翠（女）＊
牂牁江风景名胜区管理处副主任　马永鑫＊（回）
　　　　李　强
房屋征收办公室主任　谭文洪

水务局

局　长　梁厚学＊　龚　伦
副局长　李志忠　晏　卿
纪检组长　甘　露

农业局

党组书记　柴　健（彝）＊
局　长　王士福
副局长　李克斌＊　周恩伦＊　江　宏　廖　冰
纪检组长　许荣美＊
草地畜牧业发展中心（农业产业办）主任　王明祥
副主任　王兴洲（布依）　卢　俊（布依）
科技事业局局长　王兴华
副局长　杨厚科
农广校校长　黄　清
培训中心主任　胡　江＊
地震台台长　谢燕燕

林业局

局　长　路　林（彝）
副局长　吴　频＊　王　鹏　周　林（女）
纪检组长　王　翔
花德河林场（月亮河省级森林公园管理处）场长（主任）　王　熙
副场长（副主任）　王显云　曾凡龙
森林公安局局长　王荣虎＊　龙家松
副局长　王峥荣　谷　军
政　委　谭明跃

环境保护局

党组书记　杨洪波＊
局　长　李清洋（苗）
副局长　陈前宁（女）　罗向阳
　　　　龚晓棠（女、土家）
环境监察大队大队长 邓生美（女）

交通运输局

局　长　禹中华＊　彭良国
副局长　罗晓蓉（女）　程文阁＊　侯治平＊
纪检组长　王　勇
地方海事处处长　杨枝兴
道路运输管理局局长　施学忠＊（苗）
交道运输执法队大队长　李　彪（彝）
公路管理所所长　邱明清
地方海事处牂牁湖海事所所长　吕侠东（苗）

卫生和计划生育局

局　长　杨　强
副局长　洒金华　刘佐友　卢德荣
纪检组长　肖启芬（女）
计生协会专职副会长　沈光荣
计生协会秘书长　江辅莉（女）
督查室主任　徐　恒
流管办主任　刘　鑫
合医办主任　杨　诚
计生妇幼保健中心主任　周维国

审计局

局　长　何兴品
副局长　林　阳
纪检组长　赵燕鸿

统计局

局　长　左永洪

副局长　汪希文　牟素贞（女，彝）　赵　刚

乡统办主任　邓祖明

副主任　赵　刚＊　马平前（回）

文体广电旅游局

局　长　周元军

副局长　杨光琦（彝）＊

伍德斌＊（正科级，布依）

田孟琴（女）＊　李　桔　王琼芳（女）

纪检组长　付　梅（女）

广播电视台台长　袁瑞岍

文化馆馆长　高　霞

文化市场综合执法大队大队长　赵晓理（苗）

梭戛生态博物馆

副馆长　罗　刚　（主持工作）

生态旅游局

局　长　金　波

副局长　杨光琦　肖　敏　伍　鹏

煤炭局（机改撤）

党组书记　陈富强＊

局　长　丁　勇＊

副局长　伍　鹏（布依）＊　刘　健＊　黄碧波＊

熊　翱＊

纪检组长　胡敏芝（女）＊

煤炭稽查大队大队长　田应海＊

国土资源局

局　长　连家华＊龙启江

副局长　邓家林＊　唐　锐＊　徐登祥（苗）

纪检组长　朱晓黔＊　周　磊

执法监察大队大队长　晏毓尧

安全生产监督管理局

党组书记　李孟林＊

局　长　吴　江

副局长　李红毅　牛　诚　卢加志

纪检组长　刘安翔

安全生产执法监察局专职副局长　牛　诚（兼）

副局长　喻孟友　吴辉刚（彝）

市场监督管理局

局　长　丁朝栋（彝）＊　江　浩

副局长　柴　君　吴文刚　韩福香

食品安全委员会办公室专职副主任　唐　勇

稽查局局长　房治绳

水库和生态移民局

党组书记　王明秀（女、布依）＊

局　长　龚　伦＊　梁厚学

副局长　王明秀　岑洪伟（布依）＊　罗兴宏

纪检组长　陈　波（彝）

矿区社区服务管理局

局　长　韩学智

副局长　张小红

供销社

主　任　夏昌隆＊　黄　平

副主任　曹鼎江　姜　芳　（女）

城市管理处

主　任　陈　刚（彝）＊　蔡　林

副主任　王　涛（苗）　李兴富

城管监察大队大队长　付　涛

档案局

局　长　蔡兴忠

副局长　王剑梅（女、彝）　潘盛璇

民族宗教事务局

局　长　马敏龙（回）

副局长　卢升学（正科级，布依）

肖　敏＊（女、彝）　肖　猛

卫生和食品药品监督管理局（机改撤）

局　长　郭永贤＊

副局长　吴文刚＊　刘佐友（苗）＊

纪检组长　吴国琴＊

合医办主任　杨　诚＊

疾控中心

主　任　吴永平（女）

副主任　张　俊（彝）　陈　宇（女）

卫生监督所

所　长　田　敏（女）

副所长　晏华慧（女）* 曾　玲（女，布依）

六盘水市第二人民医院（六枝特区中医院）

党委书记　周福良

院　长　林　海

副院长　王世其　陇文菊（女）　张　旗

纪委书记　候东何

人民医院

院　长　杨　芳（女）

副院长　江甫祥　何天勇　王立新

王文勇（彝）

中心血库主任　白桂灵（回）

政协六枝特区委员会

主　席　夏　明

副主席　余红亚　黄秋英（女）　黄世杰

吴文英　赵孝和（布依）　叶发伦

秘书长　周元军*（穿青人）　胡平

政协办公室

主　任　胡　平

办公室副主任　陈学武（穿青人）

提案委主任　邓进仁（苗）

副主任　郭　丽（女，彝）

学习文史委主任　马淑元（女）

副主任　刘安康（彝）

社法委主任　陈　华

副主任　张南凯（穿青人）

经科委主任　王道平

副主任　吴庆华（女）

智力支边办主任　艾　妮（女）

公安　武警　消防　检察　法院　司法

公安局

局　长　卢　波

政　委　景学良

副局长　郭军力　田　波*　闻　川

陈　浩（彝）

纪委书记　徐　波

政治处主任　徐咏梅（女）

刑侦大队长　彭　林

武装部

政　委　樊小华

部　长　李海燕

副部长　将宏图

政工科科长　袁　真

军事科科长　将宏图（兼）

后勤科科长　谭　波

武警中队

中队长　陶海港

政治指导员　夏佰旭

副中队长　杨　强

六枝特区消防大队

大队长　朱发灿

教导员　张　缝

检察院

检察长　余　松（蒙古族）

副检察长　马启国（布依）*　何奇零

韩福彪

纪检组长　伍贤海

党总支书记　马贵明

政工科负责人　石焕祥

反贪局副局长　寒冰（水）*　汪　恒（彝）*

丁　楠　徐海

反渎职侵权局副局长　龚　华

案件管理办公室主任　汪　恒（彝）

法　院

院　长　肖　健

副院长　王文乐　曹江洪　刘景刚

纪检组负责人　于晓涛

政工科科长　尚显奇

党总支书记　吴开宇

执行局局长　付昭俊

司法局

局　长　丁朝栋（彝）* 梁　斌

副局长　何大富（正科级）* 高正昌（仡佬）方　勇

政工科科长　寒　冰（水）

依法治理办副主任　李晓玲（女）

群众团体

总工会

主　席　吴文英

党组书记、副主席　娄成江

副主席　蒋　红（女）

经费审查委员会主任　杨　协（苗）

团　委

书　记　张家兴* 罗　文

副书记　蔡 敏（女）* 韩林君（女）

妇　联

主席　肖启芬（女）* 李玉萍

副主席　肖丽娟（女）　王琼芳*

红十字会

会　长　邱学军* 陈米突

副会长　王丽娟（女）

科　协

主　席　任官科（仡佬）

副主席　甘孝兵　李绍芬（女）　程国刚

文　联

主　席　黄微波

副主席　何爱蓉　陈文洪

残　联

理事长　张　辉（苗）

副理事长　杜昌祥

民主党派与工商联

工商联

主　席　金　芬

党组书记、副主席　杜昌黎（彝）

副主席　马　燕（女、布依）

九三学社六枝支社

主　委　乔玉梅（女）

副主委　刘铁军　刘　俊

中国民主同盟会六盘水市委员会六枝特区总支部

主　委　李有祥

副主委　曾启芳　田　敏　王琼芳　熊　翱

学　校

职　校

校　长　高　源

副校长　郑启荣（正科级、彝）张海森　肖德华* 龙付生

六盘水市第二中学

校　长　樊国庆

副校长　王显进

一　中

校　长　刘　容（女）

副校长　喻孟华

二　中

校　长　黄帮谦

副校长　李永林　许东吴

三　中

校　长　曾启芳（女）

副校长　邱源诚　耿小莉（女）　陈　迪

四　中

校　长　李西铁

副校长　申朝东　李　妍

五　中

校　长

副校长　李国东（主持工作）　史建洲　龙付生*

七　中

校　长　刘大宇*

副校长　宋永会（女）　刘代娟（女）

八　中

筹备组组长　郑启荣

副组长　叶正红

九　中

校　长　陈　鸿

副校长　谭　勰　任　勇

实验中学

校　长　李升科

副校长　邹晓鸿（仡佬）　周志刚

一　小

校　长　周定元（彝）

二　小

校　长　蒋兴科

三　小

校　长　余剑波

四　小

校长　田锦明

实验小学

校　长　杨光莉（女、彝）

特殊学校

校　长　敖　猛

实验幼儿园

园　长　沈海鸿（女）

经济开发区、产业园区

贵州六枝经济开发区

党工委书记　高玉林（彝）

主　任　方裕谦

常务副主任　何益贵

副主任　蒋家梁　禹中华*

纪委书记　陈俊松

党政办主任　胡　庆

副主任　潘　华

组织、宣传、人事部部长　赵东进

经济发展局局长　吴　萍（女、苗）

副局长　杨丽梅

财政局局长　田洪权（土家）

副局长　何　新

住建局局长　林泉文

建设服务中心负责人　李忠和

副主任　付　涛

六盘水市国土资源局六枝经济开发区分局局长　朱晓黔

岩脚产业园区办公室副主任　金开忠　李　强（彝）

溢鑫投资开发有限公司董事长　夏　超

六盘水市公安局六枝经济开发区分局局长　田　波

政　委　马启国

副局长　李燕强、赵千军

纪委书记　杨秀柱（侗）

郎岱农业园区

党工委书记　何启筠（彝）

主　任　张　卓

纪委书记　胡　涛

副主任　王兴凯

办公室主任　肖　雄

招商引资局局长　吴胜坤

经济发展局局长　何正洲

财政局局长　李兰勇

住建局局长　耿和荣

木岗产业园区

党工委书记　杨明兰（女）

主　任　杨　彬

纪委书记　王德胜

副主任　吴　峰*

办公室主任　罗　文*

招商引资局局长　张永志

住建局局长　陈国海

经济发展局局长　刘开强

财政局局长　王士文

路喜工业园区

党工委书记　卢启达

主　任　郭旭照
副主任　陈洪　江　泳
办公室主任　关红
住建局局长　江华
财政局局长　万红（女）
经济发展局局长　宋家荣*

牂牁江旅游文化产业园区

党工委书记　王　华（布依）
主　任　肖忠学（彝）
副主任　王书良（布依）
办公室主任　余　杰
旅游局局长　朱力军（女）
住建局局长　邓　祥（苗）
财政局局长　陈　兴

乡　镇、社　区

平寨镇（机改撤）

书　记　杨　强*
镇　长　陈　刚*
人大主席　叶玉平*
副书记、纪委书记　黄读梁*
副镇长　潘盛璇*　龙　山*　王　霓*
　　陈朝淮（彝）*　李　林*
组织委员　何剑梅*
武装部长　刘胜利*

那克社区

书　记　安　庆
主　任　李恒付
副主任　李　林　汪明琼（女）　卢　俊
议事主任　金　鑫
纪委书记　付　鹏

银壶社区

书　记　谭友跃
主　任　毕家玺
副主任　李万银（彝）　王　霓　何江艳
议事主任　梁明丽（布依）
纪委书记　邓连胜（苗）
纪委书记　邓连胜

塔山社区

书　记　毕　健
主　任　黄读梁
副主任　刘胜利　赵启舟　王忠红（女）
议事主任　叶玉平
纪委书记　徐贵颖

九龙社区

书　记　张　斌
主　任　陈朝淮
副主任　钟　剑　杨大贤　张绪鸿
议事主任　张晓寒
纪委书记　王　成

郎岱镇

书　记　杨　刚*　王国华
镇　长　李恒付*
人大主席
副书记、纪委书记　王　鹏（穿青人）*
副镇长　刘　磊　卢贵武　唐传达　戴　浩
组织委员　张　军*
宣传委员　肖成波
武装部长　马贤琨
派出所所长　詹　祥*　李方波*　付　律

岩脚镇

书　记　金　剑（仡佬）
镇　长　袁达平
人大主席　吴胜勇
副书记、纪委书记　龚小龙*
副镇长　程　锡　李龙虎　李　玲（女）
组织委员　张东强
宣传委员　刘　健
武装部长　郭泰华
派出所所长　牟文俊

大用镇

书　记　陈本义*　陈　刚
镇　长　李志军（女）

人大主席　杨成祥（彝）
副书记、纪委书记　龙殿声＊　王　霖
副镇长　肖玉祥（彝）　龙明萍　余进祥（彝）
王恩亮
组织委员　邓连胜（苗）＊
宣传委员　陈化春
武装部长　涂　华
派出所所长　江　波

木岗镇

书　记　龚德祥（彝）
镇　长　胡　平＊（彝）　吴　峰
人大主席　邓祥鑫
副书记、纪委书记　洒科刚（彝）
副镇长　王洪武　赵启舟（布依）　张　璇（彝）
朱　旻
组织委员　朱　旻＊
宣传委员　周　勇
武装部长　尚福仁
派出所所长　刘明祥

新窑乡

书　记　谭有跃＊　刘　义
乡　长　谭有跃＊　洪　军
人大主席　刘明光
副书记、纪委书记　朱兴江
副乡长　汪明琼＊（女、黎）　邓泽华
杨　江（布依）　王　霖（仡佬）＊
组织委员　孙乾红
武装部长　杨厚波
宣传委员　施辉伦
派出所所长　陈德华

堕却乡

书　记　彭良国＊
乡　长　谭明勇
人大主席　金　鑫（彝）＊
副书记、纪委书记　安昌鹏（仡佬）
副乡长　周　勇（彝）　江翰东（蒙古）＊
何江艳（女）＊　蔡　贵

组织委员　杨应达（苗）
宣传委员　刘　毕
武装部长　张清龙（彝）
派出所所长　邓　昭

龙场乡

书　记　邓建新
乡　长　何天轶
人大主席　毕家玺＊
副书记、纪委书记　张　林
副乡长　杨　敏（女、黎）　万洪林（苗）＊
刘　渊（苗）　施泽洪（彝）
组织委员　程礼辉
宣传委员　苏志伟
武装部长　周东海
派出所所长　罗　行

新华乡

书　记　周定忠（仡佬）
乡　长　龙启江＊　龙殿声
人大主席　杨　进（彝）
副书记、纪委书记　金　涛
副乡长　沙　龙（仡佬）　叶祥文　杨光龙
彭清华
组织委员　吴维耀
宣传委员　黄　斌
武装部长　王道贤
派出所所长　谢　培

新场乡

书　记　敖　勇＊　宁　浩
乡　长　宁　浩＊　杨兴礼
人大主席　施辉志
副书记、纪委书记　杨兴礼＊
副乡长　刘廷祥（回）　李树洪　张　良
左金红（苗）
组织委员　李发平
宣传委员　陈开龙
武装部长　杜　江＊
派出所所长　周维俊

落别布依族彝族乡

书　记　周合平
乡　长　何　蕊*（彝）　刘　涛
人大主席　卢书颖（布依）
副书记、纪委书记　刘劲松*
副乡长　张远斌*　梁明丽（布依）*
　　　　余　祥（蒙古）　刘家祥
组织委员　杨　娟
宣传委员　胡　兵
武装部长　陈忠贵
派出所所长　张　阳

折溪彝族乡

书　记　金　波*
乡　长　肖　良（彝）
人大主席　赵庆平
副书记、纪委书记　王崇万*
副乡长　付　鹏*　罗光忠（苗）　张艺川（女）
组织委员　王兴江
宣传委员　江翰东
武装部长　张国儒
派出所所长　付　黎*　李方波

陇脚布依族乡

书　记　卢运勇（布依）
乡　长　卢运勇（布依）
人大主席　彭　青（穿青人）*
副书记、纪委书记　张晓寒（女）*
副乡长　朱仲怀　安文忠
左儒伦　刘　祺
组织委员　王　成*
宣传委员　夏光云
武装部长　龙成胜
派出所所长　丁志海

中寨布依族彝族苗族乡

书　记　苏　勇（彝）
乡　长　高奎星（彝）
人大主席　刘安学
副书记、纪委书记　张　军
副乡长　付应宏　安　江（彝）
　　　　李万银（彝）*
周　强（穿青人）　李　爽（黎）
组织委员　程　波
宣传委员　赵庆虎
武装部长　曹定平
派出所所长　廖龙富

毛口布依族苗族乡

书　记　王　华（布依）
乡　长　吕阳益（苗）
人大主席　陆洪艳（女、布依）
副书记、纪委书记　邓　凯（彝）
副乡长　卢　涛（布依）　潘　猛　刘金堂
张亮才（彝）
组织委员　蔡家勇
宣传委员　杨　杰
派出所所长　魏兴彪

洒志彝族布依族苗族乡

书　记　胡　庆（穿青人）*
乡　长　李　林（彝）
人大主席　代慎伦
副书记、纪委书记　马逢春
副乡长　邓连华（彝）　钟　剑　李文波
组织委员　吕　才（苗）
宣传委员　高　成
武装部长　黄吉祥（苗）
派出所所长　孙　富

箐口彝族仡佬族布依族乡

书　记　程　虎（彝）
乡　长　朱　晶（女、仡佬）
人大主席　关　勇
副书记、纪委书记　李安龙（苗）
副乡长　陈开龙*　张政虎　李富银（彝）
　　　　邹世斌
赵燕鸿（女、彝族）*
组织委员　陈国玉
宣传委员　万洪林

武装部长　卢启国
派出所所长　耿星斌

梭戛苗族彝族回族乡

书　记　李廷斌
乡　长　刘胜奇（苗）
人大主席　张兴贤（仡佬）
副书记、纪委书记　汪　涛
副乡长　李兴达　李德才（彝）
江胜芳（女、苗）
组织委员　吕　峰
宣传委员　沙兴富
武装部长　徐贵颖
派出所所长　卢　涛

牛场苗族彝族乡

书　记　左红祥*
乡　长　郑　刚（彝）
人大主席　刘　凯
副书记、纪委书记　王青华*
副乡长　刘毕（苗）*　韦　琼（女、布依）
龙　腾（穿青人）
组织委员　龙　翔（彝）
宣传委员　黄　科*
武装部长　杨安华
派出所所长　付尚波

省、市垂管单位

国家税务局

党组书记、局　长　韩　海
副局长　刘家茂　褚小平　谭　栗
纪检组长　梅恩泽
稽查局长　魏正刚

地方税务局

党组书记、局　长　石　磊
副局长　李升红　林建森
纪检组长　方捍中
机关党委书记　陈静涛*　谌春穆

工商行政管理局（机改撤）

党组书记、局　长　谢锡骞*
副局长　肖奇勋（彝）*　韩福香（女）*
纪检组长　詹　超*
机关党委书记　张殿新*
经检队长　房治绳（布依）*

质量技术监督局（机改撤）

党组书记　杜绍坤*
局　长　柴　君*
副局长　唐　勇*

气象局

局　长　周　翔
副局长　徐春文

烟草局

局　长　张崇德
副局长　刘　旋
副经理　罗学刚　冉　清
纪检组长　赵庆超

国家统计局六枝调查队

队　长　杨　勤
副队长　熊坚强

通信　电力

邮政局

局　长　李　进*　许卫疆
副局长　杨　荣

电信公司

总经理　赵英国
副总经理　黄吉宇（苗）*何恒新　李登飞

移动公司

总经理　刘山荣*　冯　骏
副经理　施　维

联通公司

总经理　邓向艳（女）
副经理　宋　磊

铁通公司
总经理　谭鸿湖
副经理　张学能
供电局
局　长　黄正刚
党支部书记　粟周范
副局长　刘方凡　蒋家华　管彦罡　张强勇

金融　保险

银监办
主　任　谭　刚
人民银行
行　长　蒙麒麟
副行长　周蓉生　顾家馨
工商银行
行　长　钟学勇
副行长　董金玉*　罗　欣*　江盛昔　胡　浩　王安琼
建设银行
行　长　陈开栋
农业银行
行　长　李　震
副行长　邓文江　彭红刚
农业发展银行
行　长　张亚蕊
副行长　廖　进*　申　昊
贵州银行
行　长　韦　洁（女、布依）
副行长　高　杰
中国银行
行　长　喻泽蛟
副行长　杨耀钧　罗　俊
邮政储蓄银行
行　长　颜昌海
信合联社
理事长　江吉和
主　任　彭　华
副主任　王道勇*　秦其举*　刘劲松　况月进
监事长　陈福龙
人寿保险六枝支公司
经　理　田　军
副经理　林　东
人民财产保险六枝支公司
经　理　杨　福
副经理　孙　涛*
经理助理　俞黔勇
太平洋人寿保险六枝支公司
经　理　董　超*　徐再磊
太平洋财产保险六枝支公司
经　理　郑　权
六盘水市公积金管理中心六枝分中心
负责人　张翠林

驻境企业、区属企业

六枝工矿（集团）公司
党委书记、董事长　施文刚
副书记、副董事长、总经理　何宗辉
副书记、纪委书记、工会主席　李英俊
副总经理　周　东　高世俊　迟恩波
总工程师　皮礼明
总会计师　付　建
盘江六盘水装备制造有限公司
总负责人　祝华敬
党委书记、纪委书记、工会主席　周　强
常务副总经理　粟照民
副总经理　付正田
总工程师　杨洪波
贵州省煤田地质局水源队
党委书记　刘　青
队　长　刘建平
副队长　马　彪　范跃光
总工程师　王　建

贵州省煤田地质局一四二队

党委书记　王　波

队　长　雷忠林

副队长　王　捷　杨　权

总工程师　王方发

中石化六枝分公司

经　理　王　尧

副经理　魏洪俊

六枝盐业公司

经　理　付明云

副经理　徐希平（女）　潘祖倡

六枝特区水务供排水公司

经　理　郭献开

副经理　但承祥　罗　毅　张钦宇　郭忠林

九龙酒业有限公司

厂　长　姜贵明

副厂长　黄贵红

贵州省益正开发投资有限责任公司

董事长　王青华

党政群团

中共六枝特区委员会

【概况】 2014年，六枝特区党委带领全区各族人民，坚持以邓小平理论、“三个代表”重要思想和科学发展观为指导，深入学习贯彻习近平总书记系列讲话精神，全面落实中共十八大、十八届三中、四中全会和省委、市委全会精神，坚持主基调、实施主战略，以党的群众路线教育实践活动为主线，艰苦奋斗、锐意进取，全区经济、政治、文化、社会、生态文明建设和党的建设不断开创新局面。全区生产总值完成127.52亿元，增长15.9%。财政总收入完成15.28亿元，增长6.59%；公共财政预算收入完成12.22亿元，增长10.54%。50万元以上固定资产投资完成193.59亿元，增长26.9%。社会消费品零售总额达29.3亿元，增长13.1%。城镇、农村居民人均可支配收入分别达19293.2元、6404元，分别增长11%、12.4%。

【产业结构调整】 坚持把经济结构调整作为加快发展的重中之重，着力调整优化三次产业结构，进一步解决经济运行中的深层次矛盾，经济发展的动力和活力持续增强。三次产业比为13.95∶40.06∶45.99。加快推进农业特色产业“3155”工程，加大农业产业结构调整力度，着力培育“六大产业”，建成5000亩以上集中示范基地20个、规模养殖场87个、植物组织培养室5500平方米、种植大棚22.3万平方米。全区农业增加值预计完成17.79亿元，同比增长7.16%，非粮农业增加值占第一产业增加值比重达80%。加快推进工业“百千万”工程，促进工业企业做大做强，全区工业增加值完成43.53亿元，同比增长13.8%。路喜园区年产300万吨重介洗煤厂建成，六枝电厂一期项目快速推进，六矿瑞安4500吨/日干法水泥生产线投产，煤矿企业兼并重组和升级改造有序推进。积极推进“万户小老板工程”，扶持小微企业发展，完成微型企业注册450户，民营经济增加值同比增长25%。加快推进以旅游业为重点的现代服务业发展，着力打造牂牁江湖滨旅游度假区、梭戛自然与文化生态旅游示范区、洒耳景区、廻龙溪温泉度假景区等景区景点，成功举办国际滑翔伞公开赛暨全国滑翔伞优秀选手赛。全年预计实现旅游总收入12.72亿元，同比增长32.3%。实施天顺汽摩机电城、城东物流园区等31个服务业项目，总投资211.63亿元，完成投资84.5亿元，生产性服务业和生活性服务业健康快速发展。

【项目建设】 牢固树立“抓项目就是抓发展、抓项目就是抓民生”的理念，全力争项目、上项目、抓项目，充分发挥项目的带动作用。组织申报中央投资项目98个，总投资49.47亿元，争取中央预算内投资13.91亿元。按照“动态管理、梯次推进”的原则，编制储备项目600个，总投资4552.31亿元。实施续建、新建项目316个，总投资869.92亿元，累计完成投资324.49亿元。涉市“十件民生实事”项目完成投资10.08亿元，占年度投资计划的124%。改进招商方式，破解投资瓶颈，新签约项目204个，完成引资额821.08亿元，到位资金257.37亿元。

【园区建设】 坚持把园区建设作为推进产业发展的有效载体和平台，推动优势资源、要素、企业、产业向园区集中，培育优势项目，增强发展后劲。着力围绕“一区三园”做文章，六枝经济开发区、木岗、路喜、华润等工业园区完成投资73.5亿元；郎岱、大用、北部库区等高效农业示范园区完成投资25.24亿元，入驻经营主体161家，实现总产值20亿元；牂牁江湖滨旅游度假区、月亮河景区建设完成投资2.4亿元，老王山生态型多梯度高原运动训练示范基地开工建设。多方拓宽园区投融资渠道，落实“双服务”“六个一”工作机制，强化资金、土地、审批等要素保障，园区的产业聚集平台作用初见成效。

【城乡建设】 坚持统筹城乡发展战略，以基础设施建设为重点，统筹推进中心城区、小城镇和美丽乡村建设。按照“50万人口100年不落后”战略思路，围绕建设现代精品城市的目标，逐步完善中心城区空间战略发展规划。坚持旧城改造与新区开发并举，着力加快中心城区南部新区开发建设。城南大道开工建设，高速公路东西连接线、南环路西段、滨河公园城市综合体、阳光小区等项目有序推进，城市新增扩容2平方公里。深入开展“多彩贵州·文明行动”，城区“脏乱差”现象得到有效改善，市容市貌持续向好。按照“小而精、小而美、小而富、小而特”的要求，根据文化特色、产业发展和地域特色，加强乡镇小城镇打造，着力抓好郎岱、岩脚、木岗等特色示范小城镇建设。实施城镇建设项目69个总投资170.7亿元，年度完成投资50.86亿元。深入实施“四在农家·美丽乡村”六项行动计划项目1340个，实施危房改造项目1700户。实施交通项目17个总投资64.26亿元，完成投资36.4亿元；实施水利项目25个总投资11.98亿元，完成投资4.26亿元，乡村基础设施不断夯实。

【生态文明建设】 将生态文明建设作为实现经济社会又好又快发展的路径，加大环境整治和生态保护力度。大力推进水利建设、生态建设、石漠化治理“三位一体”综合规划实施，完成水土保持2.86万亩，治理石漠化面积16.43平方公里，营造林12.45万亩，森林覆盖率43%。成功申报牂牁江国家级湿地公园和黄果树瀑布源国家森林公园。大力提升中心城区污水处理能力，郎岱、岩脚、木岗3座污水处理厂快速推进，城市污水处理率达83.71%；垃圾填埋场投入试行，生活垃圾无害化处理率实现“0”的突破。

【政研工作】 先后组织起草党委全会工作报告、党代会工作报告，起草《六枝特区全面深化改革实施意见》等重要文稿。紧紧围绕党委中心工作、全区经济社会发展大局和群众普遍关心的热点难点问题，在充分征求相关领导、部门和乡镇意见的基础上，围绕总结提炼出的调研课题开展调研。组织有关部门对全区一产、二产和三产等行业进行实地调研。召集有关部门召开座谈会，听取各行业在工作中存在的困难和问题，认真研究工作方法，撰写调研报告，共向省、市上报了《六枝特区以县为单位全面小康社会分析报告》《六枝茶叶产业发展与思考》《开展城乡生活垃圾无害化处理的调研报告》《六枝依法治区工作调查报告》《六枝刺梨产业发展调研报告》等调研文章14篇。部分调研文章被《贵州调研》等刊物刊载。

【深化改革】 紧紧围绕中央、省委、市委的要求和部署，牢牢把握改革正确方向，注重整体谋划，加强统筹协调，突出机制建设，狠抓任务落实，各项改革实现良好开局，为经济社会发展注入新的动力和活力。成立特区党委全面深化改革领导小组，设立经济体制、扶贫开发、生态文明体制等8个专项小组64个专题组，研究制订《关于全面深化改革的实施意见》，建立完善改革工作台账和督办督查机制，有效推动各项改革任务落实。圆满完成特区政府机构改革，积极承接省、市下放行政许可审批事项，优化原有行政审批环节124个，政务服务环境不断改善。完成民生项目监督机制改革，设立4个民生项目监督特派组19个乡镇工作室，实现民生项目监督全覆盖。协调推进特区法院、检察院司法体制改革试点工作。岩脚、木岗、郎岱特色小城镇行政管理体制改革试点，以及撤乡并镇，平寨镇撤镇设社区服务中心等工作全面启动，各项改革有序推进。

【民生事业】 紧紧围绕“两不愁、三保障”目标，以同步小康创建工作为统揽，集中力量实施精准扶贫“六个到村到户”和“四在农家·美丽乡村”基础设施建设六项行动计划，突出产业扶贫、基础设施、改善民生三个重点，推动扶贫开发由“输血式”“被动式”扶贫向“造血式”“精准式”扶贫转变。全年减少贫困人口3万人，贫困发生率控制在18.08％以内，岩脚、堕却、中寨顺利实现“减贫摘帽”，完成整村推进任务14个，同步小康实现程度预计达84.7%。始终把教育作为最长远的民生，深入推进“4+2”“9+3”计划，实施各类教育工程96个，总投资13.39亿元；完成中职招生5442人。启动高中阶段教师公租房280套，累计完成投资2000万元，占年度投资任务的149%。扎实推进农村寄宿制学校建设攻坚工程，建成乡镇教师公租房516套、学生宿舍2.82万平方米。全面加强“控辍保学”工作，落实农村义务教育学生营养餐计划，小学、初中辍学率分别为0.11%和1.51%。不断壮大教师队伍，努力提升教育教学质量，招聘录用特岗教师360名，招考教师232名，培训教师5300人次。统筹推进就业创业工作，城镇新增就业19130人，城镇登记失业率有效控制在4.5%以内。大力实施居民收入倍增计划，农村居民人均可支配收入达6416元，同比增长12.6%；城镇居民人均可支配收入达19345元，同比增长11.3%。健全完善养老保险、医疗保险等社会保障体系，农村合作医疗参合率达99.01%，发放农村低保金10803.52万元、城市低保金4971.41万元。大力发展医疗卫生和养老事业，启动实施特区中医医院、残疾人康复托养中心建设，加快乡镇卫计院、敬老院改扩建和改造提升工程。推进人口计生工作向纵深发展，常住人口出生率为7.08‰、自然增长率为2.35‰，召开全省“双诚信双承诺”计生现场会。

【社会管理】 坚持平安建设，切实维护社会和谐稳定。积极探索加强社会管理的新途径、新办法，着力提升社会管理和“平安六枝”建设科学化水平。深入开展“百城禁毒会战”“雷霆行动”“三个严打”等专项行动，刑事破案数、刑拘数、逮捕数均创历史新高。查办黄赌案件38起182人；破获毒品案件176起，缴获毒品5018克，查处吸毒人员572人；破获刑事案件974起，其中“两抢一盗”案件601起，命案11起，打击处理762人。建立健全“三级联动”群众工作网络、联合接访、联接联调和定期通报等工作机制，进一步完善领导定期接访、带案下访、重点约访，化解各类信访矛盾纠纷441件，帮助解决问题122个。全省“双强化双化解”暨社会稳定风险评估经验推进会、全市复退军人信访维稳改革试点工作现场会成功召开，复退军人帮扶解困工作得到省、市领导的充分肯定。严格落实安全生产“党政同责、一岗双责”责任，强化煤矿、道路交通、非煤矿山、食品安全、建筑工地等领域和行业的安全生产监管，安全生产问责制度不断健全。

【宣传思想文化建设】 加强和改进宣传思想文化工作，进一步夯实党在意识形态领域的主动权，坚持正确的舆论方向，努力为全区经济社会发展打造思想、舆论、精神和文化软环境。坚持以团结稳定鼓劲、正面宣传为主，增强主流舆论的影响力和说服力，大力宣传改革发展稳定各项工作的新举措、新成就、新典型，激发干部群众团结奋斗的热情，凝聚干事创业的力量。创办《六枝报》《六枝之窗》等机关刊物，“六枝手机报”“六枝文明网”“六枝宣传”“微视六枝”“六枝在线”“掌上六枝”等新兴网络媒体应运而生，宣传渠道进一步拓展。建立健全互联网舆情控制方案预案，有效规范舆情控制体制机制。加强宣传思想文化干部队伍建设，配齐配强19个乡镇宣传委员，着力提升干部的政治敏锐性和政治鉴别力，确保党的宣传思想文化工作始终保持正确方向。加强与中央、省、市主流媒体合作，努力打造外宣精品，着力营造外宣格局。箐苗原生态歌曲《果山果者》《笃谷笃杉》在第七届中国原生态民歌大赛中获“银奖”，《长角传情》获贵州省第二届群众广场舞大赛三等奖，其中：《果山果者》还获中宣部文艺精品奖。央视《远方的家·江河万里行》栏目、《文明密码》栏目、中央人民广播电台先后对民风民俗、少数民族传统文化进行挖掘报道；百家媒体聚焦牂牁江旅游文化，掀起“牂牁美景”宣传热潮；《人民日报》首次刊用六枝新闻，新华社《内参选编》首次正面报道六枝；中央、省、市宣传媒体报道刊发转载宣传稿件1100余篇。广泛开展“明礼知耻·崇德向善”和“积德榜”主题实践活动，全区开设固定道德讲堂528个，开讲1600余场次。深入开展身边好人评选活动，涌现出人民的好警察涂作荣、身患喉癌无声法官付锡江、人民优秀教师韦仕兰、28年坚守环卫一线工人张远兴、志愿服务者助学义工郭府祥等一批六枝典型道德模范人物。成功举办梭戛长角苗“跳花节”、陇脚布依“油团节”等民间民族文化活动。完成2个省级、3个市级“农民文化家园”建设。完成乡村学校少年宫建设14所，组织开展“中国梦·我的梦”“童心向党”等系列活动，少年儿童文化生活日渐丰富。

【党的建设】 按照党要管党、从严治党的要求，全面加强常委会自身建设以及队伍建设、组织建设、作风建设、反腐倡廉建设，为全区经济社会又好又快发展提供坚强的组织保障。全力加强常委会自身建设，坚持带头严守党的政治纪律、组织纪律，坚决贯彻执行中央、省委、市委各项重大决策部署，确保政令畅通，始终做到对党忠诚、对人民负责。坚持带头深入开展群众教育实践活动，坚决贯彻执行中央八项规定和省委、市委、区委十项规定，自觉践行“三严三实”，强化责任意识、担当意识，厉行节约、廉洁从政，做到务实为民、清正廉洁。坚持把握大局，充分发挥全区经济社会发展的核心领导力量，做到识大体、谋大局、抓大事。2014年，共召开常委扩大会议7次、常委会22次，深入研究全局性、关键性、前瞻性问题，领导科学发展、推动跨越发展的能力进一步提高。坚持民主集中制原则，做发扬民主、增进团结的表率，严格党内生活，扎实推进科学民主决策。全力加强干部队伍建设。坚持在教育干部上下功夫，以增强党性修养为重点，着力培养党员干部社会主义核心价值观，引导党员干部坚定理想信念，坚守共产党人精神追求，以严格自律提升情操、远离庸俗、抵制诱惑。坚持在培养选拔干部上下功夫，强化实践导向，把干部放到边远艰苦、发展滞后和情况复杂的地方经受磨砺，在重大项目、突发事件、抗击灾害、信访维稳、攻坚克难中考验干部，树立敢作为、有担当的选人用人导向。坚持在从严管理干部上下功夫，制订出台《区管干部考核评价办法》，建立干部人事档案，增强干部考核工作的针对性。出台《关于进一步加强干部日常监督管理暂行办法》《党员干部问责办法》《党员干部廉政档案》等制度，通过任前谈话、廉政考试、任前公示、个人重大事项报告等措施，管理和约束干部。对发现干部个人倾向性、苗头性问题，早提醒、早教育、早纠正，突出全程监控和全程管理。坚持在人才引进上下功夫，加强人才队伍建设，建立人才专家信息库，健全人才引进工作机制，人才政策体系不断完善。全年共招聘和引进各类人才512人。全力加强基层组织建设，加强服务型、发展型、富民型党组织和党建示范带建设，培育出落别抵耳、陇脚补雨、郎岱青菜塘等一批各具特色的党建示范村。积极推行网格化管理和“四议两公开”，组建8个联村党工委试点、348个非公企业党组织、25个社会组织党组织。着力抓好乡镇党委书记、村党组织书记、农村致富带头人“三支队伍”建设，全面完成19个软弱涣散基层党组织整顿任务。加强基层党员队伍教育管理，出台《关于进一步加强党员发展和教育管理工作的实施意见》《关于处置不合格党员工作实施方案》等制度文件，建立发展党员全程纪实、责任追究制度。加强村级集体经济建设，出台《关于加快发展壮大村级集体经济的实施意见》，特区财政解决350万元作为发展村集体经济专项资金，共消除“空壳村”44个。努力增加村级办公经费，稳步提高村干部待遇，全面解决村（居）活动场所建设问题，确保基层组织有钱办事、有人管事、有地方议事。扎实推进机关、社区、农村、非公经济组织、社会组织等各个领域党组织建设，基层党组织堡垒作用和先锋模范作用进一步凸显。全力加强党风廉政建设。坚决严明党的纪律，严格遵守党章、贯彻党章、维护党章，严肃查处违反党规党纪的行为。认真落实党风廉政建设党委“主体责任”和纪检监察机关“监督责任”，支持纪检监察机关推进“三转”，完善纪检监察机构设置，夯实反腐工作基础。坚持有腐必反、有贪必肃，切实加强对权力运行的制约和监督，以“零容忍”态度抓好党风廉政建设和反腐败斗争，努力形成不敢腐的惩戒机制、不能腐的防范机制、不易腐的保障机制。贯彻作风建设永远在路上的要求，坚持抓常抓细抓长，驰而不息正风肃纪，推进作风建设常态化。组建民生监督特派组，强化对民生项目、民生资金运行的监督检查、执纪问责和规范运行。不断加大查办案件力度，严格党内审查，全年共立案79件92人，结案70件81人，移送司法机关24人。

党委办公室

【概况】 2014年，区委办公室紧紧围绕特区党委中心工作和全区改革发展稳定大局，以“细致、精致、极致”为目标，以优化服务和提高效率为重点，以“五个坚持”（坚持绝对忠诚的政治品格、坚持高度自觉的大局意识、坚持极端负责的工作作风、坚持无怨无悔的奉献精神、坚持廉洁自律的道德操守）为抓手，积极主动适应办公室服务工作新常态，各项工作均取得了明显成效，为中央、省委、市委的重大战略决策部署在全区的贯彻落实和特区党委的高效运转提供了坚强有力保障。

【文秘工作】 认真完成了各类文件的起草、审核、呈批、校对、印制、分发、归档等工作，全年制发各类文件467个，比上年同期减少19.8%；处理中央、省、市来文共653份，特区各单位来文491份，及时办结率为100%；起草和修改文稿70余篇，保质保量地完成了党委领导交办的文稿起草任务和向市委、市委办及有关部门的各种汇报材料撰写工作，以文辅政水平和能力不断提高。立卷归档2013年档案“永久卷”23卷647件，“10年卷”9卷204件，并将文书档案进行电子系统录入和归档。建立健全并广泛推广使用“OA”无纸化办公系统，除人事、案件和秘密文件外，公文处理基本实现无纸化。召开文书、信息等工作会议，邀请市级有关领导和专家对全区党委办公室系统文秘人员进行系统培训，适时加强对乡镇及其他部门办公室的业务指导，促使工作向规范化和有序化迈进。认真做好群众来信、来访接待、登记工作，积极协调相关部门处理群众信访事项，帮助群众解决实际问题。

【信息工作】 提前并超额完成了省、市下达的信息报送任务，分别完成省、市下达信息报送采用任务数的143%和136%，较好地向上级反映了全区经济社会发展取得的成绩；及时有效地办理了省市领导信箱交办件47件，监督网络舆论200余条。

【督查工作】 采取实地查看、会议调度、下发交办督办通知书等多种方式对重大项目进展、园区建设、民生实事、作风建设等进行督促检查175

余次，上报督查专报15份，下发督查通报48份，任务交办和督办书30余份，为各项工作的有序推进打下了坚实基础。及时对中央、省、市和特区的重大战略决策部署进行分解督办，并按时上报进展情况，确保上级和特区党委的重大决策部署得到落实。

【后勤保障】 按照细致、精致、极致的目标，牵头接待区外领导、重要客商和嘉宾500余人次，赢得了与会领导、来宾和客商的一致好评。尤其是在接待省委书记赵克志莅临六枝调研指导、安顺与黔西南等党政代表团赴六枝考察学习时，党委办圆满完成了各项接待工作任务，得到了省委办公厅、市委办公厅及相关单位的广泛赞扬。筹备中央、省、市召开的各种电视电话会六枝分会场会议及省、市在六枝召开的各种现场经验交流会30余次，特区党委常委会24次，常委（扩大）会议7次，党代会1次，党委全委会2次，经济工作会议2次，党委各种专题会议60余次，党委中心组学习读书会7次，在筹办各种会议过程中均高标准严要求筹备，没有发生一起违反中央八项规定的情形，也没有发生任何失误。

【同步小康】 加强特区全面建成小康社会工作督促调度和服务指导，积极深入乡镇、村督促指导全面小康工作。筹办了全区小康社会建设推进暨培训会，分别就区、乡（镇）、村（社区）三级小康创建指标监测体系，对区直有关部门和乡镇的分管领导和有关具体负责全面小康工作的负责人进行了详细培训。起草了《六枝特区全面建设小康社会考核奖惩暂行办法》。积极通过电视、广播、《六枝报》等媒体广泛宣传全面小康创建工作，上报同步小康工作信息（简报）380条，省、市分别采用6条、84条，及时反映了六枝小康创建工作中好做法和取得的成绩。

【机要密码】 对密码电报和密件严格实行跟踪管理、清退销毁制度，组织召开了机要保密工作业务培训会，开展了形式多样的保密宣传活动，机要保密联合在全区范围内组织开展了2次大型保密检查工作。2014年，办理各类密码传真电报500余份，清退涉密文件2000余份，全区上下未发生丢失、压误、错办、漏办机要密件等责任事故和泄密事件。

【保密工作】 开展了形式多样、内容丰富的保密法制宣传教育和培训。特区党委常委会在中心组学习会议上组织学习了保密法及领导干部保密工作责任制，区直有关部门利用干部职工政治理论学习时间组织学习了保密法律法规及本单位的各项保密规章制度，并对涉密人员上岗、在岗、离岗进行了保密教育。把保密法律法规的宣传纳入特区“六五”普法的活动内容，与特区有关普法部门在城中心区设点宣传《中华人民共和国保密法》及《中华人民共和国保守归家秘密法实施条例》，利用现代传媒，在电视上滚动播放保密宣传标语与保密常识。在政府应急处置平台，为全区科级以上领导干部、重点涉密人员发送手机短信，宣传保密法律法规及保密常识。组织开展保密技术专项检查。区委保密委组成检查组对单位有内部业务办公网络的部门进行重点抽查，主要检查各单位的保密技术管理落实情况，非涉密网络保密管理情况及2014年保密工作目标管理内容完成情况。

纪检监察

【概况】 2014年，特区纪委认真学习贯彻落实党风廉政建设和反腐败斗争面临的新形势、新任务、新要求、新常态，紧扣反腐败体制机制创新和制度保障、深化落实中央八项规定和省市十项规定精神、着力加大查办案件工作力度、加强对党员干部党风廉政教育和管理、加强纪检监察机关自身建设等五项重点工作，坚决落实“三转”，强化主业意识，提升监督能力，加强队伍建设，切实履行监督责任，督促全区各级党委（党工委、党组）认真落实主体责任，细化责任、狠抓落实，以重点工作的突破带动整体工作推进。

【落实“三转”要求】 认真落实“转职能、转方式、转作风”要求，严格按照党章和行政监察法赋予的职责，把主业转到推进党风廉政建设和反腐败斗争上来，把主要精力和工作重心放到执纪监督问责上来，将履职范围归位到党章和行政监察法的规定上来。清理调整议事协调机构171个。督促各乡镇纪委积极开展议事协调机构清理调整，确保全部精力放在监督执纪问责主业上，切实做到不缺位、不错位和不越位。大力推进内设机构调整，在第一轮内设机构调整中，撤销了党风廉政室、纠正部门和行业不正之风室、执法室、行政效能监察室、干部宣教室，设立干部室、党风政风监督室、执法和效能监察室、宣教室、案件管理室。建立全员办案制度，充实纪检监察室、案件管理室人员力量，确保71%以上人员集中力量执纪监督和查办案件，保障主要精力放在查办案件上。建立办案协作区制度，把全区19个乡镇划为4个办案协作区。建立纪检监察室联系办案协作区和纪工委监察分局制度，加强对查办案件的指导。与特区人武部、公安局、检察院联合建立陪护人才库，形成查办案件合力。

【反腐倡廉】 坚持以零容忍态度坚决惩治腐败。坚持有案必查、有腐必肃、查早查小、以惩促治。2014年接受信访举报307件（次），同比增长90%；初核90件100人、立案72件81人，结案37件39人，共给予党政纪处分39人，其中党纪处分32人，政纪处分15人，双重处分8人；移送司法机关23人；共收缴违纪金额237万余元，挽回经济损失340万余元。推进作风建设常态化，认真开展12项作风问题专项整治，坚持执纪监督常抓不懈、一抓到底、善做善成，加大查处、曝光、问责力度。处理违反中央八项规定人员114人；取消2014年评先选优资格、2014年年终目标考核奖金50人，待岗处理20人，辞退7人；党纪处分20人，诫勉谈话31人，给予免职、调离处理2人。充分发挥查办案件治本功能，把查办案件过程变成教育引导、整改规范、加强监督和优化发展环境的过程，实现了政治效果、社会效果与法纪效果的有机统一。

【项目督查】 加强对部门执法和效能监察，牵头组织党委政府督查室、农业局、扶贫局成立督查组对特色农业产业“3155”工程进行重点督查；对特区2014年一、二季度新开工政府性投资重点项目开展督查，对项目推进不力的8个乡镇、单位负责人进行问责；对全区乡镇、部门、煤矿企业安全生产工作落实情况开展督查，对1家单位、1家煤矿企业提出问责。

【队伍建设】 严格按照监督者更应接受监督、正人先正己等要求，不断强化队伍建设、提升监督能力、强化集体意识、保障监督力量。在强化政治理论学习和纪检监察业务学习的同时，制订“月末大讲堂和每周论坛”计划、理论学习周计划，邀请省纪委、市国安局、特区人大有关人员专题“辅导学”等一系列活动，营造真学、真懂、真会的氛围。要求全区各级纪检监察干部认真遵守中央八项规定及省、市十项规定，切实做到自身净、自身硬、自身正。积极与特区组织部门沟通，把案件查办能力突出的干部纳入常委班子，班子平均年龄40岁，学历均达到大学本科；将一批求进思快、求勤思干、求好思优的年轻干部调整充实进二级班子，不断优化班子年龄结构，有效提升能力水平。坚持用制度管人，强化“签字背书”制度，制订委局机关选用工作人员管理办法。加强内部管理和监督，引导纪检监察干部树立一荣俱荣、一损俱损的集体意识，防范和解决“灯下黑”问题，给予1名不敢亮剑的纪检监察干部党纪处分，1名纪检监察干部因落实监督责任不力被免职并调离纪检监察系统。

组织部

【概况】 2014年，全区组织工作按照“一个主题、一条主线、两个坚持、三个导向、三个行动”的总体思路，突出提高党的建设和组织工作科学化水平主题，围绕加强党的执政能力建设、先进性和纯洁性建设主线，坚持党要管党、从严治党，坚持围绕中心、服务发展，突出改革导向、问题导向和落实导向，深入推进干部改革发展能力提升行动、人才聚集优化行动、夯实基层基础行动，为把六枝建设成为现代化精品城市，全面深化改革，推进科学发展、后发赶超、同步小康提供坚强的组织保障。

【党员干部思想政治素质建设】 以开展党的群众路线教育实践活动为契机，深入学习贯彻习近平总书记系列重要讲话精神，学习中共十八届三中、四中全会和省委、市委、区委有关会议精神和决策部署，引导广大党员干部坚定理想信念，筑牢思想防线，强化为民务实清廉意识。按照省委、市委要求，严格组织生活，高质量召开民主生活会，让党员干部思想受到洗涤，灵魂受到触动，理想信念、宗旨观念、责任意识得到提升。以“四个一”学习活动为载体，强化各级党委（党组）中心组学习，加强学习型机关、学习型党组织建设。开展“五个一”为民办实事活动，引导广大党员干部走出机关深入农村、深入基层、深入群众访贫慰苦、调查研究、解决问题，党员干部的宗旨意识和责任意识进一步强化。采取“走出去”与“请进来”的方式，加大党员干部的教育培训力度。全年共举办科级干部主体培训班4期，培训科级干部204人；5次邀请省委党校、省纪委等部门领导专家对全区科级干部进行培训，全年共培训700余人；积极选派干部参加省、市组织的各类培训，全年共调训县级干部49人、科级干部75人、企业经营管理人员5人、村干部72人。按照分级负责培训的原则，强化各级党组织对党员干部的培训责任，各级党组织共培训党员干部2.3万余人次。

【干部调配与考核】 紧紧围绕“信念坚定、为民服务、勤政务实、敢于担当、清正廉洁”的好干部“五条标准”，结合机构改革、社区建设和纪检监察全覆盖工作，坚持德才兼备、以德为先的原则，切实以德选人、以绩用人，着力建设高素质的领导班子和干部队伍。一是扎实做好领导班子调整充实工作。2014年，特区党委常委会议研究干部议题12次，任免干部375人，其中提拔68人（提拔为正科级的13人，提拔为副科级的55人）。新提拔的干部中，少数民族干部17人，占25%；妇女干部13人，占19.1%；35岁以下干部27人（其中，30岁以下年轻干部8名），占39.7%；研究生学历的5人，占7.4%；大学学历的44人（其中，第一学历为本科的18人），占64.7%。二是进一步优化领导干部队伍结构。正确把握干部队伍年轻化政策和干部分类管理的要求，注重领导班子的梯次配备，着眼优化班子年龄结构，形成了老中青结合的领导班子梯次配备。全区在职科级领导干部730人，其中：35岁以下的67人，占9.2%；36—40岁的213人，占29.2%，41—45岁的203人，占27.8%；45—50岁的151人，占20.7%，51岁以上的96人，占13.1%。19个乡镇党政正职平均年龄39.2岁，年龄最大的44岁，最小的33岁，区直部门“一把手”平均年龄44.1岁，年龄最大的52岁，最小的33岁。三是注重在基层一线培养干部。坚持把优秀年轻干部、业务骨干特别是后备干部放到基层一线、艰苦地区、复杂环境中去培养锻炼。选派545名县乡机关干部组建220个同步小康驻村工作组到村协助抓农村经济社会发展，从区直机关选拔16名干部到乡镇任职，选派4名后备干部到信访部门挂职锻炼。加大基层干部选拔力度，从乡镇科技副职、党建副书记、驻村干部中选拔任用10人，从乡镇基层站所选拔任用15人，使一批具有基层工作经验的年轻干部得到提拔使用。四是深入整治选人用人不正之风。认真贯彻落实干部监督工作的各项规定，严格按照区委《关于进一步加强干部日常监督管理暂行办法》的要求，从严管理干部。对涉及提拔、调整交流、试用期转正、改任非领导职务的286名干部进行了任前谈话，包括政府机构改革集中任前谈话1次135人。对18名干部进行了诫勉谈话。对岩脚镇、特区道路运输管理局、公路管理所、三中四家单位主要负责同志进行了领导干部任期经济责任审计。督促副科级及以上干部认真填报领导干部个人有关事项报告表，共收到900余份。严格执行“12380”专用举报电话24小时专人值守制度，坚持查核专办制度和立项督查制度，认真做好信访接待工作。2014年，共受理各类反映事件14件，调查核实8件，其余6件按规定转相关单位处理。五是深入开展“五项”清理，规范干部管理。全面开展“冒充人头、专吃空饷”的清理整改工作，共清理出各类“冒充人头、专吃空饷”人员35人，其中16人已按规定进行整改，剩余的19人尚在清理中；排查出94名干部违规在企业兼职，已按规定责成涉及人员辞去所兼任的职务；开展违规进人、“绕圈子”进机关清理工作，未发现违规进人，“绕圈子”进机关，以各种名义照顾亲属、照顾关系等问题。同时，对自2008年2月以来调任干部的档案进行了核查，翻阅历史文件资料，清理完善了干部调任台账。采取有力措施消化超职数配备的干部，2014年共消化超职数配备领导干部25人，非领导干部58人。开展“六改”干部专项清理工作，全区范围内不存在故意涂改或伪造年龄、学历、经历、党龄、工龄、改民族的问题。六是进一步改进干部考评考核。把干部考核纳入常态化管理，以平时考核、年度考核及目标考核为基础，综合运用督查、统计、审计、综治、计生等部门考评结果，全方位、多渠道考评干部。对全区党政工作部门、人民团体、乡镇和事业单位共988名科级干部进行了考核，确定“优秀”等次143名，“称职（合格）”838人，“基本称职（基本合格）”1人，“不称职（不合格）”2人，“不定等次”4人。

【基层党组织建设】 一是深入推进服务型发展型富民型党组织创建。突出发展导向，实施富民型党建综合示范工程，推进“水黄高等级公路、六六高速、六镇高速”党建示范带建设，培育了牛角等一批村级党建示范点。探索出党员干部便民服务呼叫、延时、错时服务等直接联系服务群众的新机制。积极开展联村党工委建设试点工作。推进新型社区建设，开展在职党员到社区报到、为群众服务，将服务延伸到“神经末梢”。开展“千企帮村”，引导企业回馈社会。全区138家企业与220个村结对帮扶，投入资金1.2亿元建成种植、养殖等产业基地24个，创造就业岗位1150个，受益农户6890户、受益群众38450人。二是大力实施同步小康驻村。采取“三查”“三考”“三助”“三结合”的管理形式，不断强化同步小康驻村工作组大局意识、服务意识，以扎实苦干的工作作风，面对面联系群众，心贴心服务群众，不断激发驻村干部干事创业激情。驻村干部帮助村级谋思路出点子6370条，走访群众89454人次，为民办理实事5343起，协调项目484个，协调资金4243.43万元。“三考”制度和“连心干部”被“新华网”、《贵州日报》宣传推介。三是强化党员队伍教育管理。采取内选、委派等方式，从企业内部、机关干部、大学生村干部中选拔优秀党员担任党组织书记，进一步选优配强党组织书记队伍。注重党员发展质量，着力改善党员队伍结构，35岁以下新发展党员达到70%以上，高中及以上文化程度达到60%。重点抓好非公和社会组织党组织的组建。2014年，全区非公企业和社会组织中有党员591人，入党积极分子130余人，培训党员和积极分子1122人次。先后选派152名党建指导员进驻非公企业和社会组织，选派204名党建联络员，加强与非公企业和社会组织的联络。为提升村干部素质和服务群众的能力，加大对村干部的培训力度，2014年组织村干部培训12期706人次。深入开展对19个软弱涣散基层党组织的整顿，19名副县级以上党员领导干部各联系一个软弱涣散基层党组织，30余名组工干部参与联系，19个软弱涣散基层党组织整顿任务全面完成。开展处置不合格党员试点工作，将认真总结并逐步形成长效机制。四是创新开展远程教育工作。突出基层党建信息化建设，充分利用好“六枝党建网”、六枝远教电视频道和乡镇党委远教中心站三个平台，拓展远程教育进社区、进非公企业、进社会组织、进老年教育，努力扩大远程教育覆盖面。依托远程教育平台开展道德讲堂建设，建成区级道德讲堂1个，建成机关道德讲堂64个、乡镇党委道德讲堂19个、村（社区）道德讲堂145个。向省、市申请更新升级85套远程教育设备，配套资金30.6万元，全面完成设备的安装调试和检查验收，全部投入使用。五是加快壮大村级集体经济。制订出台《关于加快发展壮大村级集体经济的实施意见》，大力实施壮大村级集体经济工作。成立工作专班，采取“成立微小企业带动村集体经济发展”模式，积极探索发展壮大村集体经济的措施办法。积极整合资源，加大政策扶持力度，落实保障措施，教育引导广大农村干部群众自觉增强发展集体经济的意识，村级班子改变传统思维模式，按照一村一策的思路，理顺一个消除一个。2014年，全区220个行政村中，有村级集体经济积累的150个，共消除“空壳村”44个，基层组织的发展后劲和战斗力明显增强。六是建立健全基层保障机制。组织专人对村干部待遇情况进行专题调研，建立稳定增长机制，逐步提高村干部报酬。按每年1.5万元标准落实村级办公经费，落实机关、非公经济党组织党费返还机制，全面解决村（居）活动场所建设问题，多渠道保障经费投入，确保了基层组织有人管事、有钱办事、有地方议事。

【人才引进工作】 大力加强人才队伍建设，做好机制创新和政策落实工作。根据省委组织部提供的数据，2014年度特区人才资源总量稳步提升，每万人人才资源数826人，在非经济强县中排第15位，比上一年度的排名24位上升9位。制订出台了《六枝特区“凉都学子”回归计划实施方案》《六枝特区区管专家选拔办法》《六枝特区区管专家管理考核实施细则》和《六枝特区高层次青年人才培养实施方案》等政策措施，营造了尊重人才、激励人才的氛围。认真落实人才工作“管宏观、管政策、管协调”的总体要求，加强对人才工作的宏观指导和协调，建立高层次人才一站式服务中心，完善和落实了人才住房补贴、人才公寓、基层人才津补贴等制度，加大各类专业技术人员、党政人才的培养和选拔，构建了干部和人才培养的“高速路”，使干部和人才培养选拔工作走上了“快车道”。继续加大人才政策的宣传力度，充分运用广播电视、“六枝公众信息网”“六枝党建网”，大力宣传省、市有关人才工作会议文件精神以及特区开展人才工作的经验和人才工作的先进典型，及时反映特区人才工作的信息和动态。特区党委、政府领导班子成员开展联系慰问专家活动，联系慰问特区各行各业的高层次人才共34人，发放慰问金共17000元。积极组织开展专家申报工作，开展了贵州省“千人计划”专家申报的摸底排查；推荐22名各行业人才参加市管专家评选，两人申报“西部之光”访问学者。通过紧缺急需人才引进、人才博览会、公务员招考、事业单位招聘、“送岗位、进校园”“农村义务教育阶段学校教师特设岗位计划”“三支一扶”等多种方式，引进党政、专业技术等各类人才898人。

宣　传

【概况】 2014年，宣传思想文化工作以中共十八届三中全会和习近平总书记系列重要讲话精神为指导，认真贯彻落实省十一届四次全会、市委六届五次全会和区委十届三次全会精神，认真贯彻全国、全省、全市宣传思想文化工作会议精神，坚持围绕中心、服务大局，坚持稳中求进、改革创新。大力弘扬“奉献、包容、创新、超越”的新时期六盘水精神，凝聚起“全党抓经济、全民奔小康”的强大力量，进一步增强党在意识形态领域的管理权，进一步打牢全区各族人民团结奋斗的思想基础，为特区转型升级、创新超越、同步小康提供强大思想保证、精神动力、舆论支持和文化保障。

【理论学习与宣讲】 组织11000余名干部职工完成政治理论学习考试。全区组建“精准宣讲团”六枝分团，分团下设先进模范、理论政策、文明礼仪、法律服务、科技、医疗卫生、心理辅导、文艺创作9个分队，根据不同的宣讲主题、宣讲对象和行业特点，开展理论宣讲进社区促和谐、进农村促发展、进机关促服务、进企业促诚信、进学校促成长“五进五促”活动，实现理论宣讲全覆盖。全区已组织开展主题宣讲106场（次），涉及听讲干部群众2.6万余人次。同时，组织开展2015年党报党刊的发行工作，巩固主流媒体在意识形态领域的主导地位。组织庆祝新中国成立65周年宣传活动和邓小平诞辰110周年纪念活动，开展社科进基层活动，组织10余家单位发放宣传资料8000余份。

在全区范围内选派理论骨干参加省委党校和市委党校、市委讲师团组织的理论研讨培训班，举办了社科理论走基层、十八大主题宣讲、组织全区19个乡（镇）宣传委员和245个村（居、社区）的一村一名宣传员参加培训，为深入抓好全区理论培训打下了基础。

【新闻宣传】 1. 2014年1月创办特区党委机关报《六枝报》每周一期，已出版47余期，创办了党委机关刊物《六枝之窗》共4期；“六枝手机报”每周2期，已出版50期。“六枝文明网”已于7月底创建试运行，刊播文字音频图片信息500余篇（条）。“六枝宣传”微信于9月下旬开通使用，制作宣传六枝旅游文化微信18期。特区电视台于1月改版，新闻实行日播，开设了“平安六枝”“平凡的感动”“活力与健康”栏目，现场直播区委、区政府重大项目活动；并创办了“微视六枝”微信平台，已发微信23期。特区政府门户网站“六枝特区公众信息网”、民间网站“六枝在线”“掌上六枝”“六枝信息网”等新兴网络媒体应运而生，“一报一刊一台多网”进入正常运转模式。

2. 2014年3月，特区宣传部在陇脚乡月亮河村首次拉开“民声政谈”序幕，启动“周末农民·结亲连心”活动，并在全区普遍推广。“民声政谈”活动被《人民日报》、中央电视台、《贵州日报》、“中央群众路线网”、《当代贵州》及新华社《贵州领导参考》刊发，成为全区践行党的群众路线工作的一大品牌。

3. 与《人民日报》、中央电视台、新华社、《贵州日报》等主流媒体加强合作，着力围绕民生改善、城市建设、园区建设、农业发展、交通水利建设等，策划典型15个，努力打造外宣精品，着力营造大外宣格局。先后举办了梭戛长角苗“跳花节”、陇脚布依“油团节”、木岗镇“油菜花节”“花海漫步”摄影大赛、城区居民“梦向凉都飞”大型广场舞比赛等民间民族文化活动。

【对外宣传】 2014年7月，长角苗特色歌舞《果山果者》获全国少数民族大奖赛银奖。8月12日，中央电视台中文国际频道《远方的家·江河万里行》播出了特区牛场乡平寨村短角苗及梭戛乡支教教师事迹，片长30分钟。该片播出，引起了《人民日报》的关注。9月12日，CCTV《文明密码》栏目播出了特区陇脚乡月亮河村布依族“六月六”的民风民俗，片长55分钟。11月6—9日，CCTV10《文明密码》摄制组编导到六盘水市进行前期“踩点”编写剧本，分别对特区迴龙溪“鱼王”传说、仡佬族“腰上的织布机”、仡佬族“全牛祭”“老王山月亮洞”传说等内容进行摄制，进一步挖掘六枝的民族文化，展现六枝美丽的传说。片中还设置了六枝令人回味无穷的美食，为观众呈现一个独特而美丽的六枝。9月20日，中央人民广播电台“走进六盘水大型直播节目”，介绍了梭戛长角苗民族风情。9月25日，百家媒体聚焦牂牁江旅游文化，掀起了牂牁美景的宣传热潮；展示长角苗风情和特区梭戛乡支教老师精神的电影《家园和梦》，由北京耕石影视文化有限公司在北京市广电局立项后，已上报国家广电总局和国家民委审批。11月19日，CCTV10关注六枝，深度采访报道“三线文化”。

六枝新闻稿首次在《人民日报》上刊发，并

连续发表6篇。17年以来，“民声政谈”登上新华社《内参选编》。2014年中央电视台采用六枝新闻稿5条，新华网刊用5篇，《每日电讯》一采用1篇，《贵州领导参考》采用8篇，《当代贵州》采用6篇，《贵州日报》采用64篇，贵州电视台用稿18条，六盘水广播电视台用稿238条，《六盘水日报》用稿820篇，其中《六盘水日报》头版头条19条，比去年同期增长8%。《牛场辣椒何以有品质而无卖相》调研报告被贵州日报报业集团评为好新闻二等奖。特区宣传部被贵州日报报业集团评为宣传工作先进集体，被省委机关刊物《当代贵州》评为先进集体；被省理论刊物《理论与当代》评为先进集体。

【互联网建设】 互联网办公室，明确了新闻发言人、舆情信息员，组建了一支业务素质过硬的网评员队伍，其中，核心网评员27名。建立了《互联网突发舆情监测预警应对预案》和《舆情突发事件应对机制预案》，以及《六枝特区网络舆情应急处置办法》《六枝特区网络舆情报告报送工作办法》《六枝特区网络评论员管理办法》等三个办法，累计处置舆情157条。新浪微博、腾讯微博等宣传网络媒体舆论引导工作累积522篇。

【精神文明建设】 以“多彩贵州文明行动”为抓手，开展文明创建工作。省级评比中，六枝特区列入全省创建文明城市工作先进城市，平寨镇等21家单位被评为“文明单位”。进入市级评比“文明单位”66个，区级评出“文明单位”63个。完成“农民文化家园”建设省级2个，市级3个。组建志愿服务队286个，6896余名志愿实名注册，并开展了“高考爱心车”等149个志愿服务项目，志愿服务活动团队注册和个人实名注册工作在全市各县区中名列首位。组织开展“中国梦·我的梦”“童心向党”“畅想中国梦，我们正青春”等一系列活动，丰富儿童少年的文化生活。完成乡村学校少年宫建设14所。

开展身边好人评选活动，向省、市文明办推荐道德模范80人，被评选为六盘水好人的13人，被推荐为贵州好人的有6人，被推荐为中国好人的有6人。涂作荣等5人分别评为省、市道德模范光荣称号。

开展“明礼知耻·崇德向善”及“积德榜”主题实践活动，并积极创新，采取远程教育与道德讲堂相结合，流动与固定互为补充，全区共开设固定道德讲堂528个，开讲1600余场次，10万余人走进道德讲堂感受道德力量。广播电视台推出报道400余（档）次，《六枝报》专题报道8条，信息报道200余条，发放图说价值观宣传资料12000余份，公益广告260次，信息报送250余期。

统　战

【概况】 2014年认真落实全国、全省统战部长会议和全市统战工作会议精神，紧紧围绕特区党委、政府的工作部署，注重队伍建设，夯实工作基础，创新工作思路，努力开创工作新局面，在促进六枝经济发展、民族团结和社会和谐稳定等方面提供了积极的力量支持。

【民主党派】 指导民盟、九三学社两个民主党派开展中国特色社会主义“五学三贡献”学习实践活动。组织民盟、九三学社参与到展助推“3155”工程调研活动，为六枝经济社会发展建言献策。

【党外干部工作】 做好党外干部和党外知识分子的调研、考察、推荐工作，进一步完善和更新党外干部和党外知识分子数据库。组织党外代表人士积极参政议政，为特区科学发展、后发赶超同步小康建言献策，引导全区党外人士向特区政协提交提案81件，占提案总数的61.8%。积极推荐党外代表人士参加各种培训，推荐1名党外干部到社会主义学院学习，推荐6名党外干部到湖南大学学习，特区举办党外干部培训班，50名党外干部参加培训。邀请发改委等部门领导向民盟盟员通报全区经济运行和项目建设情况。统战部协商特区纪委监察局向党外人士通报党风廉政建设和反腐败工作情况并听取意见和建议。

【民族宗教】 加强与少数民族代表人士的联系。1月，部领导带队对全区少数民族代表人士进行走访慰问，进一步完善和更新少数民族代表人士数据库。2014年，共走访慰问民族宗教代表人士16人，分别到六枝基督教堂、新场乡清真寺、新场教堂、岩脚挑水河寺庙、大用西来寺等宗教活动场所，开展宗教工作调研，了解宗教场所活动情况。

【非公经济统战工作】 加强与非公有制经济代表人士的联系，春节期间走访慰问非公经济代表人士20余人。7月，到非公有制企业调研，组织非公经济企业向农村捐赠药品5箱。9月，到六枝特区东方园艺公司、六枝特区宜枝魔芋生物科技有限公司、六枝特区地道养殖农民合作社、六枝特区宏奇制药厂等企业进行调研，了解企业在生产发展方面状况。12月，在郎岱召开六盘水市统一战线"千企帮村"工作推进会，六枝特区15家非公企业被授予示范店称号。

【对台及海外工作】 做好对台宣传和接访工作。协助省、市台办到梭戛乡调研长角苗民族风情，并向省、市台办上报了梭戛长角苗风情的宣传图片资料。5月，六枝第一次赴台交流团圆满完成到台湾农业方面的交流考察任务。配合做好六盘水·台湾少数民族文化保护传承交流活动的服务工作。8月12日，在省、市台办领导及有关部门领导的带领下，引领台湾少数民族参访团一行30余人，前往梭戛乡参观考察。

工商联

【概况】 2014年，按照党的群众路线教育实践活动"为民务实清廉"的主要内容，紧紧围绕区委、区政府的中心工作，密切结合非公有制经济发展的现实问题，深入调查研究、积极建言献策，利用多种工作平台和载体，发挥工商联的职能作用，各方面工作开展更深入、更扎实、更有效，工商联的凝聚力进一步增强、影响力进一步扩大、执行力进一步提升。

【调查研究】 工商联围绕党委和政府的中心工作，围绕全区经济和社会发展特别是非公有制经济发展的重大问题，深入基层调查研究，积极参政议政，为建设美丽六枝建言献策。围绕民营经济现状及政策落实情况、非公有制经济组织党建工作、行业组织改革与发展、民营企业"走出去"、扶持中小微企业、乡镇分会工作开展等主题开展调研。积极参与市领导关于民营经济发展调研工作,4月21日—22日参加市人大财经委、市工商联到六枝开展的"关于开展全市民营经济发展情况"的调研活动。2014年共走访重点民营企业80余次，撰写调研报告2篇。对全区民营企业的经济现状和发展状况进行了全面调查，内容涉及企业管理情况、企业信息化与市场拓展、企业发展环境、问题与建议四个方面，初步完善了"企业会员数据库""非公代表人士数据库"。

【建言献策】 发挥桥梁纽带作用，正确引导非公经济人士参政议政。做好非公有制经济代表人士的推荐工作，积极向各级人大、政协推荐人选，为非公有制经济代表人士参与社会经济发展提供平台。积极组织抓好会员学习，紧紧围绕经济建设这个中心，为党和政府当好参谋，为人民群众多谋利益，为六枝特区发展多做贡献。工商联界别代表和委员两会期间提交议案、提案20件，涉及非公有制经济的发展和广大会员关注的热点、难点问题，真实反映了会员诉求，为区委、区政府研究制订民营企业发展规划和发展目标提供了重要的参考依据。

【非公经济人士理想信念教育活动】 围绕"民营企业家与中国梦"主题，深入开展理想信念教育实践活动。按照中央统战部、全国工商联及市委、区委统战部的部署要求，紧紧围绕"民营企业家与中国梦"主题，以增强非公有制经济人士对中国特色社会主义的信念、对党和政府的信任、对企业发展的信心、对企业品牌的信誉为主要内容，在全区非公有制经济人士中深入开展理想信念教育实践活动。构建服务平台，形成问政、问计、问需于非公有制企业的长效机制，助推非公有制企业平稳健康发展。

【新农村建设】 引导会员企业参与新农村建设，开展“千企帮村”活动。研究确定六盘水市永洋生态有限公司、六枝特区宜枝魔芋生态有限公司、六盘水市黔鹰电器制造有限公司等139家民营企业与220个行政村结对帮扶，覆盖人数达15.2万人，实施项目124个，投入资金2亿元，创造就业岗位1200个。为充分发挥帮扶作用，帮扶企业积极帮助各村理清发展思路，传授以工业化思维建设新农村的理念，传授企业管理的先进理念，从而形成村级财力稳定增长机制。组织非公企业参与建设“美丽乡村”示范点工作，确定了六枝湖南商会、六枝川渝商会、六枝青年商会与龙场乡龙场村、岩脚镇龙泉村、毛口乡西陵村结为对口帮扶示点村。

【银企座谈会】 9月18日，工商联组织会员参加中国银行六枝支行开业庆典活动，并拟与中国银行六枝支行签订战略合作伙伴关系。10月22日，组织会员参加贵州银行健康支行开业庆典活动，并与贵州银行联合召开银企洽谈会，会议认真分析了当前金融危机形势，研究解决银行、企业和政府共同应对金融危机的办法。充分发挥商会作用，以商招商，为会员寻找商机。已招商引资2亿元，实际到位资金1.1亿元。2014年，共建立青年商会、川渝商会、医疗行业商会、砂石行业商会四个行业商会。

【与相邻县区商会的合作】 3月17日，三都县工商联率部分民营企业家到六枝考察黔鹰电器制造有限公司，并为两地企业寻找商机牵线搭桥。10月16日—17日，工商联组织非公经济人士20余人到晴隆县工商联进行友好交流、商务考察。座谈中两地工商联分别介绍了县区民营经济发展特色、资源状况和市场需求情况，重点推介了全区产业集聚区基本情况、主导产业、投资环境及优惠政策。2014年，相继与四川省攀枝花市盐边县、米易县、云南省富民县、曲靖市麒麟区工商联缔结为友好商会。根据《缔结友好商会协议书》的规定，双方将定期组织商会会员交流互访，增进了解，取长补短，共拓商机，以促进地方经济发展。双方通过网络平台，及时对本地区经济投资政策和有关信息进行交流，相互交换本地区会员工商资讯，共同探讨优势互补的合作项目，扩大两地间经济合作领域。合作主办或协办两地经济洽谈会，展销会和经贸交流会等，共同保护两地会员在辖区内的合法利益不受侵害，树立良好的亲商护商形象。

【会员企业学习及商务活动】 组织会员参加省、市举办的各项培训。共参加省工商联举办的“企业家成长计划”11次，参培人员50余人。参加市工商联组织的商会知识培训2次，参培人员10余人。

2月17日，出席陇脚布依生态园的“月亮河旅游开发公司”开业庆典活动；3月22日，与市工商联一起调研六枝特区精神病医院、岩脚镇廻龙溪旅游风景区、岩脚民康医院三家企业；5月4日，出席六盘水市青年商会举办成立一周年大典活动，选派3个文艺节目参演。6月28日，出席贵州天日集团、六盘水市红桥新区领翔国际五金建材城开业庆典活动。9月22日，组织50余人文艺队伍参加市工商联举办的“庆国庆”大型文艺比赛，获得综合类二等奖、舞蹈类三等奖。

直属机关工委

【概况】 中国共产党六枝特区直属机关工作委员会（以下简称直属机关工委）。直属机关工委现有行政编制6名，工勤1名，事业编制6名。内设办公室、组织宣传股，同时加挂“机关工委纪工委、机关工会工委、机关团工委和机关妇工委”牌子；下设“六枝特区离退休党员管理中心”和“六枝特区目标考核指导中心”（事业单位）。主要负责区直机关党组织建设的督促、指导及党员的发展、教育、管理、培训以及区直机关目标考核等工作。

【组织建设】 根据《中国共产党党章》和《中国共产党党和国家机关基层组织工作条例》的规定，加强对区直机关各党组织“撤、并、建”换届选举工作的指导和督促，对软弱涣散的基层党组织进行撤换和优化，对届满的基层党组织及时督促指导换届选举工作，对符合条件的单位及时指导和帮助建立健全党的基层组织。2014年，共督促指导38个区直机关党组织进行了届满换届、撤销和优化，调整充实党组织书记27名，整顿软弱涣散基层党组织8个，并指导农业局、水务局、交通局等单位筹备成立机关党委，使各基层党组织的凝聚力、战斗力得到了增强。

【党员发展】 为认真开展好发展党员工作，在经费紧张的情况下，用预留党费为区直机关各党组织征订了《入党培训教材》《党支部工作实用方法与规程》《发展党员工作实用方法与规程》《中共中央关于全面深化改革若干重大问题的决定》辅导读本以及2014年5月28日新发布的《中国共产党发展党员工作细则》（以下简称细则），要求区直机关各党组织要认真学习《中国共产党章程》和《细则》，认真贯彻执行发展党员“控制总量、优化结构、提高质量、发挥作用”总要求，严把党员发展入口关，坚持把政治标准放在首位，突出先进性，注重对发展对象的理想信念、道德品行、模范作用、入党动机等方面的考核和审查。注重在生产、工作一线、青少年、妇女、少数民族和“两新”组织中发展党员，不断扩大党的基础，壮大党员队伍。认真实行发展党员和预备党员转正公示制、票决制，2014年共发展党员19名，预备党员转正59名。

【党员教育工作】 为提高发展党员质量，提升党务干部工作能力，2014年5月，与组织部共同在浙江大学举办一期党务干部综合素质绩效提升专题研修班，区直机关党务干部41人，乡镇党务干部11人，共55人参加培训。2014年6月，与党校联合举办为期四天的区直机关2014年入党积极分子和预备党员培训班，入党积极分子102名，预备党员73名，共175名参加了培训，此次培训特邀省委党校、市委党校的教授以及特区有关领导对入党积极分子和预备党员对《党章》《细则》《关于党内政治生活的若干准则》、群众路线与领导力、文化转向与三个自信、公共事务礼仪以及怎样做一名合格的共产党员等内容进行了培训，并进行理论考试，通过教育使党员的党性观念、宗旨观念坚定不移，使发展党员程序更规范。

【党建调研工作】 为把机关工委打造成为党员之家、干部之家、职工之家，切实为区直机关党组织和党员服好务。4月，组织工委班子成员利用一周时间，分为三个组，深入区直机关各党组织开展调研走访，就如何整合区直机关党组织发挥堡垒作用、如何发挥离退休党员作用、如何处理行政与党组织的关系三个课题广泛征求基层党员干部群众的意见建议，并结合调研情况，认真研究机关党建工作存在的困难和问题、好的经验及做法，撰写了三篇高质量的调研报告。

【建党93周年庆祝活动】 为开展好建党93周年纪念庆祝活动，“七一”前夕，下发了《关于开展庆祝中国共产党成立93周年区直机关党组织活动的通知》进行专门的安排部署，要求区直机关各党组织结合实际，采取召开座谈会、上党课、到烈士陵园缅怀先烈、重温誓词等多种形式进行爱国主义教育，并开展慰问活动，集中走访看望慰问老党员和困难党员，帮助其解决生活上的实际困难，把党的温暖送到家中、送到心坎上。6月29日，联合特区组织部、党校党委组织联系点村支部书记和主任到毕节市赫章县河镇乡海雀村近距离学习文朝荣先进事迹，学习文朝荣信念坚定、一心为民的宗旨意识，爱岗敬业、无私奉献的高尚品格，自力更生、苦干实干的顽强意志，大公无私、清正廉洁的优良作风，解放思想、求实进取的创新精神。

【民主评议党员】 为全面客观准确地评议党员

在思想、工作、作风、纪律等方面的具体表现，进一步加强党员队伍建设，保持党的先进性和纯洁性，不断提高党员队伍整体素质和党的执政能力。组织区直机关各党组织共5000多名党员，扎实开展民主评议党员工作，全体党员的个人评议既肯定了成绩，又查找了存在的差距。经过评议，评出优秀党员208名。

【机关目标考核管理】 对《六枝特区直属机关目标考核办法》进行了修改完善，在考核分值和内容、考核单位、考核方式和考核等次方面都有所创新。在区直各机关单位预定的目标责任书基础上，按照区直各机关单位的职责和职能，结合涉市目标、区委十届四次全会、2014年区委常委会工作要点、政府工作报告以及各项重要任务、重大工程、重点项目的分解任务等，经向区直各机关单位征求意见，领导小组修改、审定，对区直各机关单位的目标责任书进行了制订。为更好地掌握2014年度区直机关民生实事、政府工作报告、涉市目标涉及项目完成情况，做好本年度机关目标考核、评比工作，10月20日—31日，机关工委分为三个督查组，采取听取汇报、实地调研、查看资料等方式，对发改局、财政局、住建局、农业局、教育局、文广局、交通局、卫生局等单位的部分民生实事、政府工作报告、涉市目标涉及项目进行了督查。组织相关人员对区直机关2013年的工作进行目标考核。

党　校

【队伍建设】 一是加强政治理论学习，制订了《周一政治理论学习实施方案》，重新修订了《党校学习（会议）制度》，将周一学习制度化；二是切实开展“校园大讲堂”，不断促进教师优化教学方式，提高教学质量；三是开展校内优质课评比活动，选出优秀教师参与全市党校系统优质课比赛，并获得二等奖；四是抓好教职工继续教育工作，通过外派学习、校内培训班跟班学习以及组织参加公需科目学习测试、“百万公众网络学习工程”学习测试等方式提升教职工能力和素质；五是结合全区开展的党的群众路线教育实践活动，进一步建立完善各项规章制度，整理形成《六枝特区党校制度汇编》，以制度管人，加强对教职工的检查考核。通过开展党支部组织生活会、党员民主评议、星级党员评定、优秀教师评选等活动，切实转变干部作风，提高教职工工作效率和履职能力。

【教育教学】 按照特区党委2014年培训计划，积极服从特区党委安排的培训任务，提供师资和场地，并搞好服务工作。加强与组织部门及特区有关部门的配合，围绕特区中心工作，选择培训对象、确定培训内容、合理设置课程和配备师资，以求培训有针对性和实效性。共开办了8期主体班，分别是：乡镇卫生院院长培训班、全区十八届三中全会专题培训班、党务干部培训班、入党积极分子及预备党员培训班、妇女干部培训班、副科级后备干部培训班、党外干部培训班、科级干部十八届四中全会精神培训班。在办学过程中严格按照教学管理标准，根据教学计划和学员考核及学籍档案管理制度，实行科学规范的教学评估方法，并实行封闭式教学管理模式，使干部培训工作取得成效。

【科研工作】 由教务科、马列教研室和基础教研室分别组织教师组成3个课题组深入基层开展调研，完成了2013年申报省委党校立项的“基层政府在推进依法行政工作中存在的问题与对策研究”“农业园区建设看乡村旅游发展”两个课题的调研结题，新申报2014年课题“贵州农村农民思想动态研究”立项，并积极组织教师做好前期工作，力争被省委党校采纳立项。党校教师分别在《读与写》《贵州干部教育报》及《中共六盘水市委党校学报》等刊物上发表论文5篇。继续办好《六枝特区党校学报》，组织党校教研人员开展调研、撰写理论文章发表，向全区广泛征集优秀论文出版发表，为研究六枝经济社会发展稳定和党的建设的重大问题提供有效服务。

【理论宣讲】 2014年，积极开展中国特色社会主义理论体系、党的群众路线思想理论宣传普及，着力解疑释惑，澄清干部群众在一些问题上存在的模糊认识。校党委研究制订了《教师联系乡镇及机关单位开展送课服务方案（试行）》，派出骨干教师深入机关、乡镇开展送教上门服务，加大政策理论宣传力度。先后应郎岱镇、岩脚镇、新窑乡等乡镇以及特区工商银行、公安局、烟草局、国税局、国土局、交通局、党办、政协、气象局、那平路社区服务中心等单位邀请，派出骨干教师开展中共十八届三中全会精神、十八届四中全会精神、党史、党的群众路线、现代科学技术知识、国内经济形势问题及对策等专题学习培训，共计培训宣讲23场，受训人员1381人次。

共青团六枝特区委员会

【概况】 2014年，在围绕服务经济发展、服务社会进步、服务党政中心工作、服务青年、学生、服务同步小康五个方面，团结带领广大团员青年，以丰富的活动为载体，号召全体青年在科学发展、跨越赶超中迎难而上，奋勇争先，贡献青春、智慧和力量，推动六枝共青团事业跨越发展。

【思想建设】 因地制宜，拟订学习计划，建立领导个人自学制度，严格学习要求，不定期对学习情况进行检查和测试，强化主动学习意识。在学习内容上，注意学习内容的广泛性，包括群众路线教育实践活动必学科目及共青团的重要会议、文件和领导讲话精神，如学习《中共共产主义青年团章程》、团十七大精神等。在学习形式上，充分利用宣传图片、学习网站、观看教育警示影片等方式。在学习效果上，团员不仅是学习笔记的记录整理，更注重学习和思考的有机结合，要求做到学有所思，思有所动。不定期开展团的知识培训，提高团干部的整体素质。

【党风廉政】 按照“一把手”负总责、全体干部职工全员参与的原则，形成党风廉政工作机制，坚持落实好党风廉政责任制。抓好广大青年团员的廉洁教育。以“五四”“6·26”“12·5”等活动为载体，运用微博、微信等新媒体平台，采用组织演讲比赛、举办知识竞赛、廉政警示专题讲座等形式、抓好青少年群体的教育工作，形成广大团员青年积极参与的良好气氛。切实抓好青年志愿者、农村团组织网络等实践活动。

【志愿者行动】 一是建立完善在岗“三支一扶”、西部计划志愿者信息档案，积极完善志愿者工作领导机构，针对该项工作进行明确的分工安排。二是做好在岗志愿者的管理、服务工作，开展慰问活动。签订相关协议，认真评选优秀志愿者、妥善处理志愿者离岗就业；做好志愿者培训工作，定期召开志愿者座谈会；落实志愿者生活、服务、管理经费保障。三是组织志愿者开展禁毒、计生、综治、“多彩贵州”文明行动等志愿者服务工作。通过微博、微信等公众平台，大力宣传志愿服务精神，积极动员全区青年积极参与志愿服务工作，并围绕文明创建、文明交通、扶贫助困、家教助学、敬老爱老、节庆赛会、抢险救灾、自护维权、邻里帮助、网络文明引导、春节慰问、党建扶贫、“三关爱”等方面志愿者服务活动，积极参与各类大型活动，组织志愿者培训，并全程参与活动。培训人数达1000余人次，每次活动均圆满完成各项服务工作。

【希望工程】 为切实帮助贫困学生、留守儿童能够更好地的学习和生活，特区团委积极动员社会力量献爱心、助求学，为110名贫困学生筹集爱心善款67.14万元，其中为106名大一新生筹集到66.7万元，4名中小学生筹集到4400元，切实为贫困学生的求学提供了帮助。联系社会各界爱心人士，为留守儿童募集到价值约26万元的爱心物资，有图书、文具、羽绒服及棉衣、手套等。志愿者通过新媒体联系“腾讯益行家”为新窑乡中心学校、新场乡乌柳小学各募集到价值4万元的体育器材，为孩子们锻炼身体提供了场地和工具，助力孩子们的健康发展。

【组织宣传】 一是在“五四”“一二·九”期间发展团员，做好注册登记工作。做好全区团员登记录入工作，规范收集、整理各级团组织发展团员资料、完善团员信息数据。二是以“五四”“六一”“一二·九”等节日和纪念日为契机，广泛开展主题教育活动。在清明节开展“绿色清明，文明祭祀”活动；五四期间，联合教育局、文体广电旅游局开展全区“告别金色童年·畅想青春梦想”演讲比赛暨纪念“五四”运动；“六一”期间，集中开展“红领巾相约中国梦——今天我入队争当好队员”主题队日活动，并到特区一小、落别乡索考小学与学生欢度儿童节；在国庆节前夕，举办六枝特区首届集体婚礼；在少先队建队纪念日期间集中开展“红领巾相约中国梦”少先队建队65周年纪念活动；开展纪念“12·9”运动79周年系列纪念活动。三是积极运用新媒体开展团的工作宣传。2014年度广播微博信息290条，有752名听众。2月10日，注册运行了微信公众平台“六枝青年”，推出青关注、青推荐、青分享、青倡议、青知道、工作动态、基层动态等栏目。共发布微信信息273条。

【青农青工工作】 一是开展本级“青年文明号”创建与复核工作。12月，共有两家正式命名并授牌的青年集体，分别是六枝特区龙场乡党政办、六枝特区人民医院。二是为青年创业就业提供服务，结合实际开展青年创业就业技能培训和农业实用技术培训。开展“青春聚力改革创业创新创优”活动；开展六枝特区农村青年就业创业情况调查分析；运用微信工作平台开展“促青年就业创业”宣传工作；联合农业局开展2014年茶产业培训；推荐青年创业人士参与“青春聚力改革·创业创新创优”——“千店万人”创业计划活动，获省级“千店万人”创业圆梦计划优秀组织单位奖。积极运用新媒体，并与微企办、就业局等单位联系，对青年就业创业做好政策方面的宣传工作。

【权益学少工作】 一是做好预防青少年违法犯罪相关工作，结合实际开展宣传教育活动。二是认真开展优秀团员、团干、三好学生、优秀学生干部评选表彰活动。共表彰38名优秀共青团员、13名优秀共青团干部、9名优秀驻村团干部、15个优秀团委（团支部）。三是开展形式多样、有利于青少年身心健康发展的活动。组织筹办“畅想中国梦·我们正青春”五四联谊晚会，“绿丝带爱心送考”活动，开展“自然之子”青少年成长夏令营、暑期夏令营，第一届摇滚音乐节，第七届红领巾舞蹈大赛。

红十字

【红十字传播】 以弘扬红十字精神为主线，开展“5·8”世界红十字日，“6·14”世界献血日，“12·1”世界艾滋病日及“12·4”法制宣传日宣传活动。发放《中华人民共和国红十字会法》、红十字运动基本知识、造血干细胞捐献及相关医疗保健等资料9000余份，向特区上报简报17期，采用新闻4条，信息7条。为特区分管领导及中小学校、社区红十字会征订《中国红十字报》10份。通过一系列的宣传，取得了良好的社会效果，提高了广大公众对红十字会的认知度。

【红十字博爱送万家】 组织开展“博爱送温暖”活动5次，走访慰问困难群众100余户，发放大米、油、棉衣、棉被等物资，价值5万余元，发放慰问金1.3万元。

【初级卫生救护培训】 为提高群众自救互救能力，减少意外伤亡事故的发生，降低自然灾害所造成的经济损失和人身伤害，组织志愿者在乡镇、学校开展2次初级卫生救护培训，培训人数470余人次。

【救援、救助】 云南省昭通市鲁甸县发生6.5级地震的第一时间，向全区发出了为灾区人民献爱心的募捐活动，接收捐款39855.1元，并全额汇往上级红十字会。在六枝特区现代妇产医院设立妇科疾病医疗援助基金，为农村贫困家庭253人次减免住院费1万余元，“3·8”妇女节期间牵手现代妇产医院开展“关爱女性健康，关注幸福家庭”活动，为平寨镇育龄妇女1000余人免费体检并报销车费2万余元，发放礼品1000多份。

【关爱农民工子女】 “六一”前夕，深入新场乡、平寨镇、中寨乡、陇脚乡、毛口乡开展关爱留守儿童活动，发放书包500个，价值3万余元。为4户贫困大学生家庭发放助学金4000元，慰问陇脚乡1名身患疾病儿童1000元，积极申报中国小天使基金会解决白血病补助资金3万元。

【志愿服务】 成立六枝特区红十字会志愿服务队，7月14日，加入六枝特区志愿服务联合会，实名注册六枝特区红十字会志愿服务队志愿者28人。组织志愿者开展“5·8”世界红十字会日、“5·12”防灾减灾宣传和义诊活动，组织市第二人民医院、特区三中、特区平寨镇大众医院、标致美容美发店红十字志愿者90余人到特区社会福利院为院民义诊、剪发、剪指甲、拉家常、表演自编舞蹈等学习雷锋志愿服务活动，组织医疗志愿者深入乡镇开展“送医、送药、送健康”宣传和义诊活动2次，向群众免费发放5000余元中、西常用药品。

【组织建设】 2014年8月15日，召开六枝特区红十字会第三届理事会第三次会议更换、补选常务副会长。发展基层红十字会2个，发展会员95人。

机构编制工作

【行政内设机构调整、设置和更名】 设立六枝特区6个民生项目监督特派组，分别挂牌于特区6个纪工委，并为特派组增加4名行政编制；在19个乡镇分别设监察室；为检察院设立生态环境保护检察科、特区公安局设立生态环境安全保护大队两个机构；在共青团委员会青农部挂“权益部”牌子；区政协机关成立政协委员联络办公室（信访办），定领导职数1名（正科级）。

对中共六枝特区纪律检查委员会（六枝特区监察局）部分内设机构进行调整：撤销原内设于纪委的“党风廉政建设室”“纠风办”“执法监察室”“行政效能监察室”“干部宣教室”五个科室；另设“党风政风监督室”“执法效能监督室”“案件管理室”“干部室”“宣教室”；撤销区委办内设机构“秘书股”，新设“秘书一股”“秘书二股”“秘书三股”；为法院司法警察大队新增两个内设机构：第一中队、第二中队。为进一步加强和创新群众工作，根据工作需要，将“中共六枝特区委群众工作部”更名为“六枝特区群众工作中心”，加挂“六枝特区信访局牌子”。根据市编委办相关文件精神，重新明确全区19个乡镇的领导职数，郎岱、岩脚、木岗三个示范小城镇各增加一名乡镇领导职数；明确全区乡镇宣传委员职级为副科级。

【事业单位机构编制管理、更名】 分别在郎岱、木岗、岩脚3个示范小城镇设立环境卫生管理站；19个乡镇成立城镇规划建设管理所；成立六枝特区岩脚产业园区办公室、六枝特区大用现代农业产业园区管理委员会、六枝特区委全面深化改革领导小组办公室、六枝特区地质灾害防治中心（六枝特区地质灾害应急指挥中心）、六枝特区工商联非公有制经济服务中心、六枝特区农民工综合服务中心、中共六枝特区委员会办公室信息中心、六枝特区育才学校共25个机构。为六枝特区综治信息中心、六枝特区固定资产投资审计中心、六枝特区劳动监察大队、六枝特区戒毒所卫生所（六枝特区特殊涉毒群体收治中心）、六枝特区移民后期扶持服务中心、六枝特区教育局教研室（六枝特区教育局档案室）、六枝特区青少年活动中心、六枝特区公路管理所（六枝特区交通建设质量安全监督所）、六枝特区地方海事处三岔河海事所（六枝特区水上搜救中心）、六枝特区乡镇企业统计站（六枝特区小微企业助保贷管理办公室），增加了事业编制。

因工作需要将“六枝特区农业综合开发服务中心”更名为“六枝特区农业基础建设管理中心”、

将“六枝特区群众工作中心”更名为“六枝特区联合接访中心”加挂“六枝特区投诉受理中心牌子”、将“六枝特区密码通信管理中心”更名为“六枝特区电子政务内网管理中心”、将“六枝特区平寨镇补林小学”更名为“六枝特区第六小学”并增加编制12名。

【机构编制实名制管理】 根据《贵州省深入开展机构和人员编制核查完善机构编制实名制管理实施方案》和六枝特区编委《关于印发〈六枝特区开展机构和人员编制核查完善机构编制实名制管理工作实施方案〉的通知》精神。深入开展机构和人员编制核查，核查内容主要是全区机关、事业单位、派出机构及内设机构的审批和实际设置情况，各行政事业单位行政编制（含政法专项编制）、事业编制、工勤编制的核定和实有人员情况，单位领导职数、内设机构领导职数、非领导职数、其他领导职数的核定和配备情况，编外人员的使用情况等。通过核查，真正做到“四清两对应”。核查工作与政府职能转变、机构改革、控编减编、严格执行核查的各项指标，坚持边核查、边清理、边整改、边规范。通过核查，批准行政机构125家，事业单位684家，派出机构125家，开发区管理机构1家，街道、乡镇19家；核定行政编制2132名，事业编制11549名，机关工勤编制243名，机关其他编制22名；部门领导职数1596名；部门其他领导（含纪检监察）94名；其他领导职数17名；内设机构领导职数（含纪检监察）1336名；核定非领导职数171名；编外人员数合计2039人。

【控编减编】 为实现2014—2017年财政供养人员只减不增任务，确保完成全区事业编制控减目标，以各事业单位现编制数为基础，依据贵州省机构编制实名制管理信息系统中各单位编制和实有人员情况，各事业单位现有空编和今后自然减员空出编制，统一收回管理。各事业单位用编和使用职数时，必须严格执行《人员编制、职数使用申报制度》。凡涉及使用编制和领导职数事项，需由事业单位主管部门向编办提出申请，按单位原核定编制结构填报《六枝特区机关（事业单位）人员编制、职数使用表》，编办根据实际情况予以核准；已申报到的编制须在本年度6个月内使用，逾期不用的编委办再次收回统一管理。对使用编制和职数未进行事先申报的部门单位，组织、人资社保等部门不予办理人员调配、招考录用、遴选、安置和有关干部任职、工资审批等手续；编制部门不予办理人员列编手续；财政部门不得核拨人员经费和纳入工资统发范围。

【机构改革】 2014年，特区编委办根据中央、省、市相关改革精神，于5月将卫生和食药监局、工商、质监、经信等部门涉及各个环节食品药品监管职责整合，成立了六枝特区食品药品监督管理局，改革和完善食品药品、工商、质监管理体制；开展特区政府各工作部门的“三定”方案的审核与修改工作；开展政府机构改革事业单位的归并清理工作；按照省、市要求，完成特区政府职能转变和机构改革工作。开展乡镇行政体制改革试点工作，为贯彻落实《中共六盘水市委办公室六盘水市人民政府办公室印发〈关于开展乡镇行政管理体制改革试点工作的实施意见〉的通知》文件精神，拟定《六枝特区关于开展乡镇行政管理体制改革试点工作的实施方案》，明确了各单位的职责分工及项目完成时限，对试点镇的党政机构、事业站所及人员编制进行了重新调整；积极配合特区法制办，做好行政体制改革相关材料的上报工作。

【社区建设】 贯彻落实《中共六盘水市委办公室六盘水市人民政府办公室关于印发〈六盘水市加强城市基层管理推进社区建设的指导意见〉的通知》和《六盘水市机构编制委员会关于县、特区、区设立社区服务中心的通知》精神，积极拟定《六枝特区加强城市基层社会治理推进社区建设实施方案》，根据以地域面积、服务半径为主要依据，兼顾人口数量、居民认同感、治安管理、公共服务资源配置等因素，拟撤销平寨镇设四个社区服务中心。分别为：九龙社区服务中心，辖原平寨镇的河湾、营盘2个居委会及茶山、五龙、小寨、波凹、波乍5个村；国土面积43.21平方公里，人口4.7221万人，人口密度1092人/平方公里；那克社区服务中心，辖原平寨镇的那平路、公园路、文化路、团结路、青龙5个居委会；国土面积7平方公里，人口4.1999万人，人口密度6000人/平方公里；银壶社区服务中心，辖原平寨镇平寨、铁路、补林、银壶、兴隆、地宗6个居委会和杨丰、东风2个村；国土面积31.6平方公里，人口4.2581万人，人口密度1348人/平方公里；塔山社区服务中心，辖原平寨镇电厂、六枝、四方坡、那固坝、四角田、塔山、凉水井7个居委会和高峰村；国土面积21.9平方公里，人口4.4527万人，人口密度2033人/平方公里。

离退休干部

【概况】 2014年，紧紧围绕全区工作大局，按照中共十八大提出“全面做好老干部工作”的要求，紧密结合党的群众路线教育实践活动，坚持以老干部为本，认真落实老干部政治、生活待遇，不断创新服务机制，拓展人性化亲情服务举措，老干部满度明显提高，圆满完成了各项工作任务。

【离退休干部学习制度】 根据离退休干部“双高期”的实际，在学习方式上，采取每季度集中学习、每月送学上门、行动不便的送学进家、进医院、制作黑板报和展板等多种方式向老干部宣传党的方针政策；按规定为部分离退休干部发放学习资料，为全区副县级以上离退休老干部征订《晚晴》50余份。全年共送学习资料600余份，老干部参加集中学习81人次。为老干部提供了精神食粮，使老干部政治坚定、思想常新、理想永存。

【情况通报会】 2014年共组织了4次情况通报会。分别是：1月20日召开了由吕荣主持、高玉林向全区老干部通报2013年情况；3月25日，在特区促进会三届五次常务理事上，常务副区长邹振伟向老干部通报了全区2014年三大产业完成情况；5月16日，在落别乡牛角村，特区党委常委、党办主任杨刚向老干部通报了特区2014年第一季度经济运行情况；6月24日召开“利用社会资源做好老干部工作座谈会”上，特区组织部长吕荣通报了特区2014年半年经济运行情况。让老干部及时了解到全区经济、文化等工作开展情况。

【参观考察】 组织离退休老干部参加了全区老干部视察活动。参观安顺市王若飞故居纪念馆，实地考察了落别乡牛角村新农村建设、万亩车厘子基地、大用现代农业产业园区及精品苗木种植和花卉培育基地，让老干部目睹了特区新农村变化和现代设施农业产业发展取得的成果。

【组织老干部参加特区重要会议】 2014年，老干部参加特区党代会39人次、“两会”34人次、领导干部会36人次、教育实践活动会议31人次、中共十八届四中全会精神宣讲4人次。老干部们就经济发展、社会治安、教育等方面提出建议，得到了特区党委、政府的采纳，积极推进了全区各项工作顺利开展。

【开展志愿者活动】 实行班子成员联系职工、在职干部联系老干部制度。开展“昱霖爱晚志愿者”服务，对联系的88位老干部和46名干部实行“一对一”（一位老干部必须有一个职工联系）、“多对一”（一位老干部有一个小组服务）和“多对多”（一个小组服务30位老干部）的调研和亲情服务。重大节日慰问老干部83人次，其中，慰问过生日老干部5名，看望生病住院老干部34人次，慰问特困老干部8人次，吊唁去世老干部9人。确保了“五必访”落到实处，离退局被评为2014年度全市“爱晚志愿者”先进集体。

【活动平台建设】 以党支部为抓手，开展“七个一活动”。即组织一次集体学习交流活动、开展一次集中调研走访活动、写好一篇心得体会、进行一次廉政警示教育、开展一次爱国主义教育活动、举办一期专题黑板报、开好一次民主生活会、一次专题组织生活会。

【信息宣传】 制订和完善《离退局信息工作奖惩办法》，提高了全局干部职工撰写信息的积极性。共发出信息131篇，被采用95篇。其中省级22篇、市级18篇、县级55篇。制订活动展板3幅、黑板报9期，廉政标语10余条。特区离退局被评为2014年度全市老干部信息宣传工作第一名。

信　访

【概况】 2014年，特区群众工作中心（信访局）人员编制18人，其中行政编制4人，工勤人员1名，下设六枝特区联合接访中心，事业编制13名。主要职责：拟定有关信访工作的制度机制并组织实施；代表特区党委、政府受理人民群众来信来访，承办上级领导机关和特区党委、政府领导交办的信访事项，向有关单位转送、交办信访事项；督促检查上级和特区党委、政府领导批示件的落实情况和重要信访事项和信访案件的处理和落实；对重要信访案件实施个案监督，并提出对有关责任人的处理意见和建议，及时向特区党委、政府提供信访信息，并对重要问题提出意见和建议；负责信访工作的宣传和信息发布。

【群众信访】 2014年，全区群众进京非正常上访8批次10人次，同比下降27.3%，占全市进京非正常上访43人次的23.3%，全市排第三位（注：排位越靠后，进京人数就越少）。赴省上访217批次575人次，分别占全市群众赴省上访580批次1287人次的37.4%和44.7%，全市排第二位。主要群体是平寨镇小寨村懒板凳组被征地拆迁户、牂牁江省级风景名胜区被取缔网箱养鱼农户、“四在农家”建设包工头、上世纪末未安置定向中专毕业生、黔中水利枢纽工程梭戛乡炮损户等。到市上访92批次265人次到市上访，分别占群众到市上访总量825批次3125人次的11.1%和8.5%，全市排第四位。主要群体是“四在农家”建设包工头、原六枝矿务局政策性破产一次性安置人员张志全、2010年被政策性关闭五家小煤矿业主和阳光小区民工讨要工资等问题。到区上访270批次1011人次，与2013年同期相比批次和人次分别上升63%和39.5%。其中，集体访78批次1568人次，同比批次和人次分别上升13%和31.6%。主要是春节期间民工讨要工资、特区部分国有企业职工反映医疗保险、部分居民反映房屋因施工被损坏、部分村民反映民生等问题。

【建立信访隐患和矛盾纠纷排查调处机制】 各乡镇、各相关单位和部门每月都对本辖区可能影响社会和谐稳定的矛盾纠纷和苗头隐患，重点是征地拆迁、劳资纠纷、矿群矛盾、交通运输管理、就业安置、社会保障等容易引发群体性事件、非访群访、缠访闹访的问题进行清理排查。对排查出来的矛盾纠纷和问题层层进行责任分解，同时纳入“三个四级个案台账”管理；对已妥善化解的矛盾纠纷和问题跟踪监测，确保在不反复、不反弹的基础上及时销账，切实做到底数清，情况明。对排查出的重大社会矛盾和突出问题落实“七个一”（一名包案领导、一个工作班子、一套化解方案、一套稳控措施、一定的化解时限、一个化解结果、一个效益后评报告）机制，加大化解矛盾、解决问题力度，切实做到案结事了。

【推行逐级信访制度】 按照《六盘水市逐级信访制度》有关要求，对于信访人采用走访形式提出的信访事项，按照“属地管理、分级负责”的原则，要求信访人向当地有权处理的行政机关提出，对处理机关的处理意见不服的，再逐级向其上级机关提出信访事项或者申请复查复核。重大紧急问题应按特殊情况处理，并通知下级承办单位。切实引导信访人依法逐级反映诉求，力求为群众解决问题，化解矛盾。

【规范秩序、依法处置】 2014年，对非访、缠访、闹访等违法信访行为和以上访为名煽动群众、挑起事端、串联组织闹事的违法人员给予严厉处置。全年对14名非访、缠访、闹访的重点人员进行了拘留（刑事拘留4人、行政拘留9人、监视居住1人），有效规范了信访秩序。

【建立和完善督查、督办工作机制】 召开专题会议进行当面督办，对涉及部门多的信访问题召开多部门参加的协调会议进行督办解决，深入承办单位进行现场督办，开展个案调查直接督办，对群众反映强烈、影响社会稳定的典型案件进行直接督促落实。开展联合督办，对办理信访事项敷衍塞责、拖延、拒不执行有关领导批示指示精神、使用法律法规不当、落实政策不到位的单位，采取电话督办、实地督办，与特区党委政府督查室联合督办等方式，对交办信访事项按期进行督查督办，并提出办理意见或建议，努力做到问题不查清不放过、问题不解决不放过，使大量矛盾纠纷得以有效化解。

【加大投入、保障落实】 2014年，特区党委、政府在财力十分有限的情况下，在信访工作上投入了大量的资金，确保了信访工作的正常开展。一是建立特殊疑难信访救助资金配套机制。市拨付和特区配套特殊疑难信访救助资金共计90余万元，化解信访问题和矛盾纠纷18件。二是解决各级“两会”和APEC会议召开期间，进京、赴省和到市信访维稳工作组，以及六枝火车站、汽车站值班巡查组工作经费50余万元。三是解决特区群众工作中心改造经费90万元，增加了经信、人资社保、国土、住建等个性接访窗口和信访事项协调室，更加方便来访群众反映诉求。四是解决各乡镇兼职信访联络员信访津贴5万元。

【“百日攻坚战”和重大节日、重要活动期间的信访维稳工作】 一是落实领导包保。对省、市领导包案及上级业务部门排查交办的信访事项落实特区县级领导包案化解。全年共化解省领导包案“高速公路项目群”和“5个100工程项目群”建设引发的矛盾纠纷和信访问题17件；化解“百日攻坚战”四轮交办的矛盾纠纷和信访问题共669件；二是开展接访下访约访。为确保各级“两会”和6—7月重要时段以及中共十八届四中全会、APEC会议期间社会和谐稳定，切实将信访群众吸附在当地，每天安排两名在职副县级领导干部接待群众来访，2014年，特区党政领导73人次下访群众84批次287人次。三是落实化解稳控责任。对重点信访人员特别是可能到市赴省进京上访人员和隐患，落实责任单位采取一盯一、几盯一的盯防方式，进一步强化稳控措施，进一步明确稳控责任，盯死看牢、严防死守，有效稳定了一批长期到市赴省进京上访重点人员，确保了全国“两会”期间群众“零非访”和十八届四中全会、APEC会议期间群众“零上访”的目标。

【建立机制】 一是建立健全机构。特区党委成立群众工作委员会，由特区党委副书记任书记，进一步强化对群众工作的组织领导。7月，按照省、市要求和特区党委、政府的安排部署，特区群众工作中心（信访局）和特区联合接访大厅建成投入使用，特区政法系统和有关部门入驻并接待群众来访，变信访部门群众诉求“中转站”为群众信访的“终点站”。二是完善工作机制。特区党委、政府一手抓群众诉求的解决，一手抓长效机制建设，相继建立了10余项工作制度，有力地促进了群众信访工作水平的整体提升。在源头预防层面，制订了重大事项社会稳定风险评估实施办法，出台了《六枝特区信访工作责任追究办法（试行）》《六枝特区党员干部联系和服务群众工作制度》，同时选派225名干部到220个行政村开展联乡驻村工作。建立健全联合接访、联接联调和定期通报等工作机制。在问题解决层面，出台了群众信访问题首问首办、限时办结、督查督办、复查复核、领导包案、领导接访、干部下访等方面的工作制度，对如何处置化解好群众信访事项做出了明确规定。在权力监督层面，积极开展“阳光晒权”评议活动，对各乡镇、区直部门主要负责人和重点股室负责人开展群众评议，确保人民群众依法有效行使监督权，促进各乡镇各部门及其工作人员履行职责，转变作风，提高效率，优化发展软环境。三是拓宽诉求渠道。特区党委、政府充分尊重和保护群众反映问题的权利，采取一系列措施畅通信访渠道，“信、访、网、电”的立体联系群众信访诉求网络初步形成。

【领导接访下访】 进一步完善各级各部门领导定期接访、带案下访、重点约访，面对面了解群众诉求、听取群众意见，破解信访难题。2014年特区党政领导干部73人次下访群众84批次287人次。通过国家信访信息系统、市“阳光信访”系统等网上投诉平台，书记区长群众直通交流台等，方便群众足不出户反映诉求，减少群众信访成本。2014年办理各种网上投诉900余件。坚持把夯实基层基础作为维护信访群众利益的着力点和突破口，全区十九个乡镇和245个村（居）全部挂牌成立群众工作站（室），明确专兼职信访联络员并延伸到村居、社区，形成了条块结合的矛盾纠纷和信访问题排查网络，全面解决和落实群众工作最后“一公里”的问题，群众工作基层基础逐步夯实。

总工会

【建功立业大竞赛】 组织开展“五比一创”竞赛活动。积极组织开展多场技能竞赛，如：晨星超市组织员工50人开展物品摆台技能比赛；新干线超市组织80人开展技能比赛；六枝特区卫生食品监督局、疾控中心、人民医院和妇幼保健站等联合举办全区妇幼保健技能竞赛等活动。

开展评比创建工作，选树榜样。开展五一劳动奖章（状）推荐评选表彰工作，向省总报送1名贵州省五一劳动奖章候选人。组织开展“工人先锋号”创建活动。积极组织争创“工人先锋号”活动，推荐公共汽车运输公司3路公交车贵“BU4079”号车组、城区联运公交客运有限公司1路公交车贵“BU4061”号车组、六枝特区政务服务中心国土局窗口、六枝新月城市出租汽车有限公司贵“BU4172”号、贵“BU4180”号出租车等5个班组，参加六盘水市“工人先锋号”评选活动，参加创建职工328余人次。

【企业工会组织】 六枝工会现有企业294家，工会组织203家，涵盖企业294家，有职工8885人，会员8885人，建立行业性工会联合会3个，区域性工会联合会13个，建会率、入会率均达100%，女职工专项合同、企业集体合同和工资集体协商签订率达90%以上。共建立14个工会规范化建设示范点，其中乡镇工会6家、社区工会3家、非公企业工会5家。在建会的所有企业工会均开展了“双亮”工作，覆盖面达到100%。创建各级职工之家25家，其中企业20家。全国模范职工之家1家，市级先进职工之家15家，市级模范职工小家9家。申报贵州省和六盘水市模范职工之家和开展会员评家活动，推荐5家单位参加贵州省和六盘水市评家活动。

【职工素质提升】 组织开展各项主题活动，努力提升职工素质。开展“忠诚跟党走·敬业作奉献”百团千场劳模先进事迹报告会8场，开展车间、班组开展报告会8场（次）；举办“道德讲堂”1场（次），参加人员170余人；开展职工、农民工技能素质提升培训420人次；实施“万名工会干部大培训计划”，举办工会干部培训1场（次），培训工会干部178人次，其兼职工会干部150人次，参与省总组织的工会干部培训9人次；组织职工参加网上在线学习，参加全国职工素质建设工程网注册学习10人，参加在线考试10人；开展“岗位练兵、技术比武”活动，“岗位练兵、技术比武”4场（次），170人次参与。

组织开展各类征集活动，丰富职工文化生活。开展千条职工微博微信快乐拍活动，组织参赛微博用户19个，组织参赛微信用户19个，参赛微博、微信作品10条；开展百幅职工书法、摄影比赛，收到职工书法作品18幅，报送6幅参加省级评比，收到职工摄影作品15幅，报送6幅参加省级评比；组织开展“争当学习型员工”全省职工快乐读书征文大赛，收到征文作品2篇，选送2篇参加省级征文比赛。

【维权帮扶】 按照“六有”标准建立职工服务（帮扶）中心（站、点），目前挂牌建“六有”

职工服务（帮扶）中心（站、点）11个，规模以上已建工会企业有3个，挂牌建职工服务（帮扶）中心（站、点）3个；协助促进农民工、下岗失业人员实现就业再就业，计划举办招聘会2场（次），已完成招聘会2场（次），计划培训2500人次，已完成2000人次；筹集梦圆金秋助学资金10.3万元，资助63人；筹集女职工关爱资金2万元，慰问25人；大病救助17人，发放资金3.4万元。

【节能减排宣传】 一是6月5日特区总工会和环保局组织宣传活动参加人数8000余人；二是特区总工会和节能办等10多家单位在街心花园集中开展宣传活动，受益群众10000多人，发放宣传资料5000余份；三是组织开展“节能减排大参与”行动企业164个，参赛职工10279人次，征集到节能减排合理化建议900余条，企业采纳60条；聘请节能减排义务监督员164人。

妇　联

【概况】 2014年，特区妇联始终坚持以人为本，以联系妇女、服务妇女、教育妇女、维护妇女儿童合法权益为根本任务，统筹推进城乡妇女发展，不断创新工作载体，抢抓机遇、乘势而上，全区妇女儿童事业呈现出良好的发展态势。

【队伍建设】 为进一步提高全区妇女干部自身素质和业务能力，强化特区妇女干部队伍建设。一是选派特区妇联干部6人先后参加省、市妇联及特区党委组织部组织的省内外各类业务、理论培训；二是组织50名乡（镇）、村（社区）妇联主席及妇代会主任参加市妇联举办的乡（镇）、村（社区）妇联主席及妇代会主任培训班；三是在落别乡牛角村举办一期71人参加的妇女骨干创业就业技能培训班；四是在特区党校举办一期50人的“巾帼建新功，共筑中国梦”村（居）妇代会主任培训班，培训结合党的群众路线教育实践活动有关精神及全特区经济工作战略，内容包括基层妇女组织工作业务知识、男女平等基本国策、农村留守儿童工作、家庭道德建设等专题，新颖精彩的观点与妇联工作的思想交锋，使学员学有所获、学有所悟，有效提升了广大妇联干部的业务水平和理论素养。

【“妇女之家”建设】 一是全力推进阵地建设力度，将“妇女之家”建设工作纳入妇联创新工作的整体规划，确保“妇女之家”创建活动有序开展。二是着力加大队伍建设力度。大力发展巾帼志愿服务队伍，开展形式多样的志愿服务活动，使巾帼志愿服务者成为村、社区妇联组织开展工作的有力帮手。三是尽力确保经费保障力度。积极争取党委、政府把“妇女之家”工作经费纳入财政预算，帮助解决实际困难和问题。四是加强示范带动作用，在堕却乡堕却村、平寨镇公园路社区分别建立了1个“妇女之家”示范点，切实让广大妇女儿童感受到“家”的温暖，真正把“妇女之家”建设成广大妇女找得着、靠得住、能办事的坚强阵地和温暖之家。

【宣传活动】 利用“三八”节、“六一”节等重大节日，“三八”维权周、禁毒宣传月及与特区环保局开展环保宣传活动等契机，以“巾帼建新功、共筑中国梦”为主题，开展了形式多样的宣传咨询活动，努力在全社会形成尊重妇女、保护儿童、关注妇女儿童事业发展的良好氛围。进行环保、“四创”“党的群众路线教育实践活动”等相关内容的知识抢答赛；向参与活动及过往行人发放环保袋1100个、环保竹篮100余个、“勤俭持家低碳环保，美丽六枝你我共建”主题活动倡议书、以及“四创”、妇女儿童权益保护等相关宣传资料4000余份。开通了六枝特区妇联官方微博、微信，力争将微博打造成教育妇女、引导妇女、服务妇女的新平台。

【阳光关爱帮教慰问活动】 为帮助女吸毒人员及劳教人员重新回归社会，做一个对社会、对家庭有用的人，到特区强制隔离戒毒所看望慰问43名女戒毒人员。通过与女戒毒人员开展座谈会进行面对面交谈，鼓励女戒毒人员要扬起生活的风帆，以阳光自信的心态迎接今后的美好生活。为其送去女性卫生用品，给每个女戒毒人员献上一片爱心。到六枝特区公安局看守所对劳教人员开展增强妇女及未成年人法律意识宣讲活动。活动邀请全国维护妇女儿童合法权益先进个人、六枝特区法院岩脚法庭副庭长肖维琼，其通过深入浅出的解析相关法律法规、违法犯罪实例，让宣听的52名劳教人员（其中：妇女25名、未成年人27名）受到了触及心灵的洗礼，纷纷表示将用心改造，争取早日回归社会大家庭。

【“锦绣计划”活动】 为充分挖掘民间手工艺品遗存，传承民族文化，推动全区文化产业发展，实现居家灵活就业，推进民族民间特色手工产业与妇女事业同步发展。7月14日，六枝特区妇联、文体广电旅游局、经信局、民宗局在特区文化馆联合举办了“巧手绣出锦绣生活、巾帼共建小康社会”为主题的民族手工艺品大赛暨展示活动，全区19个乡镇共有96人196件民族手工艺品参加比赛，评选出“六枝绣娘”20名、“六枝名匠”10名；8月8—10日，组织20名优秀绣娘和15名民族手工艺品商家参加贵州屋脊·中国凉都六盘水消夏文化节系列活动——凉都锦绣计划邮储银行杯百佳绣娘手工技艺展演赛暨手工产品展销会，1人荣获“十佳绣娘”称号，8人荣获“优秀绣娘”称号，参展商在展销会上销售民族手工产品500余件，销售额达23000余元，签订意向订单订货615件，金额达30000余元。全区民族手工艺品生产企业达14家。

【组建“六枝特区巾帼志愿服务队”】 六枝特区妇联以“六枝特区巾帼志愿服务队”为品牌，结合实际，发挥优势，认真组织开展了各项志愿者服务工作。该活动于2014年7月9日在“六盘水志愿者网”注册为“六枝特区巾帼志愿服务队”，单位全体干部职工7人均实名注册为志愿者，并统一制作了志愿者服务证。现“六枝特区巾帼志愿服务队”团队成员已达137名，共发起“妇联周末文明值守”“传承中华美德·尊老爱幼月”志愿服务活动等4个项目，其中已结束3个项目，共招募项目活动志愿者57人（次），服务时长累计为1379小时。

【开展“明礼知耻，崇德向善”主题实践活动】

为使广大农村妇女争做美德持家的好榜样，开展“传承美德·文明家风”——寻找“最美家庭”“贵州家庭美德之星”活动，全区共推荐出7户“最美家庭”、5位慈母之星、6位贤妻之星、5位孝女之星参与全国和全省的“最美家庭”“贵州家庭美德之星”评选活动。在落别乡牛角村开展了“明礼知耻崇德向善”家庭美德大讲堂活动，讲座就怎样孝敬老人、怎样教育孩子、怎样处理婆媳关系、怎样处理夫妻关系等方面进行了讲解，充分体现了道德模范在平凡家庭中做出的不平凡努力和付出，真正意义上弘扬了中华民族的家风和优良传统，为社会文明进步和家庭和谐做出了积极贡献。

【开展公民道德宣传实践活动】 与特区文明办、教育局联合组织全区中小学校参加“祖国好·家乡美”主题实践活动——“中小学生文明礼仪知识竞赛”，并选送中、小学各三名学生参加全市比赛，分别获得了市中学组二等奖和市小学组三等奖的好成绩；与特区教育局、“四创”办在全区开展了“明理知耻·崇德向善在家庭”之“亲子共读一本书，我与孩子共成长”读书心得征文活动，筛选出16篇小学生读书心得征文、2篇中学生读书心得征文送到市妇联参评，有1人获三等奖，三人获优秀奖。

【创建“留守儿童之家”】 为进一步关爱留守儿童，为儿童搭建与父母交流沟通的平台及活动场所，为两个“留守儿童之家”——特区一小和平寨镇二小共投入资金3万元，用于其购买“留守儿童之家”电脑、图书、文体活动用品等。与特区教育局、文明办在平寨镇二小“留守儿童之家”开展了“为留守儿童过生日”活动，为14名留守儿童送去了生日礼物和祝福。申报了省级“标准化农村留守儿童之家”示范学校三所，进一步规范了“留守儿童之家”，提高关爱留守儿童的水平和意识。

史 志

【史志征编】 《六枝年鉴》是记述六枝特区自然、经济、政治、文化、社会、党建等方面情况的年度性文献，重点反映上年度经济、社会发展建设等方面的新举措、新经验、新问题，旨在为各级领导决策提供可靠的参考依据，为社会各界了解六枝，提供地情资料，为编纂地方志书积累资料。《六枝年鉴》2012年创刊，已编辑出版《六枝年鉴2012》《六枝年鉴2013》《六枝年鉴2014》。《六枝年鉴2015》初稿已形成，即将出版。

【年鉴编纂】 坚持以地方党史编纂为重点，积极推进地方党史的征编、研究。完成了《解放初期的郎岱》初稿；完成了《"三线"建设在六枝》初稿，《六枝"三线"建设口述历史》录音录像，拍摄三线建设遗址图，收集三线建设人物口述史资料，对三线建设遗址进行普查；征集1978—2008年六枝特区党史资料，已收集整理完成约30万字。征集2014年中国共产党六枝特区历史大事记，完成2014年度1—12月份大事记的编纂工作约4万字；启动《中共六枝特区委执政纪要（2014）》，收集、整理特区党委重要决策部署、重大活动等约5万字。

【《六枝特区志》编修】 全面推进第二轮《六枝特区志》编写工作。截止2015年底，完成第二轮《六枝特区志》资料征集与修订工作，按17篇65章的的篇目设置形成资料稿100余万字，并完成了部分篇章的修定和完善。

【部门志书编纂】 在抓好二轮修志和年鉴编纂的同时，指导部门志等其他志书编纂工作的开展。已出版《军事志》《水利志》《六枝矿志》《折溪的变迁》《教育志》等，《六枝特区人民医院志》《郎岱镇志》正在编纂中。

【地情咨询服务】 向特区四大班子领导、有关部门及企业赠送《中国共产党六枝特区历史》（第一卷）、《六枝爱国主义教育读本》《中国共产党六枝特区历史大事记》（2005—2010）100多本，《六枝特区志》30本，六枝地图18张。《六枝年鉴（2013）》《六盘水三线建设志》《三线风云》则以普发方式赠阅各级领导及各成员单位，共计300余册。为特区党委、政府领导、有关部门、企业及社会需求提供地情咨询服务，充分发挥史志工作资政作用。

【史志宣传】 积极推进史志文献研究成果转化为正能量，实现"资政育人"的重要作用；采取多种方式加强对地情资源的宣传开发和利用。与科协、离退局、工商联、妇联等单位开展多次史志宣传教育进乡（镇）、进企业、进军营、进学校服务，共赠送《六枝年鉴（2013）》《夜郎布依风情》《六枝爱国主义教育读本》《中国共产党六枝特区历史》（第一卷）等书籍共计300余本，发挥史志教化作用。

【史志学术交流】 一是积极组织相关人员参加省、市举办的学术交流会并交换了志书和相关资料，汲取了对方好的经验和做法；二是到修文、息烽学习二轮修志工作中的好经验与做法，提升理念和创新思维；三是自助培训和学习研讨，达到提炼与总结提高；四是督查交流与辅导，地方志工作人员到部门指导志稿的编写，在修志过程中所遇到的实际问题一一给予现场解答。通过开展学术交流，提高业务水平和增强履职能力。

残 联

【创业就业培训与扶持】 积极组织实施《六枝特区残疾人同步小康创业就业行动实施方案》文件。安排残疾人同步小康创业就业工作经费2万元，开展残疾人同步小康创业就业工作。开展残疾人就业保障金年审征收工作，完成企业单位残保金登记、年审679家，征收残保金270家120.4万元，占任务数120万元的100.3%；完成财政拨款的行政事业单位残保金年审135家，除安置有残疾人工作的66家外，征收69家86.2万元，占任务数80万元的107.8%。用于残疾人培训就业经费51.3万元、用于残疾人扶贫基地建设42.17万元，共计93.47万元。举办残疾人农村适用技术培训班7期309人，占任务数210人的147.1%；举办城镇残疾人技能培训班1期60人，占任务数的100%；举办残疾人创业培训班1期30人，占任务数的100%；完成盲人按摩培训10人，占任务数的100%。加强对全区残疾人创业就业的扶持，投入资金16.4756万元，创建平寨镇兴业养殖场、新场乡群民种植养殖农村专业合作社、岩脚镇玉月湾养殖场、中寨乡茂安茶叶种植农民专业合作社等残疾人创业就业示范点4个，占任务数2个的200%，集中安置残疾人就业43人，占任务数10人的430%；投入资金20.5万元扶持15户残疾人家庭创业，占任务数的100%；创办盲人按摩院3家，占任务数的100%；集中安置盲人就业11人，占任务数10人的110%；新增残疾人就业240人，占任务数170人的141.2%。其中：创业示范点集中安置就业38人，占任务数10人的380%；扶持创业户就业15户15人，占任务数的100%；按比例就业30人，占任务数的100%；集中就业15人，占任务数的100%；其他就业142人，占任务数100人的142%。新增盲人就业11人，占任务数10人的110%。

【基础信息调查】 2014年，特区财政安排全区残疾人基础信息调查专项工作经费23万元，制订下发了《六枝特区残疾人基础信息采集工作实施方案的通知》文件，指导督促各乡镇完成残疾人基础信息采集录入工作。贵州省残疾人联合会要求完成任务数为二抽数据的80%，六枝特区残疾人基础信息采集二抽数据为45342人，完成采集54841人，占二抽数据的120.95%，录入54841人，录入率100%。

【残疾儿童抢救性康复工作】 2014年，完成聋儿（人工耳蜗）康复救助项目3例，占任务数的100%；完成贫困残疾聋儿助听器3例，占任务数的100%；完成残疾儿童辅助器具适配救助项目17例，占任务数的100%；完成贫困自闭症残疾儿童康复训练2例，占任务数1例的200%；完成贫困智力残疾少年儿童康复训练4例，占任务数的100%；完成贫困智力残疾少年儿童康复训练8例，占任务数2例的400%。

【残运会】 积极开展残疾人体育运动，认真组织全区残疾人运动员参加贵州省第五届残疾人运动会运动员的选拔，共选出8名残疾人运动员参加在六盘水市举行的第五届全省残疾人运动会。在全省残运会上，取得金牌4枚、银牌2枚、铜牌4枚的成绩。

【教育和维权】 加强残疾人教育和维权工作，有力维护残疾人权益。投入扶持资金2.1万元，扶持6名残疾儿童入学和1名残疾青少年进入专科学校学习（每人3000元）；投入9万元支持农村贫困残疾农户18户进行危房改造（每户5000元）；完成274辆残疾人机动轮椅车摸底调查和燃油补贴发放工作（每辆260元）；完成六枝特区残疾人康复托养中心大楼建设的环评、测绘、施工图设计等工作。

文　联

【概况】 六枝特区文学艺术界联合会（简称六枝特区文联）是六枝特区党委、政府领导下的群众性文艺团体机关，是党和政府联系文艺家的桥梁和纽带，是繁荣发展社会主义文艺、建设社会主义先进文化的重要力量。2014年，在职职工7人。内设办公室和《六枝文艺》编辑部，有团体会员8个，即文学戏剧协会、音乐舞蹈协会、书法协会、美术协会、摄影协会、京剧协会、民间文艺协会和桃花诗社。现有各级会员800余名，形成了一支专业与业余相结合、老年艺术家与中青年艺术家相结合的文艺、创作、评论和理论研究队伍。

【《六枝文艺》《桃花诗萃》编辑出版】 在编辑工作中，一是努力宣传六枝，推介六枝；二是积极与省内外名家约稿，提升刊物质量，2014年1—

4期每期均有中国作协会员作品刊登。第27辑《桃花诗萃》全书共计174页，分为古体诗·格律篇、古体诗·古风篇、古体诗·词曲篇、新体诗、散文诗、评论等，共计400余首（篇）。

【文艺活动】 2014年，1月组织多名书法家深入新华乡、下云盘集市、街心花园等为老百姓义务书写、赠送春联5000余幅。1月15日—2月15日，与全国文化信息共享工程六枝县级支中心共同开展了“欢乐共享楹马年”为主题的春联赠送、征集活动，送出春联1500余幅，活动收到来自全国23个省市150余人1200余幅参赛答联，经过组织专家对应征作品匿名进行评选，共评出一等奖1名，二等奖2名，三等奖3名，优秀奖12名。1月25日至2月25日，主办了“我的中国梦·六枝特区首届中小学生书画展”，共展出学生书画作品114幅。与特区图书馆共同举办“美丽六枝·迎春书画展”活动，106幅书法、美术作品入展。5月15日，召开第26届“桃花诗会”，来自全省各地的诗人、学者、诗歌爱好者等120余人参会，会议期间，诗友们到路喜工业园区、大用生态观光园进行了采风活动。为丰富全区师生的课余生活，推进校园精神文明建设，与六枝特区图书馆联合举办的“读国学，写心得——五月校园读书征文活动”活动，共收到作品120余篇，经过认真评选，林正飞的《寸草心》等分别获一、二、三等奖及优秀奖，谌晓平等3名老师获优秀指导教师奖。为配合“6·26”国际禁毒日，组织11名书画家及爱好者到六盘水市戒毒劳教所开展“送文化进高墙”活动，并现场挥毫献技，丰富了服刑人员的教学形式，加强了监区文化建设，促进了服刑人员积极改造。

【文学艺术培训】 为提高特区书法、文学爱好者创作水平，6月，推荐作者张国燕参加在云南举办的“鲁迅文学院少数民族作家班”学习。8月，邀请市管专家许雯丽、吴勇授课，两位专家畅谈了当前书法、文学创作的形势，重点结合自身创作经历，阐明在创作实践中如何确定主攻方向，如何少走弯路，如何写出优秀作品。在交流互动中，对近期收集的稿件进行点评，还就爱好者们在创作实践中遇到的困惑而提出的问题做了回应，授课收到了很好的效果。

【参加各种创作和展出活动】 积极组织各协会参加各种比赛活动，让作者在活动中接受锻炼，展现才华。组织作者参加了“祖国好、家乡美”中小学生书法、摄影大赛，获奖学生10余名；组织20余幅书画作品参加全市精品书画展（入选9幅）；组织全区文艺爱好者40余人，分别参加市作协等单位举办的文学、音乐、书法、舞蹈、摄影创作讲座；积极与省内外媒体联系，推介六枝作品。2014年，在省、市及以上报刊发表或展出的文艺作品达150余篇（幅），加入市级以上协会的10余人，推动了六枝特区文学艺术事业的健康发展。

【对外宣传、展示夜郎文化魅力】 为迎接第八届旅发大会，会同宣传部认真编写散文集《牂牁胜景，夜郎六枝》、画册《牂牁胜景，幸福六枝》《牂牁迷景》《云上牂牁》，受市委宣传部、市纪委委托组织策划并出版《中国凉都清韵全国廉政剪纸作品集》。为迎接全市“三化”现场会，组织拍摄并出版画册《落红声处，别样惊雷》等。

【文艺采风活动】 为感悟积淀丰厚的牂牁文化底蕴，感受淳朴文明的乡风和新农村建设的良好氛围，10月11日，特区文联组织所属各协会的文艺家及爱好者80余人，前往落别乡开展了“相约春天·大型文艺采风活动”。此次采风活动，进一步开阔视野，积累创作素材，丰富文艺创作资源起到积极的作用，也为文艺家增进友谊，加强交流，提高创作水平，创造了条件，提供了机会。

【各协会活动】 各协会能够围绕特区经济建设及重大活动开展工作，如摄协、美协积极投入到“全省化解突出矛盾”“全市项目建设现场观摩会”“全省人口计生‘双诚信双承诺’工作推进会”等画册、展板制作工作。作协，分别于5月24日、10月29日深入平寨镇底西村、洒志乡开展采风活动，创作了一定数量的文艺作品，有的作品已在省级以上刊物发表；美协积极组织骨干会员多次深入乡镇采风；音协、京协坚持不懈组织排练等等。取得较好的效果。

科　协

【科普宣传】 1. 3月15日，特区科协与特区科技局共同牵头在街心花园开展“3·18”科技日宣传活动，此次活动共有学协会40余名志愿者参加，宣传内容有《新消费者权益保护法》《农民外出务工知识读本》、药品食品卫生安全知识、环境保护知识等，共发放宣传资料8000余份。

2. 5月10日，在特区科技局、科协共同牵头下，组织10余个相关单位在六枝街心花园举办“防灾减灾”科普宣传活动，宣传内容有消防知识、交通安全知识、气象知识、森林防火知识、食品卫生安全知识、地质灾害知识等，共发放宣传资料1万余份，通过防灾减灾科普知识宣传，提高了广大群众防灾减灾能力，最大限度降低各种灾害对人身造成伤害。

3. 9月26日，在全国科普日活动期间在新广场开展以“创新发展、全民行动”为主题宣传活动，内容有文艺科普宣传，禁毒宣传、反邪教知识宣传、科普知识宣传、青少年科技创新作品展示等活动，参加的科普志愿者达300余人，得到受益人1.2万余人。

4. 充分利用休闲广场、文化路、市二医三个科普宣传栏开展4期科普宣传，内容有森林防火、交通安全、食品安全、“四创”活动、健康生活方式、食品安全等40多个内容。

5. 6月7日，同特区统战部、团委邀请九三学社六枝支社的负责人到毛口乡开展科普宣传活动，发放宣传资料5000余份，义诊300人次，同时向毛口中学捐献了书籍、衣服、棉袄和文体用品。

6. 11月1日，与六枝电视台联办科普宣传专栏节目《科普之窗》在远教频道正式开播。

【科技培训】 2014年5月，邀请六枝特区就业培训中心到大用镇黑晒村开办“绿色证书”培训班，内容有辣椒、白菜种植管理等，培训学员100人，让黑晒村农民增加了致富渠道。11月1—10日，邀请王葆钧、冯明友等4名技术人员在新窑乡联盟村开展科技“二传手”培训，培训内容有梨、桃、杨梅、葡萄、樱桃等果树病虫害防治，农村观光旅游等知识，培训人数50人，将辐射带动2500人走向致富路。11月12日，邀请水城县退休果树种植专家、高级农艺师王葆钧到新窑乡联盟村、大用镇黑晒村讲解樱桃、核桃等种植管理技术。

【科普进社区（进校园）】 2014年2月28日，组织疾控学会专家在文化路社区举办合理用药知识讲座。讲座共吸引社区居民200余人听讲，此次讲座引导社区居民走出平常用药误区，对学生拥有健康身体提供了有效保障，深受社区居民欢迎。5月12日，在特区科技局、科协、教育局共同牵头下，在特区一小开展地震应急疏散演练，此次演练参与有特区应急办、人武部等9个单位。特区一小共30个班级，2526名学生，用时2分21秒通过4个安全通道顺利疏散到安全地带。通过应急演练活动，全校师生在面对突如其来的灾难面前有了充分的应急准备，提高了应急反应能力。9月22日，组织特区一小、特区三中共500名学生到六枝特区消防大队开展消防知识教育，学生在学习消防知识的同时体验了现代消防装备，理解消防战士的辛勤工作，增强消防意识。9月23日，组织特区实验小学、特区九中共550名学生到六枝气象局开展气象科普知识学习，让学生知道地表温度、地下温度、湿度、风向等气象知识。9月27日，在文化路社区开展社区科普益民活动，举办“创新改变生活、知识成就未来”的主题科普宣传文艺表演活动，其中穿插科普知识抢答环节，大幅提高社区居民学习科普知识积极性，宣传现场还向社区居民展出科普知识展板20余块，内容有健康生活方式、禁毒、计生、慢性病防治等20余个，发放宣传资料1000余份。

【青少年科技教育工作】 1. 2014年3月29日，科协组织特区20名科技创新辅导员到贵阳观摩贵州省第29届青少年科技创新大赛，以拓展特区科技辅导员视野。组织辅导员到贵州民族大学体育学院参观考察全国科普教育示范基地，考察了基地的操作间、陈列室，体验了集学习、健身为一体健身学习课桌和网球检拾器，感受着科技产品带来的方便、快捷、舒适。考察将为特区青少年科技创新工作起到积极的推动作用。

2. 组织开展以“体验、创新、成长”为主题的第12届六枝特区青少年科技创新大赛，收到作品共137件，其中科幻画91件，科技论文14篇，创新类作品32个，经六枝特区科协组织优秀科技辅导员进行评审，评出一等奖6件，二等奖11件，三等奖10件（其中科幻画一等奖4件、二等奖7件、三等奖10件，创新类一等奖2件、二等奖4件），科技论文14篇共40件作品参加市级竞赛，获市级奖14个，其中一等奖3个，二等奖5个，三等奖6个。

3. 11月4日，中国流动科技馆——体验科学·走进六枝在六枝九中展出。11月—12月，共组织1万余名学生及居民参加科学体验，为六枝科技事业奠定基础。

4. 邀请市“万名科技专家讲科普”科技辅导员郝正达到六枝特区一中、六枝特区二小讲解“怎样搞小发明”的科普讲座，共有600名师生参加这次报告，激发了广大师生的发明创造热情。

【全国科普惠农兴村计划项目申报工作】 指导岩脚顺达养殖协会、龙场蔬菜协会会长刘宝江进行全国科普惠农兴村计划项目申报，分别获全国科普惠农兴村计划先进单位和先进个人，并分别获以奖代补资金20万元和5万元，另获两个科技致富“二传手”培训各5万元的培训项目。

老年教育

【概况】 2014年，以党的群众路线教育活动为契机，进一步抓好落实《关于进一步加强和改进新形势下老年教育工作的意见》《贵州省老年教育发展“十二五”规划》精神，围绕“1122”（“一个目标、一个载体、2个手段、2个增强”）工程，扎实抓好全区老年教育工作，有力地推动了各项工作的开展。

【老年教育】 为夯实老年教育的基础工作，制订并下发了《2014年老年教育工作要点》，重点培养基层老年教育工作者，抓好郎岱镇、岩脚镇创建特区老年学校示范校工作，做好基层老年教育工作的督查和指导。深入19个乡镇开展老年教育工作的调研和督查。通过督查，进一步提高基层党委政府对老年教育工作重要性的认识，完善了领导体制和机构，明确了工作职责，加强对学校常规工作的管理，落实了大用、折溪等学校的场地和经费。制订了基层教师业务培训方案，举办六枝特区2014年老年教育工作推进会暨业务培训会，各乡镇分管领导、老年学校校长、教师及特区老年大学全体教职工共71人参加会议，会议总结了全区老年教育工作，推广郎岱镇的办学经验，对参会人员进行老年教育理论、老年教育行政管理、老年教育教务管理、老年远程教育管理四个方面的理论培训和健身球学科教师业务培训。依托党建远程教育资源，新建远程老年教育站（点）10个，巩固基层老年学校32所、老年学员3455人。创办了《六枝老年教育》网站和校刊，为老年教育工作者提供交流的平台，为老年学员搭建展现自我的舞台，网站设计了学校概况、工作动态、教学管理、学校建设、理论研究、远程教育、金秋风韵、成果展示、资料下载9个板块。

【教学管理】 以创建省级示范校为契机，加大了规范教学管理的力度。根据老教办2014年的工作要点，制订了年度工作计划、教务计划和各学校教学进度计划。采取在六枝报、中心城区的四个公告栏里刊登招生广告，让师生以自身在老年大学学习的体会动员身边人积极入学等方法做好招生工作，全年招生502人。学校设置了六大专业12门学科，按学员的层次和学科学制编制了音乐基础班、民族舞蹈班、京剧班、二胡班、交谊舞初级班等12个班级。聘任10位教师任课并兼任班主任，制订校园文化建设实施方案，校园文化建设专栏出刊4期，《黑板报》更新2期，图片宣传栏更新2期，共张贴宣传照片166张。2014年，学校开展丰富多彩的活动20场次，共1000余人次。开展了“明礼知耻·崇德向善”主题实践系列活动，将老年教育打造成传递正能量的阵地。开展“公民道德讲堂·文明殡葬”、《中国传统思想道德》等专题讲座的道德讲堂活动；组织全体学员学唱《公民道德歌》《中国梦》；开展“明礼知耻·崇德向善”老年书画摄影展和“我爱老年大学”征文活动，共收到学员行草、对联、七律诗等书法作品14幅，花鸟、人物画4幅，摄影作品9张，征文14篇。举办“明礼知耻·崇德向善”主题文艺会演。

六枝特区人大常委会

【概况】 2014年，六枝特区人大机关在特区党委和人大党组的领导下，坚持以邓小平理论、“三个代表”重要思想和科学发展观为指导，认真贯彻中共十八大、十八届三中全会精神和党的群众路线，紧紧围绕特区“科学发展、后发赶超、同步小康”和“能快则快，好中提速”的总要求，积极推进民主法制建设和依法治区进程。

【依法行使职责】 2014年，共召开了7次常委会，听取和审议了“一府两院”专项工作报告13个。相关委室到基层调研40余次，召开座谈会13次，写出调查报告13个，为常委会审议提供了很好的依据。召开主任会议24次。

【信访】 2014年，共接待群众来信来访43件，212人（次），其中，土地纠纷8件、涉法涉诉6件、刑事案件5件、拆迁补偿4件、治安案件3件、不服处分3件、民事赔偿2件、待遇问题2件、房屋纠纷2件、不服判决2件、计划生育1件、户口问题1件、历史遗留问题1件、民事纠纷1件、经济纠纷1件、侵权问题1件。转办交办17件，疏导解决26件，办结率为百分之百。坚持常委会主任、副主任接待日制度，确保来信来访有回音、有落实、有交代。

【人事任免】 对“一府两院”提请的人事任免事项进行认真初审，对任前供职报告提出要求，进行任前法律知识考试。截至2014年10月底，共接受人大常委会副主任辞职1名，接受常委会委员辞职3名；任命政府副区长3名（其中挂职2名），政府职能部门负责人免职9名，任职9名；法院免职1名，任职4名，任命人民陪审员38名；检察院免职2名，任职1名；补选六盘水市七届人大代表3名。

【认真督办代表建议、批评和意见】 特区十一届人大三次会议代表共提出建议、批评和意见（以下简称代表建议）86件，其中代表10人以上联名提出50件，个人提出37件，经过分类、整理、合并后，共有86件代表建议，其中，李林等11名代表提出的《关于修建洒志至光照库区旅游公路的议案》及王华等10名提出的《关于洒光公路改造的议案》2件并为一件作为建议；为使代表建议办理落到实处，选任联委及时将上述代表建议分类整理，转交特区人民政府办公室，并参加了特区人民政府召开的交办会，同时根据会议安排提出书面督办要求。

【专题调研和视察活动】 8月7日—9日组织特区的省十一届人大代表、特区选举产生的市七届人大代表及部分特区十一届人大代表共70余人，对六枝园区“3155”工程建设情况进行了专题调研。11月4日—6日组织特区的省十一届人大代表、特区选举产生的市七届人大代表及部分特区十一届人大代表共70余人，对六枝特区人民政府关于2014年国民经济和社会发展计划执行情况、2014年财政预算执行情况、六枝特区人民法院2014工作开展情况、六枝特区人民检察院2014年工作开展情况进行了集中视察。调研和视察活动通过听取汇报、分组实地查看及座谈审议，经选任联委梳理、主任会议审查，分别向市人大常委会、六枝特区党委报告和向特区人民政府及“两院”通报。

【自身建设】 坚持政治理论及业务学习。学习中共十八大精神，习近平总书记系列重要讲话等，组织了人大党组中心组集中学习6次，组织党员、干部职工学习40余次，学习政治理论，党的路线、方针、政策和重大会议、文件精神。举办人大法律知识讲座，组织学习了消费者权益保护等法律法规，为人大干部和常委会组成人员履行职责创造了良好的条件。所有在职县级干部和各委室围绕本职工作，认真开展调查研究，写出调研文章共14篇。

强化机关事务管理。进一步规范了文书档案处理程序，严格执行修改完善后的安全保密、考勤、公务接待、财务管理、车辆管理及信访接待等各项规章制度，实行签到考勤制度，坚持用制度管人、管物、管财。在人大机关全面推行首问责任制，取得了明显的效果。

加强做好人大宣传工作。在乡镇人大工作座谈会上，对2013年宣传人民代表大会制度成绩突出的单位进行了表彰。2014年共出版3期《人大工作》。完成了特区党办安排的信息报送任务。

认真开展党的群众路线教育实践活动，以为民务实清廉为主题，以“照镜子、正衣冠、洗洗澡、治治病”为总要求，以“三实三同”为总载体，以“四找四转”为总抓手，着力强化“五种意识”，突出“八项规定”和省委、市委、特区党委“十项规定”整治“四风”，把群众满不满意作为一切工作的出发点和落脚点，以中共十八大、十八届三中全会和习近平总书记一系列重要讲话精神为指导，按照省第十一次党代会、省委十一届四次全会和市委六届五次全会的要求，认真贯彻落实中央、省、市、特区党委确定的指导思想、目标要求和具体的方法步骤。班子及班子成员认真查找“四风”方面的问题，并撰写对照检查材料。

六枝特区人民政府

【概况】 2014年，面对复杂多变的宏观形势和经济下行的巨大压力，特区政府班子在特区党委的正确领导下，在特区人大、政协的监督支持下，深入贯彻落实党的十八大和十八届三中、四中全会及习近平总书记系列重要讲话精神，紧扣“增量提质、跨越转型”目标，主动适应新常态，顶住压力、保持定力、精准发力，较好地完成了特区十一届人大三次会议确定的目标任务，经济社会保持了加快发展、加速赶超的良好势头。

2014年，生产总值完成127.52亿元，增长15.9%。财政总收入、公共财政预算收入完成15.28亿元、12.22亿元，分别增长6.59%、10.54%，非税收入占比下调14.86%。在全省非经济强县经济发展综合测评中排第六位。三次产业比为13.95:40.06:45.99，产业结构更趋优化。全社会固定资产投资完成384.95亿元，增长78.22%。省外投资500万元以上招商到位资金100.36亿元，位列非经济强县第二位。全年实施项目412个，建成105个，年度完成投资307亿元；亿元项目56个，总投资487亿元，累计完成投资329亿元。产业投资比重达40.8%，投资结构更趋合理。社会消费品零售总额完成29.3亿元，增长13.1%。农村、城镇居民人均可支配收入达6404元、19293.24元，分别增长12.4%、11%。全面小康实现程度预计达84.7%，提高4.3个百分点。经济发展群众满意度达85%，效益结构持续向好。

【工农业经济提质转型】 一是农业发展日渐稳固。在粮食稳产基础上建成“3155”工程产业基地39.07万亩，发展规模养殖场87个，经济作物播面达108.32万亩，非粮农业增加值占一产增加值比重达80%，农业结构更优。7个农业园区全部进入省级名录，大用园区列为省级重点；新增入园企业53家，培育市级以上龙头企业36家，现代农业合作组织达325个；农业增加值完成17.79亿元，增长7.16%，农业基础更实。牛场辣椒获国家地理标志产品保护，省级认证无公害农产品7个，省著名商标达11件，入列全国9个魔芋产业重点基地县之一，农业品牌更响。二是工业发展日益加快。“一区三园”建设加快推进，完成工业投资63亿元，新增入园企业15家，工业园区拓展升级。启动工业“百千万”工程，六矿瑞安干法水泥生产线等一批项目建成投产，华润六枝电厂一期（2×660兆瓦）获国家发改委核准开工，工业企业优化提升。煤炭资源就地转化率达64.5%；新增规模以上工业企业19家；工业增加值完成43.53亿元，增长13.8%，工业经济提质转型。三是服务业日显繁荣。天顺汽摩机电城、嘉年华商业市场等31个大中型商贸市场开工建设，新增入驻商户1761家，商贸业加快发展。牂牁江国家级湿地公园、黄果树瀑布源国家级森林公园获国家林业局批准，梭戛自然与生态文化旅游示范区列为全省生态文化旅游创新项目，扁朝、补雨等6个村寨入列全国旅游扶贫重点村；全年接待游客228万人次，增长157%；实现旅游收入12.72亿元，增长32.3%，旅游业融合发展。实施“引金入区”工程，新增金融机构2家，全年融资10.8亿元，净增9.7亿元；金融机构存贷款余额达93.79亿元、79.79亿元，分别增长5.02%、16.53%，金融业健康发展。阿里巴巴—郎岱农业示范园电商平台建成投运，电子商务、广告策划、法律咨询等新型服务业持续发展。

【城乡环境在扩容中持续优化】 一是城区形象明显改变。高标准编制《城市空间战略发展规划》等5个现代精品城市建设规划。启动南部新区开发，城市新增扩容2.61平方公里。桃花公园改造、中心城区天然气管网等一批市政工程相继完工，新建改造城市道路32.7公里。滨河城市综合体、凉都一品、阳光安置小区等住房项目加快建设，规划新增住房235.47万平方米，荣评全省建筑业发展示范县。二是镇村面貌明显改观。完成6个重点镇和25个村庄整治规划编制；岩脚、郎岱、木岗入列全国重点镇；毛口、大用等特色小城镇建设同步推进，建制镇集聚力全面增强。启动“三城两线”综合示范带创建，六项行动计划完成投资6.38亿元，“四在农家”创建4.01万户，实施“一事一议”财政奖补项目322个，荣评全省小康寨重点示范县、“十县百乡千村”示范工程重点县，落别底耳、岩脚高桥等乡村打造各具特色，美丽乡村亮点纷呈。三是生态环境明显改善。坚持“五个优先”，完成营造林12.45万亩，公益林生态效益补偿69.6万亩，实施石漠化、岩溶治理55.59平方公里，森林覆盖率达43%，提高2.92个百分点，较好地保住了一片青山。出台山体水系保护“八条措施”，开工建设乡镇污水处理厂3座，龙场水质自动监测站建成投运，“河长制”考核获全省县级第一，较好地保护了一片绿水。认真落实森林保护“六个严禁”，实施环境保护“六个一律”利剑专项行动，取缔污染企业4家，六枝工矿煤矸石发电厂停产整顿，节能减排远低于市控制目标，空气质量PM10均值每立方米仅61微克，较好地保持了一片蓝天。四是基础设施明显改进。实施交通建设“三年会战”，六六高速建成通车，纳六晴高速进入国高网规划横线，六安城际快速铁路六枝境内段前期工作顺利推进，全年建设运煤公路64.42公里，改造干线公路114.22公里，公路通车里程达2592公里，路网密度每平方公里达1.45公里。实施水利建设“三大会战”，黔中水利枢纽一期大坝主体基本建成，旧院水库开闸放水，懒龙河水库建设有序推进，阿雨水库开工建设，全年实施饮水安全工程88处、“五小”工程475个，荣列第六批中央财政小型农田水利重点县。启动信息基础设施“三年会战”，中心城区和乡镇集镇实现4G网络覆盖，电子政务网络城乡互联互通。全力推动电力设施建设，新建及改造35千伏及以下线路371公里，110千伏河湾二期、堕却二期扩建工程建成投运，新增配变128台。

【招商引资】 2014年，共接待客商189批次，小分队外出招商48批次，引进重大产业项目122个，全国百强企业中国石油入驻六枝建设LNG加气站，招商项目越来越优。全年引进项目204个，总投资821.04亿元，实际到位资金257.37亿元，荣评全省发展与效率十佳县。

【民生实事】 总投资14.12亿元的“十件民生实事”基本办结；“五大社会保险”参保达33.69万人，新农合参合率达99.01%；建设公共租赁住房2341套，实施棚户区改造2211户，完成农村危房改造1700户，被评为全省住房保障示范县；“四创”活动深入开展，数字化城市管理调度指挥中心投入使用，被评为全省创建文明城市工作先进城市。全面提升就业水平。国家级创业型城市创建成效明显，新增城镇就业2.69万人，转移农业富余劳动力1.83万人，城镇登记失业率为3.89%。全力推进精准扶贫。3个乡镇“减贫摘帽”，14个重点村“整村推进”，净减贫困人口3万人；城镇、农村低保标准每人每年分别从4560元、1680元提高到5040元、1850元。

【平安创建稳步迈进】 2014年接待群众来访341批2611人次，办理信访事项937件、网络舆情157件，处置各类民生服务诉求84件，回复率达90.48%。深刻吸取新华煤矿“6·11”事故教训，健全“党政同责、一岗双责、齐抓共管”安全生产管理办法及系列配套制度，安全生产不利态势得到有效遏制。“六五”普法有序实施，被国家关工委等三部委评为全国青少年普法先进单位，成功承办全省“双强化双排查”暨社会风险评估现场会，人民群众安全感满意度测评达97.54%，提高5.17个百分点。

【社会事业】 获评全省全民科学素质知识大赛优秀奖，全省第29届青少年科技创新大赛获奖全市第一；教育“9+3”计划、“4+2”突破工程深入推进，学生营养改善计划全覆盖，获全国“五好”小公民“美丽中国·我的中国梦”先进集体称号。老王山国家生态型多梯度运动示范基地开工建设，成功举办2014年“中国凉都·六盘水牂牁江”国际滑翔伞公开赛暨全国滑翔伞优秀选手赛；《笃谷笃杉》获文化部第七届中国原生民歌大赛银奖，箐苗音乐《我爱我家》获全国文艺奖。卫生计生再续新发展。国家慢性病综合防控示范区创建有序推进，成功承办省、市人口计生“双诚信双承诺”推进会，人口计生工作省级排名上升3位。梭戛乡被国务院授予“全国民族团结进步模范集体”称号，殡葬改革有序推进，国防动员与后备力量建设进一步加强，法制、供销、气象、档案、保密、通信、人防、消防、残联、老龄、地方志、红十字、妇女儿童、防震减灾、对台和外事侨务等各项工作迈出了新步伐。

【依法行政】 一是政府公信力进一步提升。深入开展党的群众路线教育实践活动，认真落实党风廉政建设“一岗双责”，严格执行中央“八项规定”，公务用车整治全面加强，清理“吃空饷”35人，腾退办公用房3354.52平方米，“三公”经费压缩27.57%。二是政府执行力进一步增强。全面推进政务服务“并联审批”，畅通重大项目“绿色通道”；下力精文减会，会议压缩25%，文件压缩37%；出台重大决策部署跟踪督查办法，跟踪问效264件，确保了政令畅通。三是政府满意率进一步提高。主动接受特区人大的法律监督、特区政协的民主监督以及社会舆论监督，办理人大代表建议84件、政协委员提案130件，办结率100%，满意率100%；办理网民留言和网上诉求214件，办复率100%。

政府办公室

【办文办会工作】 按照特区政府的工作要求，重新组织编制下发了《六枝特区人民政府工作规则》。2014年，完成特区政府常务会8次、区长办公会议11次、专题会议59次、其他各类会议100余次的会务工作。对特区政府或办公室印发的各类公文，严格按照程序进行起草和审核把关，确保公文质量。共收到、处理各级来文5724件，组织起草和审核以政府或政府办名义发布的各类公文965件，未发生漏办、错办现象。制作了政府办政务公开专栏，充分利用“六枝公众信息网”、《六府信息》平台，加大政务信息公开力度。共编辑印发《政务信息》30期、《信息专报》4期、《值班快报》21期；通过省信息报送系统向省政府办公厅报送信息310余条（其中调研类信息98条），向省政府网站报送信息350余条，向市政府办报送信息831条（其中调研类信息98条），向市贯彻国发2号文件办公室、市政府经济研究室各报送信息230余条。被省编报国办2条，被《六盘水政务信息》采用5条、《六盘水政务动态》采用29条。编辑《六枝特区人民政府公报》6期，及时将各类应开公的信息在六枝公众信息网上发布，共发布信息2100余条。通过手机短信、电子政务网、电视台、“12121”声讯平台、乡镇电子显示屏等形式向公众发布暴雨、冰雹等预警信息59条，全区手机短信接收达4万多人次，发布重大气象服务信息专报11期。积极为特区政府领导科学决策提供优质、高效的服务。

【督查督办】 一是抓好重点项目督查督办。加强对交通设施建设、廉租房建设等项目进行督查，及时协调解决项目建设中出现的各种问题，有力地推进了项目的实施。二是抓好重大会议活动督查督办。围绕全省“双强化双化解”暨社会稳定风险评估经验交流会、全省人口计生“双诚信双承诺”工作推进会、全省创建社会主义新农村档案工作示范区验收、全市第二次“三化”现场会、全市教育“9+3”现场会等大型活动筹备情况的督查工作，主动搞好协调服务，确保了各项会议的顺利进行。三是抓好特区党委、政府中心工作和重点工作督查督办。围绕特区政府的决策部署，全面加强督办检查、综合反馈和跟踪问效力度。抓好涉及全局性事项的跟踪督办。采取“分解立项”方式，将特区政府工作报告等重大工作部署进行细化分解。对特区政府常务会议、区长办公会议、专题会议以及政府领导批示件逐项进行检查督办。采取电话调度、会议督办、现场督办等方式，对重大项目建设、“10大工程”“10件民生实事”等重点工作进行专项检查，确保特区政府决策部署贯彻落实到位。四是抓好建议提案办理的督查督办。健全机制，进一步完善措施，及时组织召开建议提案交办会，扎实做好办理全过程的协调、督办和汇总工作，圆满完成了建议提案的办理工作。

【后勤保障】 严格执行各项规章制度，用制度管人、管物、管事，切实加强办公室的内部协作和管理，全面提高办公室的服务质量和办事效率。做好公务用车维护保养和驾驶员管理工作，保证了特区政府领导的公务用车，为领导提供优质服务，同时确保其他工作正常运转。严格财务收支管理，认真执行政府采购制度和固定资产登记制度，做到开源节流，物尽其用。

政务服务中心

【概况】 2011年筹建六枝特区政务服务中心，办公面积500平方米，2012年5月筹建完成并投入运行，中心位于平寨镇团结路。2013年8月，特区党委、政府对政务服务中心进行选址建设，10月3日搬迁至新政务服务中心进行办公。新政务服务中心位于平寨镇交通路44号，建筑面积3786平方米，大厅面积3080平方米。中心分为管理层和业务层两大部分。政务服务大厅制作了窗口吊牌，标明单位名称及窗口编号；规范了名称；在大厅提供有文印、电传、查询等设施设备；设有满足办事群众休息等候区域；在大厅设有显示屏、叫号机等。中心入驻部门32个，大厅人员53人，大厅及分厅办理行政审批服务事项286项，便民服务事项2项。中心设置了投诉窗口，咨询窗口、自助上网服务区、餐厅、商务区、人资社保分厅、公安局分厅。中心采取“一门受理、并联审批、内部运作、限时办理”的运行模式，以公开、公正、高效、便民为行政服务宗旨。中心推行咨询导办、预约办理、上门服务等便民服务方式。

【办件情况】 2014年，中心大厅及分厅受理业务58216件（大厅18641件，分厅39575件），办结58012件，大厅月平均办结量为1553件，分厅3297件，办结率99.6%。2014年，清理所有审批、服务事项法定时限5578工作日，压缩后时限2600工作日，压缩数2978工作日，平均压缩率53.39%。原有审批环节1230个，优化后1106个环节，减少124个环节，优化率10.08 %。在办理的审批事项58216件中，提前办结46573件，提前办结率79%。在办理的事项中80%平均提速30%，投诉10件，没有超时办结现象发生。

【宣传工作】 2014年，在"人民网""中国凉都六盘水网""省人民政府网站"、《六盘水日报》、"金黔在线""特区电视台""南北网"、《贵州日报》《人民日报》、CCTV4等媒体宣传报道特区政务服务中心有关工作，受市总工会评为"工人先锋号"窗口1个，2人作为特区感动身边人物在特区电视台宣传报道。

【开展"局长进中心"活动】 为进一步提高服务质量和办事效率，创新政务服务方式，全面优化政务服务软环境，充分发挥领导干部的示范表率作用，政务服务中心从2013年4月15日推行"局长进中心"活动。该活动要求进驻中心单位领导每月至少派1名领导到中心工作1天。主要工作是协调解决办事企业群众在窗口办理中遇到的问题，直接了解服务对象需求，加强业务指导，处理并解决本单位在政务服务工作过程中的重大问题，直接受理和处理本单位窗口的咨询和投诉。该项工作实施以来，局长在中心大厅为群众办理审批事项60件，为窗口解决困难问题9个，向办事群众咨询解答问题120余次。

【推行"654"工作法，实现多视角监督】 即利用电子监察系统、中心网站、投诉电话、意见箱、主任信箱、留言簿等6种受理渠道，采取定期或不定期现场调查、动态监控、服务回访、问卷调查、群众投诉等5种信息收集方式，了解窗口的服务情况和群众对窗口服务的意见、建议，根据群众的需求，及时完善工作措施，并充分发挥群众、中心管理层、窗口单位、纪委监察部门等4个监督主体作用，进一步增强窗口人员做好审批服务工作的自觉性、主动性和创造性，从而提高了行政审批效率。

【优化审批事项】 为了简化办事程序，方便群众办事，中心积极对县级行政审批项目实行了集中清理，统一规范了事项名称，编制了行政职权目录。梳理出了需要实行联合审批、可现场办结、需要现场勘察、检测、评估、论证的事项目录（现场办结47项、并联审批3项、现场踏勘、集体研究等240项）。清理公布入驻大厅单位收费23家，收费84项（分厅19项）。压缩办理时限，明确了岗位职责、权限、时限要求等。清理所有审批、服务事项法定时限5578工作日，压缩后时限2600工作日，压缩2978工作日，平均压缩率53.39%。原有审批环节1230个，（平均每个事项4.24个），优化后1155个环节（平均优化3.98个），优化减少75个环节，优化率6.09 %。

民　政

【概况】 2014年，民政工作始终坚持"以民为本、为民解困、为民服务"的工作宗旨，紧密结合全区民政工作实际，按照年初拟定的工作目标，不断开创民政工作的新局面，各项民政工作取得了较好的成绩。

【城乡社会救助体系建设】 完善最低生活保障救助制度，落实城乡最低生活保障标准与物价涨幅挂钩联动机制。按照《省人民政府关于印发贵州省城乡居民收入倍增计划的通知》等文件要求。2014年的城乡低保按照市人民政府2013年10月30日第30次市长办公会议研究，自2014年1月起，农村低保保障标准由原来的1680元/人·年提高到1850元/人·年；城市低保保障标准由原来380元/人·月提高到420元/人·月。全区现有农低保对象48040户，84436人，累计发放农村低保金10803.52万元，完成年度计划的106%。城市低保对象6875户12962人，年累计保障9.01万户17.31万人，发放低保金4971.41万元。救助农低保季节性缺粮户8180户13155人，发放救助粮905910斤。

对农村五保、城市“三无”、60年代精简退职老职工全额资助参保参合、农村低保对象按不低于20元/人·年（特区按30元）的标准资助共84118人参加新型农村合作医疗，下拨医疗救助资金257.66万元。按10元/人·年的资助标准资助城镇低保对象13074人参加城镇居民基本医疗保险，下拨医疗救助资金13.07万元。按照特区政府印发的《六枝特区城乡医疗救助实施办法》文件规定，城乡困难群众住院救助比例达60%。共救助农村困难群众大病对象745人，发放救助资金378.88万元。救助农村儿童两病22人，发放救助资金15.5万元。

全面开展“一站式”即时结算服务。为进一步提高资金的使用效益，切实解决城乡低保户、城市“三无”人员、农村五保户、60年代精简退职老职工、精神病人“住院难、报销难”问题，进一步规范城乡医疗救助工作，及时为城乡困难群众提供更加有效、便捷的医疗救助服务，按照《六枝特区城乡医疗救助“一站式”即时结算工作方案（试行）》的通知文件精神，开展医疗救助“一站式”即时结算工作救助城乡困难群众3305人，发放救助资金共计476.21万元。

全面落实农村五保供养政策，认真做好五保供养对象审核、审批和动态管理工作，切实做到应保尽保，不断提高五保集中供养率。全区共有农村五保对象1141户1261人，其中，集中供养538人，分散供养745人。发放春节生活补贴22.86万元。同时，加大敬老院建设力度，目前全区共有敬老院18所，其中投入使用的15所，共集中供养农村五保对象538人，根据省民政厅规定，五保对象供养金每年按不低于20%的比例提高，2014年全区按集中供养2040元.年/人、分散供养1440元.年/人的标准发放供养金213.95万元。按每位入住的五保对象年人均2000元的标准投入107万元的建设管理资金。2014年计划新建箐口乡敬老院，改扩建梭戛、龙场、岩脚、中寨和毛口5所敬老院，目前正在实施过程中，预计年底主体工程可全部完成。

进一步健全完善社会救助体系，有效解决城乡群众临时性、突发性生活困难，根据《民政部关于进一步建立健全临时救助制度的通知》《省人民政府办公厅关于健全完善临时救助制度的实施意见》精神，按照特区政府出台的《六枝特区临时救助制度实施办法》，2014年救助对象105人，发放临时救助资金19.25万元。

【救灾救济】 2014年，全区先后遭受低温冷冻、风雹、洪涝等灾害侵袭，19个乡镇不同程度受灾，据统计，全区受灾人口约23万人次，紧急转移安置302人，农作物受灾面积6935公顷，成灾面积3916公顷，绝收面积727公顷，倒塌房屋12间，严重损坏房屋24间，因灾造成直接经济损失约10200万元，其中农业经济损失约8499万元。灾情发生后，全区各级各部门高度重视，形成“上下齐心、部门联动、社会参与”的救灾工作机制，切实保障灾民基本生活。共投入救助资金1200余万元，采购大米1808吨、棉被3500床、棉衣3500件、帐篷400顶用于受灾困难群基本生活救助，下拨自然灾害生活补助资金260余万元（含冬春救助资金100万元）到各乡镇安排使用，救助灾民共计约6.79万人。按上级要求，对2014年因灾需口粮、衣被等救助的困难群众进行了全面排查。经排查，2014—2015年冬春期间，全区需口粮、衣被等救助的受灾困难群众有74225人，需救助资金约1300万元。

【双拥优抚安置】 开展“双拥”宣传和国防教育。利用悬挂、张贴宣传标语，发放宣传资料，陈列展板、墙报，设立宣传点，新闻媒介传播等方式开展经常性双拥宣传和国防教育。为增强双拥和国防意识，将国防教育纳入全民教育总体规划，建立了党政、部队、社会群体、学校和家庭“五位一体”的国防教育体系，全区19个乡镇、76个单位、8所直属学校共2万名干部、职工、学生参加了双拥宣传活动。悬挂、张贴双拥宣传标语100余条（幅），发放宣传资料1万余份，展出双拥、国防展板70块，墙报16期，设立宣传点20处，广播电台播出新闻30篇（次），有线台播放国防新闻、双拥新闻28条，开辟《国防教育》专栏4期，在春节、“八一”期间，组织双拥文艺演出、国防和双拥教育图片展等活动。19个乡镇设置双拥宣传标牌1000余平方米；特区双拥办城区主要街道及在水黄路郎岱段设置了1060平方米的大型双拥宣传版面。双拥宣传真正做到了广播上有声、电视上有影、报纸上有字、公路有牌，形成了良好的双拥宣传氛围，进一步增强了广大军民的国防和双拥意识，掀起了新一轮争创工作的新高潮。

积极开展烈士公祭活动。充分利用爱国主义教育基地，开展革命传统教育，清明期间，参加祭扫革命先烈就达1万余人。9月30日（烈士纪念日），有1200余人参加了烈士公祭活动。

全面落实优抚安置政策。认真贯彻执行优抚安置政策法规。按“城乡统筹优待”的原则，按4500元的标准兑现义务兵家属优待金379人，资金171.4016万元；全年接收退役军人197人其中：农村退役士兵及复员士官192人，符合安排工作条件的退役士兵5人，申请培训的160人。组织退役士兵到省、市、特指定的培训机构进行计算机操作与维修、汽车修理、工程机械驾驶、自主创业等专业培训，培训人数120人，培训率达75/%，自愿培训率100%；安排就业5人；发放待安置期间生活补助5人，资金1.52万元；发放退役士兵自主就业经济补助192人（3600元/年），资金182.736万元，全面完成安置任务。坚持依法落实优抚政策，为“最困难的人”“最需要帮助的人”动真情、办实事、解难题。健全完善重点优抚对象补助自然增长机制，在乡老复员军人生活补助自然增长机制在2013年的基础上每人每月增加了58元，优抚对象补助得到逐年提高，全年按时足额发放抚恤、定期补助金3098人，资金1488.5万元；解决了重点优抚对象的生活难2941人，资金307万元；解决重点优抚对象住房困难138户，资金173.4万元；为重点优抚对象代缴参合金2244人，代缴资金15.708万元，实施二次医疗救助163人，资金24.5万元。为解决重点优抚对象医疗困难，在特区人民医院增设了优抚中心，优抚对象可享受优先挂号、优先就诊、优先取药、优先住院的“四优先”服务。为彻底解决优抚对象就医问题，特区政府采取资源整合的办法，投资5460万元建设优抚医院，项目总占地面积15600平方米，新增优抚床位100张，人员编制140人。重点优抚对象生活、医疗、住房问题得到了保障，进一步树立了党和政府的形象，促进了社会稳定和谐。

【信访维稳】 在19个乡镇220个行政村25个社区居委会分别设立了信访接待站、接待点，组建了信访信息员队伍。复退军人信访维稳工作形成区、乡（镇）、村（社区）三级上下相连、左右相通的接待网络体系。深入推行“四个知道、一个跟上”及“一卡四单”的群众包帮工作方法。特别是在解决重点优抚对象“三难”上下功夫，切实解决实际困难，实现了复退军人“零上访”工作目标。2014年5月，“全省双强化双化解暨社会稳定风险评估经验推进会”在六枝召开，成功经验在全省得到推广。

【撤乡并镇、撤区建市】 根据全省县域空间布局调整改革工作座谈会及全市县域空间布局调整改革工作会议精神，积极开展撤乡建镇调研工作。在2013年行政区划调整工作基础上进一步压缩乡建制，大力推进撤乡并镇工作，拟撤销箐口彝族仡佬族布依族乡和堕却乡，组建关寨镇；拟撤平寨镇设立三个街道办事处，即把原来的19个乡镇通过撤并调整为13个镇1个乡3个街道办事处。7月底向市政府报送撤乡设并镇所需各项附件资料。8月22日，省民政厅和市民政局分三组分别到特区的牛场乡、箐口乡和中寨乡召开行政区划调整初审复审座谈会，对拟撤箐口乡和堕却乡组建关寨镇、拟撤牛场乡和新场乡组建丽水镇和划中寨乡鲁戛等4个村到毛口乡组建毛口镇的区划调整进行初审复审。根据市委市政府安排，将拟设的毛口镇更名为牂牁镇，现正在完善更名所需的最后申报材料。待省政府批准撤乡设并镇工作后，顺势启动撤区设市工作。

【地名标牌维护】 对中心城区高层建筑物名称进行一次清理，并录入地名数据库，为群众提供准确的地名公共服务。召集交通、城管、公安等地名委员会成员单位对城东惠民小区的一条新建街道进行正式命名为“东兴街”；将原“交通路”重新命名为“九龙路”；将新修“南环路”正式命名为“牂牁大道”；将新修的“迎宾路”正式命名为“迎宾大道”。与贵州兴晨广告有限公司签订相关合同，对中心城区路名标牌进行更换，重新安装灯箱式路名标牌，现安装工作已完成。

【社会事务管理】进一步提升社会组织的登记管理服务。对申请登记符合条件的2家社会团体和14家民办非企业单位进行了登记发证。在提供登记资料的同时，要求各社会团体和民办非企业单位对各自的会员进行排查，党员达到3人的，单独建立党支部；党员不足3人的，挂靠党支部，并要求党支部出具证明。对特区30家民间组织年检。在年检过程未发现违法违规现象，年检率77%。依法注销六枝特区安全生产技术协会，六枝特区新窑乡鑫源种养殖协会、六枝特区播雨村海原核桃种植协会。依法对社会组织和民办非企业单位开展执法检查工作。对特区51家民间组织进行抽查（其中：2013年6月30日以前登记27家，2013年7月1日以后登记24家），抽查26家，抽查率为51%。被抽查的社会团体和民办非企业在开展活动中没有发现违法违规情况。开展社会组织评估工作。对六枝特区水土保持学会等4家社会组织审核打分，最终六枝特区水土保持学会861.8分评定为3A级社会组织；六枝特区中药材种植协会859.4分评定为3A级社会组织；六枝特区岩脚镇顺达养殖协会852.8分评定为3A级社会组织；六枝特区残疾人居家托养服务中心909.6分评定为4A级社会组织。

【社会福利事业】 一是特区福利院的管理从“五个加强”得到规范。加强护理等级工作，提高服务质量。加强制度建设，用制度约束人，树立“视院民如亲人”的思想。加强资金管理力度，确保“专款专用”，坚决杜绝出现违法、违规使用资金现象发生。加强食堂管理，改善院民生活水平。加强对孤残儿童的文化和品德教育，提高他们的学习成绩，促使孩子们身心健康成长。现有院民43人，其中孤残儿童和社会弃婴28名，困境儿童2名，老人13名。二是孤儿信息统计上报及救助资金发放逐步规范。现有孤儿174名（其中集中供养27人，分散供养147人），生活费实行直接发放。共发放孤儿生活费179.59万元，累计救助孤儿2100人次。发放“两节”慰问金28.26万元。收到孤儿申报资料及时从网上申报，2014年新增孤儿27人，注销31人（年满18周岁未在校读书和已送养孤儿）。三是城市流浪乞讨人员医疗、返乡、接送等救助工作逐步规范。共救助各类流浪乞讨人员855人次，其中未成年人48人次，精神智障者50人，已治疗好转并送回原籍的29人，现在院21人。共支付救助金额将近69万元。为进一步提高救助流浪乞讨人员水平，开展了六枝特区救助管理站项目建设。该项目选址于平寨镇小寨村，计划投资940万元，占地5亩，建筑面积5249平方米，床位120张。现项目前期工作基本完成，三通一平完成，待设计方案评审通过后即可进行招投标，预计12月可进入主体工程建设环节。

【收养登记和婚姻登记】 2014年，办理国内收养登记1件。办理结婚登记5852对，离婚登记817对。共抽查婚姻登记档案2977对（结婚2447对、离婚136对、补领20对、补办374对），在抽查的2977对婚姻登记档案，合格率100%。

【殡葬改革】 2014年1月2日，召开特区殡葬联合执法专项行动工作会议，对丧葬用品市场及殡葬秩序整治联合执法专项行动的开展作出了具体安排。印发了《六枝特区人民政府办公室关于印发六枝特区丧葬用品市场及殡葬秩序整治联合执法专项行动的实施方案的通知》文件，安排部署了整治行动各阶段工作。印制《六枝特区人民政府关于开展丧葬用品市场及殡葬秩序整治的公告》420份，下发各乡（镇）进行张贴。2014年8月11日，区政府与区辖企事业单位、机关团体、乡镇分别签订了《2014年度殡葬改革工作目标管理责任书》，进一步明确了各单位、部门、乡镇的目标责任，便于下一步部门联合执法过程中的协调与事件处理。并要求各乡镇严格按照属地管理原则，加强殡葬改革工作力度。层层部署，与各村签订责任书，与干部职工签订承诺书，同时把殡葬工作列入村（居）民自治的村规民约中。

2014年9月30日，印制了《六枝特区人民政府关于开展丧葬秩序整治工作通告》500余份进行张贴。由特区政府办牵头，民政、国土、环保、林业等部门联合各乡镇对辖区内的非法碑石加工点进行了强制取缔。共出动执法人员200余人次，共查处非法丧葬用品店、碑石制作点共计69个，当场取缔非法碑石制作点14个，并组织铲车对依法取缔的碑石点进行清场处理。

【老龄工作】 2014年，在9个乡（镇）、17个村建设17个农村幸福院，现已全部完成基础建设工作，各级下拨资金落实到位，各项工作正在不断完善之中。同时，指导各乡（镇）做好下一步的农村幸福院建设项目申报工作，已向上级有关部门申报2014—2015年新建幸福院项目材料33个。

按照政府主导，社会化运作的原则，深入加强居家养老服务工作。各社区结合社区建设稳步推进居家养老服务工作，城乡社区服务规范化建设逐步开展工作，农村社区服务站工作有序进行，依托农村社区服务站、乡镇敬老院、农村幸福院，为农村需要服务的困难老人提供必要的服务。加强打造平寨镇那固坝社区和郎岱镇木城社区居家养老服务示范工作。

2014年发放90～99周岁高龄补贴2667人（100元/月）共计金额800100元，发放100岁以上高龄补贴85人（200元/月）共计金额51000元。共计发放高龄补贴851100元。春节期间特区党委、政府四大班子携民政局、对辖区内的21位百岁老人进行了慰问，每位百岁老人发给慰问金1000元，并对老人进行了常规的身体检查。同时还对19户特困五保户，每户300元；19户空巢老人，每户300元；敬老院146名老人，每人300元；享受地专级待遇离休干部4人，每人1000元；离退休老干部81人，每人700元；老干部遗孀33人，每人800元；老红军1人2000元进行慰问。共计发放慰问金16.53万元。

民族　宗教

【概况】 2014年年底，六枝特区民宗局有干部职工共13人，其中，有领导干部3人，股（室）主任3人，主任科员2人，其他干部5人。全体干部认真落实中央、省、市民族和宗教工作会议精神，努力促进民族团结进步、宗教和谐稳定。

2014年，六枝特区境内有苗族、彝族、布依族、回族、仡佬族31个少数民族，少数民族人口20余万人，占全区人口的30.52%。少数民族主要分布在境内19个乡（镇），其中较为集中的乡（镇）有落别、折溪、牛场、中寨、箐口、洒志、毛口、梭戛、陇脚等9个民族乡。各民族在境内形成了大杂居、小聚居的格局。境内有佛教、基督教、天主教、伊斯兰教和道教，有宗教活动场所38处，登记在册的信徒6055人。其中：基督教活动场所27处，信徒3657人；佛教活动场所7处，信徒638人；天主教活动场所1处，信徒80人；伊斯兰教活动场所3处，信徒1680人。

【民族地区经济发展】 2014年，民宗局争取各级少数民族发展资金共216万元，安排项目18个；争取民族教育文化建设项目资金36万元，安排项目6个。主要用于帮助少数民族和民族地区改善水、电、路等基础设施和发展民族经济、教育、文化事业。2014年牵头向省、市按时申报民族贸易企业45家，获省认定民族贸易企业41家。为六枝特区廻龙溪温泉旅游开发公司争取贴息资金25万元，为民品企业宏奇药业争取技改资金10万元，为贵州六矿瑞安水泥有限责任公司等两家企业争取了流动资金贴息贷款共计1.05亿元。

【开展民族团结进步创建活动】 2014年，认真开展民族团结进步"四项"教育"六进"活动等民族团结进步创建活动。制订民族团结进步创建方案，通过"民族团结进步宣传月"等活动方式，抓好创建示范单位申报工作。在2014年的民族团结进步创建工作中，梭戛乡被授予"全国民族团结进步模范集体"，得到了国务院的表彰，平寨镇团结路社区、毛口乡西陵村、落别乡底耳村、六枝宏奇制药有限公司和六枝特区公安消防大队获得了省委宣传部、省委统战部和省民宗委命名的民族团结进步创建活动示范单位。

【特色民族文化村寨建设】 结合"3155"工程、"四在农家、美丽乡村"六项行动计划，整合了各级各类资金，打造了梭戛乡高兴村、陇脚乡补雨村、落别乡底耳村、牛角村等特色民族文化村寨。在2014年市人大开展特色民族村寨工作调研中，得到了调研组的高度认可。

【民族地区社会事业发展】 一是抓好少数民族贫困大学生资助工作，兑现了少数民族贫困大学生补助24人4.8万元。二是巩固双语和谐环境示范点建设，开展双语人才队伍建设调研，抓好双语教学，三是配合抓好7名少数民族岗位招考的民语测试工作，四是做好民族语言使用情况状况调查，开展民族统计监测工作。

【民族古籍】 为深入实施民族古籍抢救计划，2014年，民宗局古籍办根据年初制订民族古籍普查方案，在全区范围内全方位多角度开展民族古籍普查工作，积极申报民族古籍保护项目，制作民族口碑古籍光碟，上报古籍传承人档案、照片及影像资料，撰写民族古籍词条，圆满地完成了市古籍办下达的古籍收集整理任务。

【宗教事务管理】 一是抓好《贵州省宗教事务条例》的学习和宣传，组织宗教团体和宗教教职人员面对面开展《贵州省宗教事务条例》等政策法规的培训，向信教群众宣传宗教政策法规，维护信教群众的合法权益。密切关注宗教动态，真正在群众中树立"民族宗教无小事"的意识，维护民族团结、宗教和顺。二是完善宗教管理网络。注重特区、乡（镇）、村（居）三级宗教工作管理网络建设，明确了乡镇分管领导及宗教工作联络员的有关职责，确保宗教管理网络全覆盖。三是依法管理宗教事务。开展以"教风"为主题的"和谐寺观教堂"创建活动，按照"保护合法、制止非法、抵御渗透、打击犯罪"的原则，加大辖区宗教活动场所和宗教教职人员的摸底排查工作，建立健全各项规章制度，明确职责，责任到人，使各宗教活动场所敢管理、会管理和接受管理。

【宗教教职人员培训】 做好新颁布的《贵州省宗教事务条例》的贯彻落实。2014年，根据宗教教职人员的文化结构和年龄状况，研究制订《六枝特区民宗局宗教教职人员及活动场所负责人培训方案》，认真开展"宗教政策法规宣传月"活动，在六枝基督教堂组织举办了宗教法律法规培训。通过培训，使宗教教职人员能够依法开展宗教活动，依法对宗教教职人员进行备案，增强了信教群众对宗教政策法规的水平，不断提高依法开展宗教活动，抵御宗教渗透的能力。

人力资源和社会保障

【概况】 2014年，人力资源和社会保障局以政务公开为重点，紧紧围绕全区经济发展和全面建设和谐社会的总体目标，立足于工作实际，认真履行部门职能。始终把人才队伍建设、加强就业再就业工作、稳步推进社会保险体系建设和社会保障的社会化管理水平为重点，牢固树立人才是第一资源、社会和谐稳定是基础的思想，不断开拓创新，进一步改进工作作风和工作方法，人事人才、劳动、社会保障工作取得新的突破，为维护社会稳定、优化发展环境、建设和谐六枝做出积极贡献。

【人事人才工作】 做好国家公务员日常管理工作：一是不断提高公务员队伍素质，优化人员结构，严格执行《中华人民共和国公务员法》的有关规定，坚持考试录用制度，严把公务员“进口”关。审核上报了2014年公开招考公务员计划95名(其中公安系统85名)，经省级公务员管理部门审核批准。完成网上402人报名及审核工作，对进入面试的30名考生进行现场审核(公安系统由六盘水市公安局组织)；已下文录用10人(公安系统尚未下文)。

按照干部管理权限，做好干部的任免、调配、处理（处分）等工作：一是坚持党管干部原则，严格执行《党政领导干部选拔任用工作条例》。试用期满考核合格行政56人，事业650人；行政任免职40人，事业聘免职288人。二是干部调配共111人。三是对违反干部人事纪律的职工，严格按照有关政策、依据，依法按程序上报特区政府进行处理(处分)，作开除处理3人；辞退6人；辞去公职1人；公务员试用期取消录用1人；同意解除聘用合同及取消聘用资格45人；违反计划生育处理期满恢复工作2人.

完成2013年度行政、事业单位年报统计工作：政府系统公务员共1207人；参照公务员法管理的事业单位人员共159人；事业单位管理人才、专业技术人才共8882人（专业技术人员7059人，管理人员1823人），工勤技能人员256人。

组织开展专业技术人员继续教育及干部教育培训工作：对各行业主管部门接受继续教育的基本情况和学时数进行督查及核实统计，完成公需科目《心理健康及心理调适》的培训考试工作，参加人员8100余人。

做好2013年度国家公务员、党的机关工作者、事业单位工作人员的年度考核审批。国家公务员和参照公务员法管理的事业单位工作人员应参加考核1282人，实际参加考核1278人；事业单位专业技术人员、管理人员和工勤人员应参加考核8597人，实际参加考核8572人；审核年度考核优秀等次人员纪实手册1211本，办理优秀证书1211本；对全区公务员及参公管理事业单位工作人员年度考核被确定为优秀等次176人给予嘉奖及记三等功人员进行奖励审批(其中记三等功8人)。

不断提高机关、事业单位工作人员素质、优化人员结构、增强机关事业单位活力、规范单位招聘行为，全面推行招录（聘）用人员新机制：按照“公开、平等、竞争、择优”的原则，严格招聘程序。2014年度进行了两次事业单位面向社会公开招聘工作人员工作，共招录了337人(第一次43人，第二次294人)，有效充实了事业单位尤其是教育、卫生系统的人才队伍，现已为所有录用人员办理了相关聘用工作；赴省内外高等院校引进事业单位工作人员61人，其中卫生系统35人（人民医院18人；市二医17人）、教育系统26人(特区一中10人、特区七中8人、市二中8人)。

军转工作：做好企业军队转业干部的思想工作，指导自主择业军队转业干部办理医疗保险、养老保险手续，热情接待企业军队转业干部来信、访问，做好信访维稳工作。

【工资福利】 工资及津（补）贴：完成2013年机关（参公）单位1927人年终一次性奖金及1016人年终一次性生活费的审批工作。完成163人正常晋升级别工资，人均增资19元，1986人两年考核合格晋升级别工资档次，人均增资40元；完成7249人考核合格正常晋升薪级工资，人均增资26元。开具新参加工作人员和调动人员工资介绍信227批次，共涉及561人，办理工商系统和质监系统转地方的工资档案审查和工资手续移交；办理机关及参公单位岗位变动，职务调整人员的工资变动共202人，月增资额37929元；办理事业单位岗位变动，职务调整人员的工资变动共1945人，月增资额321035.3元；完成2013年工资年报工作；办理58人的高龄补贴费，月补贴金额1160元；完成2014年规范公务员津贴补贴准备工作，完成2014年工作人员基层工作津贴的工作。完成2013年工资年报工作；协助统计局做好其他非营利性服务行业从业人员和薪酬增长的统计工作。

退休及遗属补助：办理干部退休95人、退职3人，工人退休28人；审核办理21户35人遗属生活困难补助费，月补助金额13670元；审核办理行政参公人员11人的一次性抚恤费1176382元，丧葬费17600元。事业人员13人，一次性抚恤费368800元，丧葬费20800元。

【职称】 推荐1301人参加各级各系列职称评审。其中：正高级4人，副高级656人（教育588人、工程41人、卫生27人），中级621人（教育556人、农业37人、工程27人、图书1人）。初级20人（教育10人、工程10人）。初聘专业技术职务82人（教育48人、工程9人、农业25人），对2010年及其以前取得高、中、初级专业技术资格证书进行审核工作，共审核资格证书711本。

【干部人事档案管理】 根据干部人事档案管理目标要求，加强对全区股级以下（含股级）干部人事档案3842册及对退休、死亡、开除、离职、解聘等1754册干部人事档案的规范管理；认真落实档案工作的“六防”措施；接待查阅干部档案2536人次，收进干部人事档案501卷，转出干部人事档案207卷；复审干部人事档案3255余卷，收进干部人事档案零散材料11300余份。完成干部人事档案改版工作。

【劳动保障】 就业再就业工作稳步发展。2014年，城镇新增就业26889人，为目标任务21000人的128.09%。其中失业人员再就业1162人，为目标任务1050人的110.67%。就业困难人员实现就业738人，为目标任务720人的102.5%。大学生就业821人，为目标任务800人的102.63%。农业富余劳动力转移就业18341人次，为目标任务17000人的107.89%；职业技能培训完成3765人，为目标任务4000人的94.13%，其中城乡未继续升学的两后生培训240人，创业培训570人，农村实用技术培训60人，强制戒毒人员120人、残疾人60人。发放小额担保贷款1715户10025万元，占目标任务10000万的100.25%，建设充分就业社区15个，完成目标任务数15个的100%；城镇登记失业率为3.89%，有效控制在4.5%以内。

加大劳动监察执法力度，切实维护劳动者权益。劳动仲裁的裁决与调解：共收到劳动仲裁申请217件，符合条件立案受理192件，已结案178件，时效内结案率达100%，涉案金额807.35万元；对不予受理的25件，依据相关规定下发不予受理案件通知书。加大劳动监察执法力度，狠抓民工工资清欠：依法及时查办恶意拖欠、克扣民工工资案件，在辖区内深入开展清欠民工工资工作，努力保证民工按时足额拿到工资，共清欠民工工资4227.26万元，涉及民工4023人次。

开展各类专项检查，进一步规范用工秩序：完成专项检查856户，完成劳动监察年审870户。劳动监察查处案件受理194件，结案194件，结案率达到100%。受理工伤认定案件110件，认定110件。在各项劳动监察执法中下达责令改正决定书26份，督促35户用人单位签订劳动合同2662份，规范用人单位劳动规章制度52户，督促20户用人单位参加工伤保险，清退风险抵押金5000元。

【社会保险体系建设】 城乡居民养老保险参保18.4万人，完成目标任务数18人万的102.2%，收缴基金1400万元，完成目标任务数1400万元的100%；城镇职工养老保险参保16194人，完成目标任务数16000人的101.2%，收缴基金6269万元，完成目标任务数6100万元的102.77%；失业保险参保11012人，完成任务数11000人的100.1%，收缴基金750万元，完成目标任务数750万元的100%；城镇职工医疗保险参保22706人，完成任务数22400人的101.3%，收缴基金2800万元，完成目标任务数2800万元的100%；城镇居民医疗保险参保78149人，完成任务数78100人的100.06%，收缴基金201万元，完成目标任务数201万元的100%；工伤保险参保19013人，完成任务数19000人的100.06%，收缴基金950万元，完成目标任务数950万元的100%；生育保险参保20016人，完成任务数20000人的100.08%，收缴基金228万元，完成目标任务数228万元的100%。

档案工作

【概况】 2014年，全区档案常规工作是加强档案业务监督指导，提高各单位、各乡镇档案规范化管理水平；抓好农业农村档案工作；抓好《档案法》《贵州省档案条例》的宣传、学习；加大依法治档力度，强化档案干部队伍培训；抓好重点建设项目档案管理登记；开展现行文件收集和提供利用等。完成创建社会主义新农村档案建设示范县工作。

【社会主义新农村建设档案工作示范区创建活动】 为确保全区社会主义新农村建设档案工作示范区创建活动的有序推进，提高档案基础业务工作的整体水平。于6月5日召开“六枝特区2014年全区档案工作暨创建全省社会主义新农村建设档案工作示范区”活动动员大会，分别与19个乡（镇）签订了目标责任书。档案局、民政局、农业局三个单位联合下发了《六枝特区社会主义新农村建设档案工作示范区创建活动实施方案的通知》等文件，采取有力措施，加强分类指导，责任到人。对全区19个乡（镇），225个村（居、社区）及区直涉农部门进行专业的档案业务指导。11月27日，市档案局对此项工作进行预验收，综合得分104分，通过预验收，12月15—16日，省档案局验收组对创建活动进行验收，确定为合格，创建工作顺利通过省级验收。

【档案业务工作指导和查阅】 进一步加强档案业务的指导工作。共指导住建局、计生局、国土局、环保局、组织部、统战部、住房保障办、教育局等85个单位及19个乡镇225个村、居、社区328人次。参与指导重大工程项目档案工作14项20人次。进一步完善了档案查阅工作机制，指定专人做好现行文件接收、整理、保管、提供利用等服务工作，充分发挥档案的服务功能，进一步简化手续和程序，最大地满足人民群众的需求。2014年共接待档案查阅188人次、提供档案999卷次（其中编史修志68卷次、工作察考379卷、其他552卷次）。解决了人民群众养老保险、婚姻登记、房产、土地等档案查阅。

【“6·9”国际档案日宣传】 6月9日是联合国教科文组织下辖的国际档案理事会确定的一年一度的“国际档案日”，也是我国档案部门第二个“国际档案日”宣传活动日。档案局开展了主题为“让档案走进家庭”的宣传活动。在街心花园设立咨询台、展览宣传图片、悬挂宣传横幅及发放宣传画册等多种形式的宣传活动，向群众宣传档案部门的职责与任务、档案法律法规知识、家庭建档的方式方法和意义等方面的专业知识。活动共悬挂横幅1条，宣传图片4幅，发放宣传资料200余份，接受咨询150余人次。进一步扩大了档案和档案工作的社会影响，提高民众的档案意识，让更多的群众知晓了解档案工作“记录历史、传承文明、服务社会、造福人民”的特殊作用，提升了档案工作社会服务能力，逐步培养民众建档管档用档理念。

【档案管理】 按照“八防”(防盗、防火、防潮、防尘、防虫、防高温、防强光)要求，做好安全配套措施、库房温湿度记录工作，定期投放防虫药。与5月份和10月份分别对库房进行了1次彻底清扫。做好档案安全保密工作检查，分别对档案局馆涉密文件信息资源管理情况、消防安全等进行了全面检查，进行详细登记、核对汇总。全年未发生失、泄密现象。

【重点档案抢救保护】 积极向上级争取重点档案抢救保护，已成功申请的项目有郎岱古镇、岩脚古镇历史文化、布依民族文化、箐苗服饰等，争取资金8万元。

园区建设

六盘水郎岱农业产业园区

【概况】 郎岱农业园区位于贵州省重点小城镇和历史文化名镇——六枝特区郎岱镇。2011年11月份开工建设，2012年2月建立管委会，2013年3月成立党工委，为副县级全额拨款事业单位，定编20人，为特区党委、政府的派出机构。规划面积12万亩，涉及20个村3.8万人，其中贫困村6个，贫困人口1.52万人。规划主导产业为发展4万亩猕猴桃、4万亩魔芋和1万亩商品蔬菜，通过发展辐射带动周边区域发展猕猴桃6万亩、魔芋6万亩和蔬菜2万亩。规划配套产业为发展2万亩茶叶和生态养殖，辅助产业为农产品加工、农产品交易和农业观光旅游。园区规划于2017年基本建成，规划总投资30亿元，建成后年总产值和总收入可达60亿元，规划区内农民人均纯收入可达1万元以上。

【区位】 园区地处贵安新区和毕水兴经济圈结合部。水黄高速、晴新高速穿境而过，距离沪昆高速20公里，贵昆高速铁路8公里，实现与西部成渝经济区和东南沿海经济区的对外联系。六枝特区打造的牂牁江大旅游区也将有力地促进园区的发展，成为贵州省发展活跃的区域。突显的地理位置优越、生产优势、交通运输便利，将打造一个快速发展的现代农业产业园区。

【基础设施】 整合各部门各类资金1.4亿元，园区水、电、公路、通信等基础设施建设基本解决。园区已建成主干道101.75千米、机耕道30.4千米、生产便道45千米、沟渠（含管网）122.655千米、蓄水池537个6500立方米、配套建设供电能力630千伏安箱变三个、配套建设供水能力2000吨/日、PC板温室大棚13824平方米、塑料连栋大棚14400平方米、100个单体大棚建设、通信实现全覆盖，建成14742平方米标准化厂房、7000平方米企业科研办公用房，供电、供水、排水、绿化等配套基础设施建设正在有序推进，为企业投资、入驻园区提供充足的条件。

【企业引进】 入驻园区的有5家省级农业产业化龙头企业，13家市、县级农业产业化龙头企业，有74个种植、养殖农民专业合作社。2014年，园区总投资11.52亿元。实现总产值16.83亿元。园区企业开发的“宜枝”魔芋制品、“乌蒙”茶叶、“黔龙”和“九龙液”白酒、“牂牁江”系列食品、“月亮河”生态蛋禽、“郎岱酱”以及郎岱西瓜、郎岱牌蔬菜等在省内外已有一定知名度。

【发展目标】 按照“市场化运作、商品化生产、企业化管理”的要求，全力推进产业基地建设、加快完善基础设施配套，强力开展招商引资、不断提升科技含量，努力将园区打造成为农民增收、农村经济发展的“助推器”和“火车头”。

六盘水路喜循环经济产业园区

【目标任务完成情况】 2014年，完成规模以上工业总产值5.86亿元；完成全社会固定资产投资33.08亿元，其中产业项目27.78亿元。完成税收0.78亿元，为任务数的130%；完成招商引资任务63.91亿元，为任务数的127.82%。解决就业1100人，其中新增就业374人，分别占任务数的110%和467%；新开工项目1个，占任务数的100%；新投产项目3个，占任务数的100%；新增规模以上企业3个，占任务数的100%；建成污水处理厂1个；园区供水、供电、排水、道路、通信网络等已实现，基本达到“七通一平”。

【党员队伍建设】 强化制度建设，坚持“三会一课”制度，切实加强党员教育管理，坚持党务公开，畅通党员参与和监督党内事务渠道，不断激发基层组织活力。严格党的组织生活，按期召开民主生活会，认真开展批评与自我批评，切实加强党员政治思想教育。按照“控制总量、优化结构、提高质量、发挥作用”的方针，认真做好2014年发展党员工作。向特区组织部争取非公党建经费5000元，用于培训预备党员和入党积极分子。

【非公党建】 建立健全组织机构，切实推进党建工作深入开展，指导企业配备专职人员从事党务工作，实现了党的组织和工作全覆盖。协调企业落实党组织活动场所及相关党务办公场所，在党建经费投入上给予充分保障，园区党建工作达到了有场所、有设施、有标志、有党旗、有书报、有制度的“六有”标准。以建设学习型党组织与学习型企业为目标，利用远程教育和党务干部培训、经营管理人员培训等平台，强化对企业员工的学习培训，不断提高企业职工的综合素质。如组织员工学习《三字经》《论语》《庄子》《道德经》等中华传统文化经典作品，要求员工撰写心得体会，做到学有所悟，学有所得，学以致用。

【党风廉政建设】 认真落实党风廉政建设“主体责任”，制订了《2014年六盘水路喜循环经济产业园区党风廉政建设工作计划》；党工委书记与班子成员，班子成员与分管局（办）负责人签订了党风廉政建设责任书，层层落实党风廉政建设责任；建立了机关工作人员勤政廉政等级管理档案；全体干部职工签订了不出入私人会所、不接受和持有私人会所会员卡承诺书。贯彻落实中央“八项规定”，省、市、特区“十项规定”精神，《六枝特区惩治和预防腐败体系2014年度计划》《2014年全区反腐倡廉建设工作要点》，制订下发了《2014年六盘水路喜循环经济产业园区惩治和预防腐败体系实施方案》《2014年六盘水路喜循环经济产业园区惩治和预防腐败体系责任分解方案》，通过加强党风廉政建设，优化服务环境。

【“四创”工作】 一是成立了六盘水路喜循环经济产业园区“四创”活动领导小组，结合园区实际对“四创”工作任务进行分解，设立了创建文明园区工作组、创建卫生园区工作组等4个创建工作组，具体负责“四创”工作。二是及时下发了《创建“文明园区”工作方案》《创建“卫生园区”工作方案》《创建“环保模范园区”工作方案》。积极开展“明礼知耻.崇德向善”主题实践活动、“共享全民阅读.同绘中国梦”全民读书活动、“双学双争”活动、“公民科学素质”提升活动和“语言文字”活动；建立了六盘水路喜循环经济产业园区志愿者服务团队，积极开展自愿服务工作；设立了“四创”固定宣传栏，切实加强“四创”宣传工作；认真开展机关办公场所专项整治活动。三是建立“四创”信息上报制度，明确了信息员及信息联络员，及时上报“四创”工作信息，全年共上报“四创信息”38篇。

【抓融资合作、破解资金瓶颈】 加大与上级的沟通对接力度，切实解决园区融资问题。2014年5月，六盘水能源投资公司投资5000万元入股园区洗煤厂；六盘水市交通投资开发有限责任公司给园区借款3000万元；省经信委下发文件同意给园区贷款贴息980万元；省财政厅、省商务厅下达2014年第四批省级开放型经济发展专项资金，补助路喜园区贷款贴息资金100万元；省财政厅、省经信委下达2014年贵州省工业和信息化发展专项资金计划（第二批工业园区），补助路喜园区六枝变电站至园区同塔双回路输电线路建设项目100万元；市财政局、市经信委下达2014年市级工业转型升级发展专项资金，补助园区项目建设100万元。

六盘水木岗产业园区

【概况】 2014年，坚持稳中求进、提速转型、又好又快的总要求，以“增量提质、跨越转型”为总目标，以“调中求进、好中提速”为总基调，围绕“四个更加”，推进“四化同步”主战略，紧密结合园区工作实际，以招商引资工作为核心，以项目建设为抓手，以完善配套为基础，创新工作思路，着力破解难题，努力把园区建设成为“产业更加优化、环境更加优美、效益更加明显”的地方特色产业园区。

【经济指标完成情况】 2014年11月，园区完成工业总产值9.8亿元，完成全年目标任务10亿元的98%，预计全年完成12亿元，同比增长82%；完成固定资产投资21亿元，完成全年目标任务25亿元的84%，其中完成基础设施建设投资8亿元，完成全年目标任务13亿元的62%；产业项目投资完成12亿元，完成全年目标任务的100%。预计全年完成30亿元，与去年同期持平；完成税收1.4亿元，完成全年目标任务1.2亿元的117%，预计全年完成1.6亿元，同比增长100%；完成招商引资签约资金52亿元，招商引资到位资金完成21.66亿元，完成全年目标任务18亿元的122%，预计全年完成26亿元，同比增长79%。

【招商引资】 园区始终把招商引资和加快项目建设作为园区的核心工作，采取“领导带队招商、以商招商、标准化厂房招商、园区招商”等方式强力推进招商。在研究制订园区《委托招商引资奖励办法》的基础上，积极与沿海地区的商会、联盟取得联系，并与珠江三角州产业联盟达成协助招商协议，通过以商招商的方式，扩大沿海企业的接触面、提高了企业的认知度和了解程度。现入驻园区企业34户，其中2014年新签约项目22个，新开工项目15个，完成全年目标任务10个的150%，同比增长42%；新投产项目12个，完成全年目标任务10个的110%。

【基础设施建设】 截至2014年11月，园区已建成标准化厂房7.6万平方米，在建11万平方米，完成全年目标任务15万平方米的51%，标准化厂房入住率达到71.6%，完成市级全年目标任务90%的79.6%，其中，在建11万平方米标准化厂房预计2014年12月全面完工，2015年初可投入使用。园区路网建设已完成，其中：完成工业大道总长3.03公里，次干道1.92公里，支路网4.66公里，并配套完成道路绿化亮化工程。

【重点项目建设】 1. 六矿瑞安（海螺）水泥有限公司二期技改项目。总投资9亿元，建设规模为4500顿/天熟料水泥，同时配套9兆瓦纯低温余热发电，年产熟料148.5万吨，年发电量5564×104千瓦时，项目占地21公顷。项目现于2014年5月28日正式点火投产，日产将达到1万吨水泥，年产量将达到360万吨，产值可达到10亿元，税收8000万元，新增就业岗位150个。

2. 贵州圣济堂药业公司六枝特区圣济堂医药食品工业园项目。总投资2亿元，占地约15公顷，分两期建设，一期完成投资6000万元，建设规模1.2万平方米，建成后可生产片剂1亿颗、输液6000万袋、胶囊2亿粒。产值将达到3亿元，可创税收3000万元，新增就业岗位150个。该项目于2013年6月29日正式开工建设，现已建成标准化厂房1.2万平方米，完成厂区基础设施，正在进行设备安装和生产车间的装修。

六盘水牂牁江旅游文化产业园区

【概况】 2014年，园区党工委、管委会紧密结合《政府工作报告》和《2014年特区政府工作报告主要任务分解表》《2014年特区政府工作报告“十件民生实事”主要任务分解表》的总体要求和部署，对照年初既定的工作目标，结合牂牁江旅游文化产业园区工作实际，进一步明晰工作思路，创新工作方法，提高管理决策水平，有序推进各项工作。

【作风建设】 一是加强园区内部管理，改变干部工作作风，调动干部职工干事创业的积极性和主动性，增强责任感和使命感，提高园区旅游服务质量和服务水平。以开展党的群众路线教育实践活动为契机，对园区实施制度化管理，制订目标工作计划，采取行之有效的工作方法，从根本上调动广大干部职工的积极性，取得了良好的效果。二是加强作风建设，落实两个责任，坚持党要管党、从严治党方针，改变用人机制，强化专业人才队伍建设。园区现有领导干部7人，工勤人员1人，新招考工作人员2名。大力进行思想作风整顿，采取开展批评与自我批评、严格上下班和值班制度，切实转变干部职工的工作作风，将干部工作作风转移到服务景区、服务建设、服务客商、服务游客上来。真正将园区干部的人员结构调整到最优、思想素质调整到最佳、综合能力调整到最强的状态，将“以人为本”的理念真正贯通到各项工作中。

【旅游规划与设计】 一是按照特区党委、政府的要求，为使牂牁江景区规划高起点，建设高标准，公开寻找有实力、有权威的规划设计单位对该旅游景区进行概念性、理念性的规划设计编制。通过对规划单位进行评比，于2014年3月31日与大地风景国际咨询集团签订景区控制性详细规划和修建性详细规划设计编制合同。9月29日，在牂牁江大酒店召开城规委会议，评审通过了规划设计成果。

二是确定贵州博盟正泰数字城市发展股份有限公司作为阿志河、西嘎、鲁嘎1∶500地形图测绘单位，并完成测绘工作。

【项目建设】 利用现有的云上牂牁文化广场，引进六盘水弘景旅游开发有限公司对其进行升级打造工程，完善旅游“吃、住、娱、购”等相关功能，完成投资1070万元；吸引当地农户闲散资金，以入股的方式投资200万元对阿志河旅游服务中心进行升级改造，对服务区停车场绿化美化、餐饮、住宿等基础服务设施进行打造；引进六盘水天一集团升级改造西嘎游客服务中心项目，完成投资300万元；完成西嘎海事码头升级改造项目200万元；投资13.28万元购置旅游安全执法船只1只；完成西嘎游客服务中心景观防腐木屋改造项目90万元。强化沿湖生态治理，农业休闲旅游项目投资活跃。整合农、林、水利专项资金及引进私营企业资金共3536万元投入景区生态环境治理。涉及项目有：省水利厅投资建设的毛口水保科技示范园项目186万元；市农委及果图尔格（私人）投资的毛口精品水果种植项目200万元；毛口片区邓兴丽（私人）投资种植1000亩兰竹300万元；特区林业局投资的西嘎石漠化生态治理工程68万元；鸿森茶叶发展公司投资西嘎茶园及精品水果项目2850万元；旅游精品水果产业门楼及观赏步道建设项目506万元。

【宣传促销、拓展市场】 一是加强宣传推介，全面提升度假区知名度。充分挖掘民族民间文化，借助节庆活动做好旅游文化宣传策划。启动“2014首届六盘水牂牁旅游文化节”系列活动。活动主题：“观云上牂牁 探迷失夜郎”。时间从农历三月三开始，每一个半月推出一次策划活动。“五一”到“十一”期间，重点于8月8—11日投入300万元推出国际滑翔伞邀请赛活动。

二是充分利用节会平台开展宣传展示工作。2014年，以六盘水市“消夏凉都文化节”为契机，宣传牂牁江旅游形象，扩大牂牁江旅游影响力和知名度。

三是积极参加市政府及上级业务部门组织的旅游推介会和旅游招商洽谈会。4月15日，赴重庆开展“凉都六盘水旅游重庆推介活动”，并与重庆旅游协会签订了旅游合作协议，建立了长期旅游客源合作关系。考察景域旅游策划公司，邀请该公司进驻六盘水对六盘水市旅游发展进行把脉、规划及一站式开发服务；4月26日，到贵阳开展了“花海漫步凉都自驾游六盘水旅游贵阳推介会”，也与贵阳旅游协会签订了旅游合作协议。

【招商引资】 一是认真开展景区开发项目公开招商公告及方案的拟写工作，积极推动景区全面开发建设。按照规划将景区分解为6个土地板块（阿志河、西嘎、鲁嘎、龙坡、木城、老王山），依据每个板块的功能及建设任务，设定招商准入条件，分片区发布招商公告。按照旅游“吃、住、行、娱、购、游、商、学、演”九大要素，结合当前时尚旅游元素参与式、体验式特点，建立年度旅游招商项目库，共计8个项目（西嘎半岛原著酒店项目、西嘎半岛游艇俱乐部（含旅游专用码头）项目、夜郎文化主题公园（含演绎影视城）、毛口云上牂牁度假酒店及附属设施项目、贵州老王山国家生态型多梯度运动训练基地水上运动大本营项目、航空俱乐部项目含索道、森林拓展中心项目等，借助特区招商平台对外招商。

二是拟写贵州省第八届旅游发展大会期间未完成的项目基本情况及存在的问题上报。

三是积极争取上级资金投入景区规划建设。已申请获得市住房和城乡建设局风景管理处规划设计补助费用75万元。

政　协

【概况】 2014年，特区政协在中共六枝特区委员会的坚强领导和上级政协的指导下，在特区人民政府的大力支持下，高举中国特色社会主义伟大旗帜，紧紧围绕促进发展第一要务，牢牢把握团结和民主两大主题，认真履行政治协商、民主监督、参政议政三大职能，充分发挥协调关系、汇聚力量、建言献策、服务大局作用，为促进六枝经济社会跨越发展做出了积极贡献。

【多形式开展政治协商】 2014年，共召开全委会议1次、常委会议5次、主席会议10次、对口协商会6次，分别就特区政府年度工作报告及有关报告、“两院”工作报告、全区重大项目建设、产业园区建设、城镇建设、教育、社会保障、交通、环保、旅游、医疗卫生、农业、提案办理、招商引资、扶贫开发、“四创”、市政基础设施建设等事关全区经济社会发展大局的议题和群众关心的热点难点问题认真协商建言，共商富民强区大计。政协领导班子成员按要求参加特区党代会、党委全会、党委常委会议、政府常务会议、特区党委政府其他有关重要会议以及专委会参加党政有关工作会议等，围绕会议议题积极发表意见建议，努力为促进党政科学决策、民主决策，促进六枝经济社会转型跨越发展和全面建成小康社会建言献策。政协领导班子成员分工联系特区党政有关工作，积极与特区党政分管领导协调配合，共同协调、督促、指导全区各项工作。2014年，累计向特区党委、政府及有关部门提出意见建议300余条，对促进全区经济社会又好又快发展发挥了重要作用。

【提案工作和视察活动】 2014年，共立提案116件，内容涉及经济、政治、文化、社会和生态文明建设等内容。通过重点督办、联合督查、走访跟踪、组织视察、座谈协商、联合办理等形式，有效推动提案办理落实，提案办复率100%。按照促进发展、关注民生的要求，选择特区开发建设重点和关系民生的热点难点，组织政协委员对华润电力六枝电厂项目建设、特区三小、四小、五小及八中规划建设、职业技术学校发展、木岗产业园区建设等情况进行视察，提出了大量意见建议，认真梳理形成视察报告报送特区党委、政府及有关部门决策参考，有力助推相关工作。

【课题调研】 按照“选题求准、调研求深、论证求广、建言求实”的要求，围绕全区经济社会发展重点和人民群众关心的热点难点问题，先后组织政协委员和区直有关单位负责人，就全区新型农村合作医疗制度实施情况、大用现代农业产业园区发展情况、牂牁江景区旅游开发情况等重要课题，深入基层、企业和项目建设一线，深入开展调研，撰写调研报告，提出意见建议报送特区党委、政府及有关部门供决策参考。

【协作交流】 2014年，特区政协本着促进发展、扩大交流、热情大方、厉行节约的原则，积极加强对外交流往来。认真做好各级政协到区政协开展交流活动和调研考察的协调服务工作；参加省庆祝人民政协成立65周年大会、政协工作座谈会及市有关会议，出席了黔滇两省北盘江流域16县（市、区、特区）政协第二轮协作会第十次年会议。通过交流活动，汲取先进经验，增进友谊，开阔视野，拓展思路，扩大对外宣传，搭建相互合作的平台，为促进经济社会跨越发展发挥了积极的作用。

【民生事业】 充分发挥政协联系面广、渠道畅通的优势，深入联系乡镇、党建扶贫点，察民情、集民意、帮民需、解民忧，切实为基层群众办实事好事，促进民生问题的解决。2014年，协调特区农村综合培训中心到联系点大用镇黑晒村举办“绿色证书”培训；协调香港慈恩基金会到陇脚乡中心小学发放助学金6000元，在六枝一中开展优困生助学活动；引进香港爱心人士援建龙场乡新场坝小学和梭戛乡团结小学，每所学校捐资20万元；协调民建贵阳市委企业贵州合石电子商务有限公司到梭戛乡团结小学捐赠价值十万余元的校服、图书及文具；继续开展偏远地区学校调查，掌握学校师资及教学情况，积极向上争取援建和资助。

【纪念人民政协成立65周年活动】 深入学习中央纪念人民政协成立65周年大会精神，认真参加省、市纪念人民政协成立65周年大会及相关座谈会精神，积极报送相关纪念、交流文章。在特区党委的领导下，积极协助召开特区纪念人民政协成立65周年暨政协工作座谈会，学习贯彻中央、省、市纪念大会精神，回顾人民政协的光辉历程，总结特区政协八届一次会议以来的工作，并就进一步做好政协工作进行了部署。

【文史宣传】 发挥文史资料存史、资政、团结、育人的作用，高度重视文史资料收集整理和编辑出版工作，大力挖掘、宣传神秘、悠远的古夜郎文化，进一步提高六枝知名度，振奋民族精神，积极促进精神文明建设和经济社会协调发展。组织政协委员到箐口乡麻翁村、麻翁小学开展调研，收集彝族文化资料及双语教学资料；组织农业、林业、水务、文化、教育、卫生、民政、文联、交通等部门负责人召开文史资料征集会议，动员相关人员积极参加贵州文史资料征集和回忆西部大开发（贵州卷）史料征编，共征集到文史资料21篇。

武装 法制

六枝特区人武部

【概况】 2014年，人武部党委认真贯彻落实上级党委精神，围绕强军目标，以开展群众路线教育实践活动为契机，狠抓各项工作落实，思想政治教育扎实有效，“四项工作”成效明显，参建参治主动作为，征兵工作完成出色，安全稳定基础更加扎实，人武部全面建设呈现稳步发展的良好势头。

【政治教育和理论学习】 围绕战斗力标准的提高，加强政治理论学习。严格落实政治教育和理论学习制度，采取个人自学、集中领学、辅导深学的方式，组织干部职工、民兵应急骨干分队对党的十八届三中、四中全会精神、全军政治工作会议精神，省军区党委十三届二次、三次全会、军分区党委扩大会议精神进行了深入学习，收听收看“两会”报道，传达学习“两会”精神，认真组织学习习主席系列重要讲话精神，与省军区、军分区同步完成了年度党委中心组带机关理论学习，主官分批参加了省军区团以上领导干部理论集训，进一步筑牢思想根基，坚定理想信念、统一思想行动，凝聚意志力量。统筹抓好随机教育和经常性思想教育。针对干部职工和骨干队员不同层次和存在的具体问题，把随机教育与经常性思想政治教育结合起来，充分利用周一交班、每天早点名和执行大项任务等时机，有针对性地开展适时、易懂、有效的随机教育谈心交心活动，增强了经常性思想教育的针对性和实效性。结合国际国内形势发展，教育引导干部职工和民兵骨干队员正确认清当前国际国内形势的复杂性、意识形态领域斗争的尖锐性和增强维护中央权威的重要性、保持社会和谐稳定的紧迫性，使干部职工在政治上、思想上、行动上与党中央、中央军委和习主席保持高度一致，确保了干部职工政治上的清醒和理想信念的坚定。

【扶贫帮困】 结合成都军区下达的“四项任务”，不断推动军地关系融合式发展，改变以往“输血式”扶贫模式，在扶贫联系点堕却乡龙潭村，引进种养殖公司，采取土地集中流转的方式，以“公司+农户”的模式，开展“造血式”扶贫，土地流转手续已基本完成，企业技术员已到位开展相关培训工作。在完成“四项任务”工作中，开展以下工作：1. 协调特区农业局等单位，出资2万余元，解决了帮扶联系点龙潭村的村民饮水工程；2. 协调扶贫局、水利局为陇脚乡何家寨村出资45万元，解决了该村人畜饮水困难。3. 在清明节、“八一”节期间，挤出5万余元，慰问贫困群众、贫困退伍军人、贫困军烈属共计50余人。4. 全体干部职工对接帮扶困难退伍军人17户，在帮助他们理清发展思路的同时，积极协调项目、资金、技术等进行帮扶。5. 对接特区民政局、特区职业技术学校等单位，组织了2期200余人的退伍军人技术培训，积极为退伍军人就业想法子、找路子、出点子，40余名退伍军人通过培训，走上了新的岗位。

【新闻宣传报道】 部党委高度重视新闻宣传工作，采取分任务、压担子的方式，将新闻宣传任务分配到个人。2014年，完成中央级新闻报道4篇，战旗报10篇，为西南民兵杂志供稿3篇，为《国防大视野》《贵州法制生活报》《六盘水日报》《六枝报》等40余篇；完成一类政研文章2篇（“全军政工网”），2类政研文章2篇（“成都军区政工网”），在“省军区政工网”发稿政研文章2篇、省军区简报1篇，省军区要训2条。

【国防后备力量建设】 认真筹划组织召开了2014年度武装工作会议，按照“贵州省新兴领域武装工作建设集训”安排部署，依据六盘水市委、市政府和水城军分区联合下发的《关于开展新兴领域武装工作建设的实施意见》，联合特区党委、政府下发了《六枝特区新兴领域武装工作和民兵转型建设方案》，深入木岗产业园区、郎岱现代农业园区、路喜工业园区和中等职业技术学校进行调查研究，加强与特区党委、政府的请示汇报，初步拟制了园区武装机构建设方案，率先在六枝特区职业技术学校成立了武装部，为挖掘职业学校专业对口高新技术人才奠定了基础。联合特区党委、政府下发了《六枝特区2014年民兵组织整顿实施方案》。采取以会代训的方式对全区19个乡镇武装部部长、干事及本部干部、职工进行了培训。5月，派出3个工作组对辖区19个基层武装部和工业、农业产业园区开展民兵组织调整改革情况进行了专题调研，并点验了5支民兵应急分队和4支专业保障队伍，较好地促进了调整改革工作落实。协调宣传、教育、广电、电信、移动、联通等部门，采取平面宣传与立体宣传相结合，利用广播、电视滚动字幕、大型LED显示屏、公交出租车广告栏、标语、报刊、手机短信等宣传方式，设立固定宣传点20个，群发短信8万余条；开通咨询热线20条，接受学生和家长咨询200余人次；深入村寨（社区）张贴标语、悬挂横幅3000余条（幅），集中宣传21次100余人次；利用高中毕业生返校填报志愿之机，协调辖区5所高中开展征兵政策咨询5次，较好地激发了适龄青年参军报国热情。针对新修订的《应征公民体格检查标准》和《征兵政治考核工作规定》，组织卫生、医院、公安以及专武干部积极开展学政策、严把关、重质量等一系列活动。督促指导各基层武装部按规定组织网上报名、初检、初审，严格执行征兵政策规定，分阶段抓好公示制度落实，严把“预征、体检、政审、学历、定兵”五道关，征集的190名新兵中，大专以上学历50人，占总数的26.32%，高中学历123人，占总数的64.73%，初中学历17人，占总数的8.95%，高标准、高质量完成了征集任务。

【战备训练】 按照平时服务、急时应急、战时应战的要求，大力提高战备训练水平。认真抓好战备配套建设，进一步完善了部队的战备库室建设，对各级各类战备方（预）案进行了修订，不断加快战备配套建设步伐。结合重大节日、重要时节，认真组织战备形势教育。按照军分区的统一部署，组织全体干部、职工进行了值班员培训，全面规范了值班员工作内容和处置突发事件流程。投入5万余元对作战值班室进行了升级改造，形成了集行政作战值班、小型视频会议、营区视频监控等多种功能于一体的集约化智能化值班室。为提高分区部队遂行非战争军事行动能力，检验分区部队战备水平，结合季节性任务特点，先后组织机关带应急骨干分队进行了3次战备应急拉动演练，采取“任务导调、全员出动”的方式，演练了摩托化机动、徒步机动、隐蔽伪装、指挥所开设、情况处置等课目内容，进一步增强了机关应急指挥、快速反应和野外综合保障能力。党委一班人始终坚持战斗力标准，严格落实党委议训制度，对军事训练工作常议常抓，及时解决军事训练中的难点问题。认真组织“开训周”、专武干部暨民兵“四会”教练员集训、“八一”军事日等活动，2名主官和2名训练骨干先后参加了省军区1/3轮训和民兵军事训练骨干培训，练兵打仗意识进一步牢固。按照年度军事训练任务，突出抓实人武部机关和民兵高炮、通信、应急、装备维修、工程抢修等专业分队的“三实”训练，较好地完成了289人的训练任务。组织矿难救援分队参加“凉都砺剑·2014”军地联合反恐处突维稳演练，得到了军地领导好评。1名主官、2名干部参加军分区、省军区政工干部比武竞赛，进一步提高了政工业务能力。参加军分区后勤专业比武竞赛，获总成绩第一名。通过参加各类比武竞赛，进一步增强了抓军事训练的紧迫感和使命感，官兵抓训练的积极性和主动性不断提升。依据省军区、军分区年初党委（扩大）会议精神，按照省军区《关于对贵州省国防后备力量建设组织军地联考联评的意见》，组织对考评实施细则进行学习讨论，研究部署训练重点和考评工作，对乡镇武装部提出明确要求，加强民兵分队针对性训练和应急骨干分队建设，按照考评标准落实各项训练，打牢训练基础，以考促训、以考促建。

【安全稳定】 及时组织传达学习上级文件和安全稳定工作电视会议精神，加强安全教育，引导干部、职工和民兵充分认清安全稳定的重要性，进一步强化安全意识。坚持每月法纪警示教育、防间保密教育，及时传达学习各类事故案件通报，做到借锤敲钟，警钟长鸣。始终坚持依法从严治军，以“两个经常”为抓手，严格落实上班考勤、查铺查哨、请销假、出入营区登记等制度，修订完善《干部、职工管理规定》《财务管理规定》和《民兵应急队伍骨干分队行政管理规定》，扎实开展“条令学习月”活动，广泛开展“三互”和大谈心活动，进一步正规“四个秩序”。结合当前营区处于半封闭状态，不安全因素多的实际，突出“六个管好”重点，加强重要目标管控。坚持每月安全形势分析和安全隐患排查，扎实做好安全基础工作。全国“两会”期间，加强与特区应急办、信访办联系，及时准确掌握辖区内情况，坚持每天信访零报告。按照上级指示要求，加强意识形态领域教育，扎实做好“6·4”“7·5”期间防控工作。

消 防

【班子建设】 按照“政治坚定、开拓创新、团结协调、廉政勤政”的要求，牢固树立政治建警的思想观念，增强党委班子的大局意识、政治意识、法治意识，确保班子在思想上的纯洁，政治上的可靠。引导全体官兵谋大局、干实事，按照“力量往基层使、工作往实里干”的要求，加强五个方面作风建设，切实抓好部队管理工作。坚决消除特权思想，做到一视同仁，令行禁止。落实从严治警方针，实行“全时空、全方位、全员额”管理，坚持从领导干部抓起，从大队机关抓起，从基础管理抓起，做到警钟长鸣，确保部队安全稳定。坚决克服追逐名利、好大喜功、做表面文章，坚决做到“五个不该”。做到在任何时候、任何情况下都能自重、自警、自省、自励、自制，以一身正气和崇高的人格魅力带动和促进部队作风的转变。

【以部队稳定为基石、加强队伍管理】 2014年大队从突出重点环节入手，严防各类事故（案件）。一是加固安全教育理论防线。反复学习条令条例、《公安消防部队官兵、营区管理规定》《公安消防部队安全工作规定》和《公安消防部队车辆安全管理规定》（“两个安全规定”）等法规和总队下发的安全消防事故工作、部队正规化建设等方面的主要内容。切实加强对驾驶员尤其是干部驾驶员的安全教育和管理，严格干部请销假制度，严格车辆派遣审批手续，加大对人员、车辆在位和外出情况的检查，从严控制“八小时以外”用车、夜间用车，切实从源头上抓好事故预防。狠抓部队法纪教育和警示教育，强化官兵遵纪守法意识，自觉树立正确的人生观、价值观。及时掌握官兵的思想、工作和生活情况，摸清官兵的思想脉搏和心理矛盾，有的放矢地做好思想工作。严格落实干部跟班和安全检查制度，严格训练前的安全检查，坚决杜绝违章操作。强化灭火救援现场的安全防护，要求参加执勤灭火和社会抢险救援的官兵，必须佩戴好必要的个人防护装备，战斗展开之前要做好灾情侦察，做到加强防护，统一行动，严密组织。同时有针对性的加强经常性思想政治教育和法制教育，定期进行谈心活动，了解官兵思想动态，确保部队的高度稳定和集中统一。

【实战化岗位练兵】 大队将岗位练兵摆上党委议事日程，始终坚持"练为战"的指导思想，本着"干什么，练什么，补什么"原则，夯实基础，培育尖兵，不断提高部队灭火救援能力。一是制订训练计划。为了使练兵工作更加科学化、规范化，大队结合实际，研究制订了科学合理的练兵计划，确保人员、时间、内容、效果的"四落实"，不断把练兵工作引向深入；二是加强训练监督。大队注重加强对练兵训练的监督和管理，发现问题及时纠正，并建立健全考评制度、安全制度，防止偏训、漏训、粗训现象，保证练兵工作的顺利进行；三是丰富训练方式。大队本着练兵先练官的原则，干部以身作则，积极参与，带动全员参训，按照"仗要怎么打，兵就怎么练"的方针，结合大队实际从严训练，积极开展灵敏性、爆发力、柔韧性、协调性，提高官兵的身体素质；强化对辖区情况"六熟悉"和岗位练兵，侧重对水源和交通道路进行熟悉、掌握，做到底数清，情况明，为执勤、灭火救援工作提供强有力的保障，并认真对战斗员岗位、通信员岗位、驾驶员岗位训练分别组织实施，促进各岗位练兵活动的开展。。

【灭火救援、抢险工作】 截至2014年11月21日，共发生火灾事故15起，无人员伤亡，直接经济损失11万元，大队共接警45起，出动45次，出动消防车78辆次，消防人员371人次，抢救被困人员34人，疏散人员341人，抢救财产价值1000余万元，树立了消防部队的良好形象。

【社会消防宣传教育培训】 2014年，大队根据支队宣传工作的要求和工作实际，制订了大队的宣传报道奖惩制度，明确了宣传任务的细化分工。同时，大队协调全区沿街商铺的电子显示屏不间断的播放消防知识，通过短信平台发送消防知识短信数1万条，开展消防培训人员400余人，开放消防站22次，教育群众数800人，切实形成了"人人关注消防、人人参与防范"的良好氛围。

【农村、社区消防】 认真落实《贵州省农村消防管理规定》，切实把农村消防工作纳入社会主义新农村发展规划，建立特区、乡镇人民政府和村委会分级负责的农村消防工作机制，保障消防工作与农村经济社会同步发展。并与各社区制订了防火安全公约，定期检查本区域公共消防安全，督促整改火灾隐患，逐步实现了社区消防"自我管理、自我教育、自我服务、自我提高"，建章立制，明确任务。并制订出台了《公安派出所消防监督考评细则》，特区公安局要求各公安派出所认真落实消防监督职责，将消防工作纳入年度工作责任目标，与其他业务工作同部署、同检查、同考核、同评比。

政法委

【概况】 2014年，政法委认真贯彻落实中央、省、市政法工作会议精神，紧紧围绕特区党委、政府中心工作，以维护社会和谐稳定为目标，努力开展"平安六枝"创建和提升群众安全感满意度工作，全区呈现社会稳定和谐、经济跨越发展良好态势。

【社会治安整治"333"工程】 以"两严两降三满意"为主要目标，始终坚持严打方针不动摇，严厉打击黑恶势力犯罪、团伙犯罪，以及杀人、伤害、绑架等严重暴力犯罪。全区共收戒吸毒人员478人，破获毒品案件171起，打击处理189人，收缴毒品4146.92克。打掉赌博窝点11个，捣毁赌博团伙8个，收缴并销毁电子赌博机30台，查获涉赌人员142余人，收缴赌资61万余元，立赌博类刑事案件15起，破15起，刑事拘留28人，逮捕28人，行政处罚数114人。

【公共安全排查整治】 检查重点场所、重点单位、涉爆单位900余家次，检查中发现并整改安全隐患2条；回缴过期废旧炸药12公斤、雷管9288枚，检查消防单位1495家次，督促整改火患整改66家。查处各类道路交通违法行为19465起，扣留非法机动车1423辆，行政拘留无证驾驶机动车辆30人。

【特殊人群服务管理】 2014年，司法行政机关各级调委会调处矛盾纠纷653件，调解成功616件，调解成功率为95%。共收到刑满释放通知书688份，返乡146人，安置62人，帮教146人，到监所接回刑释解戒人员146人。全面实现社区矫正工作管理规范化、监控智能化、教育制度化。全区接收社区矫正人员717人，解除社区矫正人员342人，撤销假释1人。

【"办实事、解难题、关民生"取得新成效】 一是认真开展联乡驻村帮扶工作。协调解决洒志乡洒志村活动室门窗等维修费1.5万元；多次深入郎岱镇老上访户黄有明家中了解询问上访诉求，及时给予妥善处理，达成息访协议；多次深入联系点洒志乡进行走访调研，协调资金5万元解决洒志村4个村民组人畜饮水工程，并实地察看了该村养殖大户养殖场，同时对6户困难党员干部及群众进行了慰问。二是认真开展促项目落地工作。积极向特区党委政府争取资金5万元，维修改造关寨、牛坡、水源队3个保安执勤岗点；积极协调市、特区有关部门争取资金1000余万元修建铁路K2165+120段、K2146+250段、K2145+500段公跨铁立交桥、人行天桥。

公　安

【概况】 2014年，紧紧围绕年初工作安排和重点工作目标，以"平安六枝"建设为主线，牢固树立"打击犯罪是公安机关的主业"意识，以"雷霆行动"为抓手，以"打黑除恶"为龙头，以"打击毒品犯罪攻坚战"为突破，整合一切资源，挖掘一切潜力，调动一切因素，完善一切机制，不断提升打击犯罪的效能，净化社会环境。以群众安全感和满意度双提升为目标，以强化队伍管理和转变作风为保障，有力保障了全区社会治安秩序持续稳定。

【案件侦破】 对杀人、抢劫、恶性伤害、涉枪涉爆等大案要案，始终做到"发生一个重大恶性案件、成立一个专案小组"强力攻坚，大力震慑各类违法犯罪，全力确保治安大局稳定。2014年，发生的10起命案均在第一时间案破人获，实现了命案全破。先后成功侦破了"新场'1·08'打砸案""蔡果果等人系列持刀抢劫案""田维学等人诈骗案、阳光花园系列盗窃案、杨超等人系列飞车抢夺案等社会影响较大案件30余起，成功侦办了3个恶势力团伙案件，抓获团伙成员11人，破获团伙案件18起。破获各类盗窃案件457起、抢劫案件96起、抢夺48起、诈骗案件39起，抓获犯罪嫌疑人114名。抓获网上在逃人员10名，破获毒品案件18起，抓获毒品犯罪嫌疑人26人，收戒吸毒人员62人，缴毒2058克。各类违法犯罪案件得到了有效遏制。

【治安整治】 先后组织开展了治安复杂场所和重点地区突出治安问题排查大整治、校园及周边秩序大整治、中心城区娱乐场所治安秩序大整治、治爆缉枪等一系列专项行动。加大了对宾馆旅店、桑拿洗浴、足疗按摩、歌舞厅、美容美发、茶艺、酒吧、棋牌室、电子游戏厅等娱乐服务场所的监管力度，依法严厉打击娱乐场所存在的涉黄、涉赌、涉毒、寻衅滋事等违法犯罪活动及由黄赌毒引发的其他违法犯罪活动。有力地打击了违法犯罪分子的嚣张气焰，净化了社会治安环境，实现了全区社会治安总体状况的根本好转。共张贴通告2000余份，发放宣传材料50000余份，清查整治出租房屋3000余间，废旧金属回收业、旧车拆解修理业等场所351家（次），金融单位、党政机关、广播电视、教育、文化、卫生、水油气电等企业和公共复杂场所576家（次）。取缔违规经营的茶艺、娱乐室17家。破获2起生产、销售有毒有害食品案，打击处理2人。结合打击赌博违法犯罪专项行动，多次掀起整治赌博违法犯罪活动高潮。共办理赌博刑事案件10起，刑事拘留28人，办理赌博行政案件14起，行政处罚122人，取缔野外赌博窝点5处，销毁赌博游戏机20台，共收缴赌资70余万元。查处卖淫嫖娼案件14起，行政拘留32人，进一步净化了社会风气。

【禁毒严打】 紧紧围绕"遏制毒品来源、遏制毒品危害、遏制新吸毒人员滋生"三大重点，采取队所联动的方式，加大缉毒破案的工作力度，推动禁毒严打。2014年共破获运毒、贩毒案件176起，其中百克以上涉毒大案7起，抓获犯罪嫌疑人195人，查处吸毒人员572人，缴获毒品5018.00克（其中海洛因3123.94克、冰毒892.69克、麻古1001.37克），与2013年同期相比分别上升了21.13%，27.15%，21.84%，29.17%，毒情得到进一步控制。

【道路交通安全】 交警部门通过开展各项专项行动整治行动，严厉整治超载超速、农用车载人、酒后驾车、无证驾车等严重交通违法行为，强化街面执勤和路检路查，交通事故四项指标实现了稳中有降。2014年共发生交通事故（统内）3起，死亡人数2人，受伤3人，财产损失0.7万元，与去年同期比（统内）事故起数上升50%，死亡人数持平，受伤人数持平，财产损失下降91.36%；（统外交通事故61起，死亡42人，受伤62人，财产损失28万元，与去年同期相比事故起数下降11.59%，死亡人数下降10.64%，受伤人数下降36.73%，财产损失下降34.88%），共查处各类道路交通违法行为39981起，罚款金额4077440元，其中饮酒后驾驶机动车17起，醉酒驾驶机动车31起（15起已移送起诉，16起正在办理中），依法扣留交通违法机动车2456辆，行政拘留无证驾驶机动车违法行为人84人。整体情况明显下降，特别是重特大道路交通事故得到有效遏制。有力地保障了广大人民群众的生命与财产安全。

【消防安全监督】 消防大队和派出所始终坚持"预防为主、防消结合"的方针，通过不断加强平时监督检查和错时消防监督检查，全面排查和整治消防安全隐患，确保全区火灾形势基本稳定，2014年全区共检查单位11515家（次），发现火灾隐患6930处，督促整改火灾隐患6930处，下达限期整改通知书5326份，行政处罚3926家，责令关停1家。发生火灾事故15起，直接经济损失11万元，无人员伤亡，出动消防车78辆次，消防人员371人次，抢救被困人员34人，疏散人员341人，抢救财产价值1000余万元。

【涉爆等危险场所管理】 在全区范围内对爆炸物品、枪支弹药、剧毒、放射性危化物品和内部重点单位开展安全大检查。共检查民爆物品使用单位80家次，销毁各类过期炸药830公斤、过期雷管9288枚；检查烟花爆竹摊点800余家，发现安全隐患6处，落实整改6处，取缔非法经营烟花爆竹窝点2个，查处非法运输危险物质（烟花爆竹）案件1起，行政拘留2人，查处非法储存危险物质（烟花爆竹）案件1起，行政拘留1人，收缴销毁私爆竹1251串、烟花14个，收缴土爆竹17684头。及时消除安全隐患。

【监所管理】 以创建安全文明监所为目标，以公安部看守所"五化建设"工作为重点，在硬件设施局限的情况下，未发生在押人员、行拘人员和戒毒人员自杀、自残、脱逃等责任事故。2014年看守所收押729人，同比去年增加24%；行政拘留所共收拘被拘留人员1046人，同比去年增加27.7%；戒毒所共收戒吸毒人员609人。与同比去年增加21.7%。监所民警在搞好安全管理的前提下，积极开展深挖犯罪工作，深挖犯罪线索219条，破获刑事案件10起。戒毒所深挖线索226条，破获案件66起。2014年看守所荣获"全国看守所管理机制创新先进单位"。

【户政管理】 2014年末全区共有196735户690595人，其中农业人口554704人，非农业人口135891人，为确保人口数据的"准确、完整、鲜活"，按照户口清理整顿工作要求，对涉及的身份证重号、人员重户、户籍信息登记错误等情况进行全面清理纠错。2014年报删除重户人员1742人，变更更正124894项。在人像比对工作中，对2014年第二批人像比对名单1238人进行核实处理，其中相片和文字信息真实588人，疑似办理重、假户口的147人，人像错误506人。

【窗口服务】 通过大力推行办证办事“一站式”服务、缩减办事中转环节、建立预约上门制度、开辟“绿色通道”等有效措施，进一步畅通窗口单位与人民群众的联系沟通渠道，充分展示了公安机关的新形象。尤其在户籍管理工作中，各派出所坚持以服务为先导，以群众满意为目标，大力推行办事公开、上门办证、送证上门和错时工作制，简化办事程序，节省群众往返时间和费用，最大限度为群众提供便捷的服务，群众满意度不断提升。全年共受理第二代居民身份证40740个，发放二代证40605个，办理临时居民身份证8000张，办理农转非115人，办理准迁证352人；受理、审核、办理护照1741人，办理港澳通行证1858人，办理港澳定居1人，办理赴台申请402人；办理驾驶证4473本，办理新车注册登记6809辆，机动车检验共11158辆；累计为残疾人、孤寡老人、留守儿童等社会弱势上门办证840余件，送达各类证件1470余件。

【落实“两个责任”助推“平安建设”】 认真贯彻落实特区党委政府和上级公安机关关于党风廉政建设的新要求，紧密结合自身实际，以“七化”（主体权责明晰化、决策研究程序化、廉政教育多样化、廉政问责严格化、目标考核规范化、日常监督常态化、管理机制长效）建设推动党委主体责任和纪委监督责任的落实，进一步提升了打击、整治效能，提升了宣传、防控效能、提升了警民关系，提高了工作效能，和谐了警民关系，“平安建设”取得了新发展。2014年，局党委被贵州省委党的建设工作领导小组评为“全省机关企事业单位党建工作先进党组（党委）”，荣立集体二等功一次，并涌现出荣获“中国好人榜”的彭洪庆和《人民日报》等媒体大力宣传报道的涂作荣等优秀民警。

检察院

【概况】 2014年，紧紧围绕“强化法律监督、维护公平正义”的检察工作主题，忠实履行法律监督职责，积极回应人民群众对司法公正和社会公平正义的关注和期待，全力推进各项检察工作创新发展，为维护全区社会和谐稳定、促进六枝经济社会发展提供了有力的司法保障。

【严打刑事犯罪】 坚持发展是第一要务，稳定是第一责任，始终保持对严重刑事犯罪的高压态势，依法严厉打击各类刑事犯罪。共受理移送审查逮捕案件431件647人，经审查，批准逮捕360件484人，同比上升16.5%（件）、14.2%（人）。受理移送审查起诉案件600件893人(含退查重报124件235人)，向同级人民法院提起公诉427件579人，同比上升16.03%（件）、17.92%（人），移送其他检察院审查起诉17件29人。其中，批准逮捕杀人、强奸、故意伤害、绑架等严重暴力犯罪60件71人，提起公诉65件83人；批准逮捕“两抢一盗”等多发性侵财犯罪96件155人，提起公诉104件172人；批准逮捕涉黄、涉赌、涉毒犯罪159件181人，提起公诉160件181人。通过认真履行批捕、起诉工作职责，确保打击力度，保护人民权益，维护社会稳定。

【畅通群众诉求渠道、化解社会矛盾】 在依法严厉打击破坏社会稳定、影响人民群众生命财产安全的严重刑事犯罪的同时，认真贯彻宽严相济刑事政策，着力化解社会矛盾，减少社会对抗。严格执行修订后的刑事诉讼法，对涉嫌犯罪而无逮捕必要13件26人，依法做出不批准逮捕决定；对犯罪情节轻微、依照刑法规定不需要判处刑罚的，决定不起诉11件14人；坚持“少捕”“慎诉”“少监禁”原则，审慎处理未成年人犯罪案件，对构成犯罪无逮捕必要的5名未成年人依法做出不批捕决定。坚持检察长接待日和检察长带案下访制度，建立健全群众来信来访、电话接访和远程视频接访等多渠道群众诉求表达机制，积极参与政法系统领导干部定期接访涉法涉诉来访群众活动，立足检察职能，化解社会矛盾。严格执行“首办责任制”，共受理人民群众来信来访84件（次），其中，检察长接访及批办信件26件。办理刑事申诉案件3件。积极开展司法救助，对7名符合救助条件的当事人提供司法救助2.3万元。特区人民检察院被省检察院授予“全省检察机关文明接待室”荣誉称号。

【职务犯罪社会化预防网络建设】 与特区纪委、特区法院联合建立了廉政警示教育基地。深入环保、供电等部门和15个乡镇开展职务犯罪预防警示教育专题讲座46次，受教育警示人员3000余人次。立足从源头上遏制和减少职务犯罪，综合运用各种预防措施，确保国有资金安全和项目建设顺利进行，提供行贿犯罪档案查询263次，通过执法办案向有关单位提出检察建议15份，开展预防调查3次，撰写案例分析15份、预防职务犯罪年度报告1份，有效促进社会诚信体系建设。投资4万余元与市检察院、盘县检察院和水城县检察院联合制作职务犯罪预防警示微电影《煤海伏波》，并在特区有线电视台滚动播放，收到了良好的社会效果。

【队伍建设】 一是深入开展党的群众路线教育实践活动，教育引导党员干部和检察干警牢固树立群众意识，切实解决“四风”突出问题，《凝心聚力搞活动，全心全意谋事业》经验交流材料被省检察院选录汇编。二是以检察队伍专业化职业化为目标，不断加大教育培训力度，共组织干警参加各级各类培训32期66人次。三是结合党的群众路线教育实践活动，修订完善了《六枝特区人民检察院公（警）车管理制度》《六枝特区人民检察院接待就餐制度》等19项制度，新制订了《六枝特区人民检察院防范极端事件措施》《六枝特区人民检察院案件质量评查办法》等6项制度。四是认真落实党风廉政建设“两个责任”，切实转变工作作风，通过检务督察、组织谈话、组织观看典型案件警示教育专题影片等方式，加强对苗头性、倾向性问题的预防。五是牢固树立接受监督意识，主动接受人大法律监督和政协民主监督，深入开展举报宣传周、法律咨询和法制宣传等活动，广泛听取人民群众意见，主动接受监督。认真开展检察长定期走访驻区省人大代表活动，全年走访驻区省人大代表5次。

法　院

【概况】 2014年，六枝法院有岩脚、新华、新场、郎岱、中寨、堕却、落别7个人民法庭，机关有政工科、办公室、立案庭、刑事审判庭、民事审判一庭、民事审判二庭、行政审判庭、审判监督庭、执行工作局、研究室、书记员管理办公室、司法警察大队、监察室、工矿和环境保护审判庭、审判管理办公室、机关事务管理中心共16个内设机构。现有中央政法专项编制100名，地方工勤编制8名，正式在编人员93人，聘用人员44人。

【刑事审判】 受理刑事案件451件619人，收案数同比上升23.90%，审结426件572人，同比上升20.68%。其中：受理“两抢一盗”犯罪116件193人，审结113件185人；受理贪污贿赂犯罪12件20人，审结7件14人；毒品犯罪148件159人，全部审结。生效判决中，未成年犯罪90人，判处缓刑122人，免予刑事处罚12人。受理刑事附带民事诉讼案件36件，审结33件，结案率为91.67%。刑事审判中，对贩毒、盗抢、危险驾驶等系列犯罪进行集中宣判，发挥了刑事审判的威慑作用。对系列职务犯罪进行公开审理，罚当其罪，增强了刑事审判的警示教育功能。

【民事审判】 2014年，受理各类民商案件1740件，收案数同比上升50.13%，审结1400件，同比上升22.81%，结案标的额40636.80万元。其中调撤902件，调撤率为64.43%。

【行政审判】 2014年，受理行政案件10件，收案数同比上升42.86%，审结8件，同比上升14.29%；共审查非诉执行案件13件。

【审判监督】 共审查各类申请再审案件15件，其中，撤诉1件，调解1件，驳回13件。同时受理各类发回重审案件27件，审结13件。

【执行工作】 受理执行案件592件，收案数同比上升110.68%，执结311件，同比上升14.76%，执行标的额12413.03万元。其中，涉民生类案件18件，执行到位标的额32.34万元。为切实破解“执行难”，一是开展“执行风暴”专项行动，强化执行措施，切实兑现权利人的合法权益。强制执行各类案件30件，执行标的到位金额120余万元。二是创新工作方法，落实媒体曝光制度。将20余件执行案件进行督促公告，形成对被执行人的高压态势，督促主动履行。三是执行集中查询制度，将申请人提供财产线索的被动查询改变为法院的主动查询，有效遏制被执行人隐匿财产。查询被执行人900余人，查控银行存款300余万元，车辆10余台，房屋10余套，登记公司3个。

【信访维稳】 处理群众来信20件，接待重点来访人员82人（次）；清理排查涉法涉诉上访案件38件，化解30件，化解率为79%；上级交办信访案件10件，化解10件，化解率为100%；特区人大常委会信访办转办信访件8件，回复8件，回复率100%。

【特色工作】 结合司法体制改革的总体部署，在搭建五个平台，落实十项措施的基础上，全面推进“阳光司法·和谐法治”工程建设，不断创新工作举措，践行司法为民宗旨，实现群众满意度的大提升。

司法便民方面：着力打造便捷温馨的诉讼服务中心，进一步落实诉讼引导、判后答疑等便民措施，从根本上杜绝“六难三案”形象。同时开启绿色诉讼通道，简化办案交接手续，缩短审理时限，快立快审快结，提升办案速度。2014年，启用绿色诉讼通道审理案件75件，巡回审理各类民商案件527件，

司法利民：在郎岱、新场法庭辖区的新场、牛场、郎岱、洒志、毛口、陇脚六个乡镇试行100元以下的诉讼费免交，传递法治温暖。同时严格执行司法救助的有关规定，让经济确有困难的当事人打得起官司。2014年，100元以下诉讼费免交161件1.17万元；实施司法救助184件23.18万元，其中缓交28件20.46万元，免交156件2.72万元。

司法公开：运行信息开放机制，加强审判流程公开、裁判文书公开、执行信息公开三大司法公开平台建设，促进司法公开，以公开促公正树公信。2014年，符合条件的生效裁判文书上网720份。同时利用法院网站主动发布工作动态，强化司法宣传，让外界了解法院工作，理解法院工作，支持法院工作。

文化建设：通过搭建“五个平台”，实现“五个提升”，进一步加强法院文化建设，创建积极进取、生动活泼、热情奔放的精神家园，全面发挥法院文化的教育、熏陶、规范、凝聚和激励作用，为法院各项工作科学发展提供精神动力。2014年11月28日，全省法院文化建设经验交流会在六枝法院召开，全面展示了六枝法院的良好形象。

【表彰】 2014年，通过全院干警的共同努力，六枝法院亮点纷呈。“无声法官”付锡江入选“中国好人榜”。六枝法院荣获2011—2013年度全市精神文明建设工作先进单位和2014年度全省精神文明建设工作先进单位；2015年1月，六枝法院被最高人民法院授予“全国优秀法院”荣誉称号，成为全省获此殊荣的两个法院之一，也是六枝法院建院以来获得的最高荣誉。

司法行政

【概况】 围绕“法治六枝”建设目标；抓好政治思想理论和法律专业知识学习；实施全民法律素养培育工程、司法行政系统网络建设工程、创新创优开拓工程；积极打造大调解、社区矫正、

法律服务、法制宣传"四大平台"；提升"普法依法治理、社区矫正监管、法律服务、矛盾纠纷化解、创新社会管理"五大能力，各项工作取得新成效，为维护社会稳定、建设"平安六枝"、构建和谐社会尽职尽责。

【普法宣传教育】 开展各类法制宣传活动32场，举办法制文艺会演7场，举办吸毒人员现身说法12场，开展爱国主义和法制教育专题讲座3场。在各乡镇开展大型法制宣传教育活动18场次，在乡村举办法律讲座21场，编写印发六枝特区《全民学法用法知识宣传教育手册》1.5万余册，编写印发《中华人民共和国治安管理处罚法》《中华人民共和国土地管理法》《中华人民共和国农村土地承包法》《中华人民共和国婚姻法》等5万余份。创建陇脚乡"民主法制示范乡"，打造六枝普法工作样板点。组织开展首个宪法宣传日活动，出资1.5万元向广大群众印发20000册新宪法，分管区长作电视讲话，并与特区人大、政协分管领导及干部职工在宣传现场发送宣传资料，19个乡镇先后进行了国家宪法日宣传活动，播放光碟30余场（次），提供法律咨询7000余人次，法制展板展出60余场（次）。

【矛盾纠纷调解】 排查化解矛盾纠纷，解民怨、顺民心。排查纠纷222次，排查各类民间矛盾纠纷813件，调处813件，调处成功770件，履行764件，调处成功率95%，对未调解成功的矛盾纠纷，引导当事人依法走诉讼渠道维护自己的合法权益。由于调解及时，无一起因民间纠纷引发的治安案件、刑事案件和群体性上访事件。

【安置帮教】 全面做好安置帮教工作，减少重新犯罪。收到刑释解戒人员通知书688份，到监所接回刑释解戒人员146人，安置62人，帮教146人。监所服刑人员总数481人，核实成功480人，核实失败1人，开展刑释解戒工作人员业务培训会1次，为维护社会的治安稳定做出了积极的努力。

【法律服务机构管理】 全区基层法律服务工作者30人进行年检注册，法律服务所办理民事案件270件（其中法律援助案件38件），担任法律顾问7家，为广大人民群众提供了优质的法律服务。

【法律援助】 开展法律援助宣传2场9（次），组织培训一期23人，审查受理法律援助案件439件，协助特区政府调处群体性纠纷12件。

【社区矫正】 2014年，累计接收社区矫正人员746名，累计解除社区矫正人员382名（其中正常死亡2人，非正常死亡1人），撤销假释2名，撤销缓刑6人，收监4人（保外就医），现有在矫人员364名，其中缓刑278名，暂予监外执行10名，假释76名。组织矫正人员共集中教育1623次和个别谈话教育3392人次，进行心理辅导394人次，组织社区服务1227次，落实低保38人，指导就业就学13人。对257名罪犯或被告人进行了评估，为法院依法裁决提供依据。

【律师公证】 办理公证案件478件，其中法律援助75件。现场监督公证5次，参与特区政府主办的拍卖、拍租现场监督公证3次。接待法律咨询2158人次，接待来访2000余人次，来电咨询150人次，上门服务74次，组织法律宣传3次，不予公证91件，为经济困难户减公证费112件，公证回访55件，调解纠纷297件。建立疑难案件集中研究、重大情况报告制度和疑难事项处理预案，防止轻率受理和错、假证事件发生。律师事务所办理各类案件136件。其中，法律援助案件59件。为9家单位担任法律顾问，法律咨询300余人次。

经济管理与监督

国土资源管理

【建设用地报批】 2014年，共上报3个工业批次、6个城镇批次、1个增减挂钩批次、1个保障房批次和4个单独选址项目建设用地，报批用地面积458.90公顷。共获得批准1个工业批次、4个城镇批次和1个单独选址项目建设用地，批准用地面积128.86公顷。

【规范推进征地服务】 2014年，完成征地任务137.51公顷，及时解决了25个建设项目的用地需要。工作中公开接受监督、政策宣传到位、解释疏导深入，切实做到阳光透明运作、维护群众利益，没有发生严重影响建设发展的群体事件。

【土地收储】 2014年，共收储国有建设用地201.32公顷，其中：新增地110.36公顷，存量地90.96公顷；供出39.07公顷，结存162.25公顷。

【土地整治】 实施8个土地整治项目，规划整治面积2249.23公顷、新增耕地82.35公顷，预算投资7728.00万元。其中：完工待验收6个，整治面积1705.89公顷、新增耕地63.70公顷，完成投资5621.02万元。

【土地一级市场平稳发展】 公开出让国有土地使用权106宗39.07公顷，出让价款25669.10万元。其中：工业用地3宗20.55公顷，出让价款3422万元；经营性用地103宗18.52公顷，出让价款22247.10万元。

【砂石土矿山整合关闭】 认真制订实施方案，有序推进砂石土矿山整合关闭工作。年末，整合及关闭矿山、保留及新设矿权的现场踏勘、坐标打点工作完成，砂石土采矿权设置方案和开发规划编制工作编制完成待评审。

【地质灾害治理】 2014年，安排109万元治理15个小型地灾危险点(受胁240户1018人)，堕却乡新发村田坝组滑坡省级治理项目(受胁216户1067人和1所小学，预算投资909万元，省市配套713万元)开工建设。申报4个涉及学校地质灾害治理项目获得省5部门联合批准实施(受胁2258人和村小学4所，总投资2350万元，省补助1175万元、市补助705万元、县承担470万元)。

工商行政管理

【市场主体发展】 优化服务理念，积极服务市场主体发展，营造良好的经济发展软环境。2014年，全区共有企业2248户、注册资本659617万元，与2013年相比分别增长50%和79%；个体工商户14875户、资金数额62067万元，与2013年相比分别增长7%和29%。

【工商登记制度改革】 按照国家工商总局相关文件要求，实行企业注册资本认缴制，放宽注册资本登记条件，除法律、法规另有规定外，取消有限责任公司最低注册资本3万元、一人有限责任公司最低注册资本10万元、股份有限公司最低注册资本500万元的限制；不再限制公司设立时股东(发起人)的首次出资比例和缴足出资的期限。公司实收资本不再作为工商登记事项。

实行注册登记先照后证改革：工商行政管理部门对改为后置的审批事项，一律不再作为登记前置，不再要求申请人提交相关审批部门的许可证或审批文件，对提交材料齐全，符合法定形式的，直接核发营业执照。市场主体经营范围统一登记为：国家法律法规、国务院决定规定禁止的不得经营；法律、法规、国务院决定规定应当许可（审批）的，经审批机关批准后凭许可（审批）文件经营。国家法律法规、国务院决定规定无须许可（审批）的，由市场主体自主选择经营，具体经营范围不需在营业执照上载明，通过市场主体的章程、协议、申请书确定。市场主体提出需在营业执照上载明具体经营范围的，工商行政管理部门核准后予以载明。

【商标发展】 实施品牌强区建设战略，大力推进以区域产业经济为特色的区域品牌经济发展。2014年，全区注册商标293件。引导申请15件，推荐“拓岭”“宏狮机械”“郎岱杨家酱”被认定为贵州省著名商标，有效期内省著名商标15件。

【红盾护农】 3月17日，制订《六枝特区工商局2014年红盾护农行动工作方案》，有序开展专项行动；4月9日，配合省工商局抽检特区2户化肥经营户，共抽取了4个批次化肥，经检验全部合格。2014年，全区共有农资经营户280户。

【行政执法】 2014年，共办理行政处罚案件32件，罚没款总数7.6万元，在办理的32件一般程序案件中，达到听证的有11件，其余均未要求听证。

【消费维权】 加强流通领域商品质量监管，开展消费维权进校园、进乡村、进市场活动。积极开展县域范围内消费领域商品和服务的社会监督，配合六枝特区工商局对辖区内的人造木工板、机动车制动液、润滑油、成人外衣、儿童内衣、燃气灶、铝合金型材、塑料管材、电线电缆、开关、插座、水泥等12类32个批次的商品的抽样检验工作。到学校举办新《中华人民共和国消费者权益保护法》专题讲座3场次，3500余名师生参加活动，发放宣传资料2500余份，《中华人民共和国消费者权益保护法学习宣传手册》140余本；深入村寨1个，接受咨询100余人次，发放宣传资料500余份；深入市场2个，发放宣传资料1000余份。2014年，受理（处理）消费者投诉40件（其中3件为群体性投诉），达成调解协议39件，涉案金额40.28万元，为消费者挽回经济损失38.30万元。投诉以通信产品、日用百货、食品、家居用品、计算机产品、汽车销售与维修、房屋装修、其他商品等商品和服务比较集中。其中基层消协分会共办理消费者投诉10件，处理10件，涉案金额1.38万元，为消费者挽回经济损失1.26万元。

【微型企业发展】 2014年，全区共扶持发展微型企业1144户，注册资本11623万元，带动就业6163人，兑现财政补助资金923户，共计4518.05万元。达到了“发展一户、带动一片、富裕一方”的扶持效应。在1144户微型企业中，六大重点行业404户（加工制造、科技创新、软件开发、创意设计、民族手工艺品加工、特色食品生产行业）占35%；农、林、牧、渔业333户，占29%；零售、批发、租赁、服务及其他行业407户，占36%。

审 计

【项目审计】 2014年，完成审计项目30个，审计查出问题金额9907万元。其中：违纪违规金额3265万元，管理不规范金额6641万元，完成政府性投资审计项目15个，送审总金额25169万元，审定总金额22253万元，核减2915万元，核减率11.58%。通过审计，为财政节约3223万元。

【财政资金审计】 2014年，对特区财政预算执行和其他财政收支情况进行全面审计，并延伸审计地税等相关部门和乡镇决算及其他财政财务收支情况。重点监督是否按照公共财政要求，调整财政支出结构和各种专项投资结构，提出促进全区经济和社会科学发展快速发展的意见和建议。

【经济责任审计】 2014年，审计局对区管干部任期经济责任进行审计。审计结果表明，有的单位未能全面履行领导和管理职责：一是未根据工作实际需要修订完善各项内部控制管理制度，仍沿用已经与国家财政政策、财经制度不适应的规章制度，并且对“财务”“物资采购及管理”“公务接待”“行政执法过错追究”“党风廉政建设”等制度未有效执行；二是执法管理松散、对执法中的处理处罚随意；三是财务管理混乱，开具虚假内容发票套现、编制虚假会计凭证、“小金库”等。针对审计查出的问题，审计机关根据相关法律法规对应缴未缴财政收入责成上缴财政、要求按规定进行资产、会计核算处理；对其他违规违纪较严重的问题移交特区纪检监察机关处理。

【民生、专项资金审计调查】 2014年，抽出6人审计组参加国家审计署安排的土地出让金及耕地保护专项审计；组织审计人员参加市审计局统一实施的扶贫资金审计、生态移民专项审计；并组织人员对特区土地出让金及耕地保护进行专项检查；对六枝特区直播卫星“户户通”工程建设资金配套、出资、上解、使用、管理等情况进行审计，并延伸调查了10个乡镇25个行政村“户户通”工程项目的设备安装、农户出资、用户签约及工程后续服务等情况，并深入到367个农户家中进行了走访调查，了解“户户通”设备开通及使用情况；同时还进行了全国统一的稳增长、促改革、调结构、惠民生、防风险政策落实情况跟踪审计。

统　计

【概况】 2014年，紧紧围绕“增量提质、跨越转型”的目标，结合全区的工作重点，以提高统计的科学性、准确性和权威性为中心，深化统计改革，强化统计管理，充分发扬求真务实的工作作风，开拓进取，勇于创新，较好地完成了各项工作。

【业务工作完成情况】 2014年，严格按照统计工作的要求，准确、及时、全面地完成了农业、工业、批发零售、贸易餐饮业、建筑业及投资、劳动工资、综合、核算等统计专业年报和定期报表。每月向特区党委、政府、人大、政协及相关部门报送《综合统计信息》，发布《2013年六枝特区国民经济和社会发展统计公报》，编印《2014年领导干部手册》800册，积极为地方党政领导和各部门提供、加工、整理各种统计资料。

1．全区生产总值

2014年，全区生产总值预计完成123亿元，按可比价格计算，增长18%。其中：第一产业增加值15.5亿元，增长10%；第二产业增加值56.5亿元，增长20%；第三产业增加值51亿元，增长17%。

2．工业经济

2014年，全区工业增加值预计完成47亿元，同比增长15%，其中：规模2000万元以上工业增加值预计完成21亿元，同比增长13.5%，规模500万元以上工业增加值预计完成28.5亿元，同比增长18.8%。

3．固定资产投资

2014年，全社会固定资产投资预计完成323亿元，同比增长49.5%，50万元以上投资预计完成270亿元，同比增长76.97%。

4．社会消费品零售总额

2014年，社会消费品零售总额预计完成30.65亿元，同比增18.3%。

5．财政收入

2014年1—10月，全区财政总收入完成12.37亿元，同比增19.26%，其中：公共财政预算收入完成9.85亿元，同比增27.36%。

6．城乡居民收入

2014年全年，农村居民人均可支配收入预计达6377元，同比增长18%；城镇居民人均可支配收入预计达20686元，同比增长17%。

【三经普工作开展情况】 1．个体工商户的数据采集情况采集个体工商户21949个，其中工业个体工商户1892个，建筑业个体工商户1155个，批发和零售业个体工商户 8504 个，住宿和餐饮业个体工商户 1770 个，服务业个体工商户 8628 个（含个体运输户 5168 个）。

2. 联网直报单位定位和拍照情况区内共有国家级联网直报单位 80 家，其中工业 35 家，建筑业 3 家，房地产开发经营业 19 家，住宿和餐饮业 2 家，批发和零售业 18 家，服务业 3 家。全区 80 家联网直报单位均于 2 月 28 日前完成 PDA 定位和拍照。

3. 非联网直报单位数据采集情况区内共有非联网直报单位底册 3227 个，实际采集到非联网直报单位 3329 个，其中采集到法人单位数 2114 个，产业活动单位数 1215 个。全区共有农业企业 502 家，工业企业 408 家，建筑企业和房开企业 172 家，批发和零售企业 301 家，住宿和餐饮业企业 104 家。全区非联网直报单位企业法人的营业收入约 40 亿，从业人员 36821 人。

经济贸易

【概况】 2014 年，紧紧围绕“全党抓经济，全民奔小康”的工作要求，不断深化“思路决定出路、观念决定速度、干劲决定后劲”的理念，努力克服各种不利因素，积极采取有效措施，大力扩投资，强力抓项目，着力调结构，全力保增长，不断加快工业发展，推进社会消费流通，确保全区经济平稳运行。

【重大技改项目】 部门深入指导、协调、跟踪，做好项目推进工作调度。使投资 2500 万元的岩脚大畅面业公司技改项目一期工程完成，产品销往省内、外市场。2014 年实现生产销售额达到 8000 万元以上，有序推进技改扩能扩建工作。

【新医药产业】 政府及经信部门高度重视，重点帮助宏奇药业“退城进园”后的发展，深入协调、指导，对接各项工作，重点选送人才参加全国性、地区性发展业务培训、邀请专家开展可研性发展问题研讨，全力帮助宏奇制药公司推进发展，使公司生产线及中药提取获得国家 GMP 认证。

【“双服务”工作】 政府有关领导挂企业帮扶，经信、发改、供电、金融、统计、煤炭、工商、税务及园区管委会等部门积极配合，经信部门抓好协调，开展“进园区、下基层、入企业、促帮扶”活动，大力开展服务企业、服务项目的“双服务”工作，帮助 35 家企业正常生产，解决三石复合材料厂贷款不到位、六矿瑞安水泥厂新线用电负荷不足等困难，帮助推进园区热电联产项目、余热发电、标准厂房等项目建设，向上争取各类资金 1300 万元扶持企业，有效帮助企业加快生产发展。

【“助保贷”工作】 2014 年 6 月，启动“助保贷”业务工作，及时成立领导组织，组建工作机构，拟订《六枝特区“助保贷”融资工作实施方案》，相关部门有序组织实施。争取财政注入“助保贷”账户资金 500 万元。完成企业调查 35 户，筛选推荐企业 15 户，已将六枝特区华兴管业有限公司、六枝特区立高不锈钢制品厂、六盘水市黔鹰电器制造有限公司、六枝特区大畅面业有限公司等 4 家企业作为“助保贷”资金预先解决纳入研究，全力帮助中、小微企业发展引入航向。

【非公经济】 全区完成民营经济增加值 60 亿元，同比增长 25%，完成年计划的 107.14%；其中：工业增加值完成 34.5 亿元，同比增长 21%；民营经济总产值完成 174.18 亿元，同比增长 18%。营业收入完成 169.27 亿元，同比增长 18%。民营经济上缴税金 4.93 亿元，同比增长 17%，民营经济单位户数达 22850 户，同比增长 6.65%。民营经济从业人员 11.03 万人，同比增长 7.32%。民间固定资产投资完成 70 亿元，同比增长 62.8%。

【行业管理】 制订 2014 年淘汰落后产能工作计划并组织实施，圆满完成六枝特区东方水泥有限责任公司淘汰 12 万吨落后产能的任务。加强对 2 户重点用能企业的监控，确保工业增加值能耗下降 5.32%，共计能源消耗 157196 吨标煤，产值 140047 万元，产值能耗 1.12 吨标准煤 / 万元。配合特区法院、人资社保局对永鑫硅业和磊鑫硅业的债务清理，妥善解决拖欠职工工资问题；抓好人工水晶加工企业和墙体材料行业的清理排查和整顿工作；支持六矿瑞安水泥有限公司4500吨新线生产许可证办理和化验室换证工作，并积极帮助企业向上申报第六批水泥行业准入公告工作。

【国企改革改制】 2014年，在确定11家改制企业的基础上，将煤炭工业公司、酱菜厂、中寨煤矿、农机公司、物资公司等5家企业纳入改制，并完成清产核资、财务审计、离任审计、资产评估工作，共计改制成本4497.66万元，其中：职工安置费用2673.23万元，社会保险费1413.54万元，涉及改制企业在职职工237人、退休职工308人。在整个改制过程中，严格依照程序操作，维护职工合法权益，妥善安置职工，维护社会稳定，全力推进国企改制。

【安全生产】 按照“全覆盖、零容忍、严执法、重实效”的要求，强化安全生产，实行党政同责，进一步落实安全监管责任。在开展部门安全生产的同时，积极协助特区安监局、食药监局的安全生产工作，及时报送各类安全生产报表和信息。切实开展安全生产宣传月和新《中华人民共和国安全生产法》宣传活动，发放宣传资料800余份，悬挂安全生产横幅2幅，不断加大宣传力度，提高群众安全防范意识。开展定期不定期安全生产督促检查30余次，做好经信系统各类专项整治工作，特别是“零点·四点”行动、“六打六治”打非治违专项行动以及除大隐患防大事故行动的开展，确保经信系统安全生产形势稳定，未发生安全生产事故。

供　销

【概况】 2014年，六枝特区供销社系统进一步深入贯彻落实中共中央〔2014〕1号文件精神，围绕特区党委、政府的中心工作，大力推进体制创新，着力构建供销社为“三农”服务的新型流通网络体系建设，各项工作均取得了较大进展。

【化肥储备】 供销社储备的主要化肥品种是尿素和复合肥，进入储备以来，将任务及时落实到农资企业，积极帮助企业组织资金和货源，共贷款1223万元(特区政府贴息20万元)，实际储备化肥7000吨(其中尿素5000吨，复合肥2000吨)，超任务数2000吨，完成下达的5000吨任务的140%，超额完成储备任务，全区农业用肥得到充分保障，价格平稳。完成化肥销售总量15200吨。

【招商引资及项目建设】 2014年，供销社招商引资项目共4个，引资金额达12900万元，实际到位资金为7600万元。引资2600万元建设新华供销社市场建设，已完成主体工程。投资4800万元建设的“六枝南部(郎岱)商贸中心”项目，已完成拆迁工作，现正进行基础工程施工建设中；投资2500万元建设的“中寨供销商贸中心”项目已动工，投资3000万的“岩脚供销商贸中心”项目建设已完成基础，主体工程正在施工中。

【特色产品】 郎岱酱继2013年参加迪拜农产品展览会后，郎岱枸酱和“牂牁江”酒于3月参加了海南食品博览会，受到好评，郎岱酱业公司已列入省社级龙头企业，被授予省名牌产品称号，得到了省市科技部门的扶持。

【农村服务网络建设】 以省社级龙头企业郎岱酱业公司为基础，通过郎岱酱和白酒的生产经营，以此带动农业生产的发展。和兴农资公司、大用供销社已进入大用农业园区；和兴农资公司在大用园区的农资超市已营业；郎岱供销社进入郎岱农业产业园区，化肥在园区设销售点；郎岱酱业公司扩大生产方案已由园区上报市扶贫局，正进行异地技改。

烟草专卖

【卷烟营销】 2014年共销售卷烟19074箱，完成计划任务18972箱的100.54%，同比去年增加836箱，增长4.38%；贵烟销售7172箱，完成计划任务7060箱的101.59%，同比去年增加1339箱，增长 22.95%；单箱结构 26015 元/箱，完成计划任务25106元/箱的103.62%，同比增加2476元/箱。现有零售客户实现网上订货覆盖面 100%，网上订货成功率达 96.61%；电子结算成功率达 98.8%；已发展网上配货客户 52 户，扫码销售客户 145 户。

【烤烟生产】 一是加强烤烟生产收购政策宣传，积极贯彻落实国家局、省局烤烟生产收购政策，多形式向烟农做好各项政策宣传指导。二是结合实际科学合理分解计划，将计划收购烟叶 3000 担，指导性种植面积 1300 亩科学合理分解到各收购点，种烟主体 42 个，户均种植面积 30.95 亩，签订合同 42 份。三是按照《六盘水市优质烤烟生产地方标准》做好 407 厢育苗管理。四是按照标准做好烟用物资发放，4 月 16 日，全面启动小苗移栽，5 月 3 日，烤烟全面移栽结束。五是组织开展烤烟移栽面积及株数核查，共抽查农户 22 户，抽查比例 52.38%，抽查面积 745 亩，抽查面积比例 57.31%，亩均移栽 1012 株，无超合同种植情况。六是开展重点项目示范工作，全区完成井窖式移栽 850 亩，占总面积的 65.38%。七是加强栽后管理及田间管理，及时查缺补漏，完成补苗，按时追肥，按时回填土壤，按时破膜，回填。八是按要求做好不适用鲜叶处理工作，处理下部不适用鲜烟叶 3550 担，折合干烟叶 373 担；处理上部不适用鲜烟叶 2804 担，折合干烟叶 355 担，并按补贴标准进行兑现。2014 年收购烟叶 1996.24 担，上等烟比例 38.53%，中等烟比例 42.14%，下等烟比例 19.34%，均价 1028.18 元/担。

【烟草专卖管理】 2014 年，共查获卷烟案件 164 起，案值 66.92 万元。其中无证经营案件 91 起，涉案卷烟 653.6 条，案值 7.96 万元；查获持证零售户违规经营案件 66 起，涉案卷烟 2681 条，案值 34.3 万元；查获无烟草专卖品准运证运输烟草专卖品案件 2 起，涉案卷烟 458 条，案值 19.49 万元；查获假冒卷烟 4 起，涉案卷烟 20.8 条，案值 0.68 万元。

财　政

【财政收入】 2014 年，全区财政总收入完成 152792 万元，同比增长 6.59%，其中：公共财政预算收入完成 122210 万元，同比增长 10.54%，公共财政预算收入分部门完成情况：国税部门完成 4075 万元，同比增长 0.52%；地税部门完成 80045 万元，同比增长 42.70%；财政部门完成 38090 万元，同比下降 24.45%。

【财政支出】 2014 年，全区公共财政预算支出完成 321911 万元，同比下降 1.89%，减支 6188 万元。重点支出项目：一是确保全区行政事业单位职工工资正常发放，全区职工工资性支出 79179 万元；二是农林水事务支出 60065 万元、科学技术支出 1794 万元、教育支 90648 万元；三是社会保障和就业支出 32870 万元，逐步建立和完善社会保障体系；四是医疗卫生支出 43872 万元，其中城乡医疗救助 1712 万元；五是保证了国有企业下岗职工基本生活费和企业离退休人员养老金的发放；六是城市居民最低生活保障支出 5367 万元，农村居民最低生活保障资金 13852 万元，确保居民最低生活保障政策的落实。

【财政体制改革】 一是继续深化部门预算，力争使部门预算达到科学化、精细化水平。二是深化政府采购制度改革，规范采购行为，强化监督管理，进一步加强政府采购法规、程序的宣传，加强政府采购工作的管理，采购工作有序开展。2014 年，采取各种形式采购 707 次，其中：公开招标 23 次、竞争性谈判 12 次、询价采购 672 次，实现采购金额 6616.7 万元，节约资金 991.5 万元，节约率 14.98%，最大限度发挥财政性资金的使用效益。三是继续推进国库集中收付制度改革及公务卡改革工作，完成了全区 19 个乡镇财政所职工工资财政一体化发放工作，全区行政事业单位国库集中收付管理制度改革稳步推进。四是建立政府向社会购买服务实施意见和服务目录。

【财政资金管理】 一是加强非税收收入管理，建立规范的行政事业性收费收入收缴管理制度，进一步完善“依法征收、源头控制、以票管收、规范管理”的制度。二是强化支出管理。在财政预算尚未批准之前，财政部门，坚持做到量入为出、量力而行、保证重点、统筹兼顾、合理安排，按照先保吃饭、后搞建设的原则，合理调度资金，确保经济持续发展和社会稳定。三是加强和规范行政事业单位国有资产管理，确保国有资产保质增值。四是加大项目工程评审力度，确保了财政资金的安全有效运行。2014年，通过对教育、交通及廉租房建设等，送审金额52636.01万元，审定金额38712万元，审减资金3923.51万元，减少资金流失和贪污腐败现象的发生。五是加强财政监督。为进一步规范财政管理，提高财政服务水平，对全区涉农资金、重大建设项目资金等进行检查。

【项目实施】 1. 一事一议财政奖补项目。一是2013年村级一事一议财政奖补项目经省财政厅评优复核验收。二是2014年实施的村级一事一议财政奖补项目分为美丽乡村小康寨示范项目、追加项目、优秀县奖励资金项目和年度项目，项目总投资5368.07万元（其中：申请省级财政奖补资金3456.11万元，县级配套1382.45万元，群众投工投劳529.51万元）。已全部竣工。三是完成了2014年一事一议示范村项目建设的申报工作，该项目涉及5个乡镇，7个行政村，受益人口5259人，项目总投资420万元，其中：申请省级财政奖补资金300万元，县级配套120万元。四是编报2015年一事一议财政奖补项目村寨体系规划和村寨体系建设规划到省财政厅进行PK立项，获批准立项，被纳入小康寨行动计划10个省级重点示范县之一，从2014年至2017年每年得到中央及省级补助小康寨建设资金不低于3000万元，为改善全区农村村容村貌和农民生产生活条件提供有力的资金保障。

2. 农业综合开发项目建设。一是2013年农业综合开发产业化经营项目已经市级批复，总投资192.5万元，已于2013年11月份开始实施，2014年全部竣工。二是完成2014年农业综合开发高标准农田建设项目的申报，该项目经省财政厅批复，总投资420万元，资金已到位，项目实施方案已报省财政厅。三是农业综合开发项目实施效果，得到省财政厅认可，全省农业综合现场会在六枝召开。

国家税务

【概况】 2014年，牢固树立把国税事业发展自觉融入全省后发赶超、同步小康工作大局之中的思想理念，始终围绕打牢发展基础、提高发展质量、加快发展速度的工作主线，扎实推进专业化带动、人才强税、基层兴税三大战略，扎实开展好党的第二批群教路线教育实践活动，着力践行服务六枝经济社会发展大局、服务纳税人、服务基层三项服务，充分发挥税收职能作用，全力助推全区后发赶超，同步小康。

【税收任务】 在宏观经济“三期叠加”的新常态下，坚持组织收入法治原则不放松，举全局之力，攻坚克难，采取各种有效措施加强税收征收管理、防止漏征漏管、加强纳税评估、税务稽查和欠税清缴，做到有税尽收。但受全国经济整体下行、国家产业政策调整、六枝经济总量小、产业单一的经济环境的影响，全年共组织入库税收收入20963万元，同比下降9.78%，减收2273万元；入库政府各项收入23384万元，与去年同期相比下降1.52%，减收361万元。

【减税培源、助力经济转型发展】 充分发挥税收政策的导向和调节作用，抓好饲料、资源综合利用、民政福利企业、小型微利企业、增值税起征点调整等税收优惠政策的落实。2014年享受所得税减免政策企业81户，增值税减免政策企业121户，未达起征点减免增值税3579户；减免增值税1589万元，减免企业所得税731万元；辖区内的556户定额在2万—3万元的个体工商户进行了减免，月减免增值税40万元。优惠政策的落实，使政策红利得到充分释放，减轻了中小企业及个体工商户的负担，对促进其发展发挥了积极作用。对未来税源的培育，积极配合特区政府做好招商引资，优化投资环境，大力发掘培育新税源，对新落户的企业提前介入，推行预约服务、上门办税等贴心举措，宣传落实相关税收优惠政策。

【严查细管、强化稽查与评估】 2014年，有针对性地对重点企业实行重点管理、一般企业实行跟踪管理、个体工商户实行社会化管理，税源专业化管理逐步实现；进一步完善风险管理机制、突出风险管理导向，强化风险应对；按照绩效管理的要求，强化各类征管指标监控，确保征管质量稳中向好发展；根据区政府“百千万”工作规划，配合有关部门对全区上百家砂石厂整合为15家规模以上有限责任公司，实行统一征管；强化纳税评估，加强与管理部门、稽查以及各业务部门的协作配合，实现评管互动、评查互动、各环节协调联动，全年共评估118户，查补税款468.6万元；强化税务稽查，加大稽查执法力度，开展好税收专项检查和专项整治工作，全年稽查结案10户，查补税款329.01万元，打击6户发票违法行为，有力地打击了各类涉税违法犯罪行为，营造了公平公正公开的治税环境。

【减负提速，提高纳税人满意度】 以“便民办税春风行动”及《全国县级税务机关纳税服务规范》为抓手，对服务规范内容进行系统梳理分析，进一步整合办税服务窗口功能，优化办税业务流程，简化或合并涉税表证单书22项，实现办税环节“一窗通”、办税程序“一条龙”、办税内容“一手清”。积极推进“免填单”业务，简化资料报送，使纳税人报送的资料减少了20%。落实好预约服务，大力推行主动服务、微笑服务、文明服务，严格执行首问负责制、服务承诺制、限时办结制。同时分多次取消入户执法项目29项，取消涉税申请环节17个，真正解决了服务纳税人“最后一公里”问题，让纳税人看到了实效，得到了实惠，纳税人满意度显著提高。

【廉政建设】 认真贯彻落实中央八项规定精神，扎实开展党的群众路线教育实践活动，紧盯问题，建规章、立制度、严管理。班子成员以上率下带头改，广大干部职工遵规守纪跟着改，干部队伍作风明显好转，全年无一人因违反作风纪律规定被上级有关部门通报，继续保持了省级“文明单位”的荣誉称号；深入开展“巩固深化拓展”活动，加强作风纪律监督检查和行风、政风明察暗访力度，确保作风建设“永远在路上”。制订《六枝特区国家税务局关于落实党组党风廉政建设主体责任和纪检监察监督责任的实施意见》，明确了党组、各分局、部门负责人的主体责任，纪检监察部门的监督责任，树立责任意识，“两个责任”得到有效践行，党风廉政建设深入推进。调整纪检组长分工，确保将精力放在主业上。纪检监察部门按照“三转”要求，聚焦党风廉政建设和反腐败斗争中心任务，突出主责主业，认真按照责任清单切实履行监督检查责任、执纪守规责任、问责追究责任，种好“责任田”，充分发挥纪检监察“监督执纪问责”的监督作用。纪检监察干部切实纠正自身存在的“等”“躲”“推”“怕”等问题。

地方税务

【概况】 2014年，地税局不断解放思想，更新观念，始终坚持以组织税收收入工作为中心，不断深化征管改革，大力实施科学化、规范化、精细化管理，为全区经济平稳增长和社会和谐稳定做出积极贡献。

【税收工作】 2014年完成两项收入120154万元，为省局年度计划90000万元的133.51%，超序时进度33.51个百分点，为市政府年度计划107000万元的112.29%，超序时进度12.29个百分点，同比增长37.79%，增收32952万元。其中：税收收入完成119367万元，同比增长38.19%，增收32986

万元；教育费附加完成787万元，同比下降4.19%，减收34万元。完成财政总收入94655万元，同比增22.65%，增收17479万元；完成公共预算收入80044万元，同比增长42.7%，增收23949万元。

【税源专业化管理】 按照上级要求，形成“征、评、管、查”四位一体的长效机制，全面降低各种执法风险，以数据求税收，以纳税评估求遵从，不断提高征管工作质量。一是强化纳税评估风险管理。2014年，共推出纳税评估户数147户，完成104户次风险评估事务，共计评估出应补缴税款13，308，162.69元，入库5，385，199.10元。二是强化基础税源管理事务。通过辅导、查询等方式促进基础税源管理事务的流转，避免超时完成造成数据质量下降。三是强化其他事务管理。通过其他事务推进，对工作事务的安排要求完成时限及质量，并对部门的应对情况进行评价，为征管质量的考核提供依据。四是强化税源专业化平台、税企信息互换平台及第三方信息平台三个系统的使用，确保涉税信息数据的获取，为纳税评估工作正常有效的开展提供强有力的保障。

【征管档案管理】 一是指导各征管单位实施新的征管资料管理办法。将2014年现实征管档案全部移交到各管理分局进行管理，实现了现实档案规范管理，便于分局税源管控。二是督促各岗位处理税收业务。按照《贵州省地方税务局税收业务规范》的规程和《税收征管基础建设工作方案》的要求进行档案管理工作，巩固、完善和提高税收征管基础建设取得成效。三是通过下达督办通知的方式，督促分局完成征管档案的建档归档工作。对没有按照要求时限完成工作的分局，追究相关责任人责任。

【项目管理】 一是查找项目管理遗漏。以分局为单位，全面梳理管辖范围，对辖区内经济税源项目、房开建筑项目进行全面清查，对符合条件却没有纳入项目管理的项目进行项目登记管理。二是对已进行项目管理的项目进行核查，对连续发生零申报和长期未形成税收的项目进行清理。三是查找项目管理信息不对称原因。对发生信息不对称的项目进行梳理，多方收集项目信息，查找信息不对称的项目，归纳分析不对称原因。四是及时梳理经济税源重点项目，建立局长负责项目管理台账制，逐个核查投资金额，特别是1000万元以上项目是否全部落实局长联系负责制，对没有落实建立台账的按规定进行落实。五是查找房开企业下游企业（建筑企业）的独立项目是否全部纳入项目管理。严格执行房开企业不能代征建筑企业税款的规定，对项目管理实施不到位情况进行全面梳理，建立整改落实台账。六是完善涉税信息传递制度，强化协税护税工作。理顺涉税信息传递，采用方便快捷的传递方式方法，减少信息获取不对称。理顺信息获得渠道，加强项目登记管理及时性，做到有项目必管理。

【税务登记管理】 落实应办未办税务登记制度，强化报验登记管理，做好外来经营活动的纳税辅导工作。一是落实国家税务总局规定，对应办理未办理工商营业执照的纳税人坚决按照规定纳入管理，避免漏征漏管情况。二是继续抓好六枝外来经营活动的管理。了解项目进展和税源跟踪管理的情况，强化税源管理工作。同时加强重点公路建设项目中自采自用和对外收购的未税砂石应按规定缴纳和代扣代缴资源税的监控。通过发放纳税服务指南，解决了外来经营纳税人的纳税盲目性，减小了税收风险，提高了纳税效率。

【税收专项检查】 围绕打击骗取出口退税、营改增试点行业虚开发票、发票违法等重点内容，进一步加强税务稽查，规范税收秩序，防止税收流失。制订并下发《六枝特区地方税务局关于开展2014年税收专项检查工作的通知》，对如何开展税收专项检查提出了具体的要求，指导各分局开展此项工作。从2014年7月1日起，组织了为期3个月的专项检查，分别对房开建安、金融保险、涉煤行业（主要是股权转让）、服务业企业纳税人及个体户进行了检查，共查处税款3562.84万元，入库7430.00万元。并按照市局的要求，报送了税收专项检查工作统计表、税收专项检查工作总结和分行业分析报告和高风险行业分析报告。

【落实减免税收优惠政策】 截至到2014年11月30日，备案类减免税企业235户，其高新技术企业1户，减免企业所得税5.48万元。小型微利企业152户，减免企业所得税6.71万元。小微企业70户，减免营业税及附加11.74万元。医疗卫生行业9户，减免营业税及附加47.03万元。减免土地使用税企业2户，减免税5.56万元。减免车船税企业1户，减免税2.4万元。不达起征点户数6190户，减免个人所得税807.54万元，营业税505.29万元，城建税53.45万元，教育费附加19.77万元，地方教育费附加13.25万元。

保障民生税收政策落实情况：办理减免契税811户，减免税款407.39万元。其中按1%征收契税522户，减免契税288.86万元，按1.5%征收契税289户，减免契税118.53万元。农村宅居地耕地占用税减免481户，减免税款66.24万元。免征保障性住房建设城镇土地使用税4.79万元，免征保障性住房开发商销售收入及购买个人印花税5.92万元，免征购买保障性住房个人契税47.36万。

个体二手房交易税收政策落实情况：个体二手房交易税收减免325户，减免税款311.56万元，其中营业税220.96万元，土地增值税88.39万元，印花税2.21万元。

【纳税服务】 开展"财税库银"横向联网工作，完善纳税申报方式，进一步提升社会对地税机关的满意度。一是规范纳税服务厅窗口行为，落实各项办税服务制度，继续"一窗式"服务，凡是纳税人到税务机关办理的事务，均可在办税服务中心办理完毕，达到同城通办的目的，解决纳税人"多头跑"现象，保证纳税人办税方便快捷。二是根据建立健全纳税人自行申报纳税制度的总体要求，按照省、市局的统一安排，推广实施网上办税和财税库银横向联网电子缴税工作。三是要求各分局对纳税人网上申报及操作进行宣传培训，对操作不熟练的纳税人进行手把手的操作辅导，确保正确熟练使用网上申报系统。四是稳步推进三方协议签订和验证工作，截至2014年11月12日，签订三方协议达到807户，验证通过785户，全力辅导签订验证通过三方协议的纳税人进行网上申报。

【教育培训】 制订2014年干部教育培训计划。针对相关业务人员举办了企业所得税汇算培训、纳税评估知识培训、一户式监控查询培训、税源专业化培训、纳税服务培训等业务培训，不断提高全局干部职工的综合素质，更好地为纳税人服务。积极选派人员参加省局、市局举办的各类专业知识和更新知识的培训。

【精神文明建设】 一是开展好"党的群众路线教育活动"主题教育和实践活动，进一步深化精神文明创建活动。以切实有效的创建活动推动各项工作的落实，促进工作作风的进一步转变。二是开展"关爱他人，关爱社会，关爱自然"的志愿活动。积极组织参加社会公益活动，特别要做好各种扶贫济困送温暖活动。关爱社会弱势群众，对困难职工、困难学生以及社区困难群众帮扶送温暖。三是深入开展文明单位创建工作。重点抓好市级精神文明单位申报工作，建立常态化的志愿者服务队，整合好2011年—2013年各种资料上报特区精神文明办，通过市级精神文明办验收，获得了市级精神文明单位的荣誉称号。

【党建扶贫和同步小康工作】 一是发挥领导带头作用，扎实做好扶贫帮困促进社会和谐。班子成员带领科室负责人分别深入挂点基层单位、企业、同步小康和党建扶贫点。通过与企业纳税人召开座谈会的形式，将收集到的意见和建议及时汇总，展开调研。通过发放征求意见表、个别谈话等形式为党建扶贫村和同步小康村解决实际困难和问题，使帮扶活动持之以恒、富有成效。二是深入学习中共十八大精神及省、市、特区党委会议精神，充分发挥自身优势，结合村实际切实担当起宣传员的责任，积极主动与所在村组党支部密切配合，做好宣传工作。三是严格按标准发展党员，实现公平、公正、公开。着力培养素质高有潜质的村民入党。发展党员2名，培养入党积极分子2名。四是协调特区水务部门为小黄桶村解决人畜饮水和灌溉工程问题，帮助解决小黄桶村223户1027人的饮水困难。五是协助村支两委开展四在农家、危房改造及精准扶贫建档立卡工作。六是协助村支部及村委开展工作。包括村支两委换届选举工作，开展党的群众路线教育实践活动工作等。七是开展慰问活动。在建党73周年与村民共庆党的生日，赠送中寨乡兴隆村、木岗镇小黄桶村电脑设备、打印复印一体机、办公桌椅各一套，解决了两个村的办公设备困难，并慰问了独生子女户、二女结扎户和五保户等困难群众，为其送去了现金、棉被、大米、食用油、猪肉和科技图书400本，共83户次。八是践行党的群众路线，全局发起爱心资助活动，为家庭经济困难，无法读大学的木岗镇小黄桶村布依族女孩杨青雪伸出援助之手，共捐赠10400元为她圆梦大学，并鼓励杨青雪要好好学习，以优异成绩回报社会，回报木岗小黄桶村。九是协助村委做好全村维稳和信访工作，排查和化解矛盾纠纷隐患。

农林水气象　扶贫移民

农　业

【概况】 2014年，以“农业增效、农民增收”为目标，切实抓好各项农业农村工作，不断加大农业产业结构调整力度，大力实施“3155工程”和农业园区建设工作，为农业发展提供新的支撑和经济增长点，农业农村经济结构逐步趋于合理。全区粮食产量达21.18万吨，比上年减1.67%，农业增加值完成17.79亿元，增速7.16%，非粮农业增加值占第一产业增加值比重达80%；农村居民人均可支配收入达6416元，比上年增12.6%。综合科技进步水平指数达25.17%。

【“3155”工程实施】 2014年，特区党委、政府高度重视“3155”工程的实施，结合六枝实际，出台了特区种植业“5213”工程和养殖业“3215”工程，大力发展一批特色优势产业，完成种植面积38.93万亩，占特区计划38.4万亩的101.38%，市安排的农业特色产业“3155”工程完成35.25万亩，占市年度计划数21.8万亩的161.7%。猕猴桃：计划实施2万亩，已完成2.08万亩，占计划的104%。茶叶：计划实施4万亩，已完成4.4万亩，占计划的110%。核桃：计划实施6万亩，已完成11.98万亩，占计划的199.67%。蔬菜：计划实施1万亩（核心示范），已完成2.8万亩，占计划的280%。中药材：计划实施2万亩，已完成3.56万亩，占计划的178%。油茶：计划实施2万亩，已完成2.3万亩，占计划的115%。花卉、苗圃：计划实施0.3万亩，已完成0.62万亩，占计划的206.67%。刺梨：计划实施2万亩，已完成2.11万亩，占计划的105.5%。特色经果：计划实施1万亩，已完成3.4万亩，占计划的340%。人工种草：计划实施1万亩，已完成1.1万亩，占计划的110%。改良草地：计划实施0.5万亩，已完成0.6万亩，占计划的120%；完成红豆杉种植0.3万亩。魔芋完成种植3.68万亩，占特区计划4万亩的92%。

【“六项行动计划”落实情况】 以贵烟线、六纳线、水黄线、六六高速、六镇高速五线和牂牁江、梭戛生态博物馆、陇脚布依生态园、木贡温泉、黔中水利、懒龙桥水库、旧院水库等七个风景点及生态移民工程为重点。以经济实力较强、地理环境和自然条件好、产业发展较快、农民积极性较高的自然村寨作为2014年六项行动计划小康寨重点建设示范村寨，以路、水、电、房、通信、寨为重点，突出特色，整体推进全区“四在农家·美丽乡村”六项行动基础设施建设项目的实施。六项行动计划累计开工项目1340个，占计划1134个的118.16%。按省计划投资36251.34万元，完成投资40951.91万元，占计划的113%；按市计划投资56103.34万元，完成投资60690.91万元，占计划的108.17%。

小康路：省计划20公里，计划投资1374万元；完成20.5公里，完成投资1487万元，占计划的108.22%。市、特计划300公里，实际安排316.8公里，42个项目，现完成砼路面200公里，完成投资21226万元，占计划的100%。

小康水：全年任务5.47万人饮水安全问题，农村耕地灌溉2.1万亩。现完成解决5.47万人饮水安全问题，耕地灌溉2.2万亩。完成投资11901.81万元，占计划的134.17%。

小康电：32个电网建设工程，变电站1座、新增35千伏及以下线路331公里，新增配变128台。实施3个小康电示范点，开展电费代收代扣业务，新增30个电费交纳点。完成投资14103万元，占计划的100%。

小康寨：全年任务170个，特区安排重点打造17个小康示范寨（一类示范寨11个、二类示范寨6个），小康寨项目覆盖170个自然寨。“三治三改”工程6240户，庭院硬化2059户，垃圾分类收集处理4个乡镇，集中式饮用水源地保护1个村，公共厕所29个村，文体活动场所及设施42个村，污水治理70个自然村寨，照明设施1218盏，计划投资3109万元；村以下通组（寨）路113公里，人行步道90公里，计划投资2974万元。完成投资6592.2万元，占计划的108.37%。

小康房：全年任务438户，现完成498户，完成投资5892万元，占计划的114.3%。小康通信：通信部分：全年任务22个自然寨通电话、2个行政村通宽带。现新增自然村寨通电话完成18个，完成投资379万元，占计划的123.05%。邮政部分：全年任务10个乡镇邮政局（所）、6个村级邮件接收场所、1个农村快递服务网点。乡镇邮政局（所）补建完成10个，建成郎岱中通快递网点1个。完成投资596.9万元，占计划的167.04%。

【科技工作】 2014年全区安排应用技术研究与开发资金1580.7万元，比2013年的1312.2万元增长268.5万元，增幅20.5%。组织申报国家、省、市科技项目21个，获批准立项12个，其中省级批准实施项目4个；市级批准实施项目8个。科技项目储备15个，组织区内21家具备一定条件的企业申报了省级民营科技企业。选聘25名区级科技特派员到企业工作，为全区科技发展营造了良好的环境氛围。充分利用“3·18”科技活动日、“4·26”知识产权日宣传周、五月科技活动周、“5·12”防震减灾日、九月科普活动日开展科普宣传培训。共发放科普知识、农业适用技术、防震减灾常识、森林防火等资料5万余份；开展科技培训3期共260余人次。开展防震减灾宣传活动2次，发放防震减灾常识、《防震减灾科普知识手册》等宣传资料2000余份（册）。

【农业执法检查】 在农资打假工作中，共出动综合执法人员744人次，全面检查农资生产经营企业36个次、种养殖基地11个次，对全区31个农资市场进行巡回检查，共检查农资市场160场次、农资经营主体917户次。开展“放心农资下乡进村宣传活动”3次，发放宣传资料15000余份，查缴违法经营的农作物种子767公斤，不合格肥料产品20吨，产品货值4.2万元。针对出现的违法经营农资产品的行为，严格按照“五不放过”的原则严肃查处，共立案查处违法经营农资案件11件，已全部结案，共处没收违法所得1695元、罚款69550元。为农户挽回经济损失约14万元。组织检查了区内平寨、那克两大农贸市场和佳惠、新干线等7家超市，中心城区12家农资经营户，平寨镇、郎代农业园区、大用农业园区内的8家种养殖基地，检查中未发现有违禁投入品使用，对种养殖档案不全或无档案的企业责令限期进行整改。同时对农贸市场及超市销售的水果、蔬菜进行监测抽检，抽检样品747个，合格率为100%。

加强农机安全检查，出动车辆120车次，出动执法监理人员360人次，检查乡（镇）及企业农机安全生产情况76次，发出检查建议书20份，检查车辆125台次，共查处违章车辆15台次，未检车辆15台（已补检）；检查驾驶人员125人次，无证人员36人，2014年拖拉机在册数2141台，共检验拖拉机1958台，年检合格率100%，拖拉机驾驶在册4012人；新办证156人，驾驶证审验率为100%。全年无安全责任事故，事故数为零，死亡数零。

【农业园区建设】 2014年，园区完成总投资21.38亿元，入驻经营主体171家，其中合作社118家，建成高标准种植基地10.98万亩，获得无公害农产品产地认定7个，产品认证2个。农业局2014年申报的牛场辣椒地理标志认证获得通过，农产品地理标志认证增加到3个（全市共6个）。郎岱农业园区在全省园区考核评比中位列第5位，大用园区从省级重点园区中的52位上升到40位，北部库区园区、月亮河园区保持省级一般园区，考核排名分别为78位和135位，2014年成功申报省级一般园区3个，分别为牂牁江农业观光园区、生态高效茶叶示范园区、新华高山生态茶叶示范园区。省市领导、安顺市、遵义市、紫云县等其他市县领导多次组团到大用现代农业园区、郎岱现代农业综合产业示范园区考察，共接待考察团400余人次，园区示范、辐射和推广作用突显。

【党员干部教育管理】 农业局班子通过组织党员干部集中学习，开展社会主义核心价值观主题宣讲，“明礼知耻·崇德向善在乡村”主题教育活动等方式，不断加强党员教育，提升党员素质。农业局党组书记上党课2次，党员干部进行社会主义核心价值观宣讲20余场次，开展“明礼知耻·崇德向善在乡村”主题活动12场次，培训学员5000余人次。先后推荐、选拔4名优秀党员进农业局总支、支委，募集党员关爱基金2000余元，5人参与同步小康驻村工作，党员到社区报到服务50余人次，党建扶贫帮扶杂交水稻种子500余公斤，对适龄儿童发放学习用品折合人民币3000余元，协调有关部门帮助解决村寨道路硬化18000余平方米。

林　业

【林业工程建设】 2014年完成营造林面积124513.4亩，其中：石漠化综合治理林业项目建设22588亩，国家级退耕还林15000亩，市级“先建后补”退耕还林20000亩，巩固退耕还林成果林业项目7300亩，县级植被恢复荒山荒地造林2591亩，省级植被恢复项目荒山荒地造林10000亩，中央财政林业科技推广示范项目500亩，天然林资源保护工程封山育林10000亩，省水利基金项目水土保持林建设10000亩，省级退耕还林补助资金人工造林项目5000亩，农业综合开发林业生态示范项目3000亩，采伐迹地更新8534.4亩，森林抚育10000亩。

【公益林生态效益补偿】 2014年全区纳入公益林生态效益补偿面积计69.6万亩（其中：国家级公益林生态效益补偿面积47.23万亩，地方公益林生态效益补偿面积22.37万亩），补偿资金共计795.01万元。补偿资金已全部兑现给林权权利人。

【森林防火工作】 一是全面落实森林防火行政领导负责制。为做好森林防火工作，召开全区森林防火工作会议，与各乡（镇）、林场签订了森林防火目标责任书。森林防火指挥部下发了《六枝特区2014年森林防火工作安排意见》，要求各乡（镇）、国营花德河林场成立森林防火组织机构，层层落实森林防火责任。二是切实抓好森林防火宣传。制订《六枝特区二O一四年森林防火宣传方案》，大力宣传《中华人民共和国森林法》《森林防火条例》《贵州省森林防火条例》《六枝特区人民政府森林防火令》等法律法规。在重点林场、重要路段、路口张贴，刷写森林防火宣传标语200余条，在进入林区的重要路口设置森林防火警示牌，发放森林防火宣传日历、宣传画册、宣传围腰、森林防火公开信等共计130000余份，利用赶集天开展森林防火、安全避火知识的教育，增强群众防火意识。全年共开展森林防火宣传30余场所次，受教育群众12000余人。三是强化管理措施。出台了《六枝特区森林防火禁火令》，组织修订《六枝特区森林火灾应急预案》，对森林防火责任进一步细化、量化、强化。四是切实抓好野外火源管理，加强“两节”管控。抓好“清明”“五一”特殊时段的管控工作，严格监管野外生产生活用火，把野外火源管控作为防火工作的核心内容，筑牢用火审批、入山检查、野外巡护、联防联保“四道防线”。五是加强应急值守，强化监督检查。严格执行24小时值班和领导带班制度，同时成立六枝特区林业局森林防火期处突应急分队，确保一旦发生火灾，能第一时间前往指挥扑救，实现“打早、打小、打了”。成立森林防火检查组深入到各乡镇、林场20余场（次）进行督查，对乡镇森林防火值班、人员到位、领导带班、护林员巡山情况进行督查，排查各种火灾隐患，及时提出整改。七是切实加强防火物资储备，为扑救森林火灾提供坚强的物质保障。根据森林防火形势变化的新情况，及时添购新物资、新器材；全面清理和维护防火器械，特别是对油锯、风力灭火机的调试和使用。2014年共发生森林火灾1起，受害面积18.6公顷，森林火灾受害率为0.34‰，受害率控制在市下达0.7‰以内。

【林业有害生物防治】 对全区59.1844万亩林地开展了林业有害生物越冬调查，调查面积57.836万亩，监测覆盖率为97.72%。预测2014年全区林业有害生物发生5.6万亩，实际发生5.2万亩，测报准确率为92.9%，发生率为8.79%，均进行了无公害防治，无公害防治率100%；对全区139.46公顷苗圃进行产地检疫，产地检疫率达100%；开展松林松材线虫病进行春、秋季普查，对36株枯死松树进行清理；开展松褐天牛防治工作，对全区松林进行全面虫源木清理，治理面积3.8898万亩；开展森林鼠兔害防治，防治面积共1.0万亩；共办理“植物检疫证书”243份，检疫木材4472.184立方米、苗木743.0833万株，接穗40万株，园艺产品6980株，共收取检疫费28986元；检查经营、使用和存放松科植物及其产品的单位和个人13家，共检查木材586立方米（其中松147立方米），光、电缆盘75个，木工板300张，茶叶穗条14000千克，核桃穗条15万枝；对查验的松科植物及产品进行了取样镜检，未发现带有松材线虫病。

【森林保险】 遵循“政府引导、市场运作、自主自愿、协同推进”的原则，根据省政府农业保险保费补贴政策，结合林业生产实际，全区参加森林综合保险面积892510.95亩，每亩投入保费2.4元，赔偿保险费每亩为800元，共投入金额为2142026.28元。

【涉林案件查处】 始终保持对破坏森林资源违法犯罪行为的高压态势，遏制了涉林案件的上升势头，维护了林区治安稳定。先后组织开展以打击破坏森林和野生动植物资源违法犯罪为主的“雷霆行动”“天网行动”“森林火灾破案会战”、森林保护“六个严禁”执法专项行动等林业严打专项行动。积极与周边八个县区建立联防协作，签订林区治安防范跨区域合作协议，认真开展加强跨区域警务合作，维护林区治安、依法从重从快地打击破坏森林和野生动植物资源的违法犯罪活动，切实有效地保护森林资源的安全。2014年共受理各类林业案件91起，查破90起，查破率98.9%。其中刑事案件查破8起（1起滥伐林木、1起盗伐林木、1起非法狩猎、6起失火案破5起），林业刑事案件破案率达88.89%，移送率100%；行政案件查处82件，行政拘留11人，行政警告5人，处罚66人，收缴罚没款69536万元，行政案件查处率达100%，结案率100%。

【采伐限额管理】 森林经营与采伐管理工作进一步规范，2014年上级下达的采伐指标为蓄积33000立方米，共办理采伐许可证54份，采伐林木面积336.41公顷，采伐蓄积26734.4442立方米，材积14910.56立方米，均为凭证限额采伐。

【林地保护和管理】 按照《中华人民共和国森林法》《中华人民共和国森林法实施条例》等林业法律法规，认真贯彻落实国家、省等有关各项林地管理政策办法，积极组织实施林业分类经营，科学区划界定生态公益林；严格实行林地保护管理，认真组织实施森林植被恢复项目，确保林地有效增加；编制县级林地保护利用规划，落实林地保护利用责任制；督查、打击破坏林地资源的犯罪活动，保障资源总量增加。2014年共办理征占用林地4起，面积40.4公顷。现已批复3起，面积19.7626公顷。调处林地纠纷3起。

【木材流通管理】 为切实保护和合理利用森林资源，加强木材流通管理，理顺林政管理秩序，加大依法治林力度，建成六枝特区木材市场，城区木材经营加工户已有15户搬迁至木材市场进行规范经营。对全区126户木材经营、加工企业（户）进行年审，新办6户，注销9户；共审核办理木材运输证118份，运输木材4305.15立方米（其中杉木4238.45立方米，杂木55.2立方米）。共上路检查90天（次），检查验证放行运输木材车辆136车次，木材3723.26立方米，查处3车次，查处木材30.7094立方米，查获野生兰草35株，木材变价款3400元，罚款400元。对木材市场各经营加工场所（户）经营、加工的木材进行监督检查共26场（次）。

【牂牁江国家级湿地公园及黄果树瀑布源国家级森林公园】 六盘水牂牁江国家湿地公园及贵州黄果树瀑布源国家森林公园经专家组实地考察评估、集体评审和公示，国家林业局下发文件《国家林业局关于同意北京房山长沟泉水等140处湿地开展国家湿地公园试点工作的通知》及《国家林业局关于准予设立贵州省黄果树瀑布源国家森林公园的行政许可决定》，同意六盘水牂牁江开展国家湿地公园试点工作、准予设立贵州黄果树瀑布源国家森林公园。

水　利

【概况】 2014年，大力实施水源工程、饮水安全、小型农田水利、冬修水利、中小河流治理和水土流失综合治理等水利建设工程项目，以“兴水、治水、管水、用水”为主线，着力加快民生水利建设，以深入开展“党的群众路线教育实践活动”为契机，团结带领全局干部职工，抓好水利工程建设。

【水源建设工程】 旧院水库工程：已完成主、副坝填筑、趾板砼浇筑、面板砼浇筑和灌浆、取水塔砼浇筑、交通桥砼浇筑、溢洪道砼浇筑等工程主体工程已全部完工，累计完成投资8740.9万元。输水管道工程：累计完成投资8421万元，完成右输水管道及供水工程管槽开挖27千米，安装输水管道24.45千米，累计完成投资5787万元（其中：A标段2347万元，B标段3440万元）；左输水管道工程管槽开挖11.0公里，完成管道安装11.0公里，完成投资2072万元。提水站工程：提水泵站已完成清水池和高位水池工程，扬水管道安装900米，厂房建设已完成。

懒龙河水库工程：懒龙河水库总库容1305万立方米，规划附属水电站一座，装机3500千瓦。总投资45839万元。导流洞已全线贯通；已完善进场公路1.4公里的道路修建；完成水库枢纽区临时3公里施工输电线路架设及施工场地变压器安装；安装及接通施工区生活用水；完成水源区临时办公、生活及福利文化建筑3000平方米、水源区临时住房1500平方米，水源区临时仓库500平方米；完成左、右岸上坝公路、进电站、泵站、渣场、料场共计3.5公里土石方开挖及道路路基建设；交通洞以及大坝左、右坝肩开挖工作正在进行中（左岸交通洞已经贯通，开挖长度277米；右岸交通洞已开完至60米；左坝肩开挖至高程1200米，右坝肩开挖至高程1200米）；正在施工料场加工系统及其辅助设施；完成水库枢纽区建设用地征地工作，能满足目前施工需要。

阿雨水库：阿雨水库工程位于六枝特区洒志彝族布依族苗族乡把利村，建设性质为新建，建设规模为小（1）型，水库正常蓄水位为1271米，死水位为1256.5米，设计洪水位1273.59米(p=3.33%)，校核洪水位为1274.21米(p=0.33%)；水库总库容为165万立方米，正常蓄水位相应库容为116万立方米，死库容为6万立方米，兴利库容为110万立方米。大坝为混凝土面板堆石坝，最大坝高34.5米，坝顶宽度5米，坝顶长97.79米。工程主要任务为灌溉、乡镇供水。大坝枢纽建设用地征用工作基本结束，施工用电已完成，现正进行场平建设和导流洞开工的准备工作。工程正在按程序有序建设。

箐口乡王家水沟山塘工程：箐口乡王家水沟山塘总投资69.68万元。建设内容及规模为：主要修建引水沟50米，沉砂池一个，库区截水墙130米，铺设土工膜1668平方米，安装DN90PE管4600米。计划解决山塘下游1000人饮水问题。

【水土保持重点治理工程】　跳花坡小流域工程：生物措施按计划全部完成，分别完成水保林种植5520亩，种植刺槐45万株、柳杉45万株；完成经济林600亩，种植茶苗180万株；完成封禁治理面积11116.8亩，制订和印发管护措施，落实管护制度和管护人员，签订管护合同。工程措施按设计全部完成。完成治理面积17790亩，完成投资592.0万元。

毛口小流域工程：生物措施完成油桃种植1.7万株、冰脆李1.6万株、樱桃1万株、柚子0.4万株、桂花1.8万株；工程措施全部设计完成，完成治理面积8460亩，完成投资208.0万元。

【中小河流治理工程】　阳长河龙场乡段治理工程：该工程总投资1035万元，建设规模为河道治理长度为3.07公里，保护人口8000人，保护农田1800亩。完成河堤3公里，回填土方56000方，挖方45000方。到位资金952万元，完成投资730万元，占工程总投资的70%，占到位资金的76.0%。

月亮河龙潭河段治理工程：总投资887.0万元。建设规模为治理河道长度为3.919公里，新建防洪堤2.426公里，护坡1.162公里。共完成综合治理河道全长3.919千米，左右岸新建防洪堤2426米，河道清淤3919米。共完成总投资869.6万元，其中：河道治理总投资815万元；土地征用投资54.6万元。

【水政综合执法】　一是利用"世界水日""中国水周""水土保持宣传月"等活动在街心花园和乡镇开展《水法》《水土保持法》《防洪法》《中华人民共和国河道管理条例》等法律法规宣传活动，重点宣传《贵州省水利建设"三大会战"实施方案》和《省人民政府关于实行最严格水资源管理制度的意见》。2014年，共出动宣传车辆12台次，宣传人员30余人次，制作宣传展板8块，发放《水土保持法》小册子3000多份，《水法》《防洪法》《河道管理条例》宣传资源8000余份。

二是坚持水事巡查制度，加大水行政执法力度。及时查处水事案件，下达责令停止水事违法行为通知书2份，责令改正通知书4份。

三是积极开展建设项目水土流失监督检查。共开展建设项目水土流失监督检查31次，发放水土保持方案申报通知书23份，告知书23份，为企业上门服务40余家，企业申报土保持方案16个，审查批准16个。

四是按照省、市水政综合执法"三权统一"的要求，即：统一规费征收权、统一行政许可受理权、统一行政处罚权开展工作。依法征收水利规费入库75.6万元，其中：水资源费31.98万元，水土保持补偿费43.7万元。依法办理取水许可证2本。

五是加强六枝徐家桥至跃进桥、煤机厂桥至党校城区段河道管理，加大河道宣传力度、禁止居民向河道内倾倒垃圾等杂物，及时清理河道内的垃圾，禁止违章建筑。

【防汛抗旱】　一是强化防汛抗旱应急责任管理，及时调整特区防汛抗旱指挥部成员单位，并明确各成员单位工作职责；调整了小（二）型以上水库、水电站和集镇防汛行政责任人、技术责任人、管理责任人。二是积极开展全区重点防汛部位度汛抗洪安全大检查，并将检查情况和整改落实情况报特区防汛办备案。特区防汛抗旱指挥部办公室在开展汛前大检查中，针对平寨万家小河、云盘小河和那平路河段存在防洪安全隐患问题，及时以《关于对平寨万家小河、云盘小河防洪安全隐患整改的通知》和《关于对六枝河（那平路段）防汛安全隐患整改的通知》下发平寨镇政府和相关单位落实整改。三是加强物资储备和队伍建设。

按照分级分部门负责的原则，做到缺什么补什么和宁可备而不用，不可用而不备的工作思路，督促指导相关单位和部门做好防汛抗旱物资的清库备库工作，确保物资储备充足到位。四是强化防汛抗旱指挥系统和山洪灾害防治县级非工程措施系统的运行管理。强化汛期24小时防汛值班和信息报送工作。

气　象

【概况】 六枝特区气象局业务工作体系由当初单一的天气预报，发展成为集天气预报、科技服务、人工防雹、人工增雨、防雷减灾等为一体的气象科技服务系统。工作手段由仅靠传统的“收、听、看”，发展成为集卫星接收、雷达接收、远程终端、微机网络、办公自动化为一体的现代化方式。气象服务工作已深入到农业生产、交通运输、能源、环保、科研、军事等方面及人民群众生活中。服务方式在利用纸载体传播气象信息的基础上增加了电话、电视、传真、互联网等服务形式。六枝特区的气象事业，已居中等水平。

【气象概况】 2014年1—12月，全区平均气温15.2℃，与常年平均相比偏高0.4℃，年极端最高气温30.2℃（7月23日），年极端最低气温为-2.4℃（2月11日、2月2日）。全区降水量分布不均，年降水量1628.1毫米，比历年平均偏多148.1毫米，年日照时数1131.6小时，与常年平均日照相比偏多24.2小时。

【年气温】 冬季（2013年12月—2014年2月）平均气温6.2℃，较常年偏低0.3℃，春季（3—5月）平均气温15.9℃，较常年偏高0.6℃，夏季（6—8月）平均气温21.8℃，较常年偏高0.2℃，秋季（9—11月）较平均气温16.6℃，常年偏高1.0℃。

【年降雨量】 春季总降水量222.6毫米，较常年少71.2毫米，夏季总降雨864.9毫米，较常年多31.2毫米，秋季总降雨471.8毫米，较常年多191.1毫米。冬季总降雨63.6毫米，较常年少3.2毫米。

【主要天气、气候事件及灾后影响】 2014年出现低温雨雪冰冻、暴雨、大雾、雷暴、秋季绵雨等气象灾害。2014年，18个乡镇先后不同程度地遭受了干旱、风雹、洪涝等多种自然灾害。据统计，全区受灾人口约136144人，紧急转移安置41人。农作物受灾面积4075.2公顷，成灾面积2139.5公顷，绝收面积424.4公顷。灾害共造成直接经济损失1750.35余万元，其中农业经济损失1616.65余万元。

【防灾减灾】 全区有2个国家级自动气象站、47个区域自动站、10个预警大喇叭，对19个乡镇和23个地质灾害重点地区进行气象要素监测。建有暴雨洪涝灾害普查信息系统和中小流域山洪地质灾害风险预警系统。以提高气象预报准确率为核心，加强气象预报预测预警系统建设，开展中央、省、市气象台天气会商，建立天气雷达接收系统，提高了气象预报预测预警能力。

依托区内电视台、政府网、区农经网手机短信多家媒体，向公众播报天气实况、天气预报、天气预警，提高了公众气象服务覆盖率。2014年共制作发布气象服务信息93期；其中重大气象信息专报11期、专题气象服务信息22期、周天气预报48期、春耕春播春种气象服务专报3期、夏收夏种气象服务专报2期、秋收秋种气象服务专报3期、气候评价4期，手机短信服务对象10000余条。

【人工影响天气】 2014年全区组织实施人工影响天气作业38次，用弹547发；保护区内18万亩耕地面积的农作物无雹灾，取得了明显的社会效益和经济效益。

【农村信息化建设】 随着农经网服务站点的建立和健全，全区已形成了一个农经网信息网络。农经网通过互联网、声讯短信、LED电子显示屏等信息方式进行整合资源为“三农”提供个性化的信息服务，开展和开展了网络技术的运行，对农产品生产、价格、供求等农村综合经济信息汇总。

将气象防灾减灾信息、气象预警、天气预测预报、农村季节气候预测融入乡村便民利民党务政务综合服务中心，以致达到“防灾减灾，气象先行”的理念。全年农经网中心发布农经信息28889条，其中价格信息28402条、供求信息128条、农业时政284条、分析预测46条、招商引资14条，美食、乡村驿站、风景名胜各共12条，为农建立商务网站3个。

扶贫工作

【概况】 2014年，按照“区域经济带动扶贫开发，扶贫开发促进区域发展”的总体思路，把贫困乡村和农村贫困农户作为扶贫开发的主战场，着力抓好核桃、中药材、蔬菜、茶叶、精品水果、生态畜禽产业化扶贫项目和“雨露计划”的实施，全面推进“集团帮扶、整乡推进”工作，不断巩固农村贫困人口稳定的增收基础，进一步拓宽增收渠道，扶贫开发工作取得了明显成效。

【减贫摘帽】 2014年，岩脚、堕却、中寨3个乡镇如期完成省市“减贫摘帽”任务，占计划的150%，岩脚镇、堕却乡、中寨乡贫困发生率分别下降5.25、4.56、5.51个百分点，农民人均纯收入分别达到6783元、5600元、5700元，贫困发生率下降幅度、农民人均可支配收入均达到或超过省定贫困发生率下降4.3百分点、农民人均可支配收入达5600元的考核标准，贫困乡镇发生率控制在21.05%以内。

【产业化扶贫】 核桃产业：完成核桃种植6万亩，占计划的100%，其中完成新增种植面积5.6万亩、管护费转种植面积0.4万亩。

中药材产业：完成中药材种植1.2528万亩，占计划的125%，建成中药材种繁组培车间（含配套设施）1206平方米。

小康寨（乡村旅游）：完成旅游步道建设1168平方米，营盘观景台50平方米，休息平台30平方米，护栏1269米，占计划的100%。

小康水（机井）完成机井钻孔18口，其中出水16口，占计划的95%。

示范园区魔芋种源基地建设完成驯化大棚建设6888平方米，育种688亩，占计划的69%。

蔬菜（魔芋）魔芋验收合格面积9687.3亩。

油茶新造油茶林3110亩，占计划的100%。

精品水果产业完成猕猴桃种植5105亩，占计划的111%，建成排水渠5000米，生产便道15公里，水池600立方。

【雨露计划培训】 2014年省、市下达的培训任务4757人，完成片区重点县党政干部培训40人，贫困地区乡镇干部培训38人，农村基层干部培训85人，专项扶贫干部培训15人，支助新入学贫困大学生69人，补助中高职一、二、三年级在校贫困学生360人，十大扶贫产业普训4000人，十大扶贫产业骨干培训50人，民族民间技艺培训100人，占计划的100%。

【贫困村互助资金试点】 共有互助资金315.6415万元在5个乡（镇）15个村运行，其中：中央财政扶贫资金211万元、省级财政75万元、农户入社互助金9.71万元、其他19.9315万元。现已组建15个互助资金协会，互助组162个，入社农户821户，入会率14%，其中贫困农户入会354户，入会率14%。互助金累计发放589.4446万元，发放人次1427人，其中贫困户619人，主要解决入会农户在发展种养业、加工业、商业、运输业和其他项目过程中的资金短缺问题。

【北部库区生态农业示范园区】 以新场乡、堕却乡、箐口乡六六高速公路出路口接贵烟路沿线，涉及13个行政村，完成总投资3.2亿元，其中社会投资2.06亿元。完成标准化圈舍7520平方米，温室大棚22000平方米（其中：钢架大棚18000平方米，PC板连体大棚4000平方米），产品展示厅100平方米，喷滴灌设施3.5千米，仓库540平方米，职工用房2300平方米，办公用房500平方米，加工房350平方米，观光亭5个，组培室1300平方米；种植中药材1.5万亩，中药材育苗500亩，核桃2.58万亩，茶叶3000亩；生态禽养殖50万羽，养殖梅花鹿500头，香猪养殖720头；主干道建设完成42公里，机耕道建设完成41公里，生产便道建设12公里，观光步道1500米；供电线路建设55公里；蓄水池5800立方米，沟渠建设18公里，山塘容量420立方米。园区核心区内昌文公司生产的梅花鹿系列产品、乌鸡蛋以及箐口的小米核桃、贵州康众药业的太子参、龙胆草等产品已占有一定的市场，园区产品销售收入达2115万元。

【精准扶贫建档立卡】 精准扶贫建档立卡工作是2014年全省扶贫工作的“一号”工程，高度重视，精心组织。深入学习领会精准扶贫文件精神，起草精准扶贫1+9工作文件，包含特区扶贫工作总体改革内容和每个工作机制创新的具体实施方案。围绕“六个扶贫机制”改革，在贫困乡镇考核、精准扶贫、项目管理、投入保障、挂钩帮扶、领导协调等机制上体现创新与特色。按照“县为单位、规模控制、分级负责、精准识别、动态管理”的原则和国家统一制订的扶贫对象识别办法，对贫困户、贫困村进行精准识别，严格按照时间节点和九个步骤开展工作。做到“户有本、村有册、乡（镇）有簿、县有档”。识别工作全程公开，贫困名单在村、乡、特区政府三级分别公开公示、公告，接受社会监督，确保公平和公正。经细致识别，全区现有贫困人口5.1万户16.1614万人。（其中：国家标准贫困人口3.9813万户11.96万人，含五保户和长期供养人员1.7665万户30058人；省级标准贫困人口1.1187万户4.2014万人）。贫困乡镇13个（其中一类贫困乡2个，即牛场乡、箐口乡；二类贫困乡7个，即新华乡、新场乡、洒志乡、梭戛乡、折溪乡、岩脚镇、陇脚乡；三类贫困乡4个，即堕却乡、木岗镇、中寨乡、毛口乡）。2014年全区共减贫摘帽9个乡镇。（其中：2011年陇脚乡；2012年折溪乡、木岗镇；2013年洒志乡、毛口乡、梭戛乡；2014年岩脚镇、堕却乡、中寨乡）。贫困村130个（其中：一类贫困村83个、二类贫困村29个、三类贫困村18个）。

移 民

【概况】 2014年，按照为民务实清廉为主题的群众路线教育实践活动的要求，把“抓好已建水电站水库移民后期扶持、完善移民集中安置点基础设施建设、积极处理移民安置遗留的问题和实施好在建项目移民搬迁安置工作为”重点，以维护和促进库区和移民安置区社会稳定发展为主线，解决好移民群众最关心、最突出的困难和问题为着力点，完善措施，克服困难、扎实工作，稳步推进各项工作。

【光照水电站六枝库区移民工作】 1.土地集体资产兑付工作。截至2014年11月，兑付毛口乡、中寨乡土地集体资产资金共计2980.51万元，其中毛口乡兑付土地集体资产2654.85万元，中寨乡兑付土地集体资产325.66万元。

2.移民安置基础设施建设。一是完成毛口乡的龙坡、木城点内道路及宅前道硬化及排水沟建设项目验收工作，工程总投资为397.50万元，其中龙坡安置点总投资为153.90万元，木城安置点总投资为243.60万元；二是完成毛口中学滑坡抢险应急治理工程验收工作，总投资385.00万元。三是完成中寨乡田坝安置点内道路硬化及排水沟建设项目验收工作，工程总投资为147.35万元。

3.集中安置点场平工程审计：一是完成毛口集镇高位挡墙、毛口集镇抗滑桩、毛口集镇滑坡治理工程审计工作，审核投资总金额为791.53万元。

二是完成洒志乡平桥安置点场平工程审计工作，审核投资金额为750.84万元。

三是完成中寨乡场坝、大寨、田坝等安置点场平工程审计工作，审核投资总金额为239.52万元。

【旧院水库工作】 一是完成库周交通恢复项目公路工程建设，工程投资504.30万元。二是旧院水库工程建设征地和移民安置实施规划报告获得批复，标志着移民安置项目和资金使用的规范化。三是完成兑付移民补偿补助资金166.51万元。四是兑现201 4年度征收耕地长期补偿款161.70万元。

【黔中水利枢纽一期工程】 一是按省移民局的要求，配合国家发展改革委农经司、国家能源局新能源司及相关特邀专家开展水库移民逐年货币补偿安置调研工作。二是根据贵州省水库和生态移民局《关于召开黔中水利枢纽一期工程蓄水阶段水库淹没处理及移民搬迁安置省级验收会议的通知》文件要求，黔中水利枢纽工程涉及特区的范围，于2014年4月2日完成市、县两级库底清理自验工作，4月13日通过省级验收。三是完成兑付移民补偿补助资金1106.61万元。四是组织业主、施工单位、涉及乡（镇）及林业、国土等部门对黔中水利枢纽工程临时用地问题是否可以恢复进行现场认定，其中，水源工程区1342.83亩，输配水区1585.20亩，已按照相关程序上报。五是对黔中水利枢纽工程原设计漏项和缺项的专复建项目进行梳理，现已按程序上报，有望纳入修编报告。六是兑现征收耕地长期补偿款355.00万元。

【懒龙河水库工作】 一是配合特区水利投资公司及大坝施工单位搞好施工放炮影响区95户农户房屋现状普查工作。二是对懒龙河水库建设征地移民安置实施规划设计编制单位进行招标，确定中国水电顾问集团贵阳勘测设计研究院为懒龙水库工程建设征地移民安置规划设计工作的编制单位。三是完成懒龙河水库施工区、淹没区实物指标分解、认定工作，共确认并公示土地1057.51亩，其中水田134.40亩，旱地351.80亩，林地288.87亩，草地138.67亩，住宅用地24.41亩，公（道）路1.68亩，水域8.66亩；零星树木共2002棵，其中经济林222棵，用材树964棵，果树755棵，竹子57笼，芭蕉1笼，景观树3棵，坟墓147座。移民个人实物指标：其中砖混结构房屋273.36平方米，砖木结构房屋351.19平方米，砖混结构杂房17.68平方米，砖木结构杂房15.15平方米，保坎64.5立方米，砼晒坝354.26平方米，土晒坝357.44平方米，沼气池2口，炉灶8个，电视接收器4个，粪池3个。四是完成专业项目迁（复）建的委托实施工作，按照项目归口实施的原则，懒龙河烈士陵园迁（复）建、213县道改线、彝文碑、供电、电信、联通、移动、广电等迁（复）建项目已分别与有关单位协商签订委托实施协议，并按委托协议规定拨付专（复）建项目进度经费474.60万元。五是完成施工区、枢纽工程建设区征用耕地237.6亩，兑现青苗补偿款共计23.76万元，兑付征收耕地292.01亩的长期补偿补助款54.08万元。

【移民后期扶持工作】 一是申报后期扶持项目6个，其中库区基金项目3个，结余资金项目2个，应急补助资金项目1个，总投资320.95万元；申报小康村“整村推进”项目3个，总投资240.03万元。二是完成3个500人以上移民小康村“整村推进”规划修编审定工作；三是完成200--500人移民小康村“整村推进”调研工作，调研工作涉及6个移民村，共涉及移民589户，2710人。四是实施2013年度下达2014年实施项目10个，总投资1113.27万元，其中已完工项目2个，正在实施项目8个，拨付资金220.7万元。五是兑现2014年度后期扶持直补资金共计489.20万元。

【信访维稳工作】 一是完成全年群众来信（访）件共9件，其中特区信访局转来办理的来信（访）件2件，接待群众来信（访）件7件，争对每一件来信（访），一一做了答复，做到件件有着落，事事有回音，来信（访）件办结率达100%。二是根据黔水办发〔2014〕29、30号文件精神，组织项目业主、施工单位、涉及乡（镇）对黔中水利枢纽一期工程炮损工作进行协调，加大了处置力度，经过对炮损农户进行全面的清理和排查，涉及放炮损坏农户的房屋有1063户，现已签订补偿协议1062户，兑现农户炮损房屋补偿补助款575.00万元。

城建　环保

住房和城乡建设

【概况】 2014年，围绕城乡建设管理工作目标，深入贯彻落实部门法律法规和特区经济工作会议精神，狠抓重点建设项目协调，加快城市基础设施建设步伐，促进建筑业规范发展，强化宏观调控，保持房地产业的稳定增长，城乡建设事业在新的起点上朝着新发展的目标稳步推进，重点项目建设进展顺利，城市建设重点突出，建筑业发展稳定，行业各项工作运行态势良好，完成了预期目标。

【勘察设计管理】 工程勘察合同备案登记项目共41个，建筑面积：523836.42平方米。工程设计合同备案登记项目共38个，建筑面积：387370.13平方米。施工图设计审查备案登记项目21个，建筑面积：295420.99平方米，墙改基金缴纳：2997362元，墙改基金返还：791961.47元。新建建筑设计阶段建筑节能标准执行率100%，所有工程均通过建筑节能设计审查。全部建设工程施工及竣工验收阶段均严格执行建筑节能标准，对未达标准的工程不予以竣工验收和工程备案，执行率98%以上。建设项目已经全面禁止对实心黏土砖和实心页岩砖的生产和使用，在建工程均使用经住建厅认证备案的新型墙体材料和节能技术产品。绿色建筑评价标识工作两个项目设计阶段正在申报中。无障碍环境创建工作方面，六枝建设工程及市政工程设计图和规划方案评审中施工图设计及审查备案内容均包含无障碍设计，在居住区，交通及基础设施建设方面都考虑了盲道，残疾人通道，工厕扶手等无障碍环境要求。

【工程质量监督】 2014年，共办理起重机械备案4台，办理使用登记44台，办理建设工程质量监督手续6个，总投资38014．35万元，总面积316786．25平方米，办理竣工验收备案14个，总投资25289．85万元，总面积207424．94平方米。实行工程质量监管项目146个，监督面积210万平方米，工程总投资39.6亿元，工程质量合格率100%，主体结构工程验收合格率100%，没有发生建筑工程质量事故，按规定应实施监理的工程全部实施了监理。为促进全区经济社会健康发展做出了积极贡献。

【建筑安全监管】 2014年共举行2次综合法律法规宣传活动和2次质量及安全宣传月宣传活动。除常规服务及监督外，采取常规检查及抽查的方式到建筑工地进行检查，重点对施工单位及监理单位相关人员履职情况、施工日志、监理日志、建设工程质控资料等进行检查。持续深入开展建筑施工领域“打非治违”工作，严厉打击非法违法、违规违章行为，发出整改通知43份(下发停工整改通知书4份；限期整改通知书39份)，查出一般安全隐患343条，整改343条，整改率100%。加强对相关单位、从业人员的指导和培训，对住建部、省、市、特《工程质量治理两年行动方案》《建筑施工项目经理质量安全责任十项规定（试行）》《建筑工程五方责任主体项目负责人质量终身责任追究暂行办法》进行宣贯。

【房屋产权产籍管理及房地产交易】 2014年，

共办理产权登记877件，面积205502平方米。其中：初始登记64件，登记面积139744平方米，比上年同期上升121%；转移登记755件，登记面积64157平方米，比上年同期下降41%；变更登记34件，登记面积21236平方米，比上年同期上升216%；验换登记24件，登记面积1601平方米，比上年同期下降68%。他项权利登记，办理房地产抵押登记1850宗，抵押面积403562平方米，抵押贷款金额98302.13万元。比上年同期上升16.5%。商品记预售备案1653户，面积186243.56平方米，房款47861.9747万元，比上年同期上升53.9%。通过党的群众路线实践教育活动，共解决历史遗留问题96户。整理房产档案上柜1493件。比上年同期上升36.7%。配合法院查封登记43宗。举行2次综合法律法规的宣传活动。协助地税部门完成税收215.04万元，比上年同期下降6%。

【物业管理及房屋管理】 2014年开展了2次《贵州省物业管理条例》宣传活动；完善有关工作方法和程序，严格按照相关法律法规要求认真办理6件“前期物业管理审批”；对物业管理企业进行了2次行业监督检查，逐步规范物管服务收费以及服务标准。房屋维修资金管理，截至2014年11月19日维修资金累计归集5107万余元，共缴存1588余万，基本做到了应收尽收。危旧房屋安全监管和房屋安全鉴定，2014共进行4次危旧房屋安全检查，11月底已有7栋共2637.73平方米拆除，2栋626.15平方米搬迁停止使用。

【规划管理】 办理“建设项目选址意见书”29份，拟用地面积51.03万平方米，“建设用地规划许可证”47份，用地面积52.87万平方米，“建设工程规划许可证”23份，建筑面积86.8万平方米。完成了《六枝特区城市总体规划（2010—2030年）》城市生活区边界调整规划及实施评估报告，已上报六盘水市转省人民政府审批，《六枝特区中心城控制性详细规划》已完成第二稿，待审查；完成《六枝特区城市排水（雨水）防涝综合规划》。组织了连城国际三期规划调整及锦绣黔城等中心城区内10个项目的规划审查。组织召开六枝特区城乡规划委员会会议23次。组织召开3期规划管理工作专题会议，共研究31项规划管理议题。共制作和发放规划设计条件通知书42份。

【建设执法】 2014年，共查处违法建设254起，总建筑面积约23000平方米。下发《责令停止违法行为通知书》8份，下发《限期拆除违法建筑通知书》246份。全年拆除违法建筑共70起，拆除总建筑面积约6150平方米。配合乡镇依法打击违法建设行为，规范和引导农村建房。配合乡镇拆除违法建筑18起，拆除违法建筑面积1550平方米。开展了2次综合执法大检查。由执法队牵头、质检、安全、建管等股室参与，根据“六打六治”“打非治违”及安全文明施工等有关要求，重点检查城区在建工程项目，并抽查部分乡镇工程建设项目。对查出的问题，首先责令限期进行整改，再次查出问题的，责令停工整改，情节严重的并处以罚款，有效地打击了违法建设行为。

【房地产开发】 现有备案房开企业44家，其中，六枝本地房开企业36家（企业入库34家），外地企业8家(其中6家在六枝已无项目，2家实施保障性住房)。全区共有在建房开工项目23个，规划面积235.47万平方米，计划总投资61.31亿元，累计完成投资31.41亿元。1月至10月，房地产开发完成投资8.32亿元。对房地产开发项目进行巡查2次，对存在问题的项目下发监督检查意见书9份；办理商品房预售许可7宗，批准预售面积27.64万平方米，核拨商品房预售资金253次，共计金额2.32亿元。1—10月，共销售商品房面积18.2万平方米，增速达到50%。

【住房保障】 1.完成保障性住房建设共2341套，面积104055平方米。其中：职高教师周转房280套。由特区一中实施80套、教育局实施特区八中200套；普通公租房1008套。由特区房开公司实施，其余乡镇公租房1053套，由涉及乡镇人民政府组织实施。财政补助资金为5794万元。

【城市棚户区改造】 2014年，共实施城市棚户区改造2211户，协议签订全部完成（实物安置的1947户，货币安置264户）。实物安置中：1657户完成主体施工，正在进行室外装饰，290户正在主体施工，建筑面积214149平方米，相关手续齐全完善；货币安置264户，不需建房。具体分别为：六枝片区A城市棚户区改造264套（货币安置）；平寨片区A城市棚户区改造1213套（1213户完成主体施工，正在进行室外装饰）；平寨片区B城市棚户区改造44户完成主体施工；平寨片区C城市棚户区改造150户正在主体施工；那克片区A城市棚户区改造60户正在主体施工；那克片区B城市棚户区改造80户正在主体施工；一四二队"三线"企业城市棚户区改造400户完成主体施工，在准备室外装饰。累计完成投资33805.5万元。

【房改工作】 办理房改房、经济适用住房补交土地收益及上市准入许可证收取土地收益343.15万元，建筑面积256397.5平方米；办理腾空房产权审核手续收取房款55.2万元，建筑面积2458.57平方米；办理房改房部分产权补差手续收取补差款4.318万元，建筑面积1822.5平方米；办理经济适用住房产权审核4990户，建筑面积47909.27平方米。

【城市基础设施建设】 2014年先后改造了背街小巷二、三期工程以及阳光路建设的前期工作。第二期背街小巷工程共实施道路改造工程7条，投资183万元。第三期背街小巷工程共实施道路改造工程27条，投资3365万元，共增设排水沟2013.31米、道路面积40164.56平方米、人行道面积8919.01平方米、路灯314盏。7月开工建设滨河湿地公园，已投入2600万，已完成整个工程的80%。完成六枝特区城镇供水设施改造与建设"十二五"规划及2020年远景目标中期评估报告。完成城区天然气主管网29.8公里，支管网56.3公里，位于石门槛的天然气储配站供气设备安装及调试已完毕，完成投资5000万元。

【村镇规划建设】 2014年，在岩脚镇、郎岱镇、梭戛乡人民政府协助下，完成六枝特区传统民居建造技术初步调查工作；完成国家传统村落申报工作，共申报梭戛乡高兴村，岩脚镇阿岔村、老卜底村、新寨村，陇脚乡月亮河、补雨村，中寨乡西嘎村，落别乡板照村，其中高兴村已通过省住建厅初审，其余村寨正积极补充资料；完成全国重点镇申报工作，共申报岩脚镇、郎岱镇、木岗镇三个镇；陪同上海禾木设计有限公司到各乡镇完成六枝特区城市空间战略规划乡镇收资工作；完成村管站日常工作，严格项目规划审批制度，严格办理各项建设项目规划手续，积极协助配合有关乡镇及单位搞好基础设施项目申报，配合示范镇完成省、市特色小城镇建设任务。

【城市扩容】 2014年，拟实施城市扩容区2.61平方公里，其中建设用地约2平方公里，西起建设中的特区第七中学，东至特区污水处理厂，沿前进路往北延伸至贵烟路，南至山脚建设用地。已实质性规划和安排了部分项目进入扩容区域实施，六枝特区第八中学（职高）已经开工建设，目前已完成80%（总用地面积：134111.84平方米，总建筑面积：108479.07平方米）；特区污水处理厂二期已获省发改委批复（总用地面积：9406平方米）正在进行施工图设计；前进路改扩建项目（总用地面积约：58140平方米，长约1530平方米，宽38米），道路设计已完成，正在进行征地拆迁工作；六盘水市第二人民医院综合楼已开工建设，特区中医院办公楼（总用地面积约：7801平方米），已完成施工图设计；金鑫建材城住宅小区（总用地面积：40082平方米，总建筑面积：80164平方米），已建成投入使用；东城惠民廉租房小区（总用地面积：84767平方米，总建筑面积：178010.7平方米），已建成投入使用；特区第四小学（总用地面积：38615平方米，总建筑面积：17694.81平方米）已投入使用；拟新建廉租房小区（总用地面积：27132平方米，总建筑面积：54200平方米），政府已批准实施，正在进行征地工作。

【农村危房改造和小康房建设】 2014年，农村危房改造任务1700户，计划总投资10200万元，其中政府补助资金1499.96万元。截至11月10日，各乡镇上报数据汇总：开工1660户、开工率97.7%，完工1408户、完工率82.8%，未动工40户、未动工率2.35%。2014年小康房建设438套，完成498套，超额完成13.7%。

【党风廉政建设】 认真贯彻执行中央“八项规定”，省、市、特区“十项规定”精神，加强机关作风建设。住建局党组结合自身实际制订了《六枝住房和城乡建设局作风问题专项整治实施方案》，明确了专项整治重点任务，对“门难进、脸难看、事难办”“三公经费”“开支过大干部执行力、落实力方面存在”等16项专项突出问题进行专项整治，通过整改，公务接待以上年对比减少64%，公车管理开支减少17%，减少会议16次。修订《六枝特区住房和城乡建设局工作纪律制度》《六枝特区住房和城乡建设局待岗制度》等16项制度；认真落实“两个主体责任”及“一岗双责”规定，抓好反腐倡廉教育，推进惩防体系建设，落实各项廉洁自律规定，对局违纪违规干部进行处理，做到不护短、不手软。

【班子和队伍建设】 一是坚持民主集中制。定期召开班子会议和办公会，加强研究和沟通。重大事项、重大支出，坚持集体决策，达成共识。班子成员互相通气、相互支持、形成了目标一致、团结协作的好风气。二是细化分工、协作做事。健全工作机制，班子成员分工负责，相互协作。实行重点工程责任到人，信访稳定包案到人，全局上下协作配合，确保了各项工作的落实。三是局党组始终把人才培养作为党建工作的重要内容，积极为培养人才、激励人才提供条件、搭建平台。2014年引进规划建设方面的人才4人，建筑人才1名、规划2人、建筑设计1人。五是注重发挥每一名党员干部的主观能动性，对股级干部进行正确评价，重点考核业务成效、遵守组织制度、执行组织纪律等方面，将德、能、勤、绩、廉纳人考核重要内容，年终实行绩效考核，评选出优秀干部职工15人，优秀二级班子5人。通过科学、公开、公正的考核机制，全面带动全局干部职工工作积极性。

城市管理

【基础设施建设】 一是投资101万元实施桃园巷道路改造维修工程。维修改造该路段车行道沥青罩面3200平方米；人行道板更换为花岗岩地砖1860平方米（含道牙）；新安装路灯14盏。二是启动在中心城区修建人行天桥工作。拟投资6254.6万元，在街心花园交叉路口、休闲广场交叉路口与火车站站前广场前架设3座钢建结构人行天桥，建设规模约为2550.8平方米。街心花园交叉路口、火车站站前广场人行天桥建设项目于10月20日、11月10日进场施工。三是投资80余万元实施货运南路道路综合整治项目。改造车行道850平方米，人行道铺设花岗岩550平方米，安装路灯5盏。四是投资52.9万元维修教师小区道路，改造车行道1573平方米，人行道1127平方米。五是投资40万元维修中心城区道路，维修车行道2020平方米，人行道110平方米。

【管护与维修】 1．加大路灯检修力度，投入50余万元，更换地埋电缆1000余米，维修路灯70余盏，维修控制系统16次；维修冰雹灾害受损中华灯和景观灯269盏，包括更换灯罩2419个、灯泡2469颗。2．做好防汛工作，一是于2014年5月底前，投资5.54万余元清掏中心城区排水设施，清掏落水孔1967个，更换破损水箅子20块，增设落水孔6个；二是于2014年9月18日拟定《六枝特区城市管理处防汛工作应急预案》及《六枝特区城市管理处2014年防汛工作值班表》，开展全面安全隐患排查工作，当日更换城区检查井盖5个、落水孔板40个，疏通下水道40处。3．投资2.39万余元修复损坏的花坛护网及井盖板。投资13.68万元更换冰雹灾害受损新兴农贸市场大棚；投资6800元清理平寨农贸市场下水道；投资3500元，解决站前广场停车场用水用电问题。

【清理各类违章占道经营】 2014年，共计治理占道加工、占道经营摊点1000余处（次），下发违法（章）通知书300余份；清理各类流动摊点5000余处（次）；依法查处机动车违章占道停放100余辆，货车沿途抛洒遗漏物影响市容环境卫生等违法违章行为50余起。依法查处城区主次干道违章户外广告牌（匾）300余块，拆除广告横幅50余条；依法强制拆除云盘桥边、建设北路菜市场、交通南北路、货运东路附近违章搭棚（建筑）420余平方米。审批办理占破道手续2件。

【园林绿化管护】 一是做好行道树修枝整形及病虫害防治，对管辖绿化做到浇水、施肥、除草、喷药、修枝整形不间断，投入1.4万余元购买农药、化肥，修剪城区绿篱草坪、喷药施肥5次，清理城区枯死行道树14棵。二是投资2万余元，修复九头山公园护栏21.4米，投资5000元，修复供电大楼旁花坛护栏；投资3.38万元，及时修复桃花公园坍塌围墙。三是投入4.8万余元购置红叶石楠树苗8棵，绿化影剧院花坛。投资3万余元，购置鲜花3200盆、小灌木2.6万株和红叶石楠球40个，美化、亮化党政大院及城区那平路、南环路路段。投资6万余元，补栽主次干道香樟树150株。四是国庆前夕投资5.8万元，购置5万盆鲜花装饰高速路出口及南环路隔离花池。五是投资50万元，实施桃花公园绿化升级改造工程。

环境保护

【概况】 六枝特区环境保护局成立于1982年，局内设办公室、污控股、环评股、辐射股，下属机构有环境监察大队、环境保护监测站。现有工作人员26人，主要职责是依照环保法律法规规定，对全区环境保护工作实施统一监督管理，防治污染和其他公害，保护和改善生活环境和生态环境，保障和促进环境保护与经济、社会的可持续协调发展。

【污染减排】 2014年，削减化学需氧量1053吨，氨氮99吨，二氧化硫630.2吨，氮氧化物166.386吨，均完成减排计划目标。建成了郎岱污水处理厂，开工建设木岗、岩脚污水处理厂。对六枝工矿（集团）煤矸石电厂进行停产治理。拆除了六枝特区东方水泥有限公司第一分公司机立窑、六枝特区磊鑫硅业公司、六枝特区永鑫硅业公司和六枝特区德鑫合金有限公司6300前伏安矿热炉。

【污染治理】 2014年，全区15对地方煤矿完成了“一矿一污水处理站”建设，另有4对煤矿正在按照环境影响评价报告批复文件要求建设污水处理站。煤炭洗选企业均按照环评建设了污水处理设施，产生的废水经处理后全部循环使用，无废水外排。年检测机动车7232台，“黄绿标”覆盖率100%。对辖区内15个加油站下达油气污染限期治理任务。完成六枝特区惠牧养殖专业合作社和六枝特区宏星种养殖专业合作社两个养殖场环保治理工作。完成排污费征收350.1万元。

【环境执法】 2014年开展了《整治违法排污企业保障群众健康环保专项行动》和《“六个一律”环保“利剑”执法专项行动》两项专项行动。7月，对辖区内可能产生废水、废气的工业企业、医药制造和医疗卫生行业、重点流域综合整治等专项行动工作中心内容开展全面检查。共出动检查人员617余人（次），检查企业160余家（次），下达环境监察执法通知限期整改企业29家，关停人工水晶加工企业10家，查处严重环境违法行为9件，收缴罚款31.5万元。将贵州省六枝特区湘发煤业公司、国电六枝安家寨中柱煤业公司和六枝工矿（集团）煤矸石发电分公司作为省级督办上报，并对3家主要负责人进行约谈，同时要求限期整改。开展噪声专项行动。采取轮流值班、昼夜巡查等方式，联合公安、城管等部门共同执法。共下发通告100余份，制作大型钢架铁皮公告栏两块进行宣传。在执法行动中，制止建筑施工场地噪声污染4处，暂扣23个高音喇叭或音响，口头警告17家，立案查处个体经营户5家，罚款1500元。有效控制了噪声污染的排放。

【环保基础设施建设】 1．完成六枝城区环境空气自动站建设。项目总投资120余万元，监测指标为二氧化硫、二氧化氮、一氧化碳、臭氧、PM10、PM2.5。建成城区环境空气自动监测站，已按月发布环境空气质量报告9期，环境空气质量总体良好，达到国家二级标准。2．完成龙场水质自动站建设。龙场水质自动站建设是"重点流域、跨地州市水质自动站建设项目"之一，项目总投资150余万元，监测项目为高锰酸盐指数、氨氮、化学耗氧量等水质五参数。经监测，龙场断面水质达到国家2级标准。

【饮用水环境保护】 2014年共出动环境监察、监测人员86人(次)，每月对中坝水库、白岩脚水库、纳麻水库和乡镇19个水源点进行了督促检查和监测；各乡镇共出动监管人员164人次，检查水源点68个，共整治了30多起钓鱼、游泳、放牧等污染水源现象。经监测表明，区内集中式饮用水源地水质良好，各项指标均符合国家饮用水水质要求，水质达到国家规定的饮用水水源地水质标准，达标率指数为100%，

【农村环境综合整治】 积极向上级争取各类资金200万元。实施"四在农家、美丽乡村"及"小康寨"的饮用水源地环境保护。其中：省级资金20万元，用于木岗镇纳麻水库进行环境综合治理工程；市级资金120万元，用于实施梭戛乡高兴村陇戛新一寨和二寨、毛口乡半坡村那旁寨、折溪乡把仕村的饮用水源点环境综合治理工程；区级资金60万元，用于实施梭戛乡中寨村、落别乡抵耳村、平寨镇小寨村、郎岱镇坝子村、青龙村、中寨乡双夕村等的饮用水源点环境保护治理工程。

【三岔河流域环境保护"河长制"工作】 制订了《六枝特区2014年度三岔河环境保护河长制实施方案》并组织实施。一是在梭戛乡中寨村、龙场乡播代自然村修建污水处理设施，确保生活污水经处理达标排放。二是为岩脚镇、大用镇、梭戛乡、新场乡、新华乡、牛场乡、龙场乡、新窑乡、堕却乡每乡镇购置垃圾清运车1辆。以及时清运沿河乡镇产生的垃圾，控制了生活垃圾对河流的污染。三是对2013年度三岔河流域环境保护河长制目标任务进行年度考核。经过省市的考核，获得全省县级第一名的好成绩。通过流域治理，企业污染物实现稳定达标排放，重点城镇生活垃圾和污水得到有效治理，水污染物排放总量得到控制，三岔河区域内河段水质明显改善，达到国家和省规定的水环境功能区类别，

【环境保护宣传教育】 一是在6月5日，特区政府分管领导在特区电视台作"六五"环境日电视讲话。特区环保局与特区妇联在休闲广场联合举办了纪念"6·5"世界环境日暨"勤俭持家低碳环保，美丽六枝你我共建"主题宣传活动。参加活动的有特区领导、环保成员单位、企业、社区等代表410人，进行了环保宣言、"四创""党的群众路线教育实践活动"等相关内容的知识竞赛，并向群众发放了环保袋、环保竹篮1100个、"勤俭持家低碳环保，美丽六枝你我共建"主题活动倡议书、"四创"、妇女儿童权益保护等相关宣传资料4000余份，宣传活动取得了良好效果。

二是与特区二小开展小学生环境保护知识讲座"让环境保护知识走进课堂"，参加讲座的学生400余人，讲座向小学生阐述了为什么要保护环境、怎样保护环境、为保护环境做些什么等问题，让小学生积极行动起来，动员家人，参与环境保护，保护我们自身居住的环境，提高生活质量。

三是在11月13日贵州省委党校举办的六枝特区科级干部学习贯彻中共十八届四中全会精神培训班上，举办了《建立体现生态文明要求的体制机制》的生态文明讲座，从生态文明建设方面阐述环境保护的重要性。

安全监督

安全生产监督

【概况】 2014年，全区共发生各类生产安全事故4起，死亡12人，事故起数占全年市下达控制数18起的22%，死亡人数占全年市下达控制数16人的75%。同比，事故起数持平，死亡人数增加7人，上升140%。亿元GDP死亡率为0.098（全区2014年预计国内生产总值123亿）控制在指标以内，煤矿百万吨死亡率为2.6（全区2014年预计煤炭产量为390万吨）超过控制指标，道路万车死亡率为0.25（车辆8万辆）控制在指标以内（其中：煤矿发生重大事故1起，死亡10人。同比，事故起数增加1起，死亡人数增加10人。道路交通事故3起，死亡2人，同比事故起数减少1起，死亡人数减少3人）。其他行业领域未发生生产安全事故。

【安全责任落实】 一是坚持"管行业必须管安全""管业务必须管安全""管生产经营必须管安全"及"属地管理"原则，切实制订并与路喜循环经济园区、木岗工业园区、郎岱农业产业园区、岩脚工业园区，19个乡镇、14个部门、六枝工矿（集团）以及路鑫喜义集团等5家地方煤矿集团签订2014年目标责任书。并督促各乡镇、各部门、各企业将责任目标进一步量化、细化，层层进行分解，强化目标责任落实。二是严格实行"一岗双责""一票否决"制度，并切实建立煤矿安全生产联系包保责任制度，落实县、乡、安全监管部门、煤炭部门及各煤矿企业集团领导对煤矿安全生产进行实名制包保，强化党政干部安全生产工作责任。三是进一步完善驻矿安监员制度。按照每矿2名标准，对生产建设井派驻矿安监员，对煤矿企业进行24小时驻矿监管。四是在下发的《六枝特区安全生产委员会办公室关于开展2014年"春节""两会"暨第一季度全区安全生产大检查工作的通知》等部分文件中，切实明确了牵头单位、责任单位，要求各单位按照职责分工抓好工作落实，再次对有关单位的职责进行了细化。五是坚持"四不放过"原则不动摇，积极配合和查处有关责任事故，严肃追究相关人员责任，切实用事故教训推动工作开展。六是各乡（镇）、各行业主管部门及安全监管部门严格落实属地管理、行业直管及综合监管职责，长期深入企业，加大安全生产执法力度，切实规范企业安全生产行为，推动企业主体责任落实。

【安全隐患排查治理】 一是制发《关于建立全区安全生产大检查工作制度的通知》，明确大检查目标、方式、计划及有关单位工作职责，切实推进安全生产大检查工作常态化、规范化、制度化。二是制发《关于开展2014年"春节""两会"暨第一季度全区安全生产大检查工作的通知》《六枝特区集中开展除大隐患防大事故安全生产大检查》等文件，明确检查内容、方式、重点，对各个时段安全生产大检查工作进行安排部署，并成立21个专项检查组，长期深入企业、深入生产一线，严格按照“全覆盖、零容忍、严执法、重实效”的要求，全面开展隐患排查整治。截至11月，全区共查出各类安全隐12845条，落实整改12691条，整改率98.8%。

【百日事故警示教育活动】 组织各乡镇、安委会成员单位、各有关企业认真收集各类事故案例（特别是2013年“1·18”金佳煤矿煤与瓦斯突出事故、“3·12”马场煤矿煤与瓦斯突出事故），开展警示教育活动，举一反三，深刻吸取事故教训，坚决做到“一矿出事故、矿矿受教育，一地有隐患，全区受警示”。在百日事故警示教育活动结束后，保持事故警示教育常态化，结合发生在全市的“4·18”“5·24”“5·25”“6·11”煤矿事故，督促各乡（镇）、各部门、有关企业认真吸取事故教训，牢固树立隐患就是事故理念，提高安全认识，强化安全措施。结合实际，深入分析事故原因，切实提高各行业领域安全监管人员及从业人员的安全生产意识，确保安全生产。

【“六打六治”打非治违专项行动】 根据《六盘水市集中开展“六打六治”打非治违专项行动方案》要求，结合特区实际，制发了《六枝特区集中开展“六打六治”打非治违专项行动方案》。在特区“六打六治”打非治违专项行动领导小组的领导下，成立3个特区级综合督查组，26个行业专项检查组强化对“六打六治”打非治违专项行动的组织领导，确保责任落到实处。严格按照“四个一律”要求，坚持“全覆盖、零容忍、严执法、重实效”原则，采取“四不两直”的方式，对重点区域和单位实施暗访暗查，及时发现和解决“六打六治”打非治违专项行动过程中遇见的问题和困难。2014年全区共组织执法检查组累计1302（次），出动执法检查人员累计5164人（次），其中：各类专家累计58人（次）、检查企事业单位和场所累计2918家（次），组织开展跨地区、跨部门联合执法累计44（次），采取“四不两直”的方式，对重点地区和单位实施暗查暗访累计236（次），共打击涉及“六打六治”项目内容184起，及时将各行业领域非法违法生产经营行为扼杀在萌芽状态，确保安全。

【非煤矿山安全监管】 一是下发《六枝特区金属与非金属矿山安全专项整治工作方案》，对全区非煤矿山监管工作进行全面部署。二是深入企业严查工人不戴安全帽，高空作业不系安全绳，上下交叉作业等违章行为；严查安全员未经培训持证上岗或安全员脱岗的、浮石危石悬石未认真进行清理等行为，共查出安全隐患971条，整改956条，整改率98.5%。三是充分借鉴煤矿分级监管的经验，结合各非煤矿山企业安全现状，将全区非煤矿山企业评定为A、B、C三个等级，实行分级管理。四是进一步加大非煤矿山管理人员、特种作业人员、从业人员教育培训力度，组织全区91家砂石厂从业人员320人进行安全知识、职业健康知识培训。进一步提高广大职工安全意识和事故防范能。

【危化、烟花爆竹安全监管】 一是严格市场准入，对新申请办理烟花爆竹经营户115家经过申请、受理、实地审查、培训、考试、颁证等环节，符合条件的新增烟花爆竹经营户为106家。二是强化对烟花爆竹生产、经营等环节的“打非治违”工作。2014年共检查烟花爆竹批发企业6家（次），查出安全隐患34条，落实整改34条，整改率100%；共检查烟花爆竹经营户988户（次），查出安全隐患255条，落实整改255条，整改率100%。查处烟花爆竹违规经营户51户（次），查收土炮97767头，烟花199个，私炮161件零1643串，魔术弹416根，小炮弹8件零164个，暂扣烟花爆竹经营（零售）许可证13家，打击无证非法储存私炮、土炮和烟花经营户14家，对情节特别严重的已移交公安机关依法刑事拘留。

【建材、机械、烟草等八大行业安全监管】 加大对八大行业的安全监管力度，以建材、机械、烟草、轻工、电力、商贸行业领域为重点，切实强化对相关企业的安全隐患排查和打非治违工作，共查处安全隐患问题367条，整改359条，整改率97.8%。

【职业卫生工作】 与非煤矿山、煤矿企业、金属冶炼、水泥厂、木材加工厂、建筑施工等115家单位签订职业健康责任状，确保各行业领域内企业职业卫生主体责任落到实处。根据《六盘水市金属冶炼行业职业病危害专项治理实施方案》《六盘水市水泥生产企业职业病危害专项治理工作方案》、市安委办关于《冶金等工贸行业开展涉及粉尘作业安全专项治理实施方案》等文件要求，持续深入开展各行业领域职业卫生专项检查，共检查职业健康95家（次），共下检查整改指令54家（次），查出隐患484条，已整改463条，整改率95.6%，共组织涉及职业健康体检1206人。

质量技术监督

【概况】 2014年，质监局完成了质监管理体制的重大调整（由省以下垂直管理变为地方政府分级管理），做到监管人心不散、队伍不乱，工作不断，未出现区域性重大质量事故、食品安全、特种设备安全问题。紧紧围绕特区党委、政府及市质监局下达的目标任务，围绕“质量兴区”开展质监工作，把决策、管理、服务和落实转化为目标责任体系，加强自身能力建设成为新常态，品牌建设有了新的跨越，全力服务六枝经济社会发展，全面完成各项工作任务。

【质量兴区】 1.出台了《六枝特区质量兴区工作任务分解方案》，对各部门质量工作进行细化，为迎接市政府的质量考核工作奠定了基础；起草了《六枝特区质量兴区奖励考核办法》，拟对获得中国名牌产品、贵州省名牌、国家地理标志保护、参与制订国家标准等的企业给予奖励；制发《六枝特区贯彻质量发展纲要2014年行动计划》，努力营造质量发展的良好环境和氛围。2.“岩脚面”获得国家地理标志产品保护后，积极强化宣传工作，加大了同媒体的沟通报道，为进一步提升“岩脚面”品牌创建和六枝的质量名片、文化软实力，组织人员编制了“岩脚面”国家地理标志丛书，从环境、人文、文化积淀、品牌建设、产业发展规划到加工技术规范、产品标准等方面详细介绍了“岩脚面”，提升了竞争软实力。3.对“落别樱桃”和“六枝龙胆草”2个产品组织了国家地理标志产品保护申报，于2014年对申报主体、保护区域、保护产品进行了确定。

【巡查及监督检查】 根据年初制订的巡查计划和方案，结合工业企业的分类监管情况，对企业开展巡查及监督检查。共计出动执法人员460人次，巡查车辆160台（次），检查食品及工业产品生产企业、小作坊308家（次）。督促生产厂家遵守国家的相关法律、法规，严格按照标准组织生产，不合格产品不得出厂销售。

共计抽取样品73个批（次），已出具检验报告73个批次，合格67个批次，合格率为91.7%。其中食品产品59个批次，合格53个批次，合格率为81.9%。工业产品14批次，合格13批次，合格率为92.8%。不合格食品主要是桶装水和酥饼，桶装水不合格原因主要是部分桶装水生产加工企业由于封口设备已坏导致桶封口不严，造成产品二次污染；酥饼不合格的原因是菌落总数超标；责成相关企业（小作坊）其进行整改，并对不合格生产企业进行了行政处罚；监管情况及产品质量分析报告及时上报了市质监局和特区政府。

【标准化工作】 积极推进农业标准化示范区工作。农业标准化既是促进农业结构调整和产业化发展的重要基础，又是规范农业生产、保障食品安全的有效措施，也是质监部门服务发展的重要职能。进一步推进了月亮河有机大米农业标准化示范区、道地药材公司中药材种植农业标准化示范区项目建设工作，制订了工作方案和年度工作计划，组织农业、质监等部门技术人员起草了生产技术规范、病虫害防治、示范区建设管理等产前、产中、产后技术标准30余个，收集农业生产技术标准100余个，组织开展农业标准及示范区标准体系讨论8次，培训农户150余人次，初步建立了示范区农业标准化管理体系架构。清理现有登记的国家标准17家、行业标准42家、地方标准11家、企业标准4家。

【能源计量工作】 根据国务院《节能减排“十二五”规划》，六枝工矿集团公司是唯一列入贵州省重点能耗企业，要求限期达到节能目标，质监局对该企业的能源计量器具配备和使用、能源计量数据管理、能源计量工作人员配备及培训方面进行了重点监督和帮扶。2014年该企业通过了市质监局组织的年度审查，建立了动态在用能源计量管理和能源计量数据适时管理，提高企业能源计量管理水平。

【法制工作】 制订了《六枝特区质量技术监督局普法依法治理工作安排》和《2014年法制宣传教育工作要点》，紧紧围绕质监中心工作，认真学习和宣传《中华人民共和国产品质量法》《中华人民共和国食品安全法》《中华人民共和国特种设备安全法》《中华人民共和国工业产品生产许可证管理条例》《节能法》及质量技术监督相关法律法规、政策，充分利用“3·15”消费者权益保护日、“5·20”世界计量日、“10·14”世界标准日“特种设备安全进校园”“九月质量月”“有机产品宣传周”“12365”质量监督投诉等活动，加强与广播、电视、网络、报刊等各种媒体的联系，主动协调各类媒体开办法制宣传专题节目，提高法制宣传的质量和水平，发放宣传资料5000余份，接受咨询800余人（次），悬挂横幅20余幅。

【行政执法工作】 按照“全覆盖、零容忍、严执法、重实效”的要求，对食品、农资、建材、汽车及其配件、汽柴油、食品相关产品、儿童用品、手机产品、家电、特种设备、计量器具等进行了专项执法监督检查，辖区未发现系统性、区域性、行业性制假售假情况。在行政执法中，严格执行案审分离制度，办案的执法人员不审案，审案的执法人员不办案。共查办各类违法案件27起，其中立案19件，现场处罚案件8，结案17件。

【计量检定】 检测所积极组织检定人员认真学习《中华人民共和国计量法》《中华人民共和国计量法实施细则》及相关检定规程，主抓素质提升工作，建立健全检定档案管理，派出16人（次）到省、市计量机构学习，提升了能力素质，保证计量检定、校准和检验工作的科学公正，量值传递的准确可靠。其次是充分利用检测资质到期换证的契机，完善质量手册和程序文件，强化检定人员检定质量方针意识和服务意识；为更好地服务企业，拓展检定范围、提升检定能力，申报了计量校准增项并获得批准。2014年共检定天平（砝码）43台（套），加油机142台（枪），汽车衡32台，台案秤327台，血压计（表）156台，压力表382块。

【特种设备安全监察工作】 2014年依法办理特种设备安装告知157台（件），特种设备的注册登记46台，建立了特种设备监管档案并实施动态监管，做到特种设备底数清楚。按照横到边、纵到底、全覆盖、零容忍的原则深入开展特种设备“打非治违”“六打六治”、安全生产月专项整治工作。排查事故隐患单位66家，出动执法人员238人（次），检查在用气瓶为5360只、锅炉78台、压力容器66台、电梯116台、起重机械184台、大型游乐实施10台、场（厂）内机动车辆7台；制发“特种设备安全监察指令书”18份，治理违规违章行为共计36起，覆盖率达100%。通过有效监管，特种设备未发生安全事故。

【组织机构代码工作】 2014年4月，将市质监局下放的特种设备安装告知和注册登记进驻政务中心，解决了联系服务群众最后一公里的问题。加强代码办证、年检等管理工作、为银行、税务、统计、工商、财政、交通管理等相关单位使用组织机构代码提供优质服务，代码工作做到及时快捷，数据准确。全年共办理代码599家，其中新办360家，换证84家，年检150家，废置5家。

食品药品监督

【食品监管】 2014年各监管部门共培训各环节食品安全管理及从业人员1981人次、出动检查车辆1655台次、执法人员9348人次、检查各类种植养殖、食品生产加工、流通、餐饮环节等共14580家次，各环节抽样（含快检）1531批次，不合格11个批次，总体合格率99.28%，下发整改意见书546份，共立案查处涉及食品安全的案件116起，涉案货值金额3.5万元，收缴不合格食品401.5公斤，罚没款22.5万元。2014年未发生食品安全事故。

【食品安全】 2014年，加强流通环节食品市场主体资格检查，规范流通环节食品市场经营主体行为完成情况。为加强辖区食品市场主体合法，维护辖区良好的流通环节食品市场秩序，制订《关于进一步加强流通环节食品安全监管工作的通知》，将流通环节食品安全监管从主体资格、经营行为、食品质量等检查作了详细的安排和部署，使流通环节食品安全监管工作得到落实，2014年1至11月，全局共计出动执法人员1600余人次，检查食品经营户6000余户，检查批发市场、集贸市场等各类市场70个次，共计查处8件经营危害人体健康的物质含量超过食品安全标准限量的食品案及过期食品案件，共计罚没款3.4万余元。

加强节日食品市场检查，确保节日期间食品安全。2014年，共计开展对元旦、春节、中秋、国庆等节日市场检查，共计出动执法人员1000余人次，检查流通环节食品经营户5000余户次，共计查处经营过期食品案5件，依法对经营者罚款2.2万余元。

【药品采购管理】 一是每季度开展网采工作专项督导，规范网采工作流程；二是定期通报存在问题，限期督办，深入推进基本药物制度的实施；三是每半年督促各乡镇卫生计生院对村卫生计生室进行盘点，对于存在网外自行购药行为，取消村医医药补助、新农合门诊定点资格。

卫生和人口计生　医院

卫生和人口计生

【概况】 2014 年，紧紧围绕“一个”目标，突出“一个”主题，强化“三个”关键，着力“四项”重点，深化“七项”标准的工作思路，以人口计生“双诚信双承诺”和“三按月”绩效管理为抓手，工作措施再优化，工作基础再夯实，统一思想，振奋精神，真抓实干，奋发作为，在“早”字上作谋划，在“新”字上求突破，在“实”字上下功夫，较好地完成了各项目标任务。

【人口出生率目标值控制】 年度目标值控制在 11.55‰以内。全区期初户籍人口为 703293 人，期末户籍人口为 700800 人，年平均户籍人口 702047 人；期初常住人口 542434 人，期末常住人口 547952 人，年平均常住人口 545193 人；总出生 4896 人，其中，常住人口出生 3859 人，流动人口出生 1037 人；年度死亡人数为 2581 人。常住人口出生率为 7.08‰，常住人口死亡率为 4.73‰，自然增长率为 2.35‰，人口出生率控制在年度目标值以内。推迟政策内二孩生育夫妇 1280 对，放弃政策内二孩生育夫妇 154 对，落实补救措施 556 例。

【人口计生“双诚信双承诺”】 出台了《六枝特区人口计生“双诚信双承诺”工作实施方案》（六特通字〔2013〕6 号）、《关于进一步做好 2014 年人口计生“双诚信双承诺”工作的通知》《六枝特区人口计生“双诚信双承诺”工作有关要求的通知》（六特人领字〔2013〕60 号）、《六枝特区人口计生“双诚信双承诺”工作分类管理评定条件》（六特人领字〔2013〕63 号），为人口计生“双诚信双承诺”工作有序推进提供了制度保障，成为破解人口计生基层基础相对薄弱的有力抓手。一是抓制度完善。采取每季度召开一次部门座谈会、乡镇每月召开一次站所座谈会、村（居）设立征求意见箱、开展“民生政谈”活动、下发文件等方法，多方征求、收集、整理各单位部门、乡镇在推进人口计生“双诚信双承诺”工作进程中存在的问题，并及时召开领导小组会议进行研究，拿出具体的解决办法和措施，既维护了稳定，又推进工作健康发展。自推行人口计生“双诚信双承诺”工作以来，全区共召开部门座谈会 4 次、乡镇专门调度会议 8 次，领导小组分别于 2013 年 9 月、12 月，2014 年 6 月、7 月、9 月行文下发了操作规范，统一口径。二是抓分类管理。把管理对象分成“诚信户”“一般诚信户”和“不诚信户”三个类别，按照“分类评议基本条件”，采取“一季一评”的办法，对管理对象进行类别评定。对“诚信户”，颁发“诚信证书”，实行一年一审，一证先行；对“一般诚信户”，颁发“一般诚信证书”，实行半年一查，一证先行；对“不诚信户”，实行区别对待，一事一证。通过分类管理，有力地推进了“不诚信户”向“诚信户”“一般诚信户”的转换。三是抓以人为本。以乡为单位，建立人口计生短信平台，将重点服务对象分成五类（新生人口家庭、新采取节育措施家庭、季度妇检对象、生殖健康检查对象、大龄未婚青年），设立分类管理台账，收集移动电话号码，针对不同的服务人群，编发温馨短信。四是抓人文关怀行动开展。按照“政府投入一点、社会捐助一点、会员缴纳一点、单位帮助一点”的办法，多方筹措人文关怀资金，围绕“主动申报生育信息、主动落实节育措施、主动参加孕情环情检查对象及诚信户子（女）升入大中专院校、结婚、家属或本人生病住院、老人去世”等八种关怀类型，适时开展人文关怀行动。五是抓区别对待。采取由不诚信户主动申请、签订违约谅解协议的方式，对不诚信户进行违约谅解，增强不诚信户自觉履行计划生育义务的意识；按照“诚信优先”的原则，对诚信户实行“五优先”（“优先安排就业、优先安排扶持项目、优先落实奖扶政策、优先享受人文关怀、优先享受普惠政策”）。通过“人文关怀行动”“温馨短信”和“区别对待”，助推了不诚信户和一般诚信户向诚信户转变，营造了我诚信我光荣的良好氛围。六是成功举办了全省人口计生“双诚信双承诺”现场推进会。

【综合施治】 严格执行《六枝特区人口和计划生育综合治理管理办法》，切实解决了人口计生部门单打独斗的问题。一是特区人民法院将社会抚养费征收纳入常态化，每月开展一次社会抚养费非诉案件执行活动。二是各部门及时出台支持配合人口计生“双诚信双承诺”工作方案，在工作中严格把关，积极支持、建言献策，有力地解决了推进过程中存在的问题。三是卫生、公安、工商和人口计生局坚持每两月开展一次集中整治“两非”行动，严格B超使用登记管理，严格入院分娩、孕检、婴儿死亡报告制度；全区共征收社会抚养费2183.76万元，申请法院强制执行社会抚养费非诉案件32件，执结32件，社会抚养费非诉案件执行占比达20%，执结率100%；共完成“两非”案件25件，其中，纯“两非”案件1件。

【农村医疗保障制度建设】 2014年参合人数494567人，参合率99.01%。1—12月新农合受益761297人次，其中参合农民门诊报销补偿689805人次，报销补偿资金3821.13万元；住院报销补偿71492人次，报销补偿资金14190.94万元，资金使用率为93.75%，住院实际补偿比为70.45%，住院率为9.39%。

【基层医疗卫生服务体系建设】 2014年扩建5个乡镇卫生院建设，总建设规模：7550平方米，总投资1348万元；目前完成投资1348万元，到位资金883万元，未到位资金465万元；新窑、新华、平寨镇3个卫生院现由施工方垫资进行建设。

【打击非法行医专项整治】 一是打击无证行医工作。以城中村、农贸市场、集市等为重点，对无证行医、游医进行查处，取缔无证牙医14人次，游医11人次，查处无证行医20户次，取缔20户次，罚款0.815万元。二是对辖区内332家医疗机构进行专项整治监督检查，查出违法案件98件，其中简易程序11件，一般程序87件，罚款金额43.898万元。

【无偿献血宣传】 通过“3·15”宣传日、“5·8”红十字日和“6·14”世界献血者日、七月初七等节日组织大型宣传活动，在中心血库大楼外壁、固定采血车车身设置固定宣传图文，在那平路、贵烟路、公交车站台更新共13块宣传栏，制作宣传展板，制作发放宣传台历5000多份、宣传资料5000多份、宣传围裙2000多条、宣传手册10000多份宣传献血知识向广大群众发放宣传。通过新媒体进行普法宣传，从网络信息平台发出5500余条宣传信息，邀请广播电视台跟踪报道无偿献血1次。邀请部分乡镇、机关事业单位和社区负责人等30余人召开无偿献血座谈会，集思广益，征求无偿献血宣传、组织方面的意见建议。2014年，有39家单位，其中7个乡镇、16个机关、5家企业、4家医院、5所学校（其中区直学校3家）、1个村委会组织和1个社区组织53次团体献血。共计投入宣传经费95730.00元。于2014年5月，于6月按国家卫计委要求，对全区无偿献血超过四千毫升的无偿献血者进行统计上报，共有44人符合国家卫计委和中国红十字总会规定的表彰条件的人员资料上报，通过审核表彰公示的有43人，其中银奖10人，铜奖33人。

【免疫规范化管理】 1. 基础免疫：卡介苗应种4358人次，完成实种4331人次，接种率为99.38%；脊灰苗应种19974人次，完成实种19929人次，接种率为99.77%；百白破应种18495人次，完成实种18464人次，接种率99.83%；麻苗类应种7362人次，完成实种7353人次，接种率为99.88%；乙肝疫苗应种17165人次，完成实种17133人次，接种率为99.81%；乙肝首针及时接种率达86.36%；A群流脑疫苗应种11675人次，完成实种11657人次，接种率为99.85%；乙脑应种7508人次，实种7489人次，接种率99.75%。2. 加强免疫：1岁半至2岁百白破疫苗加强应种7843人次，完成实种7834人次，接种率为99.89%；麻苗类疫苗加强应种8938人次，完成实种8923人次，接种率为99.83%；脊灰疫苗4岁组加强应种9455人次，完成实种9421人次，接种率为99.64%；白破疫苗6岁组加强应种8317人次，完成实种8267人次，接种率为99.40%；乙脑加强应种8621人次，实种8606人次，接种率99.83%；A群C群流脑疫苗应种16537人次，完成实种16494人次，接种率为99.74%。3. 查漏补种：开展了麻苗及A+C疫苗的查漏补种工作，共补种麻腮风疫苗620人次、A+C疫苗630人次；4月份开展麻腮风疫苗查漏补种工作，完成2—6岁组补种1386人次，7—13岁补种8710人次。

【传染病防控】 全区无甲类传染病及按甲类管理的乙类传染病发生。共报告乙、丙类传染病19种，发病1330例，发病率为268.69/10万（控制在目标500/10万以内，低于全省375.33/10万、全市423.19/10万的发病水平），死亡13例（艾滋病1例、狂犬病1例、肺TB9例、新生儿破伤风2例），病死率为0.98%，死亡率为2.63/10万，与去年同期1317例相比上升0.99%。其中乙类传染病发病13种720例，发病率为145.45/10万，死亡13例，发病与去年同期851例相比下降15.39%。丙类传染病发病6种610例，无死亡病例，发病率为116.16/10万。发病前五位的病种是肺结核（438例，死亡9例），手足口病（404例），病毒性肝炎（144例），其他感染性腹泻（105例），艾滋病（85例），共发病1176例，占发病总数的88.42%。

【地方病防治】 1. 碘盐监测。在大用、新华、新窑、箐口、洒志5个乡镇完成了300份碘盐采样。经实验室检测合格297份，合格率99%。2. 地氟病健康教育项目工作。按照《六枝特区2014年地氟病健康教育项目实施方案》要求，分别在被抽取的折溪、新华、木岗3个乡镇完成地氟病健康教育的宣传及调查工作。3个项目乡镇学校学生及家庭主妇地氟病防治知识的知晓率达到了80%以上的指标要求。

医　院

六盘水市第二人民医院

【概况】 2014年，坚持以人为本，深入开展“三好一满意”等活动，全院上下团结一致，以优质服务、优化管理、优美环境和优良秩序为目标，牢固树立“以病人为中心”的服务理念，内强素质，外树形象，推动医院各项建设。全院总收入1.23亿元；门急诊量111582人次；出入院病人总人数30608人次；手术4559台次；抢救次数2373人次，抢救成功率98.48%；平均住院日9.59天，病床周转次数31.54；床位使用率86.04%。

【规范医疗行为、保障医疗安全】 一是完善制度建设，逐步建立规范、有序的医疗管理运行机制。医院注重各项医疗管理制度的建立和完善，在原有制度的基础上，全面修订和完善了《病历质量奖惩管理规定》《转院转诊制度》《请销假考勤制度》《首诊负责制》《首问负责制》等制度，努力做到以制度建设提高认识、以制度建设促进思想转变，做到职工工作有目标，医院管理有规范、考核有依据。

二是强化制度落实，严格执行各项医疗管理核心制度。医院以专业法律法规和规章制度学习为重点，通过制订学习安排，购买辅导资料，采取以科室自学为主，专家讲座、观看教育片等集中学习为辅的形式，分别学习了《中华人民共和国药品管理法》《中华人民共和国传染病防治法》《中华人民共和国职业医师法》和《医疗事故处理条例》《中华人民共和国医务人员职业道德规范行为准则》等法律法规，增强医护人员依法、文明、安全行医意识。

三是健全医疗质量管理与控制体系，落实医疗质量和医疗安全的核心制度，保障医疗质量和医疗安全。严格落实首诊负责、三级医师查房、疑难病例讨论等核心制度，规范病历书写和手术安全核对工作。坚持每季度召开医疗质量分析会，通报全院医疗服务工作近况，将存在的问题分析、反馈，并抓好整改。每月组织开展终末、运行病历抽样检查，2014 年共抽查运行病历 1496 余份，甲级率 97.4%，抽查终末病历 1646 份，甲级率 98.3%。2014 年 8 月，医院设立了安全奖发放制度，实行每月考核，月月奖励的措施。通过安全奖的发放，有效地规范了医疗行为，提高了医疗质量和服务质量。

【投诉管理】 医疗纠纷处理由专人负责，对各种投诉及纠纷及时办理，做到有诉必理、有错必纠。院纪委在周例会上对投诉情况进行通报。2014 年，共接待医疗投诉 45 件，其中转化为医疗纠纷并进行补偿的 6 例，目前 3 例尚未结案，2 例拟进行医疗鉴定。2014 年度因医疗纠纷补偿患者金额约 6 万元，与 2013 年度相比，补(赔)偿额度大幅下降，但医疗投诉量明显增加。

【护理培训】 根据医院业务发展的需求，强化了对护理人员岗位培训。2014 年选派 2 名护士长到重庆新桥医院进行为期 1 个月的护理管理学习，选派 12 名护士赴贵医、省医、遵医为期 1—6 个月的进修学习；组织全院护士进行了密闭式静脉输液、无菌技术操作等 23 项护理技能培训，参加人次 2700 余人次。2014 年，共接收六盘水职院、黔东南民族职院、安顺职院等职院 33 名护士实习。

【优质护理服务】 自开展优质护理服务示范病房以来，优质护理服务成效显著。强化基础护理，完善了护理服务流程，加强了护患交流。护理人员每天为重症病人检查基础护理情况，并为患者剪指甲、洗头、皮肤护理等，患者满意度达到 97.37%。优质护理服务病区占全院病区总数的 50%。2014 年，3 人被医院授予“优秀护士长”，3 人被授予“优秀带教老师”，30 人被授予“优秀护士”。

【体检工作】 自体检中心成立以来，已面向社会完成单位或个人体检数万人次，成了多家单位的定点体检机构。2014 年，为强化门诊部工作，保障体检工作的有序进行，增设了 1 名护士长和 5 名护士。2014 年团体体检有 40 余家单位，体检人数 6000 余人；职业健康体检人数 2300 余人，圆满完成 2014 年六枝特区夏季征兵体检工作，体检人次达 600 余人。2014 年体检总收入约 197 万，体检工作取得了较好的经济效益。

【医务培训】 一是强化“三基三严”训练，提高临床人员的业务水平。2014 年在院内组织全院业务知识培训 12 次，院感培训 9 次，组织全院医生三基考试一次，合格率 65.74%；护理部组织全院护理业务学习 12 次，护理技能培训 12 次，护理查房 6 次；对新进护士 34 人进行了岗前培训；还利用“5・12”护士节进行护理知识竞赛和护理岗位技能比赛，提高了广大护理人员的基本技能和理论水平。

二是积极开展临床急救技能、急救理论知识、护理急救技能等一系列的培训，提高医护人员急诊救治水平。2014 年 7 月，组织开展群体性外伤事件急救应急演练，并对演练发现的问题进行整改。2014 年 11 月 22—23 日，承办了六盘水市院前急救工作培训会暨六盘水市医学会急诊分会年会。

【传染病疫情管理及慢性病工作】 进一步加强传染病疫情管理和报告工作，由专职人员负责全院传染病报告卡的收集、审核、上报等工作，定期检查、指导和督促各临床科室做好医院疫情管理和报告以及慢病预防控制等工作。2014年共上报传染病703例，网络报告率100%。加强传染病及慢性病防治知识的宣传教育。充分利用宣传栏、发放宣传资料等方式宣传传染病和慢性病防治知识，提高人民群众的防病知识和能力。2014年组织对全院职工进行传染病的防治知识培训，学习埃博拉出血热、手足口病、禽流感等传染病知识，以提高全员对传染病的预防和控制水平，加强传染病的防治意识，不断提高自身业务素质。2014年，结核门诊通过了验收，已正式开诊。

【医保和新农合管理】 加强宣传，以下乡义诊等形式宣传医保、新农合政策。进一步完善和规范医保、新农合政策的落实，加强了新农合病人控费项目的管理。改善服务条件，优化报销流程，实行即时报销，医保和新农合住院报销窗口推行了一站式服务模式，减少了患者报销环节，方便了患者报销。配合上级主管部门对住院病人进行不定期检查和出院病历抽查，发现问题及时反馈，立即整改。

【对口支援工作】 2014年派出6名医务人员到2所基层卫生院挂职锻炼，并对卫生院人员进行业务培训和技术指导，帮助其提高学习能力及技术水平。免费接收卫生院的人员到院进修。2014年共接收14名乡镇医务人员到院进修实习，有力地支持了基层医院的人才培养和医院建设。

【基础设施建设】 一是优化就医路径，方便患者就医。为进一步方便患者就诊，缩短就诊时间，在住院大楼增开3个收费窗口，在各窗口安放分离带，确保病患按秩序排队；进一步更新完善了院内标识指引。根据医院发展，扩展门诊部工作，进一步满足了广大患者的就医需求。2014年，通过爱婴医院复查。二是购置先进仪器设备。为进一步增加医疗手段，提高治疗质量，坚持适应医学发展前端的硬件配置，新购置了一批高端前沿的设备投入临床工作，包括：DR、清洗槽、血液透析机等。

三是美化、亮化院内环境。2014年以来，医院加强了对院内环境整治。首先，对急诊室门前地面进行了硬化，院内排水沟按要求加放了盖板，对门诊楼卫生间进行改造，将旱厕改为水冲式；其次，在院内公共区放置垃圾箱，进一步规范了院内停车秩序。

四是医院信息化建设。2014年，完成了7个检验设备检验（LIS系统）模块启用，临床路径23个病种模板已投入使用，对监控设备进行了维修，更换摄像头20个，病房电视信号接入工作已启动。

五是加快医院项目建设。在特区党委、政府的高度重视下，在市、特区相关部门的指导下，医院项目建设工作成效显著。院综合楼已全面竣工，将在今年3月份投入使用，中医大楼于2014年12月底正式动工。

【人才队伍建设】 一是坚持科学的人才观，加大引进人才的力度，积极做好大中专应届毕业生招聘和面向社会公开招考招聘工作。2014年，到高校招考了应届毕业生24名，面向社会公开招考招聘各类专业技术人员46名，充实到临床一线。

二是加强继续教育，多渠道安排进修学习。2014年医院加大了继续教育和人员进修的工作力度。邀请院外专家来院进行专题讲座、会诊、手术等。开展院内各类继教讲座10余次，涉及临床内外科、急救、院感、医疗纠纷防范与处理、法律法规学习等方面的内容。选派医、技、护理人员外出进修、学习。安排临床医生外出进修学习12人，派出58名医务人员外出学习培训，其中参加国家级培训7人；省级培训46人；市级培训15人。护理人员外出进修学习14人，参加省内护理业务和管理培训20余人次。

三是加强科研管理，积极开展新技术、新项目。积极申报科研项目，努力提高科研水平。完成市级科研项目2项、特区科研项目1项，正在进行国家重点科研项目1项（H型高血压比较效果学研究），已完成科研1929人次，让患者受益

41.8 万元。医院通过加强学科建设来促进新技术、新项目的引进和开展。开展了膝关节置换术、支气管麻醉、现代康复治疗——超短波治疗等 4 项新技术、新项目，外二科被市残联授予贵州残疾人康复重点工程（肢体残疾少年儿童矫治手术定点医院）。同时鼓励职工撰写高质量的论文和临床科研工作。全院发表论文 51 篇，其中省级以上刊物 32 篇。

六枝特区人民医院

【概况】 六枝特区人民医院成立于 1963 年，是六枝特区一家非营利性公立医院。担负着全区人民的医疗、预防、保健、康复、急救任务，并承担着中、高等专业技术学校的教学实习和乡镇卫生技术人员的培训任务。医院于 2011 年 7 月 19 日以全省最高分通过二级甲等医院的评审，2014 年荣获全国医院感染横断面调查先进单位、贵州省文明单位及双拥模范单位。

医院编制床位 1070 张（医院编制 870 张，残疾人康复中心 100 张，优抚医院 100 张），开放床位 501 张，共设临床、医技、行政科室 43 个，其中有 21 个临床科室，11 个医技科室，11 个行政职能科室，内科有 3 个专业科室，外科有 5 个专业科室，妇科、肿瘤、新生儿科的技术水平已发展成为医院的二级科室，病理科的术中冰冻切片、免疫组织化学技术走在县级医院的前列。现有在岗职工 710 人，其中正高职称 5 人，副高职称 25 人，中级职称 108 人。硕士研究生 4 人，本科学历 325 人。

医院目前拥有飞利浦 1.5T 核磁共振、飞利浦 16 排螺旋 CT、飞利浦 C 臂机、美国锐科 DR 机、美国 E9 高端彩色 B 超、德国贝朗血透机、德国史托斯全高清数字化腹腔镜系统等一大批先进设备，有力的支撑了医院学科建设，提高了医院的医疗服务水平。

医院秉承“以病人为中心，以职工为本，走质量立院，科技兴院”的发展理念，近年来医院各项工作成效显著，学科优势明显，人才结构合理，收治病人每年持续大幅度增长，社会形象良好，呈现了全面快速和谐发展的良好势头，根据医院发展规划“十三五”期间医院将达到三级乙等综合医院总体水平。

【人才队伍建设】 卓越的人才梯队是推动医院跨越式发展的根本保证，医院历来把人才工作作为一项重点工程常抓不懈，在人才引进、人才培养、人才使用等方面大胆创新，坚持感情留人和待遇留人原则，努力创造人才成长、使用、发展的良好环境。每年投入近百万元为专业人员提供学习、进修、培训、外出学术交流的机会并大力支持鼓励专业人才开展科研创新。

【学科建设】 2010 年 9 月，医院的外科系统从两个科室细分为普外科、脑外科、泌尿外科和骨外科，并在同年 10 月成立了中医科病房。2011 年 7 月成立重症医学科（ICU）。于 2012 年 6 月儿科细分为儿科、新生儿科，9 月妇产科细分为妇科、产科，10 月成立五官、口腔、皮肤综合病房，11 月成立血透室，2013 年 10 月成立肿瘤、肾内科。2014 年 12 月成立肝胆、脾胰外科。医院始终坚持科技兴院战略，技艺求精打造精品科室，现有普外科、神经外科、消化内科、骨科、肝胆外科五个重点专科。目前医院共有科室 43 个，其中有 21 个临床科室，11 个医技科室，11 个行政职能科室，内科有 3 个专业科室，外科有 5 个专业科室，妇科、肿瘤、新生儿科的技术水平已发展成为医院的二级科室，病理科的术中冰冻切片、免疫组织化学技术走在县级医院的前列。

【新技术、新业务】 医疗技术是医院的立院之本，医疗质量是医院的生命线。在加速重点学专科建设的同时，把新技术新业务的开展作为打造医院核心竞争力的重要手段，近五年共开展新技术新业务 132 项。

【医疗质量管理】 1. 进一步加强临床、医技科室核心制度的落实，加强对重点科室，重点环节的管理。组织召开医技与临床科室沟通座谈会，行政职能部门与临床、医技科室沟通座谈会，完善诊疗流程，修订并下发了《病历质量考核标准》《医技检查申请单填写规定》等管理规定。2. 坚持每月对全院各科室的运行病历进行监控，检查病历质量检查小组每月定期对终末病历进行抽查，到科室随机抽查病历。3. 定期召开病案管理委员会会议，将查出问题对临床医师进行通报，严格执行病历质量奖惩规定，对出现不合格病历的医务人员进行相应的处罚，有效地提高了医院的病历质量。4. 积极开展临床路径管理工作，纳入临床管理病种数已有2012年的11个病种增加到50个病种，进入临床路径病人数由2012年的152人增加到2015年的2500人以上。5. 并进一步加强处方的管理，提高医疗质量，对不规范处方及时公示处罚，统计每月排序前十名的药品排名及抗生素使用率，收集整理药物不良反应上报情况进行分析总结，规范各科药品管理工作。

【优化服务工作】 实施的便民惠民措施有：临床科室备折叠躺椅、电磁炉及微波炉，方便患者及家属；各病房备坐便椅，解决特殊患者的如厕困难；给临床科室配备轮椅，方便特殊病人使用；在医院内设立自动取款机及POS机；手术室家属等候区处放置健康资料及报纸杂志；在门急诊药房增加应急发药窗口，确保在看病高峰期能减少患者排队划价取药时间；建立药师与患者联系卡，提供药剂科合理用药咨询电话。把合医、城镇医保、住院收费处合并办公，实行“一站式服务”，简化了办理出院报销流程。

【医改工作】 调整价格政策，完善医疗服务收费结构。医院根据市卫计局、发改局的统一部署，认真对医院内部运行成本进行核算，为调整手术费、治疗费、护理费、诊查费、床位费等收费价格作相关的工作，积极探索合理的医疗服务收费结构。根据贵州省县级公立医院综合改革工作要求医院将从2015年10月30日起施行药品零差率销售。

【对口帮扶】 医院作为浙江省衢州市人民医院、六盘水市人民医院的受援医院，同时也是六枝特区乡镇卫生院的支援医院。六盘水市人民医院分批派出多只对口支援医疗队到医院开展对口帮扶工作，衢州市人民医院对口帮扶专家组每年均会派出专家组到医院开展帮扶工作，每次的专家团对有涉及多科室的9位专家组成。支援医院专家在医院进行疑难、危重病例的查房、专题讲座、新技术、新业务的开展等工作的帮扶指导。医院也积极派出人员到帮扶医院进行学习，在院科两级管理、学科新进展等方面都有了不少收获。作为乡镇卫生院的支援医院，通过开展对口帮扶工作，使受援卫生院在规范化建设、病历书写、疾病诊治等方面得到帮助和提高。

【文化建设】医院在2010年将国际主义战士白求恩大夫的生日“3·4”定为医院的医生节，并形成了医院院训、院歌、院徽、院旗及每年的工作主题。医院以简报、网站、院内共享等宣传形式加强广大党员、干部、职工精神文明教育，提炼了医院的忠诚文化、医德文化。

交通 信息 电力

交　通

【高速公路】 六盘水至六枝高速公路2014年年底完工，于2015年1月6日开通，标志六枝已进入高速快车道。

【城市道路】 1月，开工建设南环路东延伸线0.8公里，道路宽40米。完成河道改移工程400米，完成进场施工便道700米，完成750米路基工程，完成总投资2300万元。

2月，开工建设南环路西段5.7公里，道路宽40米，基本完成红线范围内土地征收工作，拆迁房屋丈量工作全面结束，完成房屋拆迁58户，征地、拆迁补偿款发放2800万元。完成施工便道修建2.5公里。完成土石方开挖25万方，完成建安投资800万元。完成投资3400万元。6月开工建设六枝东互通延长线2.1公里，路基宽29米，总投资2.3亿元，完成投资5900万元。开工建设贵烟路K162-163段（六枝东互通至大用矿路口），道路全长1090.806米，总投资4911万元，完成总投资800万元。11月开工建设六枝西互通延长线2.23公里，路基宽23米，完成投资1200万元。

【小康路】 小康路计划数为316.8公里，实际实施397.9公里，已完成340公里，建制村通沥青（水泥）路达85%。

【航运设施】 渡口建设任务共计4道，分别是牛场乡尖岩1、2号渡口，老卜底1、2号渡口，建设龙场停靠点，2014年已全部完工。

【安保工程】 加大公路安全防护工作，完成晴新线、郎洒线、店羊线桥梁波形护栏安装工程和六中线、六珠线、大木线、银姜线等公路的安保工程，完成投资722万元。对所辖公路缺口及危险路段设置了安全警示标志320块。完成投资17万元的落底河桥重建工程。设置安全警示标志130根，永久性标志15块，补设安全警示标志30块，投资2万元。

【公路养护管理】 1.县乡油路挖补18500平方米，完成小修保养资金275万元。及时抢修水毁工程，清理坍塌9500平方米，完成投资23万元。2. 对超载运输车辆实施专项整治，收取公路补偿费250万元，使恶性超限运输势头得到遏制。加大公路“三乱”的检查治理力度，规范了执法行为和收费行为，保持了基本无公路“三乱”的良好形象。

【运输市场管理】 1. 中心城区新增70辆出租汽车。城区公交线路调整和新增为7条，开通4条城乡公交线路，更新新能源公交车26台。2. 新增36个行政村通客运车辆，全区行政村通客运车达88.4%。3.认真开展交通运输“打非治违”执法工作，采取机动巡查与集中打击的方式，加强道路运输市场检查力度，依法暂扣车辆343辆，处罚244辆，罚款2452500元，非法营运行为得到了有效遏制。

【交通安全生产】 坚持“以人为本，安全第一，预防为主，综合治理”的方针，采取各种有效措施，着力抓好安全生产源头管理和各项防范措施的落实，加大安全监管和隐患排查治理工作力度，狠抓安全生产工作责任制，进一步健全和完善安全生产管理体系，切实履行安全工作职责和要求，从讲政治、保稳定、促发展的高度，不断提高对安全生产重要性的认识，交通安全生产得到了进一步的巩固。一是坚持实行安全例会制度，由分管领导每月组织召开全系统安全生产例会，每季度由局长组织召开安全生产形势分析会，认真研究和解决安全生产存在的重大问题，按照安全管理"一岗双责"的要求，建立横向到边、纵向到底的安全责任制，层层签订安全责任书，明确各级安全管理职责，把安全管理责任层层分解，做到安全工作与生产同时布置、同时立项、同时检查、同时总结验收，做到人人有责任，事事有责任人，有力地促进了各项工作的开展。二是围绕年内开展的"春运""百日安全""安全生产月""安全生产百日督查专项行动""打击安全生产非法违法行为""六打六治专项行动""除大隐患、防大事故安全大检查"等专项整治活动，采取张贴宣传标语，悬挂宣传横幅、挂图、印发资料等形式，广泛进行宣传，为交通行业安全生产各项工作的顺利开展营造良好的氛围，真正使"安全第一"思想深入人心。三是突出重点，切实抓好安全专项整治。结合季节性、重点时段的安全生产工作特点，采取自查与互查、明察与暗访相结合的方式，组织开展安全生产综合大检查。同时对检查中发现的突出问题和事故隐患提出限期整改，督促生产经营单位和行业管理部门及时落实整改措施，取得了较好的成效。全年组织安全检查 495 次，查出一般隐患 331 起，已完全整改。全年开展联合执法行动 271 次，查处无证或证照不全从事建设、生产、经营的 242 起。

信　息

中国移动通信集团贵州有限公司六枝分公司

【概况】 中国移动通信集团贵州有限公司六枝分公司 1999 年 8 月 1 日独立运营。六枝移动公司秉承"正德厚生臻于至善"的核心价值观，围绕"改革、建设、发展、服务"这一主线和"服务与业务领先"的战略目标，始终坚持"改革创新、只争朝夕、艰苦创业、团队合作"的企业精神。至 2014 年，公司员工共计 104 人，设有党支部、团支部、工会小组各 1 个。先后获得了特区级"文明单位"、市级"文明单位"称号、省级"文明单位""守合同重信用""职工小家"等荣誉称号。六枝移动公司积极打造数字六枝。

【4G 网络】 中国移动贵州公司 4G 网络在全省率先商用。在发布仪式上详细介绍了基于 4G 技术的各项应用，现场展示了"移动视频会议"和"随录随播"两项 4G 应用，现场嘉宾对 4G 的高速网络和丰富的业务应用表示惊叹和期待。公司在 4G 网络下，利用 4G 手机、CPE、MIFI 等 4G 终端，与外景主持人实时视频通话，并展示了"云桌面办公""视频监控""高清视频会议""随录随播"等行业应用，让参会人员直观地体验到了中国移动 4G 网络高速率、低时延、永远在线的优势和丰富的集团信息化应用。

【通信服务和通信保障】 1. 六盘水市第二次项目观摩会在六枝特区召开，配合特区党委、政府工作安排，公司选派 10 名员工参与志愿者服务工作。分别在项目现场、总结会现场为参会委员做好志愿服务，包括服务接待、随车讲解、现场服务、资料分发等，树立好公司良好对外服务形象。

2. "2014 中国凉都·六盘水国际滑翔伞公开赛暨全国滑翔伞优秀选手赛"在六枝特区毛口乡牂牁江举行。作为此次比赛唯一参与通信保障的通信单位，顺利完成通信保障工作，满足现场通信需求，有效提升了中国移动通信的品牌形象。

【爱心活动】 和六枝特区团委联合举办"移动助力爱心进校园，推动农村信息化建设爱心捐助仪式"，为六枝特区平寨镇群力小学送去文具、书籍、电脑等学习办公用品，通过开通的专线及移动信息化平台让学校留守儿童与在外务工的父母视频聊天，六枝电视台对活动进行跟踪报道。组织员工车辆参加"绿丝带爱心送考"公益活动，党员及员工踊跃参加，共计有 10 辆员工车组成"爱心送考车队”，积极投入到志愿者服务当中统一粘贴爱心车帖，系爱心绿丝带，在高考当日免费为全区高三考生送考，公司员工用自己实际行动奉献自己的爱心，树立了公司良好的企业形象、文明单位形象。

电　信

【概况】 2014年，六枝电信公司着力优化基础网络建设，扎实推进工作作风建设。公司主要经营固定电话、移动通信、卫星通信、基础数据、互联网接入及应用等综合信息服务。利用自身强大的网络优势，积极承担起地方信息化建设主力军的重任，助推六枝特区的社会信息化建设，着力实施“四在农家美丽乡村”、农村信息化、旅游信息化、“电子政务”信息化、“数字城市”信息化、社区信息化、中小企业信息化为主要内容的六大信息化工程。为全区通信工作做出了积极贡献。

【网络质量】 继续优化无线网络，优化升级3G基站，新增基站60个，实现19个乡镇及特色自然村3G网络覆盖95%。持续推进“四在农家.美丽乡村”基础信息建设，2014年，电信网络已实现六枝“乡乡通宽带”和行政村“村村通电话”，行政村通宽带数达157个，占比达71.36%，已通电话（含有线、无线）自然村220个，占比达91.67%。持续推进宽带网络改造，执行“宽带中国”品牌战略，六枝城区光纤城域网已覆盖各条主干道；新建楼宇光纤覆盖率达50%；光纤接入企事业单位率达80%；并逐步加大老住宅区的光纤到户建设工程，完成35个点、7000个端口的FTTH改造工作，为全省提出“20M起步、50M普及、100M进家”信息化建设奠定基础。

电　力

【概况】 2014年，六枝供电局，积极争取有利政策，立足长远，注重发展质量，注重投资收益，确保国有资产保值增值。主动“谋事”，抓好落实，千方百计增供扩销、降本增效，保持企业平稳发展。

【经营管控】 2014年预计完成供电量6.15亿千瓦时，售电量5.8亿千瓦时，综合线损6%，电费回收率99.95%。可控供电成本6800万元。

【电网建设】 2014年完成总投资2.14亿元（含2013年续建工程），完成投资1.54亿元，新建及改造10千伏及以下线路371千米，新建及改造配变138台。新增配变容量21.575兆伏安，无功补偿5039千伏。建成投运110千伏河湾二期扩建工程及35千伏折溪、中寨变电站，新增35千伏及以上变电容量66兆伏安，新建35千伏及以上线路75.9公里。

【安全生产】 2014年实现279天的安全运行记录，未突破六盘水供电局考核的安全生产指标。发布风险管控计划126项，对于黄色及以上风险要求各业务归口管理部门的管理人员到现场管控，风险管控位率100%。开展违章纠察121次，其中管理纠察8次，作业现场纠察113次、发现严重违章13项、一般违章68项，违章率13.39%。在春季安全大检查中发现问题108项，均要求各部门整改。六盘水供电局春检中发现问题13项，整改完成13项。

【队伍建设】 加强组织机构和岗位体系建设和人事档案管理。按照六盘水供电局岗位胜任力评价培训方案要求，组织开展了18个岗位共计143人的两次理论知识模拟考试，考试合格率从56.8%提升到73.46%。强化绩效管控，建立全局部门、员工联动绩效管理模式，形成信息化、规范化管理，全局形成以绩效管理为导向的常态化管理机制。

【客户服务】 2014年综合电压合格率98.8%，客户年平均停电时间11小时，客户满意度70分，客户投诉次数0次。

教育　文体广电旅游（新闻出版）

教　育

【概况】 2014年，紧紧围绕政府重点工作和民生工程总体部署和教育局年初制订的《六枝特区教育局2014年“一大中心任务七项重点工作”》目标，始终坚持全面实施素质教育、提高教学质量，立德树人，精细管理，增效提质，较好地完成了各项预期目标任务。

2014年，现有各类学校280所，其中：幼儿园45所（公办20所，民办25所），小学193所（完全小学156所，教学点37个），初级中学36所（含8所九年一贯制学校），普通高中学校4所（含1所完全中学），特殊学校1所，中等职业技术学校1所。在校学生123646人，其中园幼儿16500人，小学58439人，初中30833人，高中阶段17874人。教职工7130人，专任教师6722人，其中幼儿园教职工888人，专任教师719人，师生比为1:23；小学教职工2939人，专任教师2874人，师生比为1:20；中学教职工2538人，专任教师2427人，师生比为1:17.5；高中阶段教职工765人，专任教师702人，师生比为1:23.4。

【“4+2”教育工程】 2014年涉及各类教育工程共96个（类），其中：跨年度工程16个、幼儿园工程3个、义务教育阶段项目15个、新建农村小学寄宿制工程16个、新建农村初中寄宿制工程4个、新建高中阶段学校教职工公租房2个（280套）、2014年乡镇教师公租房31个（516套）、2014年城区学校塑胶运动场项目7个以及优美教室工程和围墙安全工程，计划建筑面积51.9万平方米（含塑胶运动场66500平方米），总投资约13.39亿元，超额完成既定目标任务数。

【学前教育】 围绕《六枝特区集团化办园试点工作方案》，拟定《六枝集团化办园管理手册》，着力实施和推进集团化办园，整合区直、乡镇优质幼儿园教育资源组建管理集团，形成区域内“资源共享，优势互补，以强带弱，共同发展”的良好格局，带动区域内学前教育质量的整体提升。开展了首届幼儿教师技能大赛、师德师风演讲比赛、优质课大赛、论文评选等活动。开展普惠性民办幼儿园14所认定工作，开展县级示范幼儿园、基本达标幼儿园认定工作，并对岩脚、郎岱、实验幼儿园申报市级示范幼儿园进行复评；对新场、落别、堕却、陇脚、平寨镇、中寨中心幼儿园申报县级示范幼儿园进行评估。

【教育“9+3”计划】 2014年，完成中职招生5442人，完成市下达目标任务4505人的120.8%。其中特区职校完成招生2103人（全日制949人，弹性学制1154人），省机械学校835人（全日制563人，弹性学制272人），其他中职学校完成招生2504人（区外市内中职学校390人，市外省内学校1057人，省外学校955人，五年制大专102人）。普通高中招生工作市下达的招生任务3800人，实际完成3862人（市二中1750人、特区一中1213人、特区七中557人、实验中学342人）。

【教育督导】 教育督导工作，坚持督政与督学并重、监督与指导并重，强化对政府落实教育法律法规和政策情况的督导检查。在开展好学校常规督导的同时，按照《六盘水市义务教育阶段督导评估细则》对全区62所区直属暨乡镇直属中小学进行综合督导评估，并从专项督导经费中列出13.5万元对综合督导评估优秀的学校进行奖励。由特区组织部、教育局、政府督导室组成评估考核组对新场乡、牛场乡、新华乡、落别乡等四个乡的党政主要领导及教育工作进行了督导评估考核。为督促各乡（镇）人民政府、全区各级各类学校切实履行职责，积极应对并妥善处理教育重大突发事件，印发了《六枝特区人民政府教育督导室六枝特区教育局关于印发〈六枝特区教育重大突发事件专项督导实施方案〉的通知》（六教督字〔2014〕2号）文件，进一步为保障师生生命财产安全和教育教学的正常开展提供了依据。

【城乡教师交流】 2014年，从区直各学校选派32名优秀教师到乡镇薄弱学校进行支教，对乡镇学校教学进行经验交流和指导，32名教师分别到大用、新华、堕却、陇脚、折溪等乡镇支教。同时涉及的乡镇学校选派32名同学科同学段的教师到相应的区直学校顶岗学习。

【教师队伍建设】 2014年，选派553名中小学校长、幼儿园园长、特岗教师、骨干教师到市、省、外省、外国培训（考察）学习：其中推选农村中学校长1人（新场乡中学黄学林）到山东威海参加为期两个月的“中小学校长提高计划”培训。选派36名幼儿园园长到贵阳幼师高等专科学校学习，小学校长21人到省团校学习，中学校长8人到贵州师范学院学习，特岗教师20人到贵州教育学院学习，中职骨干教师4人分别到贵州大学、省交职院学习。全年共外派校长学习285人次，骨干教师、班主任培训268人次。

【继续教育培训】 “国培”：全区教育系统已完成国培培训1725人次，超额完成了年度724人次的“国培”任务指标数。继续教育：扎扎实实抓好全区教师“一德四新”继续教育培训工作。省级培训：所涵盖的内容有教师职业道德及心理培训、中小学数学衔接培训、班主任培训、课题研究培训及各学科培训等，培训教师约5300人次，共计106000学时；市级培训：开展初、高中及小学共计23个学科优质课观摩培训780人次，共计31200学时；特区级培训：由协作区基地校牵头，开展自下而上以课堂为主阵地的“一德四新”培训约65次，覆盖全体教师，涵盖所有学科，完成人均45学时培训任务；乡镇级或校本培训：围绕“学校缺什么，研什么”的原则，将新教师入职培训融入校本培训中，完成年人均培训30学时。

【课研、课教】 深入学校指导课题研究8次；指导学科“同课异构”20余次；指导特区级“双向送教”10余次；深入新场中学进行学生自主学习课堂教学模式研究及梭戛乡教师电子备课规范指导6次；深入实施“外语三年质量突破工程”，组织开展“中小学英语课堂教学有效模式”研究，严格按照市“评估量化表”做好阶段性评估工作；完成特区中小学35次学科优质课评选活动；分层按区域组织开展“教研室—协作区—学区—学校—教研组”五级联动教研活动，按“强校扶弱校”的原则，组建乡镇级教研学区，以“研考、研教、研学”为重点开展了80余次教研联动活动。

【中高考工作】 中考情况：全区37所中学考生共7281人，五年制专科录取215人，占报考人数的2.95%；普通高中录取3553人，占报考人数的48.8%。高考情况：报考人数3792人（其中2人在高考前被自主招生院校录取），提前批本科录取61人，占报考人数的1.61%；体育艺术二本录取29人，占报考人数的0.76%；体育艺术三本录取17人，占报考人数的0.45%；提前高职（专科）录取47人，占报考人数的1.24%；一本录取251

人，占报考人数的 6.26%；二本录取 974 人，占报考人数的 25.69%；三本录取 395 人，占报考人数的 10.42%；高职（专科）录取 1287 人，占报考人数的 33.94%；贫困专项计划录取 47 人，占报考人数的 1.24%。共计录取 3110 人，占报考人数的 82.01%。

【营养改善计划】 春季全区农村义务教育阶段开餐学校 221 所，享受营养餐学生共 73515 人，特区二小、三小、实验小学、四小、特区二中、实验中学因学校没有食堂，不具备开餐条件未实施营养改善计划外，全区农村学校开餐率为 100%；秋季义务教育阶段学生 88877 人，义务教育阶段学校 219 所，开餐学校 212 所，享受营养餐学生 76352 人。按照“贵州模式”稳步实施营养改善计划。

【心系基层、务求实效】 教育局组织全区师生为新窑乡教师卢凤国筹款 6.287 万元；为特区二小患白血病的朱倩筹款 2.3358 万元；为大用镇二小患白血病的李浩筹款 3.16156 万元；为落别乡小学患白血病的余福顺筹款 1.8623 万元；为教育系统 43 户困难职工家庭申报特区总工会“两节”慰问金；为 16 名困难职工申报温暖基金 2.9 万元；教育局组织全区教职工捐款 4.1 万元向特区患大病的困难职工送去温暖；为新场乡中心小学送去适宜少儿阅读的课外书籍 2000 册；教育局机关志愿者还参与爱西行公益组织多次到落别、龙场、中寨等乡镇为贫困山区孩子送去羽绒服、学习用具。

【师生安全】 2014 年，与各相关学校签订了安全工作目标管理责任书和禁毒、消防、食品安全专项责任书。制订了《六枝特区学校安全工作行政问责制暂行规定（试行）》及相关专项工作方案、预案，对不同时期的学校安全工作及时进行了部署。开展多次学校安全专项检查，共排查整改校园安全隐患 1800 余条，全面做好预防溺水、交通、消防等各项工作。联合公安、城管、食药等部门对学校校园及周边环境开展了集中整治。不断完善学校安全管理人员设备设施，改善学校人防物防技防工作。共建立各级各类学校警务室 188 个，配备专职保安人员 90 人、门卫 358 人；督促相关学校安装了视频监控系统，配备警用橡胶棍、电警棍、强光手电等器材 1500 多件；强化安全、禁毒教育和培训，提高了广大师生防范能力。联合食药监局，对全区各级各类学校 1233 名食堂从业人员进行了食品安全知识培训；与特区禁毒委、团委举办了全区禁毒知识竞赛；邀请特区武警中队教官对 225 名学校专兼职安保人员进行培训；启动全区教育系统禁毒 2014 年青少年禁毒教育行动，完成了师资培训、示范学校创建等相关工作内容；成功创建 1 所市级安全文明示范学校和 2 所省级安全文明校园。

文体广电

【文化文体活动】 春节系列活动。开展了“中国梦·行走在路上”“小戏大年闹新春”活动、“美丽六枝·迎春书画展”活动、“喜楹马年、赠联活动”、春节联欢晚会、春节猜灯谜及书画展等活动。

开展主题活动进校园。在特区二小、补林小学等学校举办艺术兴趣班；为特区二小培训葫芦丝学员 30 人；为补林小学培训少先队仪仗队学员 50 余人；在特区一小举行的“我读书我快乐”为主题的演讲比赛活动和“地球与我”为主题的征文比赛活动；在大用镇一中、二中举办的“图书馆——传承优秀传统文化，建设民族精神家园”为主题的读书征文活动。

开展文化进校园艺术培训活动。在堕却乡开展文化馆免费开放送文化进校园艺术培训，并在中心小学建立艺术示范点。常年在文化馆举办古筝、钢琴、声乐、舞蹈、跆拳道、书法等培训班，开展“六一”儿童节科普视频播放活动和“文化强国强军知识网络竞答”活动，并在新华乡开展了《2014 年“美丽六枝·迎春书画展、征联、赠联”春节系列活动——送文化进新华乡》活动。

【民族文化】 为让夜郎文化、本土文化走出六盘水、走出贵州，由特区推荐的箐苗原生态歌曲

《果山果者》《笃谷笃杉》在第七届中国原生态民歌大赛中荣获“银奖”。组织100人的布依族箐苗方队参加中国凉都·六盘水消夏艺术节和“中国凉都·六盘水”消夏艺术节群众文艺展演和少儿文艺展演。

【文化市场综合执法】 积极配合公安、工商等部门开展“扫黄打非”等文化市场专项检查，共出动车辆120台次300余人次；处罚违规网吧12家；对5家歌舞娱乐场所、3家网吧下达责令整改通知书，向消防部门送达安全抄告书3件；积极开展“扫黄打非”工作，收缴盗版书刊600余册、音像制品12000余张，并销毁。

【文化遗产保护工作】 开展了非物质文化遗产名录申报工作，将县级项目折溪地戏、市级项目陇脚布依铜鼓调成功申报为市、省级名录；将六枝剪纸技艺申报为市级非物质文化遗产名录。对19个乡镇文化服务中心主任（或）负责人开展了二次非物质文化遗产和文物调查基本知识的培训，并在全区开展非物质文化遗产深度调查工作。调查了毛口乡布依族六油哥、洒志乡、中寨乡、箐口乡彝族跳脚舞、新窑乡四印苗跳花节等具有代表性的非物质文化遗产项目。

【大型文体活动】 2014年8月11日，圆满完成“中国凉都·六盘水牂牁江”国际滑翔伞公开赛暨全国滑翔伞优秀选手赛的各项赛事日程。大赛以“云上牂牁·魅力六枝”为主题，促进滑翔伞运动的推广，把毛口乡打造成为具有国际标准的滑翔伞训练及赛事基地。组队代表六枝特区参加贵州屋脊．中国凉都六盘水篮球赛荣获二等奖；积极参加全市文化系统运动会，并荣获篮球第二名。

【广播电视宣传】 2014年，共编发《六枝新闻》280期约2700条（含一句话新闻）；《平凡感动》35期，报道典型人物35人；《平安六枝》35期，《文明与健康》35期，基本实现安全、准点播出。在省市级媒体上刊发278条，其中《贵州日报》5条，《贵州新闻联播》15条；《六盘水日报》67条，《六盘水新闻联播》191条。圆满完成了元旦、春节、清明、“五一”、中秋及全国、省、市、特区两会等重大节日、会议、活动和日常的广播电视安全播出工作。

【电影放映】 按照省、市统一安排，为进一步丰富农村文化生活，拓宽农民致富渠道，深入开展农村公益电影放映工作，供放映2710.6场，占目标任务的102.6%，观众达38765人。

旅　游

【概况】 2014年，特区生态旅游局紧紧围绕生态文明建设和旅游发展工作，积极申报旅游项目，努力争取国家、省、市、特区旅游建设资金，全年共接待游客228万人次，同比增长157%，旅游收入12.72亿元，同比增长32.3%。

【项目建设】 完成涉及牂牁江湖滨旅游度假区基础设施建设工程、梭戛生态博物馆建设及周边环境整治工程、特区城市环境改造升级工程、水黄路六枝境内段沿线环境整治工程、22座公共卫生间建设工程五个重点建设项目，投资总额达43398.5万元；完成月亮河景区建设工程、六枝特区旅游商品一条街及六枝特区餐饮美食一条街三个推进项目，完成投资1530万元；合计完成投资44928.5万元。

【旅游宣传推介】 积极配合市生态旅游委做好全市旅游指南制作，向委托制作单位提供六枝景区、星级宾馆、民族民间文化资源、六枝交通图等资料。六枝特区旅游指南已印制成册，并向公众和旅游企业发放；借法国旅行社及新闻媒体考察团、台湾少数民族参访团、台湾知名作家到景点考察之机推介旅游资源，促进了景区的对外宣传营销和文化交流；在全国旅游日、安全生产月首日等特殊时段，采取临街发放宣传资料、利用广播电视等新闻媒体进行旅游安全常识宣传，提升游客对旅游安全常识知晓率。

【项目申报】 强化旅游商品开发和娱乐项目招商引资项目申报力度，积极向投资促进局报送了梦幻牂牁舞台剧开发、六枝特区旅游商品开发、廼龙溪景区旅游开发等招商引资储备项目。以贵州省乡村旅游转型升级、美丽乡村旅游扶贫工程、“美丽乡村·四在农家”工程建设为契机，积极争取项目，申报了梭戛乡高兴村、陇脚乡补雨村、中寨乡扁朝村等10个旅游村寨为旅游扶贫重点村，国家发改委、国务院扶贫办等部委以发改社会〔2014〕2344号文件联合行文，特区中寨乡扁朝村、落别乡板照村列入乡村旅游扶贫重点村第一批扶持名单，中寨乡兴隆村、陇脚乡补雨村等6个村寨列入第二批扶持名单。

生态博物馆

【概况】 六枝特区生态博物馆位于六枝特区与织金县交界处，由12个箐苗村寨和一个资料信息中心组成，海拔1400米—2200米，总面积120平方公里，总人口5000余人，是世界上人口最少的一个苗族支系。1998年10月31日建成开馆，资料信息中心建于陇戛寨，距特区政府所在地40公里，距贵阳199公里，距水城132公里。

【箐苗社区的主要文化特征】 六枝特区生态博物馆社区居住的这支世界独一无二的苗族分支，由于特殊的生存环境，与外界很少联系。在他们之中，存在和延续着一种古老、神秘的以长木（牛）角头饰为象征的独特的苗族文化，目前仍相当完整地保存和延续着这种文化传统。这种文化传统非常古朴，有十分平等的原始民主；有十分丰富的婚嫁、丧葬和祭祀的礼仪；有别具风格的音乐舞蹈和十分精美的刺绣艺术；男耕女织的自然经济状况还相当突出。这是一个难得的活生生的文化整体。这个文化整体已经成为全世界文化遗产的一部分，具有很高的保存价值。

【游客接待工作】 2014年，共接待游客93785人（次）（包括跳花节人数），其中国外游客523人（次）。专家学者57人（次），青少年及学生25463人（次）。

【“国际博物馆日”活动】 开展庆祝“国际博物馆日”活动，在积极为游客提供接待与讲解工作及热情周到、耐心细致优质服务的同时，向参观研究者发放《中华人民共和国文物保护法》《非物质文化遗产法》《博物馆管理办法》《贵州省非物质文化遗产保护条例》及生态博物馆相关资料等宣传资料3000余份。

金融　保险

中国人民银行六枝特区支行

【概况】 2014年，中国人民银行六枝特区支行紧扣党的教育实践活动“为民、务实、清廉”的目标宗旨，积极落实“转作风、夯基础，提质量，求实效，上台阶”的工作思路。以基层央行履职为导向，继续贯彻执行稳健的货币政策，坚持金融服务实体经济的本质要求，结合辖内经济发展特点，切实改进金融服务，维护金融稳定，发展普惠金融，为辖区精品城市打造营造良好的金融环境。

【金融运行情况】 截至2014年11月末，全区金融机构各项存款余额为890050.55万元，比年初下降2166.18万元、下降0.24%，比上年同期增加27389.17万元、增长3.17%；其中，个人存款余额为588331.50万元，比年初上升43757.10万元、增长8.04%，比上年同期增加77919.32万元、增长15.27%；全辖金融机构各项贷款余额为789735.27万元，比年初上升104951.56万元、增长15.33%，比上年同期增加115359万元、增长17.11%。

【货币政策的传导】 支行充分发挥其在履行货币政策中的“神经末梢”作用，发挥好上传地方金融经济信息，下达总行货币政策意图的作用。将央行的货币政策及时向地方党政及有关部门进行宣传解释，加强信息沟通交流，积极做好对辖内经济、金融运行情况和发展趋势的监测分析及情况反馈。通过金融工作会议、金融联席会议、经济金融运行分析会议等形式，既建立银政、银企密切合作、信息互动的有利平台，又加强对辖区经济金融运行情况的综合分析，及时了解掌握货币政策贯彻执行的效果和存在的突出问题，研究分析辖区货币政策执行中出现的新情况、新问题，有效疏通货币政策传导机制，推动地方经济的健康发展。

【支农贷款】 充分发挥支农再贷款政策的引导作用，切实加大金融创新力度及做好新型农业经营主体的金融服务，深入推进金融扶贫惠农工程，有效支持现代农业加快发展，六枝支行主动作为，通过召开“杠杆化”运作模式专题会议，拟定了杠杆化模式管理办法及实施细则等措施，助推支农再贷款“杠杆化”动作模式在辖内落地平稳运行。该模式的启动，对提高支农再贷款杠杆率、增强金融扶贫信贷资金实力、降低借款主体融资成本、增加承贷银行可用信贷资金、增强扶贫针对性等方面都将有积极意义。截至2014年11月末，支行向农信社发放支农再贷款34660万元。

【“两管理、两综合、一保护”工作】 支行以依法管理和服务并重为原则，努力构建“两综合、两管理、一保护”长效机制。不断提高管理效能，切实增强管理公信力和影响力，有效提高支行的履职能力。坚持依法行政，进一步创新执法检查方式，提升执法检查人员素质，切实提高执法检查的整体效能。根据“两综合、两管理”的工作要求以及《中国人民银行六枝特区支行新设银行金融机构加入人民银行管理与服务体系操作办法》等制度规定，通过非现场分类审核、培训检测、现场检查等，于2014年9月10日批复中国银行六枝支行加入人民银行六枝支行的金融管理和服务体系。

【金融法律法规学习与宣传】 为牢固树立法治意识，支行深入开展法治宣传教育，引导全体干部职工自觉守法，遇事找法、解决问题靠法。以领导干部率先学法、守法为支行树立法治意识，不断强化干部职工法律事务处理能力，为支行工作合法合规有序开展奠定基础。为营造健康有序的金融消费环境，支行建立有效的教育培训、交流学习机制，提高金融消费权益保护人员的专项业务素质。加强与上级行对口业务部门的沟通交流，积极争取上级行业务指导。截至2014年11月末，支行共收到2起金融消费权益投诉案件，均已妥善办理。针对辖内金融消费维权环境薄弱，特别是农村金融消费维权意识较匮乏的状况，支行在辖区各类金融联席会上开展了案例教育，并要求金融机构加大对金融法律法规的宣传教育和对临柜人员的培训教育，为合法、合规办理金融业务打下基础，不断提升金融服务软实力。为推动金融知识普及和金融消费者教育工作，不断提高消费者金融知识素养及金融风险防范意识，支行及时安排部署辖内各银行业金融机构于2014年9月开展了以“普及金融知识，惠及百姓生活，共建和谐金融”为主题的“金融知识普及月”宣传活动。宣传效果显著，参与本次宣传活动的金融机构人员近二百人，发放宣传资料近7000份，接受群众咨询二百余人。

【社会信用体系建设】 支行积极主动作为，推动社会信用体系建设工作，引导金融机构与信用评级机构加强合作，提升金融行业风险管理水平。引导农信社利用自身基层网点优势，积极开展信用乡（镇）、村（组）创建工作。截至11月末建立农户经济档案78490户，建档面达51%。已评定信用等级户数74158户，评级面达94.5%。对已经建立信用档案47971户农户累计发放贷款金额147491万元，余额103097万元。其中不良贷款户有1010户，不良贷款余额为2241万元。继续推进机构信用代码管理工作。支行切实开展贷款卡的办理、延续及信用报告查询工作。截至2014年11月末，新办机构代码证917户。贷款卡新办66户、年审106户，受理自然人信用信息查询990人次，企业信用报告查询72户次。

【国库监管】 一是加强国库柜面监督。严格审核制度，防范病票入库，全年共审核退票57笔；对商业银行误划、迟划资金等，做好记录，并实行差错通报制度，督促商业银行规范国库业务操作行为。二是认真开展财政专户开户合规性审核工作，截至2014年11末，共审核财政专户开立许可5户。三是组织开展国库现场检查工作。2014年10月至11月，支行抽调人员组成检查组，对辖内7家金融机构开展国库经收处、国债兑付、代理银行办理国库集中支付专项检查，机构检查覆盖面为100%。对检查发现的问题提出整改意见，要求相关金融机构切实整改、规范，不断提高辖区国库工作整体水平。四是强化对拨款、退库等业务的审核，加强对预算支出用途、科目、附件等要素的审核，确保手续完整齐全、业务真实合规，严把资金出口关。尤其注意严格控制预算单位非预算拨款、非财政部门间使用调拨科目支出、集中支付发生非预算拨款等不合规业务。

【安全保卫】 2014年，支行安全保卫工作认真贯彻执行上级行安全保卫工作会议部署和要求，坚持“安全发展”和“在岗一分钟尽责六十秒”的责任理念；紧紧围绕“防案件、促稳定、保安全”和“四零”（零风险、零违规、零事故、零案件）工作目标，稳中求进。根据2014年全市人民银行安全保卫工作要点的总体要求，按照《人行六枝特区支行2014年安保工作计划》，以加强发行库安全管理为重点，继续搞好库区封闭式管理，确保发行基金安全；积极规范监控设施和值班枪弹安全管理；结合实际加强保卫队伍建设，做好支行社会治安综合管理工作。不断提高安全保卫工作水平，切实落实各项工作措施，确保国家资金安全。保卫工作做到了支行领导重视到位、制度建立完善到位、工作检查督促到位。

【队伍建设】 为进一步强化风险管理和内控管理，不断提高风险防控能力。支行积极创新工作方法，建章立制，完善支行内控机制建设，提高风险管理和内控管理水平，制订《内控工作责任书》并层层签订，明确主管行领导、分管行领导、部门负责人及部门其他负责人的工作职责，有力推动内部机制建设。着手修订完善了《中国人民银行六枝特区支行劳动考勤暂行规定》《中国人民银行六枝特区支行职工子女实行奖学金的暂行规定》《中国人民银行六枝支行微机耗材、配件、采购及领用制度》《中国人民银行六枝特区支行社会治安综合治理“三防一保”实施办法》等内部管理制度，制订了《中国人民银行六枝特区支行目标管理暂行办法（试行）》等8项制度，力争通过制度建立及完善确保支行内部管理有章可循。

支行以各股室人员轮岗交流锻炼的方式，发挥内生动力盘活人力资源活水，进一步激发青年职工干事创业积极性。2014年轮岗工作共涉及三个股室、10个岗位，安排10人次轮岗锻炼。通过调整岗位结构、充分挖掘现有人力资源潜在能力，激发职工内生动力、盘活支行人员的工作活力。

中国工商银行六枝特区支行

【概况】 2014年，支行认真布局、精心谋划、分析市场、分析客户、梳理项目，拟定营销计划和客户公关措施。因受六枝总体经济环境的影响，支行业务发展竞争力不足、发展速度较慢，基本完成二级分行下达的各项业务指标。

【存贷款业务】 2014年各项存款146，574万元，比年初减少39.292万元，其中：对公存款40，565万元，比年初减少39，555万元，储蓄存款106，009万元，比年初增加264万元。各项贷款150，523万元，比年初减少3，180万元，其中：个人贷款余额为7，418万元，比年初增加1，264万元。

【产品方面】 根据二级分行各类活动方案，制订本行营销活动。组织全行员工学习二级分行“全员大营销”“积存久久”“个人拓户”“售后服务”“信用卡优质客户渗透”“互联网金融”“手机一站式处理”等营销活动方案，结合六枝支行核心指标、业务短板，开展中秋节“刷卡有礼”“感恩教师”“支行全员大营销补充方案”等营销活动。组织网点员工分析、解读各项方案的营销目标及重点，通过通报、点评的方式促进各项活动按序时目标逐步推进，通过以上活动提升支行重点业务、促进短板业务发展，进一步扩大支行的市场占比和影响力，营造网点间“你追我赶、奋勇争先”热烈氛围。

【业务发展】 1．贵州华隆煤业有限公司的化乐煤矿项目贷款5亿元，支行已经将该项目的项目评估流程报送省分行，待补充采矿权及土地预审批复的相关文件后，预计在2015年1月完成项目评估，贷款审批后实现发放。

2．华润电力（六枝）有限公司的六枝电厂项目贷款17亿元，该项目是辖区最大的火电项目，支行积极跟进，项目贷款的流程已经于11月2日获得总行审批批复。支行对六枝电厂的承建商、材料供应商及劳务公司提供项目供应链融资。

3．六枝工矿（集团）有限责任公司近期正在进行改制，改制后新成立一家混合所有制企业“煤业公司”，引进的民营控股公司将注资7亿元，公司高层个人注资1亿元，共计注资8亿元，支行将密切跟进企业改制进度，视情况拟对民营控股公司进行股份并购融资，对公司高层进行资本市场表外融资。

4．六安城际高铁是六盘水至安顺的城际高

速铁路项目，该项目总投146亿元，运营里程为120.79公里，建成后将加快形成以贵阳为中心的“一小时经济圈”。该项目已于2014年6月开工，支行将积极跟进，与他行组成银团对其提供融资，争取提升该客户在支行存贷款份额。

5. 纳晴高速公路（纳雍经六枝至晴隆的高速公路）是贵州省高速公路网规划中第六纵生机至兴义高速公路，全长84公里，投资约64亿元，支行已走访省公路局高建办，落实该项目各标段的开户事宜，并与他行组成银团对其提供融资，争取提升该客户在行存贷款份额。

【拓户及对公存款】 1. 根据总省分行及二级分行的要求，成功开立了保障性住房的财政专户及平台公司六枝特区民生公司的专户，并成功与贵民公司对接，9月中旬已经有1000万元中央财政第二批专项资金进账，全市唯有六枝支行有专项资金进账。

2. 在市行的帮助下，六枝支行已成功挖转国电六枝安家寨煤业公司在农行、中行几笔煤矿的环境治理保证金和复垦保证金共计2200万元。

3. 六枝工矿集团的职工集资建房款共计5700多万，由工矿工会账户承接退款资金，通过支行的跟踪走访，最终与农行平分，各得2800多万。

【网点建设】 高度重视营业网点竞争力提升工作，结合二级分行“超越2014·满意在工行”“网点核心竞争力提升”等活动方案，制订本行“超越自我·满意六枝”服务活动，将网点环境、营销意识、分流引导等环节全部纳入活动考核，定期或不定期通过现场与非现场方式对网点进行监督进行考评，督促网点按上级行要求进行高低柜配置，加快网点业务技能提升，强化服务意识，提升服务质量，采取传、帮、带的学习交流方式，促进网点竞争力的全面提高。

中国建设银行六枝特区支行

【批量代发业务取得新进展】 2014年，新增代发工资单位6个，合计代发人数900多人，月均代发金额220余万元；积极与有关单位加强联系沟通，了解特区房屋征收及土地补偿工作情况，成功实现征地补偿一次性代发业务，代发人次400多人，代发金额1300余万元。

【房金业务】 2014年，累计发放自营性住房贷款166笔，发放3769.70万元，同比增长220.81%，完成率98.28%，发放住房公积金委托贷款238笔，发放4286.70万元，净新增2315.93万元。房金业务工作处于同业第一。

【搭建小微企业助保贷业务平台】 小微企业助保贷业务平台于2014年搭建成功，2015年准备投入运行，为支持地方中小企业经济实体提供信贷支持准备了良好的条件。

【个金新产品营销推广工作取得好成绩】 在支行的有效组织和努力下，六枝建行2014年在结算通龙卡、OBU、喜洋金钞等个金新产品销售在建行六盘水分行排名靠前。

【安全保卫及案件风险防控】 2014年六枝建行认真检查和梳理风险隐患，及时整改。认真执行安全保卫日常检查、定期检查及巡查制度。特别是离行式自助设备的巡查，确保风险隐患及时排除，保证支行营运安全。针对特殊时期采取更严谨的措施。同时做好员工培训和演练，培养员工面对突发事件时的处理能力。通过采取这些措施，保障支行全年无案件风险及安全事故发生，为六枝建行各项业务的发展保好驾，护好航。

【信用卡汽车分期业务取得重大进展】 2014年，积极与各单位联系，通过上门为各单位职工介绍讲解信用卡汽车分期业务的流程、优惠政策等。全年实现信用卡分期金额174.14万元。

【传统负债业务市场份额得到进一步巩固】 2014年，一般性存款余额7.93亿元，比年初新增0.12亿元，四行占比上升2.12%；对公存款余额4.7亿元，比年初下降0.01亿元，四行占比上升7.74%；个人存款余额3.2亿元，比年初新增0.13亿元，四行占比下降0.07%。

【传统资产业务得到持续发展】 2014年，积极组织人员向上级行申报地方优质建设项目，省分行批复六枝特区职业技术学校建设项目贷款2亿元，当年投放1.2亿元；同时2014年累计投放个人住房贷款166笔，投放金额3769.70万元。各项贷款余额9.34亿元，有力地支持了地方教育的建设和房地产业的发展。

中国农业发展银行六枝特区支行

【概况】 2014年，在上级行党委的正确领导下，在地方政府的大力支持下，认真贯彻落实年初行长会议精神，紧密结合支行实际，切实推进各项工作的开展。各项贷款余额15232万元，较年初增加10340万元；各项存款余额5974万元，较年初增加1033万元；资金自给率64.14%；实现利润142万元，不良贷款余额为0。

【粮油信贷资金供应管理】 认真履行政策性粮油信贷基本职能，积极支持各级粮油储备体系建设，传统粮油信贷业务稳步推进。2014年，发放省级储备粮轮换贷款400万元，支持六枝特区粮食局直属仓库对省级储备粮进行轮换；发放县级储备油贷款540万元，支持六枝特区粮油购销总公司储备菜油600吨，完成县级储备油1000吨的储备任务。

【中长期项目贷款管理】 发放农村土地整治中长期贷款10000万元，支持六枝特区国土资源储备中心实施六枝特区一期土地收储；收回六枝特区开发投资有限公司承贷的六枝特区供水改扩建工程中长期项目贷款400万元，该笔3000万元贷款全部收回。

六枝特区农村信用合作联社

【概况】 2014年，六枝特区农村信用合作联社机关设11个部室，辖1个营业部、23个固定营业网点、4个便民服务点，实现了金融服务乡镇全覆盖，在全区220个行政村布设农信银自动终端。联社各项存款余额37.77亿元，市场份额40.3%，较年初增加2.9个百分点，较年初增加4.43亿元，增量占全区金融机构98.3%，其中储蓄存款28.62亿元，较年初增加4.78亿元，占全区增加额67.3%，市场份额和增量为全区最高；各项贷款29.85亿元，市场份额37.4%，较年初增加0.1个百分点，较年初增加4.22亿元，增量占全区金融机构37.3%，市场份额和增量为全区最高。2014年，全区农村信用社发放信合卡54357张，完成全年计划任务数的192.08%。实现各项收入3.15亿元，同比增加0.42亿元，实现净利润0.65亿元。

【支持地方经济发展】 牢固树立服务“三农”意识，优先保证支农资金需要，坚持积极扩大“三农”贷款总量。2014年，全区农户贷款累放80479万元，余额为214971万元，比年初的164045万元增加了50926万元。积极支持特区的社会主义新农村建设，改善农村人居环境，提高农民生活质量，加快城乡一体化进程。六枝联社涉农贷款余额284192万元，占比95.2%；累计发放“四在农家”贷款共计10198户，金额36614万元；累计发放妇女创业贷款共计3969户，金额17863万元；累计发放小额扶贫贴息贷款共计4654户，金额5647万元。积极支持中小微企业发展，2014年累计投放贷款38167万元，支持26户中小企业解决融资难的关键问题。

【信用乡（镇）诚信农民建设】 2014年创建信用乡（镇）7个，评定信用等级农户73466户，评级面达93%。

【网点改造】 2014年网点门头改造任务20个，投入资金135万元，已完成20个，并通过省联社六盘水审计中心验收。标准化服务网点改造任务4个，投入资金228万元，2014年已全部完成改造并通过省联社验收，进一步提高全区农村信用社网点形象。

【业务经营】 2014年，六枝联社各项存款余额377669万元，较年初增加44312万元，完成全年计划的66.3%。其中储蓄存款余额286164万元，较年初增加47846万元，对公存款余额91505万元，较年初下降3534万元；各项贷款余额298464万元，较年初增加42215万元，完成全年计划的74.8%；其中：五级不良贷款余额14375万元，比年初上升1870万元，不良率为4.82%；各项收入31475万元，其中利息收入27121万元，完成全年计划的90.9%，净利润6474万元。

信合卡发放54357张，完成全年计划任务数的192.08%；“村村通”助农取款安装160台，完成全年计划任务数的102.5%；网银办理2594户，完成全年计划任务数的259.4%；手机银行开通1585户，完成全年计划任务数的158.5%；ATM机安装上线12台，完成全年计划任务数的150%；POS机安装75台，完成全年计划任务数的750%；全辖应建档评级数88396户，建立农户经济档案78490户，建档面为88.79%，评定信用等级农户73180户，评级面达93%。完成信用农户、信用村组年审，组织申报落别乡、堕却乡、牛场乡3个信用乡，现已通过办事处初验收，省联社已经验收并批复落别乡为信用乡。

【风险管理体系建设】 一是结合六枝联社实际，对联社各部室的岗位工作职责进行了重新修订，对全辖各网点、各部室操作风险管理员进行了明确备案，完善合规风险管理网络。二是整章建制，深入开展“规范管理年”活动。联社及时制订并修订各项规章制度，同时，按季度整理各部室新制订及修订的各项规章制度，并建立制度台账。截至12月末，六枝联社共制订并下发61项制度，修订5项制度，同时废止4项制度。三是制订《六枝特区农村信用合作联社合同管理办法》，使合同管理从静态向动态管理转变，从合同的订立、履行、档案管理全方位实施监控。四是做好日常合规咨询工作。同时，抓好客户个人金融信息保护工作，确保联社各项业务稳健发展。

【案件防控工作】 扎实开展案件防控排查工作，一是开展假、借、冒名贷款抽查；二是贷款合规性及“三法一指引”情况排查；三是重点对贷款资料收集的真实性、完整性及五级分类真实性进行检查；四是按照《严禁柜台违规行为防范案件风险的工作指导意见》对柜面业务的风险状况及“八个重点环节”进行排查；五是根据《六枝特区农村信用合作联社柜台禁止行为》对柜员柜台行为进行排查；六是财务收支的合法合规性进行排查；七是根据《六枝特区农村信用社操作风险管理政策》对各部室、各网点、小微中心操作风险进行排查；八是开展内部员工是否参与非法集资、排查党员干部是否出入私人会所、是否接受和持有私人会所会员卡，并与各位党员领导干部签定《党员领导干部不出入会所、不接受和持有私人会所会员卡承诺书》；九是开展内部员工直接或充当中间人参与高利贷的行为进行排查、开展“九种人”排查。

【稽核审计工作】 一是对辖内信用社的现金、内控、服务质量等进行常规的检查。二是对财务收支合法、合规性进行检查。三是对各社在现金、重空、安全保卫的管理制度执行以及操作流程的情况开展检查，以调阅监控录像的方式对20个营业网点进行检查。四是对轮岗交流的负责人在执行国家法律、法规、内控制度以及岗位履职情况进行审计，同时对审计出的问题进行督促整改。五是认真做好“1104工程”和非现场监管，确保非现场监管信息准确，及时上报。六是根据《省联社关于全省农村信用社2013年工资核算有关事项的通知》（黔农信发〔2013〕112号）文件精神，对联社2013年度工资执行情况进行检查。经审计，六枝联社工资计提标准的监管指标都符合文件要求。七是认真开展网点服务三年提升工程及服务标准化工作。通过召开动员大会、成立工作领导小组、制订实施细则、开展教育培训等措施，使今年达标的四个网点顺利通过省联社的验收。八是切实抓好“规范管理年”各项工作，树立科学管理、规范管理的经营理念，把制度建设作为促进业务发展和实施风险防范的抓手。

【人力资源管理工作】 一是举办本科函授班，与云南大学联合办学，鼓励员工参加学习，今年参考人数达7人，目前已被录取7人。二是继续抓好会计继续教育工作，要求取得会计证书的同志，参加继续课程的学习，目前已有92人取得会计从业资格证书，并通过了继续教育全部课程的考试。三是紧密联系六枝联社业务经营工作的实际，注重提高一线人员基础性业务知识和基本操作技能。一年内举办各类培训班108期，参训人员达307人次。四是积极鼓励干部员工在岗自学，参加各类专业技术考试和银行从业资格考试，一年内新取得各等级学历人员3人，取得会计从业人员11人，中级经济师1人，通过考试取得银行从业资格证8人。五是9月中旬组织对全辖中层进行为期2天的干部精英培训，加强干部的执行力管理，参训人数48人。六是认真做好新员工招聘工作。严格按照省联社招工工作有关要求、人事工作方针政策招聘员工，使招聘工作有序进行。目前，已有35人新员工被录用为正式员工。七是为全面提高员工队伍整体素质和综合业务水平，加强联社重要岗位人员的内控监督管理，加大防范操作风险的力度，适应联社业务经营的需要，对20人进行轮岗。八是加强劳动工资管理，严格劳动纪律，确保员工的切身利益不受损害，维护企业的良好形象。九是加强内部建设，提高管理力度。积极做好员工的社会保障工作；按照省联社要求对全体员工人事档案进行整理；认真做好信用社的计划生育工作；做好每年伤残基金的年检和费用的缴纳、全辖员工的考核工资发放和所得税款的上缴工作。十是2014年初开展"诚者信合·春天助农行动"慰问演出，把精彩的节目带到乡亲们身边，让老百姓真正感受农村信用社是六枝人民自己的银行。十一是为进一步提高员工服务水平和服务理念，增强网点标准化服务，特邀省联社主任助理江力一行对员工柜面流程、服务形象和服务环境进行现场检查和指导，全方位提升联社的服务"软实力"，确保员工服务意识再上新台阶。十二是对各基层网点和机关各办公室进行环境卫生、员工仪容仪表进行不定期检查，促使联社服务向规范化、标准化方向发展，增强从业人员的服务意识和敬业精神，培养从业人员的道德操守，展示良好的企业形象。

保　险

中国人寿保险股份有限公司六枝支公司

【公司概况】 中国人寿保险股份有限公司（以下简称中国人寿）六枝支公司是中国人寿集团公司下辖的中国人寿保险股份有限公司的县支机构，六枝公司设有经理室、综合管理部、个险销售部、团体业务部、银行保险部、健康保险部、客户服务中心7个部室。

六枝支公司现有在编员工8名，非合同制人员67人。其中：个险代理人37人，银邮客户经理8人、代理制团险销售人员1人，劳务派遣人员21人。

2014年中国人寿六枝支公司在困境中求发展，截至2014年12月31日，中国人寿六枝支公司保费2408.3万元，支付赔款金额人民币为85.6万元；给付满期保险金及养老金金额合计人民币1145余万元。

【销售队伍建设】 开展"防范经营风险主题教育""内控合规教育""诚信教育"等教育活动，销售人员依法合规展业、诚信服务的意识得到了加强，销售误导情况极少发生。继续认真落实《消费者权益指南》和《投保提示书》使用，防止销售误导等违规展业行为。加强销售人员的业务技能培训，让销售人员知法懂法，遵循法律规定。加强对销售人员的销售督察，加强对重点人群风险排查工作和检查力度。

学 校

六盘水市第二中学

【概况】 2014年，以开展党的群众路线教育实践活动为契机，全校教职工同心协力，继续创造和奉献，学校教育教学质量持续稳定发展。学校各项工作开展顺利，取得了可喜的成绩。

【升学考试】 2014年高考成绩创市二中历史新高：参加高考人数为2279人（理工类：1587人，文史类：692人），一本上线：355人，二本以上上线1223人，体育11人，艺术类上线25人，共计二本以上上线1259人。各类上线人数，上线率在全市排第三名。2014年秋季，录取高一学生1759名学生，完成教育局下达的1700人招生计划，高中教学班达到90个，在校学生6300余人。

【学生学科竞赛】 赛教研成果丰硕，学生素质不断提高。2014年学校申报立项市级教研课题20多个，通过课题研究的实施，为快速提升教师教育教学能力提供了有效的平台，为教师学习先进的教育教学理念和方法提供了便利条件；教师发表各级各类论文共60余篇，学生参加各级各类获奖50余人次，在六盘水市理化生学生实验技能大赛，获得物理、化学一等奖，生物二等奖；全国数学联赛，六枝特区共26名学生获奖，学校有25名获奖；英语口语演讲比赛，参赛学生均获得市、特第一名的好成绩；在六枝教育局举办的六枝特区中学生运动会中，勇夺团体总分第一，男生4×100米接力赛破六盘水市保持20多年的记录。

【以教学教研为中心、努力提高教育教学质量】 学校全面落实教学课程计划，努力构建符合学校教学理念和创新教育需求的高效课堂教学模式，设计以学生学习效率为核心的教学方法，培养学生的自主意识、创新精神和创造能力；注重教法、学法的研究与落实，组织学生课堂笔记、读书笔记、错题集的检查评比，把学法指导渗透到了教学全过程之中，并且有计划地进行阶段小结，切实书写课后小记，促使学生学得主动，学得活泼；切实抓好弱势群体学生的学习，努力发掘他们自身的学习潜力，提高学习的主动性和积极性；在教学要求、时间安排和习题训练等方面切实做到分层教学，力求让每一个学生都能感受到了成功。

加强教研组建设，多部门携手抓实教研组活动，积极推行“集体备课，资源共享，课后反思”的集体备课制度。开展教研组观摩和交流活动，抓实组内听课活动，对听课提出更加明确更加具体的要求。各教研组本年度集中备课，全体教师以团结协作精神为已任，贡献个人智慧、寻求共同发展，服从组长分工，主动承担组内工作。

【听课评课】 全面开展各学科汇报课、年级观摩课、校级公开课。各学科坚持全组共同备课，统一思想，形成共识，集全组教师之智慧，力争上成精品课，有效促进组内教师交流探讨与学科建设。年级观摩课和校级公开课，坚持优中选优和向青年教师倾斜的原则，努力做到优课领先，促进同年级教师课堂教学的统一性和有效性，引导教师朝着高效课堂前行。课后进行评课活动，交流互动，畅所欲言，凝聚智慧，共同探索，创新教育教学方法，完善教育教学行为。

【思想教育和道德教育】 利用每周一的升国旗仪式开展国旗下讲话，对全体师生进行爱国主义教育。增强法律意识：聘请法制副校长，负责学校的法制教育。不定期地组织学生召开法制教育主题班会，利用宣传栏开辟法制园地，组织学生集中观看法制教育片，使学生了解国家的法律法规，进而关心国际、国内大事，做一个知法、守法、护法的中学生。认真开展“遵纪守法专题教育月”活动，做到让法制进校园、进课堂，对学生进行法制教育。建立学校、家庭和社会三位一体的法制教育网络。

【安全教育】 安全问题是学校管理工作的头等大事。为了让同学们树立安全意识，提高防范能力，对学生进行网络安全教育和“预防校园侵害，学会保护自己”的安全教育，从防火、防盗、防事故、防侵害等方面提出一些注意事项。完善各项内部安全防范制度，预防校园侵害事故的发生。号召同学们以班为单位开展“安全教育”主题班会，让学生进行自我教育。通过落实安全教育的各项措施，引导全体学生树立安全意识，学习安全知识，提高防范能力，预防各种侵害。为创建平安校园，建立健全了各类安全责任制度，创造性建立了校园“三级安全网络”。组织新生入学安全知识讲座、组织安全疏散演习，请消防部门进行消防演习，使学生初步掌握安全自救自护意识。

【开展校园文化艺术节活动】 召开了第三届校园文化艺术节，内容丰富多彩，有书画展、歌唱祖国歌咏比赛、乒乓球比赛等等。艺术节以展示校园文化艺术活动成果为主，提倡健康积极，向上、文明的审美情趣；体育周以普及全民健身运动，全面提升学生身体素质为主，大力倡导健康新知识，养成健康生活的良好习惯。随着时代信息的发展，学校建立了绿色校园网络平台，开设了电脑课程，为学生提供健康、安全、文明上网环境，并创造条件在课余时间及双休日、寒暑假向学生开放上网机房。

【师资队伍建设】 2014年，学校公开招考教师12名；积极向特区政府争取引进人才有关优惠政策，赴重庆师范大学引进教师8名，缓解学校教师不足的局面，稳订学校的教育教学秩序。学校现共有高级职称教师37名，中级职称教师64人，

6月、10月完成两批次岗位聘任工作，对111人次完成岗位聘任、签定合同或变更，并及时兑现工资待遇工作；完成2013年引进招聘50名教师的试用期满考核、初级职称认定上报和正式聘用，及时兑现试用期满工作定级工作；完成2014年16人的资格证书三年一审上报审核工作。组织完成270余名教职工干部人事档案的清理、规范整理及认定、归档入卷工作。

【继续教育培训】 联合六枝七中组织两校教师300多人为期2天的集中培训，施正权等5名教师参加全国外语教育中心为期10天的英语教师专项培训，陈付会老师参加在北京举行为期10天的外语教师出国留学考试培训，杨文等10名骨干教师参加北京大学老教授协会举办的为期10天的专项培训；组织40余名学科教师参加六盘水市教育局组织的新教材岗前培训，左洁、张永斌参加六盘水市教育局举办的为期5天的市级骨干教师培训，杨海江到昆明参加为期5天的生物学科教材研讨会；组织全校260余名专业技术人员参加全省心理健康与心理调适、百万公众网络学习工程的学习、网上测试和学时的登记、验印工作；对全校教职工进行政治理论学习培训、参加特区依法治区办的六五普法网上学习和无纸化考试，通过率达到100%，优良率达到90%。

【表彰】 2014年，学校被中共六盘水市委、市人民政府评为2014年度全市教育工作先进集体，施正权被评为市级优秀教师；李军等6人被中共六枝特区党委、特区人民政府评为优秀教师；学校党总支被六枝特区直属机关工委评为先进基层党组织，韦忠宁被评为优秀党务工作者，陈雪被

评为优秀共产党员。

六枝特区职业技术学校

【概况】 2014年，职校以“百校大战”项目建设为契机，继续坚持立德树人的总目标，以促进就业为导向，以服务区域经济发展为宗旨，坚持软硬件建设同步进行，创新办学机制，更新办学理念，不断深化教育教学改革，着力培养一批技术技能型人才，学校办学实力和综合竞争力得到进一步提升。校园占地面积达178亩，校园建筑面积超过5万平方米，校舍容量达到3500人规模，在册学生数达到4230人，在职教师124人。

【招生工作】 2014年，职校中职招生任务数为1800人，实际完成2103人（其中全日制949人，弹性学制1154人），完成目标任务的116.8%。技工学校招生计划数为125人，实际注册130人。

【提质控流工作】 为控制学生流失，采取一系列“提质控流”措施，从制度、归劝、扶贫和质量等方面开展工作，制订《六枝特区职业技术学校控制学生流失实施方案》和《六枝特区职业技术学校提质控流考核办法（试行）》，对控制学生流失工作进行了安排和部署，工作做到有计划、有落实、有总结、有效果。实行教师教学质量考核制度，以质量控流，以制度控流。建立流失学生档案，对流失学生采取家访、谈心等方式进行情感控流。对于家庭经济比较困难的学生，由家长写出书面申请，经学生所在村（居）委会证实，学校核实后，实施“费用减免制度”，根据实际情况发放校内“助学金”，帮助学生完成学业。加快学校硬件建设，建设教学实训基地，实行产教融合、校企合作、工学结合、联合办学等多种模式，提升办学质量，坚持用“服务留人、环境留人、感情留人”，把学生流失率控制在最低限度。

【专业设置、制订专业课程标准】 职校一直把专业建设工作放在首位，上半年各主干专业对专业教材进行了整合组编，完成了课程标准建设工作，形成了从易到难，从感性到理性的专业课程体系。结合实用技术、行业标准和技能鉴定三个方面，服装制作与生产管理、汽车运用与维修、计算机应用、机电一体化、数控技术应用、采矿技术等六个专业完成了课程标准建设，形成了专业教学标准，并于2014年秋季学期全面推行。

【学生技能竞赛】 为了进一步丰富校园文化生活，推动校园精神文明建设，营造健康、文明、和谐的校园文化氛围，提高学生专业技能，搭建师生展示技能风采的平台，坚持以赛促练，练赛结合，提高学生动手能力，以激发学生的创造激情。2014年共举办了两次技能大赛，6月份和12月份各一次，每次共10余个竞赛项目，职校还积极组织学生参加市级技能大赛，2014年计算机应用专业在市级技能大赛中获得一个三等奖，学前教育专业获得一个二等奖，二个三等奖，技能大赛使学生的实践能力得到了锻炼，技能得到了提高，更重要的是增添了学生对本专业的热爱，为培养优秀的技能人才打下了坚实的基础。

【职业培训】 1. 煤矿安全培训工作，2014年培训中心共举办完成煤矿安全培训班24期、复训班24期，共培训及复训1720人次。其中，开办煤矿特种作业人员培训班8期（117人）、复训班8期（221人），开办煤矿管理人员培训班8期（238人）、复训班8期（758人），开办煤矿主要负责人培训班5期（79人）、复训班5期（275人），开办煤矿法人代表培训班3期（7人）、复训班3期（25人）。

2. 职业技能培训工作，2014年招生就业培训处共计完成培训844人次。其中，开展残疾人计算机培训1期，共培训55人；开展村（居、社区）支书培训1期4个班，共培训517人；开展全市村级集体经济培训1期2个班，共培训139人；开展残疾人农村实用技术培训1期，共培训60人；开展家政服务员培训1期2个班，共培训73人。

【交流合作、创新办学机制】 为进一步深化教育教学改革，学校着眼长远，结合学校实际，加强校企合作、校校合作、校政合作，实行联合办学，推进产教融合深入发展。学校先后与六枝工矿集团、富士康科技集团等一批大型企业签订了校企合作协议，提供学生实习与就业。与贵州工业职业技术学院、重庆旅游学校、六盘水市民族职业技术学校等大、中专院校签订了联合办学协议，搭建中职学生升学"立交桥"。为进一步让教师走出去，加强教师培养锻炼，学校和天津职业技术师范大学开展了顶岗置换交流活动，互派教师和学生进行顶岗置换。按照省、市相关要求，在六枝路喜循环经济产业园区设立了分校，推行"产业园区＋标准厂房＋职业教育"模式，在校本部开设汽修厂，把学校搬到园区去，把工厂搬进学校来，真正实现"厂中校、校中厂"，产教融合得到进一步巩固。

【教研教改】 一是开展新老教师帮扶工作。学校通过开展新老教师结对子帮扶活动，为新教师定好指导教师，开展师徒传帮带活动。每学期完成一次精品教案，一次汇报课，学期结束后认真做好总结，结对帮扶工作保证了新教师的快速成长，充实了学校的教育教学力量。二是开展教师的微格教学活动，引领课堂教学改革。为了充分发挥骨干教师的带头作用，学校组织开展了教师微格课教学活动，成立了微格教学领导小组，使该项工作常态化、制度化、有组织、有保障。通过教师的积极参与，取得了良好效果，两名教职工参加全市微格课大赛获奖。三是认真组织教师公开课教学活动，让教师在活动中成长。本次活动以年青教师为主，在此次活动中不少年青教师表现突出，展现出极赋个性和创新的教学方法，极其符合中职学生的学习特点。

【筹建技能鉴定站，加强职业技能培训】 中职学校担负培养技术技能人才的重任，开展职业教育和职业培训，是现代职业教育发展的要求。学校从实际出发，立足地方经济发展形势，依靠现有的教育教学设备，本着为企业服务、为社会服务的理念，面向未升学的初高中毕业生、残疾人、失业人员、煤矿从业人员，广泛开展职业技能培训，全年共计完成培训2564人次，培训合格率达99%以上。为了使培训工作更加完善，服务更加到位，更好的满足技能鉴定的需求，学校正在积极筹建技能鉴定站，开展技能鉴定工作。

【实施"双挂牌"，开拓人才培养新模式】 为加大技术技能人才的培养力度，提高人才培养质量，促进职业院校与技工院校"双挂牌"融合发展，学校根据上级相关要求，结合学校实际，经过半年的精心准备，于2014年11月完成了六枝特区技工学校申报与挂牌工作，实现了六枝特区职业技术学校与六枝特区技工学校"双挂牌"。

六枝特区第一中学

【概况】 六枝特区第一中学始建于1960年，占地面积63325平方米，于2012年被贵州省教育厅评为"省级示范性普通高级中学"（三类）。学校建有高清录播室、计算机室、学术报告厅、多媒体电教室、图书馆，设备完善的综合教学大楼、实验大楼、学生宿舍楼、食堂及标准400米塑胶跑道、田径运动场、足球场；每个教室都配置有多媒体电子白板。

学校教学功能齐全，设施基本配套和完善，现有60个教学班（高一年级18个班、高二年级20个班、高三年级22个班），学生近4200人，其中住校生1695人。在校教职工213人（在编199人，拟调10人，借用4人），专业技术人员195人，专任教师183人，高级职称41人，占22%；中级职称65人，占36%；硕士4人，占2%；教师党员59名。4人获国家先进教师或模范教师称号，8人获省级优秀教师称号，32人获市级优秀教师称号。学校设立11个处室（教务处、办公室、政教处、综治办、教育科学研究处、总务处、人事科、宿管科、信息科、实验中心和团委）。校党支部、民盟、教代会、学生会、红十字会、关工委、桃花诗社、小记者站、志愿者服务站等工作活动正常开展，并在学校各项工作中发挥了示范带头作用。

六枝特区第一中学以“求实、勤奋、团结、向上”为校训；以“富有理想、学有创见、文明礼貌、艰苦朴素”为校风；以“专心致志、勤学苦练、一丝不苟、精益求精”为学风；群策群力，不断进取，为国家培养了合格的高中毕业生1.6万多人，向北大、清华等高校输送了大批人才。被团中央命名为“社会实践先进单位”，被国家体育总局命名为“全国群众体育先进单位”，被贵州省教育厅评为“实施素质教育先进学校”“诗教先进单位”和“学科渗透法制教育示范学校”，被六盘水市教育局评为“优秀高中学校”。

以“一中兴盛我光荣，一中衰退我耻辱；团结拼搏，做最好的一中人”鞭策师生，调动全体教职工工作的积极性、主动性和创造性；使学校拥有了良好的校风、教风、学风，营造了一个风清气正的工作、学习和生活环境。

以教研促教改，以项目促发展。加强教学科研工作，加大对教师的培训力度，创造条件让教师参加高考改卷工作，有效促进教师专业发展。积极向党委政府、教育厅、民政厅、慈善总会等汇报学校的工作，争取了“学校卓越发展”“衣恋阳光班”助学等项目，使学校成为“贵州省学校卓越发展计划”项目学校之一，成为六盘水市唯一开办“衣恋阳光班”(受助学生50人，每生每学期资助1500元)的学校。制订出《六枝特区第一中学发展规划》。

【教学常规管理】 一是健全教育教学管理制度，突出务实高效的学校常规管理特色。重新修订完善和细化《六枝一中教务管理规章制度》，进一步规范教师的教学行为，明确教师的工作目标和任务，同时制订了《教务处工作计划》，用于指导全校教师的教育教学工作。二是教学管理形成了以主管校长领导，教务主任具体负责，教研组长、备课组长为成员的教育教学领导小组，定期召开教研工作会议，安排部署全年各项教育教学工作。三是严格教学秩序，规范教学行为。严格按照省教育厅规定的新课程计划，认真编制课表，开齐开足各类课程。严格按课表上课，迟到、早退，旷课等现象得到有效遏制，教学效果得以显著提高。四是进一步加强课堂管理，实行校长巡课、教务员查课、行政值班领导查课的三级管理制度。五是按学校统一部署不断完善各类教务资料，如教师各学期成绩统计，优秀教案，听课记录，工作计划和总结，教研组工作资料等。六是督促教研组开展各类学科竞赛活动和辅导，开展集体备课，鼓励教师在教学中合理使用现代信息技术，充分利用先进教学资源，各类学习网站，鼓励教师不断学习，不断提升自身业务能力。七是以师德为核心，以“树师德，正师风，立师表，铸师魂，做人民满意教师”为目标，以“热爱学生，敬业奉献，遵纪守法，团结协作”为主要内容，指导教师依法施教，耐心细致教育学生，恪守职业道德，勇于奉献。八是做好各类考试的组织和管理工作，保质保量完成了高考、中考及学业水平考试等考务工作。其中，2014届学业水平考试取得优异成绩，语文一次性合格人数1179人，一次性合格率98.9%；数学一次性合格人数1189人，一次性合格率99.7%；英语一次性合格人数1167人，一次性合格率98.9%；政治一次性合格人数1089人，一次性合格率93.5%；地理一次性合格人数1186人，一次性合格率99.5%；历史一次性合格人数1181人；一次性合格率99.1%；物理一次性合格人数1180人，一次性合格率99.2%；化学一次性合格人数1186人，一次性合格率99.5%；生物一次性合格人数1167人，一次性合格率97.9%；信息技术一次性合格人数567人，一次性合格率48.8%；通用技术一次性合格人数1183人，一次性合格率99.2%。九是深化素质教育，争创文明学校。充分利用学校的田径场、实验室，高清录播室等场地，加强学科竞赛辅导和兴趣小组活动管理，努力提升学科竞赛的获奖级别，加强对体育、艺术类特长生的辅导和培养工作，开展丰富多彩的课外活动，举行全校性学生各类比赛，活跃校园气氛，发展学生个性特长，加快素质教育步伐，促使校基础教育改革创造成绩。本学期生物组，语文组，英语组、化学组、物理组等都开展了学科竞赛活动，英语组在全区英语教学质量三年突破工程的驱动下，开展了英语角活动，书面表达比赛，学科知识竞赛等，在校园内营造了良好的学英语的氛围。十是有针对性地对临界生和艺体生进行培养，力争全面提升学校升学率。

【升学考试】 2014 年，学校参加高考的总人数为 1254 人，理科 660 人，文科 594 人。录取总人数为 425 人，其中，理科一本上线 9 人，二本上线 112 人，三本上线 118 人；文科一本上线 2 人，二本上线 48 人，三本上线 117 线；体育二本上线 6 人，三本上线 4 人；艺术二本上线 6 人，三本上线 3 人。一本二本上线人数与上一年相比增加 62.8%。

【加强对外合作交流】 走出校门进行教学合作与研讨，与省外名校进行合作与交流。在省教育厅、市、特区教育局的主持下，分别与大连五中、中央民族大学附中、湖南君山一中签订了帮扶合作协议，实现了名校带动、各校优势互补、携手共进的发展目标。使学校快速步入正轨，校园环境建设、教育教学管理方面都取得了实质性的变化。2014 年共开展教学观摩课、示范课和片区公开课等 47 节，共派出教师参加各级各类培训学习和教研活动 687 人次；学校教师在各级各类报刊杂志发表或获奖论文 33 篇。

【学生常规教育】 坚持抓好星期一国旗下讲话这一重要的德育基地，规范升旗制度，做到定时、定人、定内容。通过国旗下的演讲，激励学生自我成长，帮助学生树立远大的理想和抱负。开展多种途径活动，进一步加强学生的德育教育。政教处联合团委、校报编辑室利用班会、黑板报、校园广播、校报等多种途径，定内容、定专题对学生进行德育教育活动，努力促进校园文化建设。2014 年共组织了五次大的德育活动：高一读书活动、2014 秋季新生开学礼、青春期健康进校园活动、国情形势教育、廉政文化进校园活动，帮助学生形成正确的世界观、人生观和价值观。每月中旬定期检查学生仪容仪表，督促不符合标准的学生进行整改，帮助学生树立正确的审美意识。

把培育和践行社会主义核心价值观融入了国民教育全过程，进一步增强了学校思想政治工作的针对性和实效性。坚持培育和践行社会主义核心价值观从小抓起、从学校抓起。紧紧围绕社会主义核心价值观 24 字基本内容来开展学校德育工作；积极拓展了培育和践行社会主义核心价值观的有效途径。加强了形势政策教育，教育引导学生及时了解世情、国情、党情、区情，把握形势，增长知识。

六枝特区第二中学

【概况】 2014 年，以教育教学改革为动力，把进一步提高教育教学质量作为主线，用先进的育人理念和先进的教学方式教书育人。为了学校的发展，全校师生共同努力，与时俱进，开拓进取，扎实工作，积极推进课程改革，加快校园建设，努力提升教学质量，各项工作稳步推进，学校的综合办学实力得到了全面提高，取得了良好的办学效益。

【教师队伍建设】 2014 年 4 月，利用第五教研协作区基地学校的平台，认真做好提高薄弱学科成绩的探索和交流工作，力争让薄弱学科的教学成绩有显著进步。9 月，举行了“明礼知耻·崇德向善——师德师风演讲比赛”；10 月，学校对毛口乡中学、陇脚乡中学进行帮扶；11 月，学校全体班主任及部分青年教师开展了“家长学校班主任工作经验交流会”，于晓芳老师和李建梅老师在会上分别作了题为《感悟班主任》和《我是怎样做班主任的》的讲座。通过活动，给广大教师提供良好的学习，交流机会，让教师们更好，更快的发展。12 月，学校到盘县两河乡中学进行帮教活动，与各校进行经验交流，通过交流座谈，教师业务素质得到进一步提升，为提高学校教育教学质量创造了更好的条件。

【学生基本素质】 2014年，围绕学生素质提升，学校利用各种契机，创新工作方法，丰富活动内容，加强学生的思想教育，同时在开展好常规性的法制教育、环境教育、健康教育、禁毒教育及心理健康教育等基础上重点开展活动，8月，以“我体验、我成长、我快乐”为主题，验收学生暑假期间所学所得，检查学生假期各项作业，包括学生德育作业，全校汇总评出学生优秀暑假作业并展出、奖励。9月，举行隆重的开学典礼仪式。对上学期的工作进行总结和表彰，并对新学期的工作提出了新的要求和希望。教师代表、新生代表、老生代表结合学校现状和师生思想做了精彩发言。典礼上还对上学期成绩优异学生给予了表彰奖励。结合“教师节”庆祝召开“感恩教师”主题班队会，组织部分学生设计制作书签送给老师，要求团员主动做老师的知心朋友，完成老师布置的作业，并以自己的实际行动感恩老师。学生常怀感恩，教师常念职责，更好的融洽了师生关系。开展了“热爱祖国语言文字，构建和谐语言生活”为主题的推广普通话宣传周活动，通过国旗下讲话、朗诵经典诗文、说绕口令比赛、讲故事、硬笔书法比赛等推普活动，形成了热烈的推普氛围。并把学习和使用普通话看作是充实自我、完善自我和对美的追求，使推广普通话进入了一个新的境界。

【毕业班工作】 开好三会，即“教师会、学生会、家长会”，调动学生、教师、家长三方的积极性，共同抓好毕业班工作；抓好抓实月考调研制度。每次月考后召开分析研讨会议，分析学生和教师存在的问题，布置下阶段工作重点和措施。组织奖励月考成绩优异的学生，促进毕业班学生比学、赶、帮、超的良好学习风气的养成，争取本届班获得良好成绩。

【德育工作】 定期召开德育工作会议，研究班主任工作经验，同时加强对班主任的培训工作，完善班主任工作的量化考核方案，召开班主任工作经验交流会，进一步提高了班主任的责任感和管理能力。每年的“五四”青年节及“一二·九”，举行隆重的新团员入团仪式，通过演讲等形式选举产生新一届学生会委员，拓宽德育阵地，挖掘德育潜能。利用校园广播、校园橱窗、校园各种社团，对学生进行爱国主义等思想教育，效果明显。做好中学生心理健康教育，用典型案例对学生中存在的主要心理问题进行引导、教育，在社会上产生了积极的影响，受到了广泛好评。

【学生行为规范养成教育】 组织学生学习《中学生守则》《中学生日常行为规范》《六枝特区二中在校一日常规》及有关法律法规，做好学生德育教育工作，使学生做到言行一致。将养成目标结合学生实际分解为三个阶段，分层落实及引导评价。七年级，行为习惯适应期，重点是文明礼仪、遵规守纪，为了强化学生的纪律，增强国防意识，使其养成良好的道德品质，对初一新生进行了军训。通过军训，提高了学生的组织纪律，使学生养成了良好的生活习惯和卫生习惯，同时也增强了学生的国防意识；八年级，行为习惯强化期，重点是爱护财产、参与管理，做到能正确认识自我，学会关心集体、关心他人，形成良好的班风、学风；九年级，行为规范形成期，重点是起好表率作用、提升自我修养。

【爱国主义及集体主义教育】学校多形式进行爱国主义教育。抓好升旗仪式国旗下的讲话。开展以国家意识、国家观念为基本内容的爱国教育，培养学生的忧患意识。学校用每周一的升旗仪式作为教育的主阵地，一周一个主题，学校各班学生代表轮流主讲，让学生沐浴着五星红旗的光辉茁壮成长。利用纪念日开展形式多样的活动来教育学生，陶冶情操。通过黑板报、宣传栏、文娱活动、演讲比赛等有益于学生身心健康的活动渠道，丰富了学生的校园生活，歌颂了祖国改革开放的巨大成就，激发师生的爱国热情，并把这种爱国热情落实到“爱班级、爱学校、爱同学、爱老师、爱家长的五爱教育中。

【普法、禁毒、消防、安全教育】学校利用政治学习之际，组织教师认真学习了《教育法》《义务教育法》《教师法》《未成年人保护法》《中华人民共和国预防青少年犯罪法》《中小学教师职业道德规范》等，让教师树立了依法办学、依法执教的意识，进一步提高了师生的法律意识。同时要求教师平等对待和尊重学生，严禁体罚和变相体罚学生。 开展法制教育活动，增强学生法制意识。请法制辅导员给学生做法制报告，通过违法人员的现身说法，强化学生的法制观念，让学生做到学法、知法、懂法、守法。同时，要求各任课教师必须根据本学科的特点渗透法制教育，教案中要有体现，教学中要有渗透点，真正把学生培养成“五好”公民。加强校园安全建设，增强安全防范意识，定期检查学校的教育设施，发现隐患及时清除，发现损坏及时修理。进一步加大“平安校园”“和谐校园”的创建力度，认真落实校园管理各项措施，物防、人防、技防多管齐下，并定期开展校舍安全检查，确保校园安全。牢固树立“安全第一”的思想，切实加强消防、交通、饮食等学校安全教育。4月20日，根据《六枝特区二中应急预案》，进行了疏散演练，达到了预期的效果，进一步增强了学生的安全意识，杜绝了安全隐患。净化了学校周边环境，严厉打击扰乱学校治安和侵害师生合法权益的违法犯罪活动，确保师生人身安全和学校教育教学活动的正常进行。利用班会、黑板报、广播等多种形式宣传学习安全知识，对师生进行防火、防盗、防交通事故、防食物中毒、防流行疾病等安全教育和自护自救教育。

【校园艺术节及秋季运动会】2014年4月，学校举行了一年一度的校园文化艺术节。通过文化艺术节，陶冶了学生的情操，发挥了学生的特长，展示了学生的风采，提高了学生的文艺素养。认真落实《全民健身条例》，增强学生体质，让学生健康成长，于2014年10月26日举行秋季学生运动会，同学们在比赛场上奋力拼搏，发扬了团队精神，赛出了水平，赛出了风格，展示了六枝特区二中学生的风貌。同时也使学生们增进了友谊，增进了了解，创造了和谐的育人环境。

六枝特区第三中学

【概况】 六枝特区第三中学，占地面积18538平方米，教学大楼建筑面积8000多平方米，是一所有着优良传统，历史悠久的区直属初级中学。设44个教室，综合大楼建有多功能教室、理化生实验室、微机室、图书阅览室等。学校现有27个教学班，在校学生1700余人；教职工86人，其中高级教师26人、中级教师39人；本科学历45人，教师学历合格率100%。为了更好地服务社会，适应家长的不同需求，学校现有“养成教育午休实验班”“住校生班”“走读生班”等办班模式。

学校谨记“自立自强、求实创新”的校训，遵循“一切为了学生，为了学生一切”的办学宗旨和“学生成人、家长放心、社会满意”的办学目标，形成“追求卓越，缔造幸福”的办学理念，倡导“以德治校、质量立校、教研兴校、管理强校”的办学思路，注重学生特长发展，培养学生良好习惯，全面实施素质教育，在管理中突出以人为本，注重养成教育，形成了文明和谐的校风。学校坚持教研强校的思路，不断完善教研机制，加强校本教研，承担了六盘水市《初中语文教学中开放式口语交际的研究》《当代初中生心理发展与学习研究》《初中英语课堂有效教学的研究》等课题的研究；教师重视课堂教学的有效性，注重开发学生智力，培养学生能力，教学质量稳步上升，百分之九十以上的毕业生都能顺利进入高一级学校，2011年，被评为贵州省第九届“绿色学校”；2012至2014年，中考连续取得特区第一名，真正实现了学校“低进中出、中进高出、高进优出”的培养目标。

【教师队伍建设】 2014年学校“十二五”教师

培训任务已完成，培训采取集中培训、远程培训、校本培训等不同培训形式使教师全员参加了“一德四新”培训，教师学时均达到要求。学校鼓励教师参加在职学历教育，参加各种短期培训，提升自身素质，提高业务水平，促进教育教学工作的开展。全校共有200余人次参加了县级以上教育教学业务培训。

加强政治业务学习，提升教师职业道德修养。按照“六五普法”的要求，组织教职工学习法律法规、《中小学教师职业道德规范》及“中小学十要十不规定”，增强了教师的法制观念，提高了大家的职业道德和业务素质，自觉依法执教。学校完善了师德师风考核办法，杜绝教师从事“有偿家教”或组织学生征订教辅资料谋利。

强化教研教改工作，学校严格执行校本教研制度，加强学校教研工作，制订教研工作计划，全校分为6个教研组，每学期召开教研组长经验交流会两次以上，各科教研组每周安排有专门的教研活动时间，学校每学期安排各学科共18节公开课、示范课或研讨课，认真开展备课、说课、优质课、公开课、示范课等活动，取长补短、互相学习，以推动教师教学业务水平的提高。

【学校安全】 进行周边安全检查4次，联络社区派出所对学生进行管制刀具检查2次，举行地震疏散演练2次，告家长通知书8次，安全知识专项活动2次，组织一次维修灭火器、门窗、护栏，每天安排专人进行校园安全检查，班主任不定期对寄宿生进行检查家访等，全年无安全事故发生。

【校园文化艺术节活动】 校园文化艺术节以“幸福校园、魅力三中”为主题，以“继承与创新并重，普及与提高并举”为宗旨，在为期一个月的时间里，结合同学们的特点、专长组织开展“传承经典、舞动青春”文艺汇演、“强健体魄、展我风采”校园趣味运动会、“青春飞扬、艺术奔放”书画展及现场展示三大板块的活动，目的是通过丰富多样的活动，充分构建学校学生发展的文化背景和智力背景，营造健康、和谐、幸福、向上的文化氛围，引发同学们的生活激情、学习热情和丰富的想象力。

【阳光彩虹服务队】 “阳光彩虹”志愿者服务队是2010年成立的一支服务于敬老院的志愿者队伍，成立以来，曾多次到福利院进行服务活动，为老人打扫卫生、带去文艺节目、与老人谈心，把爱播撒到老人的心上。

【教师公开课】 积极开展公开课程，公开课是一种宝贵的校本研修教学资源，是开展教学反思、同伴互助、专业引领的宝贵素材。公开课与常态课的不同是将自己的课堂教学公开，开放课堂，让同事、同行、领导等进入课堂听课，并对课堂进行剖析，从而使上课与听课者都有所提高。它是一种教学研究方式，是教师展示自己教学思想，教学艺术的重要舞台，也是探讨教学规律，研究教学方法，提高教师专业素养的重要方式。

【校际交流】 学校在发展中秉承资源共享，学强扶弱。学校先后到特区箐口中学、陇脚中学、大用中学等进行“智力支边”活动；到落别牛角小学、新场落隆小学、水城县南开乡土角学校等进行帮扶活动。积极参加六盘水教研联盟初中（A组）及本县协作区开展的各项活动，与周边学校开展校际交流活动。在学校管理、教研工作、教育教学等多方面进行研讨。

六枝特区第四中学

【概况】 六枝特区第四中学创办于1995年8月，位于平寨交通路89号。学校现有面积31000平方米，建筑面积12000平方米，现有26个教学班，1728名学生。学校校园整洁美观，育人环境舒适，教学设备齐全。学校拥有多媒体教室、实验室、图书室，校园环境优美，绿树成荫，温馨舒适，是学生学习、生活和活动的良好场所。

学校领导班子成员有校长1名，副校长2名，教务主任1名，教研主任1名，政教主任1名，办公室主任1名，总务主任1名。现有在职教职工 81人，其中专任教师78人、工勤人员3人。教职工中本科35人、专科 35人。所有教师持证上岗，在专任教师中，中学高级教师18人，中学一级教师37人，专任教师学历达标率为100%．在工勤人员中，高级工1人，中级工1人。

学校以“为学生的发展而奠基，为教师的发展而铺路”为办学理念，恪守“团结、勤奋、创新、发展”的校训，坚持“全面实施素质教育，全面提高教育教学质量”的教育理念，向管理要质量，靠科研上水平，积极推进新课程改革，办学质量逐年提高。办学目标是使学生做到“六个学会”，即：学会做人、学会求知、学会劳动、学会生活、学会健体、学会审美。

学校先后被评为“六盘水市学科渗透法制教育示范校”“六盘水2014年度全市教育工作先进集体”等称号。

【丰富多彩的书香校园文化】 校园文化艺术节以“四中之春”为主题，结合同学们的特点、专长组织开展“传承经典、舞动青春”文艺汇演、“青春飞扬、艺术奔放”书画展及现场展示三大板块的活动，引发同学们的生活激情、学习热情和丰富的想象力。学校以“办规范加特色学校，育合格加特长学生”为办学目标，中学篮球社团、羽毛球社团、乒乓球社团、舞蹈、书法、古筝、播音主持等一系列激发孩子个性，闪烁着创造灵性的教育活动，不仅让校园生活更加多彩，而且给学生提供了广阔的发展空间。建校以来，积极营造浓郁的校园文化环境。以“立德树人”为主旨，以“书香沁人”为突破口。努力以书香浓郁的校园文化环境对学生进行耳濡目染。让学生在日常学习生活环境中品德得到熏陶，在阅读中思想得到提升，在文化活动中，能力得到提高。

特色校园是六枝特区第四中学的办学特色，由于每一个学生的兴趣爱好、知识基础、性格都存在着特殊性，自学校开展创建“书香校园”工作以来，以活动为载体，进一步拓展学生的知识面，提高了师生的内在素质与修养，让全体师生真正体验了“读书好、读好书、好读书”的滋味，享受到了成功的乐趣。全体师生沐浴在浓郁的书香中，校园真正成为“人人有爱好、个个有玩法”的乐园。

【学校安全】成立校园安全工作领导小组，对周边安全检查，联络社区派出所对学生进行管制刀具检查，举行地震疏散演练、反恐演练，告家长通知书，安全知识等专项活动，每天安排专人进行校园安全检查，班主任不定期对寄宿生进行检查家访等，全年无安全事故发生。

六枝特区第五中学

【概况】 六枝特区第五中学组建于2000年，位于那固坝。学校教学设施完备，校舍建筑面积10309平方米，有主体教学楼1幢，多功能教学楼1幢，图书室、理化生实验室、计算机室、多媒体教室等专用教室，学生宿舍楼2幢，学生食堂1幢，能满足住校生的寄宿生活。于2014年7月建成4000平米的全塑胶运动场。学校师资力量雄厚，现有教职工73人，其中中学高级教师13人，中级教师33人。在校学生1702人，共31个教学班。自建校以来，以“勤奋、诚信、求实、创新”为校训，严格管理，狠抓教学质量，取得了丰硕的成果，赢得了社会各界的普遍认可和高度赞誉。多次被上级政府和教育主管部门评为“教育先进单位”“文明单位”“先进党支部”等。中考成绩在区直属中学中一直名列前茅，高中录取率每年保持在80%左右。2014年中考中，成绩名列六盘水市第四名、六枝特区第二名。

【校园文化】 学校注重传统文化教育；设有校刊《采微》，可供学生发表习作；每年学校围绕节假纪念日，开展各种文体活动；学生社会实践活动时常进行。学生会高度自治，负责校园广播、纪律卫生考勤等工作，注重培养学生的自我管理。

【教育业绩】 学校坚持以德育为首、教学为主、全面发展为原则，使教育教学工作有了长足的发展，着眼学生长远发展，注重综合素养的培养，坚持走科研强校的道路，提高学校优质教育水平，多次被上级政府和教育主管部门评为“教育先进单位”“文明单位”“先进党支部”等。在各级各类优质课评比中有十多名教师获奖；在全国语文、数学、英语、物理、化学等科目的竞赛中有多名学生分别获一、二、三等奖；各类文体比赛也获得了不同等次的奖项。学校全体教职员工本着“以质量求生存，以诚信求发展”的办学思想，以饱满的教学热情、精良的业务水平、团结协作的团队精神创建教育名校。

六枝特区第九中学

【概况】 六枝特区第九中学筹建于2012年3月，2013年竣工并投入使用。学校位于六枝特区外环南路侧畔，学校占地147亩，总建筑面积为74055平方米，教学楼五层共62个教室，可容纳3000名学生就读；实验楼四层共7041.96平方米，综合楼10372平方米，学生食堂二层共3064.21平方米，可同时容纳1500人就餐，学生轮流就餐可供3000人就餐；宿舍楼4栋共13088平方米，学生宿舍内配有各自独立的卫生间、洗澡间及洗漱间，可容纳2112人住宿。学校教师编制为90个岗位，已有教职工75名，其中本科以上学历72名，专科3名，平均年龄为28岁。

【办学理念】 学校将遵循“立德树人、勤奋务实、和谐民主、学习创新”的校训，力求教育管理树典范、立楷模、创特色、造品牌，朝着“共建安全校园、文明校园、绿色校园、书香校园、和谐校园”的目标迈进。

按照“以狠抓教学质量为核心，扩大学校规模为主导，强化育人环境为中心”的办学方向；“笃学精博，严谨创新、孝贯人伦，友睦天下”的办学宗旨；全体教职工本着依法执教、廉洁从教、文明施教的教风，竭诚为学生提供一流服务，争创一流学校。

【丰富多彩的书香校园文化】 学校以“办规范加特色学校，育合格加特长学生”为办学目标，中学篮球社团、羽毛球社团、乒乓球社团、文学社、春之韵合唱团、学生礼仪队、国旗仪仗队等一系列激发孩子个性，闪烁着创造灵性的教育活动，不仅让校园生活更加多彩，而且给学生提供了广阔的发展空间。建校以来，积极营造浓郁的校园文化环境。以“立德树人”为主旨，以“书香沁人”为突破口。努力以书香浓郁的校园文化环境对学生进行耳濡目染。让学生在日常学习生活环境中品德得到熏陶，在阅读中思想得到提升，在文化活动中，能力得到提高。

书香校园是六枝特区第九中学的办学特色，由于每一个学生的兴趣爱好、知识基础、性格都存在着特殊性，自学校开展创建“书香校园”工作以来，以活动为载体，进一步拓展学生的知识面，提高了师生的内在素质与修养，让全体师生真正体验了“读书好、读好书、好读书”的滋味，享受到了成功的乐趣。全体师生沐浴在浓郁的书香中，校园真正成为“教师亲和、协和、融合的家园，学生学习、生活、成长的乐园”。

【学校班子建设】 学校把“勤政廉政、依法行政、提高效率、促进发展”作为每一个班子成员追求的目标，也作为考核班子成员的主要依据。要求领导干部以身作则，率先垂范，要为全体教师树立一面旗帜，凡要求教师不做的，自己首先不做；要求教师做到的，自己带头做到，坚持弘扬正气，引领团结广大教师形成积极向上的舆论氛围。具体要求班子成员要带头深入教学一线，带头遵守学校规章制度，带头履行职责，同时要求班子成员既要明确分工，各司其职，但同时又努力做到分工不分家，形成了一支有大局观念、带头执行学校各项规章制度、团结协作、廉洁自律、工作努力的强有力的领导集体。

【教师队伍建设】 加强师德建设，全面提升教师形象。开展了“师德师风演讲比赛”“师韵演讲比赛”等一系列师德教育活动，以提升教师形象。坚持利用每周一的教师例会，强调和学习教师职业道德，提高教师依法执教的自觉性。通过学生评教、家长评教、同行互评加强教师职业道德的考查力度，整顿师德方面突出的问题，实行师德规范一票否决制，坚决杜绝违规收费、违规推销教辅资料、从事有偿家教等违背教师职业道德的行为，在学校工作中以争创一流学校的目标凝聚全体教师，引导教师讲正气、讲奉献、讲业绩、讲团结，一支有爱岗敬业、积极进取、为人师表、和谐凝聚的教师群体正在逐步形成。具体表现在：教师的工作积极性高，教师严守考勤管理制度，守职情况大有改观，敬业状态令人感动以及团结、协调、凝聚的意识增强等方面。

学校强化教师培训工作。学校积极主动配合主管部门抓好教师的继续教育工作，支持、鼓励教师参加提高学历层次、业务水平、教研能力的培训，推荐教师参加上级组织的各种培训和学习，组织全校三分之一的教师参与了2014年的国培计划，为教师接受新的教育理念创设平台，拓宽了老师的眼界，丰富了教师的专业知识，提高了教师的教学技能水平。

【教研教学】 1. 坚持“每周一课”的抽课和推门听课相结合的制度，使教学检查走进课堂，要求45周岁以下的教师每学期必须上公开课一节。

2. 规范教研行为，严格落实教研室各项考核制度。积极开展有效教研，坚持听评课制度。教研组长、学校中层及以上行政人员，每学期听课20节以上；不足5年工龄的教师，每学期听课15节以上；其他教师每学期听课10节以上。

3. 积极开展课题研究。学校本着向科研要质量、以科研促发展的理念，积极鼓励教师投身学科课题研究工作。

【科技、体育、艺术教育】 学校严格遵循教育教学规律和学生身心发展规律，大力推进素质教育，学校确立了“学校有特色，教学有特点，学生有特长”的育人目标，全方位搭建学生和谐发展的舞台。

【学校安全工作】 学校安全管理工作坚持“安全第一，预防为主，综合治理”方针，狠抓工作落实，积极巩固“平安校园”成果，大力推进隐患排查治理和安全专项整治，不断提升安全管理的规范化和科学化水平，为师生营造安全、和谐、整洁的校园环境。

乡 镇

平寨镇

【概况】 平寨镇是“中国凉都·六盘水”的东大门，是中国“三线”建设时期最早的能源基地镇，是六枝特区政治、经济、文化、科技和交通中心。东接大用镇，西靠新窑乡，南邻落别乡，北连普定县。2014年，辖13个社区，28个村共133个村民组，265个居民小组。全镇总面积104.4平方公里，总人口15.4万人，其中城镇常住人口115745人，城镇化率73.1%，人口出生率3.0‰，自然增长率0.29‰；常住人口符合政策生育率97.07%，妇检率100%，流动人口符合政策生育率89.38%，妇检率88.32%，性别比104.85。现有汉族、彝族、布依族、蒙古族、仡佬族、回族、土家族等28个民族，少数民族人口17359人，占11%。主要矿藏有煤、石膏、石灰石、硅石、粘土等10余种矿产资源，已探明煤炭储量5亿吨。

2014年，完成财政总收入23000万元，为任务数19434.14万元的118.35%，同比增长18.35%；公共财政预算收入完成10260.01万元，为任务数12015.92万元的85.39%，同比增长27.43%；完成工业总产值30.33亿元，为任务的100.3%，同比增长18.00%；完成固定资产投资78亿元，同比增长243%；完成社会消费品零售总额21.7亿元，同比增长12.3%；

完成招商引资签约资金17.1亿元，为任务数的120.76%，实际到位资金6.61亿元，为任务数的133.26%，其中新增私营企业项目投资到位资金2.5亿元，续建项目投资到位资金3.24亿元。

【交通运输】 境内有那玉、六枝、大用三个火车站和六枝客车站，贵昆铁路、株六复线、贵烟公路贯穿全镇，六镇高速公路、六六高速公路在平寨镇小寨村底西开口设站，沪昆高速铁路毗邻而过。境内的六枝汽车站为二级站，总线路41条，其中省外11条，省内8条，县内25条。

【征地拆迁】 2014年，共征用土地5063.20亩，拆迁房屋377户9.50万平方米，迁坟759座，拆除“两违”建筑58户11000平方米，拆除危房28户3000平方米，制止违法违章建筑138余起，为全区城镇建设做出了积极贡献。

【粮食生产】 2014年，农业总产值10837万元。完成粮食播种面积2.15万亩，粮食产量9947吨，同比增长6.3%；完成经济作物播种面积2.54万亩。兑现各项涉农补贴资金407.39万元。其中：粮食综合直补302.36万元，种粮补贴8.85万元，杂交水稻良种补贴7.81万元，杂交玉米良种补贴3.91万元，小麦补贴7.54万元，油菜补贴5.59万元，退耕还林补助71.33万元。

【文艺团体】 2014年年末，有文艺团队38个，会员336人，创造文艺作品18副（件）；剧院（场）5个，电影放映单位1个，年放映36场，观众25600余人次。地方特色民间艺术“花灯歌舞”

已申报国家级非物质文化遗产。

【教育事业】 2014年，全镇有普通高中5所，有普通初中8所，小学28所，幼儿园63所；共有小学寄宿生1576人，寄宿率达19.31%；中学寄宿生1927人，寄宿率达62%。全年投入教育经费6015.97万元，其中中央划拨992.63万元，省、市、特区划拨5023.34万元。镇党委政府投入资金6万元、中心校投入资金2万元用于幼儿园购买办公桌凳，及教学用品。同时，多渠道、多形式大力推进教育“9+3”计划工作进程，层层签定责任书，多次召开教育“9+3”计划工作会议，“9+3”教育工作在六枝特区名列前茅。

2014年教师节，平寨镇党委、政府划拨资金柒万贰仟叁佰（72300.00）元，用于奖励优秀教师及学生奖励。划拨资金伍万（50000）元用于平寨镇三小校园建设。在中心校的指导下以“研考、研教、研学”为重点开展了教研活动30余次。抓好抓实考试、评卷、成绩统计与分析各个环节工作，为严肃考风考纪，平寨镇政府派出工作人员40余名到镇内各学校参加督考，考务工作得到进一步加强。

【医疗卫生】 2014年，有各类医疗机构29个，其中二级院1所，疾病控制中心1所，卫生院1所，精神病医院2所，病床1689张。专业卫生人员854人，其中职业医师315人，职业助理医师54人，注册护士389人。农村合作医疗参合19590户57532人，参合率达98.27%，住院费用最高报销比例从75%提高到90%，城镇职工医疗保险、城镇居民医疗保险覆盖率不断提高。2014年，全镇共减免金额855.7万元，受益群众1.3万人，二次补偿金额140.8万元，受益群众319人。继续开展“深入开展优质服务，树立全新形象”等活动，共建立居民健康档案429人，高血压管理档案5331人，糖尿病管理档案1862人。儿童保健管理档案750人，孕产妇管理档案322人，重性精神疾病管理档案320人，老年人管理档案7597人。实施新型农村合作医疗信息化建设，实现以邮政银行绿卡代替合作医疗证，二卡合一，全市“一卡通”，方便参合农民就诊。

【社会保障】 2014年，共发放救济粮39.62万斤，发放救灾救济款86.16万元，棉衣50件、棉被50床，发放残疾人机动车燃油补贴8.97万元。发放两类人员慰问金29.2万元，发放“双拥”重点优抚对象、现役军人家属优待金、重点优抚对象“两节”生活补助、春节慰问金、“八一”生活补助金、2014年冬季农村退役军人自主经济补助金、农村籍退役士兵老年生活补助金共计509.66万元，发放90周岁以上高龄补助金6.88万元；完善了农村社区服务功能，农村社区建设全覆盖率达100%。

发放城市保障对象4684户9228人，低保金631.14万元，慰问金189.17万元。发放农低保对象2643户5150人，低保金355.58万元，慰问金101.96万元。对城乡低保户及低保边缘家庭人员因病、因灾、因上学造成临时生活困难的群众发放救助金12.65万元，着力缓解城乡困难群众突发性、临时性生活困难。积极推进城镇居民基本医疗保险工作，新型农村社会养老保险参保人数达10645人，城镇居民社会养老保险参保人数达22057人。

【技术培训】 以农民增收、农业增效为出发点，举办技术培训和技术指导，以村两委班子成员为重点，培训他们的技术能力，以提高农民的素质和农业技术，进一步带动全村科技发展，充分发挥农业服务中心全体人员的专长，更好为全镇农业生产和生活服务。采取集中培训和现场培训为主的方式，共举办培训班9期，培训村组干部、种植、养殖大户300余人次，无偿发放技术资料10000多份。技术人员深入村举办各种类型的村级培训班累计1000余次，入户咨询培训500余人次，接受培训的农民累计3000余人次，主要培训了测土配方施肥、秧田控虫、水稻条纹叶枯病、稻飞虱防治、畜禽防治等技术，为发展全镇农村经济提供了有力的科技支撑。

大用镇

【概况】 大用镇位于六枝特区东部，东邻木岗镇，南连落别乡，西接平寨镇，北靠普定县化处镇。距特区人民政府驻地7.5公里。土地总面积66.1平方公里，其中：耕地面积22320亩、林地面积21150亩、天然草地面积11550亩。辖7个行政村1个社区65个村（居）民组。总人口28462人，其中农业人口23963人，非农业人口4499人，人口出生率为5.46‰，人口自然增长率为2.17‰。现居住有苗族、彝族、仡佬族、蒙古族、回族、白族、黎族等民族，人口1126人。主要矿藏有煤炭、页岩、石灰石等。森林覆盖率31%。

2014年，完成社会生产总值52690万元，占任务数的100.18%，同比增长23.12%；工业总产值完成37938万元，占任务数的105.13%，同比增长29.5%；固定资产投资完成114820万元，占任务数的121.6%，同比增长111.22%；财政总收入完成597.06万元，占任务数的102.20%，同比增长50.54%；公共财政预算收入完成393.17万元，占任务数的100.70%，同比增长80.89%；粮食总产量完成10048吨，占任务数的103.12%，同比增长6.21%；招商引资预计完成98000万元，占任务数的100%，同比增长141.7%；农民人均纯收入5520元，同比增长18%。

【“3155”工程】 抓好《六枝特区工矿区优质蔬菜产业园区》和《大用农业休闲观光园区》建设，完成建设商品蔬菜基地1000亩，茶叶种植土地流转2000亩，已种植1000亩；完成精品水果土地流转5000亩，已种植4000亩，其中，马瑙红樱桃种植2630亩，车厘子种植11370亩，完成中药材种植1000亩，完成蔬菜种植1000亩。

【项目建设】 投资400万元的大用镇供水工程完成工程总量的80%，完成投资300万元；投资8000万元建成的大用商砼拌合站已建成投产；教师、卫生院职工周转房已完成投资80万元；小学教师周转房、中学教师周转房及学生宿舍楼主体工程已完工。

【党风廉政建设】 按照党要管党、从严治党的方针，建设廉洁高效的党员干部队伍。2014年，镇纪委立案2件，结案2件，给予党政纪律处分2人，挽回经济损失0.135万元。镇信访办共受理信访6件，主要领导阅批群众来访6件，占信访办受理数的100%，接待群众来访40人（次），其中领导接访8次，领导下访6次；没有出现集体上访现象，按时限办结上级转办的信访事项办结率达100%，反馈率达100%。

【社会事业】 完成新型农村合作医疗参合20792人，参合资金145.44万元，参合率101.61%；完成城镇基本医疗保险760人，参保资金4万元，参保率85%；发放农村低保金346.9万元和城镇低保金113.8万元，发放各类救助金14万元和救助粮62490公斤，发放优抚金5.16万元，农村和城镇医疗救助金6.89万元。2014年初中毕业生233人，就读高中70人，就读中职212人，顺利完成教育“9+3”工作；全镇小学入学率为99.8%，全镇中小学2372名学生“人人吃午餐”。计划生育常住人口符合政策生育率97.34%、流动人口符合政策生育率86.54%；人口自然增长率为2.17‰，出生率为5.46‰。发放“利益导向”金71.57万元。工会、共青团、妇联、协会等人民团体彰显特色，同步发展。

【宣传工作】 结合党的群众路线教育实践活动，加强党员理论教育，围绕园区建设、产业发展等中心工作，在各村创办宣传专栏，营造良好的干事氛围。开展“道德讲堂”20余次，积极推荐上报“好人好事”等各类先进典型10余人，上报各类宣传稿件50余条，开展志愿服务活动6次，大用村成功创建为市级“文明村”。

【安全生产】 始终坚持“安全第一、预防为主、综合治理”的方针，严格实行一岗双责制度，制订了《2014年安全生产工作安排意见》《2014年安全生产目标管理考核办法》相关制度、工作职责，与企业、村组等签订安全生产责任书33余份。完善农村道路、驾驶员、车辆等基础台账，积极开展安全生产领域打非治违专项整治工作。开展安全检查30次，排查安全隐患58条，整改3条。全年无安全生产事故发生。

【小康“六项”行动】 按照小康路、小康水、小康房、小康电、小康讯和小康寨六项行动计划，全力打造“四在农家·美丽乡村”建设。小康路。投资228万元修建岱港村火烧坡至龙潭口通组公路3.8公里、投资240万元修建大用村湾寨至抵戛坝车厘子基地产业路4公里、投资240万元修建骂冗村骂冗至五龙通组公路4公里、一事一议财政奖补投资55.8万元修建泪港村吴家冲通组公路1.8公里、投资49.6万元修建黑晒村苏家寨通组公路1.6公里，投资406万元的大用镇街道改造工程。小康水。投资38.52万元修建耳贡村上耳贡饮水安全工程、投资150多万元打了5口灌溉井。小康房。投资345万元在大用村湾寨修建小康房30套。小康电。完成了大用35千伏输变电新建工程、35千伏板梅变10千伏砂厂支线工程、35千伏木岗变11千伏化处线支线工程。小康讯。加快推进全镇行政村“村村通宽带”和自然村“村村通电话”工程，提高乡村通信基础设施配套水平，提升乡村通信网络覆盖质量。小康寨。投资140多万元对湾寨25栋农民住宅建设进行亮化改造、投资210.19万元对大用村湾寨大寨小康示范寨基础设施进行建设。

木岗镇

【概况】 木岗镇位于六枝特区东部，距六枝特区城区37公里，距安顺市区30公里、镇宁县城区20公里、普定县城区15公里、距黄桶火车站二级编组站1.5公里。东西最大距离18公里，南北最大距离11公里。总面积60平方公里，耕地面积13425亩。现辖10个行政村1个社区，总人口3万余人，有布依族、仡佬族、黎族、苗族等8个民族。具有全省市“万亩”大坝之称，是省级制种基地之一。主要矿藏资源有煤炭、页岩、石灰岩等。森林覆盖率38.6%。

境内有贵烟公路和六（枝）镇（宁）高速公路通过，隆百铁路、株六复线穿境而过，并设有黄桶火车站，黄桶站是株六复线铁路与在建的隆百铁路的十字交汇站，现已规划为二级编组站开工建设。镇内有普镇公路、大木公路和木瓦公路，实现了公路与铁路的融汇贯通。周边安顺大型火电厂，超宇水泥厂、硅铁厂、电石厂、桥梁预制品厂及贵州红星发展股份有限公司等大中型企业，境内有日产2500吨的贵州畅达瑞安水泥有限公司。水源充足，拥有国家小二型库容50万立方米以上的水库3座，地下水资源丰富，素有“九十九个潭”之称，尤其是在建的黔中水利枢纽工程主干渠、支渠穿越镇区，切实保障了工业用水。

2014年，全镇生产总值实现3.3亿元，增幅21%。固定资产投资完成324866万元，增幅103.75%，工业总产值实现33166万元，增幅40.13%；招商引资突破4亿元；财政总收入实现1336.7万元，公共财政收入实现1092.7万元；农民人均纯收入实现6404元，增幅13.1%。全镇经济社会发展综合排位在全区第六位。

【基础建设】 完成交通投资4960余万元。其中大用到木岗快速通道木岗境内工程完成投资4700余万元，抵簸至李家冲公路工程投资185万元，年内完成投资30万元，燕子岩至驼背窝公路建设项目投资73万元，年内完成投资60万元；瓦窑村牛滚塘机耕道建设项目投资30万，年内完成投资30万元；木岗场、斗蓬、抵岗、瓦窑4个村通组公路投资140.49万元。

完成水利投资440.59万元。其中：戛陇塘提灌站投资243.79万元、小黄桶人饮工程投资41.4万元、戛陇塘新村人饮工程投资68.7万元、抵岗片区人饮工程投资86.7万元。完成工业投资2020万元。其中：污水处理厂投资1821.56万元，年内完成投资600万元。小城镇建设年度计划投资总额为1.5亿元，完成投资4600万元。社会事业投资3953万元。其中：人口和计生工作投入34.2万元、卫生院改扩建工程投资235万元、卫生周转房投资253.75万元、中心小学改扩建投资2400万元、把仕小学改扩建工程投资198万元，民生保障事业投入735.2万元。

【产业转型升级】 实施"3155工程",发展壮大"六大产业"，实施高标准蔬菜基地1006亩、茶叶基地826亩、魔芋734亩、丹参380亩、桔梗1000亩、太子参203亩。重点培育规模化、标准化养殖示范场建设，引资2000万的小黄桶成林养牛示范场已开工建设。2014年全镇大牲畜存栏3043头，其中生猪存栏5174头，牛存栏3891头，肉类总产量1263吨。新增农村合作社3家。进一步完善农产品质量安全和食品安全体系，加强农产品和食品安全监管，确保农产品和食品安全，全年无食品安全事故发生。

【美丽乡村建设】 投资190万元的小康寨瓦窑村美丽乡村建设民族表演台、进寨大门、生态畜水池、公厕、文化长廊、文化广场、街道硬化等项目正在推进建设进度，将在年底完成全部建设任务。小康电主要做好从木岗降压站到落别35千伏线路协调服务工作。小康水主要是在抵岗、斗蓬、抵簸、瓦窑、木岗冲5个村实施，共计投入资金110万元；实施戛陇塘移民新村、小黄桶2个村饮水安全工程，投入资金110.1万元。小康路实施完成木岗场、斗蓬、抵岗、瓦窑4个村通组公路总长4.7公里，总投资140.49万元。全面启动中心集镇控制性规划编制引导农村居民建房，严厉打击农村违法违规建设行为，加快建设美丽宜居城镇建设,全年共拆除违法违规建筑3间、260平方米。

【美丽木岗建设】 以深入推进"四创"活动为载体,扎实开展绿色木岗建设,积极开展绿色学校、绿色社区和绿色企业建设。认真落实环境保护工作责任，突出抓好木岗污水处理厂工程建设，以治水、治渣、治气为重点，扎实抓好环境保护工作。抵岗、木岗冲2个村完成村寨环境治理，投入资金10万元，解决了个别村长期以来乱排乱倒等突出问题，全面改善人居环境。加强森林管护和天然林保护工作，认真落实管护责任，加强退耕还林还草工作，提高森林覆盖率，全镇森林覆盖率达38.6%。

【民生为本】 加强失业预警和失业调控机制建设。加大"一对一"帮扶力度，动态消除"零就业家庭"，2014年完成1833户5939人的精准扶贫登记上报工作，落实300名干部"一对一"帮扶。建立城乡社保互转机制，城乡居民社会养老保险达到7581人达到108.1%，城镇居民养老保险255人达到101.2%，新型农村合作医疗参保19876人达到99.21%。重点优抚对象121人，共计发放72.8万元。加快推进公益性公墓建设，小黄桶村、木岗场村两个村公益性公墓建设基本完工。年度人口计生工作顺利通过省、市两级考核，并取得较好成绩。深化生育关怀、关爱失独家庭行动，不断提高人口发展服务水平，全年发放生育关怀资金6000元。深入实施《全面科学素质行动计划纲要》，全镇教育"9 + 3"工作深入推进，"保学控辍"得到有效落实。

【党的建设】 2014年党建工作以深入开展党的群众路线学习教育活动为抓手，落实党要管党、从严治党，强化党员干部队伍建设。以活动为载体，贯彻落实中共十八大、十八届三中、四中全会精神、学习习近平总书记一系列重要讲话精神。贯彻落实中央、省、市和特区各级党委全会、纪委全会精神，围绕保持党的先进性和纯洁性，紧扣为民务实清廉这一主题，落实"照镜子、正衣冠、洗洗澡、治治病"的总要求，把握三个环节扎实推进群教活动工作，查找"四风"突出问题，把转变干部作风贯穿始终,结合木岗实际,提出了"六抓六提升"全面推进改革发展各项工作。通过党员干部学习教育，干部作风整治，干部精气神得到明显的提升，干部职工呈现出想干事、能干事、干成事的作风转变，化解了一些多年来的信访积案，拉近了干部与群众的距离，群众"最后一公里"

的问题进一步落实，文风、会风、学风明显转变，党在农村基层党组织的凝聚力、战斗力进一步加强。严厉查处党员领导干部违反“四风”的突出问题，全年共查处违反“四风”4人，立案调查4人，处理1人。民声政坛、道德讲堂等活动开展有声有色，农村基层党组织的战斗力、聚集力明显增强。

【“十件实事”完成情况】

1. 投资25万元建成木岗镇农民体育健身广场1个，已投入使用；投资9万元建设小黄桶、小木岗、瓦窑文化广场，小黄桶、小木岗已投入使用。瓦窑基本完工，进入安装。

2. 投资3万元建成木岗镇抵簸村农村幸福院，已投入使用。投资235万元，改造木岗镇卫生院改扩建工程，已主体完工。

3. 实施农村危房改造65户，现65户主体工程完工。

4. 完成新增就业1920人，公益性岗位解决就业困难人员8人，完成城乡最低生活保障标准提高10%。

5. 建成1006亩高标准蔬菜基地，顺利通过特区农业部门验收。

岩脚镇

【概况】 岩脚镇地处六枝特区西北部，距特区政府驻地17公里。耕地面积34366亩，农业户人均0.574亩，农作物种植以水稻、玉米、小麦、油菜为主。现辖25个行政村223个村民组，9个居民小组和廻龙溪社区居委会。总人口73000人，其中城镇常住人口21046人，城镇化率28.83%。另有流动人口1894人。2014年人口出生率为7.3‰，人口死亡率为3.7‰，人口自然增长率为3.6‰。主要矿藏是煤炭，已探明储量3亿吨，另有硫、铁、高岭土、陶土和矿泉水等资源。

境内有年产60万吨技改煤矿1对，规模面条厂2家（年产5万吨），砂石厂12家，制砖瓦作坊28家，木材加工厂3家，皮布鞋生产15家，建筑附件加工及汽修作坊28家。

有商户324家，销售收入达6882万元，创利税1721万元。2014年，财政总收入1298.56万元，地方财政收入750万元。工业产值达52098万元。农民人均纯收入6687元。

【教育科技】 2014年有小学（含村级教学点）13所，在校生4744人，专任教师245人，小学适龄儿童入学率99.2%，小升初入学率100%。普通中学2所，在校学生2517人，专任教师146人，初中毛入学率达105.7%，九年义务教育覆盖率达98%。中心幼儿园1所，乡村幼儿园1所，小学附属学前班9个，共有在园在班幼儿1450人，幼儿教师17人，其中取得幼教资格证的幼儿教师15人。2014年投入教育经费430.54万元，其中中央划拨344.4万元，省、市、特区划拨86.1万元。国家下拨中、小学学生营养午餐经费共计385.5万元。2014年，各类技术人才266人，其中农村实用人才236人。

【医疗卫生】 有非营利性卫生院1所，民办医院2家，村级医疗网点26个，有专业卫生人员86人，其中执业医师9人，执业助理医师16人，注册护士16人，村卫生防疫人员45人。三家医院共有病床位120个，2014年收治患者1300人次，其中民康医院能施行胸脑以外的外科手术。2014年农村参合率达97.3%。

【社会保障】 2014年，救助城镇低保317户475人，发放低保金1766914元，救助农村低保3954户8064人，共发放低保金8522623元，分别增加91.7%和17.43%。农村五保供养72户74人，支出资金131160元，由民政部门支助参加合作医疗7891人次，共支出资金236730元。农村医疗重大病医治救助43人次，支出救助金376814元。解决农村困难户临时救济1612人次，发放救济金15万元，比上年减少6.6%。镇办敬老院1所，集中供养村镇五保老人14人，支出救助金16.4万元。

2014年，全镇农户参加养老保险18695人，收取养老保险金 131.467 万元，城镇居民参保人数 589 人，收取保险金 2.42 万元，两类参保人数分别比上年增长 19.1% 和 13.4%。60 周岁以上获得养老保险金人数 5854 人。企业职工参保 790 人，参保率 100%。安置下岗和就业困难人数再就业 116 人，人均月工资 1500 元，分别比上年增加 16% 和 18.15%。

【邮政电信】 2014 年，邮政网点 1 个，民营快递点 3 家，投递旅程全长 42 公里，投递点 35 个，乡镇通邮率 100%。投递邮件 5.31 万件。信汇票据 9310 份，快件专递 850 件，征订报刊杂志 51.2 万份，业务收入约 120.2 万元。电信企业 3 家，服务网点 6 个，电话交换总机容量 2040 门，固定电话用户 2112 户，用户普及率达总用户的 13.3%。移动电话用户 1.98 万户（人），用户普及率达 100%。境内通信电缆 2 条，近 30 公里，互联网端口 520 处，宽带入户 596 家，电信业务收入年约 170 万元。

【基础设施建设】 2014 年，抢抓贵州省 100 个特色示范小城镇建设机遇，真抓实干，加快境内基础设施建设，实施危房改造 200 户、“四在农家”3000 户，建成 300 套经济适用住房、848 套廉租房、80 套教师周转房、60 套卫生周转房，入住率达 95%，在镇区划定移民新区 1 个，计划安置 300 户 1200 人。同时，通过招商引资、资源置换等运作方式拓展或改善村容镇貌，启动都香高速沿途小康寨建设，已完成 2123 户 8596 人的居住场所，对金星、阿岔、田坎等五个行政村进行村容村貌改良，新修寨门，硬化村内串户道，更新住宅内外装饰，全部实行七改（水电路厕，圈灶院坝），村内主干道全部安装太阳能路灯，已完成投资 2500 万元。先后完成岩脚旧城改造、新城区开发、文化广场建设、农贸市场重建等惠民工程。已顺利建成迎宾大道、新城大街和发展街的“三化同步”（柏油路、旁栽树、灯照路），同时加强镇区环卫保洁，购置环卫车辆 2 辆和 20 只轮动垃圾箱，主街道实行专人保洁，日处理 3000 吨的污水处理厂即将建成使用，相应公益和公共设施日趋完善。

【旅游】 岩脚具有悠久的历史文化和丰富的旅游资源，在旅游活镇的理念指导下，2014 年廻龙溪风景旅游区已建成温泉洗浴、生态观光园、青少年乐园、古镇宾馆、景区停车场和景区商业街等旅游景点。续建水上漂游、礼佛圣地、溶洞奇观和度假村等休闲怡情场所。

【供电】 2014 年，有 110 千伏和 350 千伏变电站各 1 座，装有各型变压器 122 台，总容量 10870 千伏安，高压线路 9 条，全长 21.9 公里。用电负荷 12950 千瓦 / 时，是南方电网贵州西北部的保电区。综合电压合格率达 96%，供电可靠率达 98%。2014 年 10 月 1 日，六枝火电厂在老卜底村正式启动建设，拟建装机 4×60 万千瓦时，是六枝特区“两加一推”的惠民项目。

郎岱镇

【概况】 郎岱镇是贵州省历史文化名镇、贵州省示范小城镇。位于六枝特区南部，地势平坦，有“郎岱坝子”之称。总面积 98.42 平方公里。耕地面积 24315 亩，其中水田 12660 亩，旱地 11655 亩。有 12 个行政村 1 个社区居委会 196 村（居）小组，共 13100 户 45753 人。城镇中心区人口 20000 余人，居住有汉族、彝族、苗族、布依族等民族。

2014 年财政总收入 4832.7 万元，公共财政收入 3388.3 万元，工业总产值完成 10.3 亿元；社会固定资产投资完成 29.6 亿元；社会消费零售总额完成 1.86 亿元。招商引资签约总额为 10.2 亿元，其中招商引资实际到位为 3.68 亿元。农民人均可支配收入为 7016 元。是万亩商品蔬菜基地和六盘水市现代农业产业园区、特色养殖示范基地。是大连市政府对口帮扶六盘水市建设的中国凉都原生态农产品科技扶贫加工示范园区。

【城镇建设升级发展】 严格按照示范小城建设“8+x”建设要求，完成夜郎大街油路改造、郎岱至阿乐、郎岱至花脚等 6 个村油路改造工程，完成廉租房建设1064套，完成标准卫生院、敬老院、社区服务中心等项目建设，已建设完成夜郎大街和连接线提升改造及绿化工程，示范小城镇功能配套不断完善；“四在农家·美丽乡村”基础设施建设六项行动计划顺利推进。2014年，郎岱镇在全省100个示范小城镇绩效考核中排名第31位，较上年进步7位

【文化教育事业】 教育事业健康发展，投入资金500余万元，有力的改善了辖区内中小学、幼儿园办公及教学条件。教育9+3等工作均超额完成。文化事业加速发展，加强精神文明建设和普法教育，深入开展民声政谈、道德讲堂、文明创建等活动，全年印发各类宣传资料万余份，全镇广播电视覆盖率达95%，丰富了群众精神文化生活。2014年郎岱镇阿乐村被评为省级文明村。人口和计划生育工作水平稳步提高，医疗卫生工作稳步发展。严格落实安全生产责任制，全年没有发生重大安全责任事故。大力开展“平安郎岱”创建工作成绩显著，人民群众安全感满意度不断提升。全省人口计生“双诚信双承诺”现场、全市第二次项目建设现场观摩会、全市林业工作现场会暨刺梨产业发展动员会、六枝特区民政局农村社区全覆盖现场会等相继召开。

【维稳工作】 2014年排查矛盾纠纷36起，成功调解32起，调解成功率89%，全镇社会稳定，群众安居乐业，有力地促进了全镇经济社会的和谐稳步发展。按照“电话问安”工作要求全部进行逐个拨打，梳理共性问题8件，涉及整脏治乱工作4件，城镇建设2件（亮化工程、违章建筑），社会管理工作2件（服务质量、外来人口管理），已分别交办落实。2014年群众安全感、满意度测评达99.4%，名列全市第三。

【招商引资】 2014年招商合同签约资金总额为10.4亿，占目标任务的103.69%，其中招商项目引资实际到位为3.88亿元，占目标任务3.5亿元的110.86%；项目开工率达到90%以上，签约项目投产率达50%以上。

【党风廉政建设】 以开展党的群众路线教育实践活动为契机，将学习型服务型创新型和富民型党组织建设与全面建成小康社会各项工作的开展有机结合起来，实行“力量在一线配置，调度在一线进行，服务在一线到位，问题在一线解决，形象在一线树立”的工作法。下选的支部书记和驻村干部帮助各村群众脱贫致富、化解矛盾纠纷、加强基层组织，大力实施精准扶贫和美丽乡村建设，发展壮大村级集体经济，为全面建成小康激发了生机与活力。建立了14个镇、村（社区）群众工作站（室），并开通了“12550106”便民利民呼叫平台。结合行政体制改革试点工作，投入20万元，将群众工作站升级改造为政务服务大厅，优化服务功能，提升“一站式”服务水平。认真落实党风廉政建设和反腐败工作主体责任，深入整治“四风”，出台郎岱镇《进一步加强干部日常监督管理暂行办法》和《党员干部考核问责办法》，支持镇纪委“三转”，共开展了各类监督检查19次，接受群众来访53件次，发现问题23件，已调处办结18件；立案两件，结案两件。共查处违纪人员19人，其中：辞退1人，开除党籍1人，党内警告1人，免职1人，待岗6人，其它处理9人。清退违规资金20.08万元。领导干部和职工作风明显好转，工作更加务实，全镇呈现一片风清气正的良好氛围。2014年，镇党委被贵州省委党的建设工作领导小组授予“五好”基层党组织称号。

龙场乡

【概况】 龙场乡位于六枝特区北部，距六枝特区政府驻地19公里。东西最大距离13公里，南北最大距离16公里，总面积61.3平方公里，耕地面积24795亩。其中陆地52平方公里，占85%；水域9.3平方公里，占15%，人口密度每平方千米727人。现辖11个村和1个居委会，177个村民小组。总人口43201人，有苗族、仡佬族、彝族、布依族、白族、穿青等18个少数民族，共1847人，占总

人口的4.1%，超过100人的有苗族、仡佬族、彝族，其中苗族892人，占少数民族人口的48.3%；仡佬族293人，占15.9%，彝族223人，占12.1%。人口出生率为7.13‰。境内主要有煤、铁、石灰石、硅石等，煤储量1.8亿吨。森林覆盖率21%。

2014年财政总收入1011万元，其中地方财政收入811万元。完成固定资产投资98769万元，工业总产值43423万元，招商引资6.73亿元。全年实施项目25个，完成20个。农民人均纯收入5223元。全区综合目标考核荣获三等奖。小康实现程度达66.7%。

【“三农”工作】 依托市、特农业特色产业发展“3155”工程，沿“六六高速”过境段、卡凉公路实施“三线六带”农业产业结构调整，完成茶叶种植5900亩，核桃种植12300亩，杨梅种植1219亩，魔芋种植1000亩，中药材种1280亩。农业产业结构调整进一步加快。完成精准扶贫建档立卡3134户10955人，减少农村贫困人口2393人，贫困发生率为25.32。发放测土施肥配方宣传画册6000余份，发放粮增工程复合肥料4.35吨，完成水稻保险进保6416亩，发放林场村水稻受损保险资金18000元、调查户救灾资金28000元。大牲畜存栏达5100头，牛存栏5073头，生猪存栏20509头，羊存栏400只，家禽存栏165100羽；牛出栏1166头，生猪出栏12677头，羊出栏337只，家禽存栏226610羽；肉类总产量1667吨，人工种草2010亩，改良草地1004亩，新增能繁母牛400头。完成机耕面积22008亩，机灌5542亩，机脱3353吨，培训农机操作51人次，推广农机机具76台，组织农机具投入516台。农业基础进一步夯实。

【人居环境】 完成红旗村上黄土坡小康寨84户54栋房屋的改造，新修进寨大门1座、人畜饮水管网2264米、蓄水池32立方米、垃圾池6个、排污沟200米、公厕3座、景观台1座、寨门1道、文体广场900平方米、篮球场1个、农家书屋60平方米、花池300米，硬化生产生活便道3060平方米、庭院1591平方米，安装太阳能路灯30盏、垃圾桶20个。小康示范村初露风采。沿“六六高速”可视范围林场村郭家寨、那立寨、明家坡、彭家寨、潘家寨等5个村民组实施“四在农家”改造162户，美丽镇村亮点纷呈。

【惠农政策深入人心】 2014年，发放临时救助金12万元，涉及农户259余户777人；发放困难户建房资金10.2万元，救济粮71.34吨，解决受灾、贫困群众832户1419人；发放农村医疗救助金3.19万元，涉及困难群众203户，发放低保金596.252万元。对全乡2354名残疾人进行了入户调查，“3个100”任务按时完成；开展就业创业培训共计4批次，解决就业40余人，残疾人创业基地1个，危房改造1户。城镇、农村低保标准每人每年分别从4560元、1680元提高到5040元、1850元。农村合作医疗参合率逐年呈增长态势，参合达99%，基本实现全覆盖。完成农村社会养老保险参保金757000元，为任务数的116.65%；完成城镇居民医疗保险参保金24720元，完成任务数的108.09%；为14人办理了失业登记证，开展创业培训52人次，解决283人就业；备案微型企业15家，提供就业岗位60个；基本信息录入6920条，就业登记283条。

【基础设施建设】 2014年，实施财政“一事一议”奖补项目22个，硬化通组公路14.76千米，庭院1680米、广场1000米，安装路灯164盏、垃圾箱56个。实施通村公路建设7条，里程达47.6千米，投资金额3694.2万元。全力配合特区交通建设“三年会战”六六高速公路建设协调工作。开工建设阳长河境内治理工程，工程总投资1035万元，整治河段2.7千米，防洪堤3.07千米，保护人口0.98万人。投资150.17万元的林场村人饮工程、投资96.23万元的迎新村人饮工程如期完工，解决5875户2.3万人群众饮水困难问题。

【卫生计生】 按时完成入学入托查验接种证工作，7岁以下儿童建卡率达到99.3%，建证率达到99.1%，五苗接种率均达到了95%以上，全年无突发公共卫生事件和甲类传染病发生；人口出生率为4.60‰，符合政策生育率97.59%，避孕节育措施落实率98.5%，完成计生“四术”512例，发放服务证和生育证84人，完成社会抚养费征收95万元，顺利通过省、市、特各级考核验收。

【平安建设】 调处各类民间纠纷案件24件，成功调处20件，成功率达83%，立刑事案件5起，侦破3起，破案率为60%，与去年同期相比，立案数下降4起，破案率上升30%；组织开展以“拒绝毒品、健康人生”为活动主题大型禁毒宣传活动3次，查处涉毒案件4件，抓获4人，查处率为100%，与去年同期相比，发案数下降2件；发放安全宣传资料6000余份，组织综合执法2次，专项整治5次，出动车辆12台（次），人员120余人次，取缔无证砂石厂1个，有效地遏制了安全隐患的蔓延和反弹。

【宣传工作】 2014年上报特区及以上各类媒体信息200余篇，信息工作处于全区先进行列；在重大节假日积极开展健康向上的文化活动，11月，在乡中学举办第二届干部职工运动会，认真组织舞蹈节目参加“多彩贵州”红领巾舞蹈大赛、全区老年人舞蹈大赛和广场舞比赛，均取得好成绩；以镇村学校少年宫为主体，深入开展未成年人思想道德建设，在“六一”期间举办了祖国好、家乡美等丰富多彩的文艺活动，有效促进了青少年的健康成长；制订《龙场乡星级文明户创建实施方案》《龙场乡身边好人道德模范评选实施方案》《龙场乡河滨文艺实施方案》等方案，评选出了80余户星级文明户，开展道德讲堂活动6次，推荐3名同志参加特区评选；完成1200户农村数字电视安装任务，使群众能收看到六枝电视台等区内自办节目。

新华乡

【概况】 新华乡位于六枝特区北部，距特区政府驻地32公里，东接织金县白泥乡，西与梭戛乡、岩脚镇接壤，南与龙场乡毗邻，北与织金县阿弓镇相接。总面积为69.7平方公里，耕地面积43766.4亩，辖9个行政村1个居委会，90个村民组，7083户，31871人。境内有丰富的煤炭资源，主要分布在田坝村、新平村，总蕴藏量为2.5亿吨，有两对年产30万吨的有证矿井，在建年产120万吨的煤矿（新华煤矿）一个。

2014年，完成财政总收入2497.6万元，其中，国税完成1224.44万元，地税完成1253.36万元，非税收入完成19.8万元，为任务数的106.37%，比上年同期增长14.71%。公共财政预算收入1025.37万元，其中国税完成193.33万元，地税完成812.24万元，非税收入完成19.8万元，为任务数的105.11%，比上年同期增长15.3%。工业总产值完成6.33亿元，同比增长20.3%；完成固定资产投资10.05亿元，同比增长43.6%；完成招商引资7.5亿元，同比增长36.4%；农民人均纯收入达到6232元，同比增长23.4%。2014年荣获特区综合考核三等奖。

【农业产业】 2014年，完成玉米播面13935亩，完成水稻播面3000亩，小麦播面4500亩，高粱播面500亩。完成粮食增产工程100亩。完成豆类播面3000亩。其中大豆2500亩，杂豆500亩。完成马铃薯播面20000亩，其中完成马铃薯高产创建项目5000亩，马铃薯高产创建核心示范区建设1000亩。完成油菜播面4000亩，花生播面500亩，实现粮食总产量11607吨，比任务数高出6.92个百分点。生猪出栏9328头，存栏9162头；牛出栏1156头，存栏5128头；羊出栏612只，存栏1120只；家禽出栏62456只，存栏53624只；肉类产量1324吨。

“3155”工程项目。完成茶叶种植3589.7亩，完成总任务数的35.9%，完成中药材种植2200亩，为任务数的220%；魔芋种植完成3000亩；蔬菜种植完成840亩，为任务数的84%；刺梨、特色经果计划正在实施。

【基础设施建设】 项目建设，投资125万元的敬老院项目已建设完工，投资总额为175万元的新华卫生院扩建项目已完工，投资453.7万元的新华乡中心中、小学教师周转房项目完成主体建设，投资总额为222.6万元的卫生及教师公租房建设项目正在建设中，投资260万元的新华乡中心小学学生宿舍楼，主体已完成一半；投资1300万元的新华供销社改造工程一号楼已完工，二号楼主体已完成正在建设中。

饮水工程，总投资180万元的王家冲村退耕还林基本口粮田水土保持工程，已通过验收；总投资166万元的田坝村3325人安全饮水工程，已完成，尚未验收；投资15万元的新寨小学安全饮水工程，已完成。

【民生事业】 认真落实各级政府各项惠民政策，努力改善民生。一至三季度共发放农村低保208.014万元，发放城镇低保23.7669万元，城乡低保春节补助59.955万元，发放医疗救助金额6.61万元，发放优抚金33.3448万元，春节补助5.3万元，“八一”慰问金5.3万元。发放冬春救助粮11.2200万斤。临时救助金4万元。发放2013年退伍军人一次性就业补助7.56万元。调整农村低保2299户，3588人，调整城镇低保116户199人。完成残疾人基础信息调查1240人。农村合作医疗参合人数2.1905万人，收取参合金153.3350万元，完成率100%。城镇医疗保险收取医疗保险金0.724万元，完成率为108%。宣传动员发放小额贷款30户，合计金额300余万元，登记个人基本信息2160条，农业劳动力转移就业1274人，城镇新增就业任务90人，完成91人，完成失业人员实现再就业任务5人，就业困难人员实现就业3人，农业富余劳动力转移就业完成927人，为任务数的114.4%。城乡居民养老保险实际收取参保金42.66万元，完成率102%。微型企业劳动用工备案30户发放小微贷款320万元，发放小微奖励金150万元。

【计划生育】 截至2014年9月30日，全乡共出生人口151人（其中流动人口53人），政策内141人，政策外10人（其中流动人口7人），出生率为5.3‰，符合政策生育率96.9%，流动人口符合政策生育率86.7%，出生人口性别比为106.8。按照《新华乡人口计生“三按月”工作实施方案》规定，杜绝全员人口漏人186人（信息未变更）、核实上报出生人口42人（同比多4人）；消化手术上共消化手术173例，同比多消化24例（其中二女绝育多4例、补救措施多3例）；免费孕前优生健康检查完成28对，同比多完成31对；流动人口办验证167个，其中验证71个，做到了无证办证，有证验证。共督导50余次，共处罚金11500元，奖励发放5400元，对人口计生工作起到了良好的激励作用。

新场乡

【概况】 新场乡位于六枝特区西北部，距特区政府所在地47公里。东与梭戛乡为邻，南与岩脚镇、堕却乡相连，西与水城县化乐乡接壤，北与牛场乡交界。全乡总面积138.8平方公里，耕地面积27075亩，其中旱地18300亩；下辖1个居委会，16个行政村，168个村民组，236个自然村寨，共有10682户，40258人，是一个汉族、苗族、彝族、回族等多民族杂居乡。

2014年完成财政收入281.2万元，占全年目标任务数273.02万元的103%；全年实现工业总产值1.7亿元，比上年1.37亿元增长30%；固定资产投资任务数92051.4万元，完成75027.8万元，比去年同期增长108.34%；招商引资任务数6.67亿元，现完成招商引资签约数3.9亿元。农民人均纯收入预计可达6034元，同比增长20%。实现了社会稳定和经济发展的目标。

【项目建设】 2014年，围绕项目建设来推动全乡各项经济的长足发展，完成懒龙河水库各项实物指标调查，移民安置点征地80亩，安置点场平工程已完成。全面完成“六六”高速征地及拆迁工作任务，征地1211.92亩，拆迁房屋223户

42300平方米，兑付资金3736.56万元；懒龙河水库已进场施工，并将作为打造库区园区建设平台的重点；苦李井土地流转6000亩作为打造生态养殖基地建设，预计投资1.4亿元。

【计划生育】 2014年，全乡出生148人，与上年同期相比多3人（其中常住人口生育124人，同比少2人，流动人口生育24人，同比多5人）。常住人口符合政策生育的98.4%，流动人口符合政策生育率87.5%；政策外生育5人（其中常住人口2人，流动人口3人），政策外一孩占一孩出生比例为3.1%，政策外二孩率1.4%，政策外多孩率为0。推迟政策内生育二孩70户，放弃二孩生育6户。一孩妇女比22.9，多孩妇女比30.9。

【教育事业】 全乡现有小学（含村级教学点）11所，在校生3044人，专任教师158人，小学适龄儿童入学率99.5%，小升初入学率100%。普通中学2所，在校学生1227人，专任教师78人，初中毛入学率达102.33%，九年义务教育覆盖率达100%。中心幼儿园1所，乡村幼儿园6所，小学附属学前班3个，共有在园在班幼儿787人，幼儿教师39人，其中取得幼教资格证的幼儿教师2人。大力实施教育建设工程，新开工建设新场乡中学、新场乡中心小学教师周转房100套，建成新场乡中学学生宿舍1800平方米；建造承玲、乌柳学校教师周转房28套建设项目。

【危房改造】 全面推进农村危房改造工作，有效解决农村住房困难，改善人居环境。2014年实施的危房改造户数88户。

【畜牧产业】 加大特色养殖业发展力度，积极引导农村养殖业走“专、精、特、新”之路，扶持建成养牛基地5个，建成生猪养殖基地2个。全乡猪出栏16651头，存栏14234头（能繁殖母猪1692头）；牛出栏1598头；羊出栏3396只；禽出栏94622羽（其中鸡85926羽，存栏55590羽；肉类产量1759吨（猪肉产量1318吨、牛肉产量189吨、羊肉产量52吨、禽肉产量155吨）；禽蛋产量83吨。鼓励引导农民向第二、三产业转移，扩大就业渠道，积极实施农村剩余劳动力“走出去”战略，大力发展劳务经济助农增收。继续深入实施农民素质教育工程，广泛开展多形式、多渠道的职业技能和实用技术培训，提高农民的就业竞争能力。

【城镇建设】 进一步加强基础设施建设，夯实发展基础，改善发展环境，改善人居环境，增强发展后劲，提高发展承载力。争取“一事一议”财政奖补资金171.34万元完成硬化两路口至新寨通村公路2.3公里、完成硬化沙地村阴河洞至陶家寨通组公路2公里，完成硬化公路新场村至石牛角组公路1.2公里，完成硬化公路新场村长岭岗组2.7公里，受益群众达5800余人；完成投资300万元完成懒龙河水库建设搬迁点平场工作；完成“四在农家”建设1700户。投资140.4万元完成旧院村、松坝村、落龙村、白果村、仓脚村的供水管改道工程。

【农村基础设施建设】 把推动村庄整治作为基本切入点，按照新农村建设的十六字方针，着力改善人居环境。投资1300余万元，完成旧院村虎立丫口牌坊边实施生态移民搬迁工程、投资260万元完成新寨村整村推进项目。投资200余万元完成落龙村示范村建设项目，投资50万元完成新场街亮化工程、安装路灯110盏，进一步改善了人居环境，真正实现村容整洁、乡风文明。

堕却乡

【概况】 堕却乡位于六枝特区西部，距六技特区政府驻地22公里。现辖12个村和1个居委会，共204个村民组，总户数7678户，人口28519人。总面积143.5平方公里，农用耕地面积189064.5亩，其中：耕地面积64780.5亩、林地86386.5亩、草地37897.5亩。矿藏主要有煤、白莹石、陶土和玄武岩。

2014年，全乡工业总产值完成60425.1万元，同比增长24%；全社会固定资产投资完成114170

万元，其中：50万元以下完成114170万元，同比增长84%；财政总收入完成541.96万元，同比增长25%；一般预算收入完成476.02万元，同比增长38%。完成招商引资7.37亿元，实际到位资金3.261亿元，同比增长73%。经济综合排位列全区第5名。综合目标考核在全区排第5名，获二等奖。

【农业产业结构调整】 以“一区二园一带”为主体，围绕市农业特色产业“3155工程”，采取“公司＋基地＋农户”“合作社＋农户”等模式，大力实施核桃、魔芋、中药材等产业，农户以土地流转和扶贫项目资金入股等方式参与发展产业，建立利益链接机制，有效促进农业增效，农民增收。2014年完成粮食生产10961吨，为任务数10850吨的101.03%；投资4006万元种植核桃、魔芋、中药材等1.8万亩；引进西藏圣核公司种植核桃、正源合作社种植中药材、登文种养殖合作社种植刺梨等，流转农户土地0.65万亩，在公路、饮水等基础设施加大对贵州康众医药公司的扶持，帮助其做大做强。投资379万元完成工业原料林营造12636亩，投资135.6万元完成巩固退耕还林成果核桃种植4520亩。农民人均纯收入预计年底达到5940元，增长18%以上。

【基础设施建设】 坚持统筹城乡发展，以基础设施建设为重点，以实施“四在农家 美丽乡村”六项行动计划项目为载体，推进小城镇和美丽乡村建设。投资211.17万元实施危房改造255户，投资6275.21万元实施交通项目14个，投资365.75万元实施水利项目6个，投资102万元完成“四在农家”民居建设工程完成170户；投资78.79万元实施35kv输变电扩建工程2个；投资80.388万元实施太阳能路灯工程3个；投资310.8万元实施教师卫生周转房工程3个；投资45.6万元实施人资社保中心办公楼；投资300万元修建乡体工程；投资410万元扩建敬老院，乡村基础设施不断夯实，公共服务设施不断完善，“多彩贵州 文明行动”不断深入，乡村“脏乱差”现象得到有效改善。

【城镇建设】 坚持“富规划、穷建设”的原则，按照高标准、超前规划的总体思路，完成了《六枝特区堕却乡总体规划（2012—2030）》，突出生态型、现代型的特点。投资90万元硬化扶贫生态移民新街道路0.6公里，投资300万元建设乡文化活动中心，投资410万元扩建敬老院，投资352.8万元建设84套卫生教师周转房，投资45.6万元建设人资社保中心，投资10.08万元安装路灯工程28盏，完成2015年度166户648人生态移民搬迁征地工作，城镇化率达28.92%。

【减贫摘帽】 紧紧围绕“两不愁、三保障”目标，以同步小康创建工作为统揽，强化项目实施带动，突出产业扶贫、基础设施、改善民生三个重点，推动扶贫开发由“输血式”“被动式”向“造血式”“精准式”转变。全年实施核桃、魔芋、中药材等产业化种植22520亩，流转土地2.7万亩，减少贫困人口1480人，贫困发生率控制在22.37%以内，顺利实现“减贫摘帽”目标。

【综治维稳】 深入开展矛盾纠纷大排查、大化解工作，正确处理“发展”与“稳定”的关系，坚持让利于民，不与民争利。通过领导包案、入户回访等措施，化解了信访突出问题11件，确保了“两会”及十八届四中全会期间无人赴省进京上访。大力推进“平安堕却”建设，突出抓好社会治安综合治理、“333”工程、“三反”专项行动，集中整治企业、校园周边治安秩序，人民群众安全感和满意度明显提升。严格落实安全生产“党政同责、一岗双责”责任，强化安全生产责任制的落实，大力加强事故隐患排查整治，全年未发生重大安全生产事故。

【民生事业】 新增城镇就业138人，失业再就业4人，城镇失业登记率控制在4%以内；转移农村劳动力就业830人；发放妇女小额创业贷款160万元；新型农村社会养老保险、新型农村合作医疗参合率分别达100%、103%；特殊困难群体救助实现全覆盖，发放低保金503.81万元、救助金6.94万元。堕却乡中心小学寄宿生宿舍楼、60套中学教师周转房竣工投入使用；2811名中小学生实现营养改善计划全覆盖，教育“9+3”计划完成319人，全面实现“保学控辍”任务。卫生院规范化建设工程已竣工并投入使用，卫计院合并工作已结束，基本卫生服务逐步完善，建立居民健康档案1.94万人份，建档率为69.3%。人口计生工作稳步推进，符合政策生育率96.88%，共征收社会抚养费95.91万元，占特区下达任务67万的143.15%。社会主义新农村档案规范工作扎实推进。

【党风廉政建设】 强化党风廉政建设“两个责任”落实，紧紧围绕开展党的群众路线教育实践活动为契机，加强学习十八届四中全会、省委十一届五次全会精神，狠抓干部思想作风和工作作风建设。努力提高干部队伍的政策、业务水平，强化服务意识，提倡说实话、办实事、鼓实劲、讲实效的作风。上班期间实行人脸识别系统签到签退，严格执行各项制度，杜绝脱离群众，脱离实际，浮躁虚夸的不良作风，加强党风廉政建设及反腐败工作，加大案件查办力度，辞退1名旷工职工，辞退1名违反计生教师，批评教育违反作风规定2人，立案查处2案3人，村干部主动上缴违纪资金2.24万元等。通过严格执行一系列的工作制度，切实解决了一些干部职工群众观念、法治观念、政策观念不强和工作纪律松散等问题。

新窑乡

【概况】 新窑乡位于六枝特区中部，距特区政府14公里，辖地平面呈“C”形分布，东接平寨镇，南邻折溪、陇脚乡，北靠岩脚镇、龙场乡，东北角与普定县毗邻，全镇东西长14.7公里，南北宽16.5公里，边界周长65.98公里。土地总面积102平方公里，耕地面积40375.0亩。辖13个行政村147个村民组，10035户45836人，其中：农业人口44486人，非农业人口1350人，主要有汉，彝，仡佬，苗族等民族。

2014年生产总值完成19.1356亿元。财政总收入、公共财政预算收入完成3981.97万元、2793.55万元，分别增长102.12%、143.39%。社会固定资产投资完成45亿元。工业产值完成1.3918亿元；营业收入完成16.2008亿元；社会消费品零售总额完成4173.7万元。招商引资完成14.8亿元。原煤生产完成73.62万吨。粮食产量21806吨。农民人均可支配收入达6412.48元。人口出生率为6.65‰，出生人口性别比为105.19。全面小康实现程度达到76%。在全区2014年度综合考核中荣获二等奖。

【农业产业】 大力推广玉米良种、水稻规范化种植技术，完成水稻播种面积0.8万亩、玉米播种面积1.1万亩、杂粮0.4万亩、豆类0.26万亩。对玉米监测和预报1.8万亩，占播种面积的98%，完成防治1.1万亩；对水稻监测和预报1.2万亩。大力实施农业“3155”工程，完成魔芋种植1815亩、中药材种植2000亩、人工种草1000亩、改良草场2000亩、核桃种植6000亩；规划茶叶种植12000亩、刺梨种植3000亩。共完成经济类种植26078亩，粮经比有所下降；完成肉类总产量13720吨，禽蛋产量101吨，畜牧业占比有所提高。

【工业发展】 现有7对煤矿、砂石厂5个、制管厂1个、其它企业5个。按高端化、规模化、品牌化思路，从优化结构、延伸链条、技术创新等入手，大力培育特色优势产业，突出配合抓好路喜循环经济产业园区建设，推动煤、电、焦化循环产业发展，争取煤炭就地转化率有突破。以推进新一轮煤矿企业兼并重组和资源整合为契机，做大做强乡境内7对煤矿产业，实现管理升级和产业升级。

【基础设施建设】 大力实施“四在农家·美丽乡村”、同步小康“六项行动”计划，对乡境内国道、省道、县道公路沿线和路喜循环经济产业园区周围的农户住房进行改造。完成“四在农家·美丽乡村”建设项目500户、农村危房改造56户。人民群众的生活环境得到较大改善。建成那玉坝廉租房、经济适用房、生态移民安居工程，解决了乡部分低收入家庭住房困难问题。那玉坝小城镇初具规模，城镇化步伐加快。“六六”高速公路、“六镇”高速公路全面通车，缩小了城乡差距，加快了物流发展。

【教育卫生事业】 适龄儿童入学率达 100%，辍学率为 0；初中阶段毛入学率为 105.6%，辍学率为 2.24%；教育“9+3”计划应完成 504 人，实际完成 571 人，占任务数的 113%。在巩固、扩大普及九年制义务教育成果的基础上，加大教育投入和师资队伍建设，改善办学条件，建成教师周转房 194 套，改善教师办公条件。加大公共卫生设施建设和医疗资源整合力度，优化配置卫生资源，健全疾病预防控制体系，完成乡卫生院改造工程；稳步发展合作医疗，改善农村卫生环境，新型农村合作医疗覆盖面达到 100%，农村安全饮水率达 90% 以上，农村卫生厕所建设达到 85% 以上。

【民生项目督查】 开展民生项目资金的监督检查 18 个次，共计清理出 2011—2013 年民生项目 105 个，涉及资金 1.06 亿元。2014 年民生项目 40 个，涉及资金 2.14 亿元。通过群众反映、监督检查，民生项目监督工作室发现问题 146 个，已经办结 136 个，涉及资金为 196.5 万元。

【信访案件】 受理信访及举报案件 12 个，办结 6 个，现已经立案查处 3 件 4 人，开除党籍 1 人，另 3 人正在特区审理，共挽回经济损失 16.3 万元。通过警示作用，乡村干部对党纪、工作制度、工作纪律的敬畏意识得到提高，主动交待问题上交资金的有 2 人，共 8.39 万元（村干部 2.17 万元，群众 6.22 万元）。对违反考勤制度的给予责任追究 8 人，提醒谈话 8 人。为提高查办案件工作水平，乡纪委书记、副书记轮流到特区纪委参与办案学习 3 个月。

牛场苗族彝族乡

【概况】 牛场苗族彝族乡位于六枝特区西北部，距特区政府驻地 65 公里。土地面积 84.51 平方公里，耕地面积 4.15 万亩，占总面积的 33.29%，林地面积 13570 亩，现辖 9 个行政村 125 个村民组，131 个自然村寨，7047 户 27956 人。农业总人口 26935 人，占总人口 96.35%。有汉族、苗族、彝族、回族、仡佬族、布依族、蒙古族等民族，少数民族人口占总人口数的 42.2%，现已探明煤炭储量 5.6 亿吨，已划规化乐煤田。森林覆盖率 20.08%。

2014 年财政收入完成 515.21 万元，占任务数的 103.66%；公共预算收入完成 498.89 万元，占任务数的 133.64%；完成固定资产投资 6.3 亿元，为任务数 6 亿元的 105%；工业总产值完成 3210 万元，占任务数的 106.3%；农民人均可支配收入达到 5989.49 元。。

境内有贵州省最大的水利枢纽工程 -- 黔中水利枢纽工程。黔中水利枢纽工程与懒龙河水库工程的建成，形成一座 108.8 平方公里的“岛屿”，系中国西部第一大内陆岛。牛场辣椒获得国家“绿色产品”认证，被列为全省重点“绿色产品生产基地”。

【“3155”工程】 2014 年，完成魔芋种植项目 1000 亩；完成蔬菜（牛场辣椒）种植 11150 亩；兑现了 30 户粮食增产工程化肥补助 4.5 吨；对 2013 年种植的 4000 亩核桃进行补植补造，完成 1000 亩中药材种植，完成茶叶种植 115 亩。

【农业产业】 完成粮食作物播面 3.71 万亩，其中，薯播面 1.69 万亩，红苕播面 0.11 万亩；玉米播面 1.5155 万亩，杂粮播面 0.032 万亩。完成经济作物播面 2.7472 万亩。其中：油菜籽播面 0.447 万亩，烟叶播面 0.1005 万亩，辣椒播面 0.5350 万亩，花生播面 0.1005 万亩，向日葵播面 0.099 万亩，水果播面 0.6005 万亩，茶叶播面 0.0115 万亩，蔬菜播面 1.1152 万亩，其他经济作物完成播面 0.173 万亩。平衡配套施肥 2.302 万亩；病虫害综合防治面积 3.42 万亩。

草地改良 30 亩，人工种草 600 亩，新增圈舍 2700 平方米，新增能繁母牛 300 头，新增能繁母羊 300 只，期内存栏猪 14187 头，出栏猪 14045 头，大型牲畜（牛、马）存栏3674头，出栏882头，存栏羊1176头，出栏729头，家禽类存栏71000羽，出栏69000羽，禽蛋产量81吨，饲料推广1700吨。

【水利水保工作】 2014年共维护管道2620米，处理水源点漏水6处，修理计电箱25次，修复配电箱的空开46次，线路36次，解决全乡6000人饮水问题。保证乡机关、学校、各村的通水运行正常。对《中华人民共和国水法》《水土保持法》加大宣传力度；完成龙井、大箐小学、牛场小学、雨过小学、尖岩小学的安全饮水工程；制订了牛场乡防汛预案及山洪灾害防治工作预案，成立强有力的抗旱队伍。

【社会事务】 2014年将城乡低保保障标准农村从1680元/年提高到1850元/年、城市从380元/月提高到420元/月。将农村人均年纯收入低于保障标准1850元、城市人均月纯收入低于保障标准420元的城乡困难家庭按实际收入补差的救助方式全部纳入低保范围，对零收入家庭按标准足额保障，应保尽保。全乡农村低保户共计2414户4552人，城市低保共计52户96人。发放农村低保金545.43万元，城市低保金35.73万元，为19户困难群众落实了医疗救助7.75万元，为19户困难群众落实了医疗救助7.278万元。发放冬春救助粮18.76万斤，冬春救助款24.08万元，自然灾害救助款19.7万元，救济金336万元。按时足额发放各种优待金。共发放重点优抚对象抚恤经费33.3247元。办理婚姻登记165对，其中补办133对，新婚32对，离婚5对；上报村级幸福院建设两家（牛场村、平寨村），每村建设资金6万元；落实优抚对象建房（新建或维修）4户；动员9人到特区残联参与残疾人技能培训。

【计划生育】 2014年，出生人口共115人，（比上年同期少1人）其中常住人口出生62人，政策外一孩1人；流动人口出生53人(政策外二孩出生1人、多孩2人)，符合政策生育率为98.43%，高出目标值2.85个百分点，流动人口符合政策生育率94.34%，高出目标值9.34个百分点。

二女户任务14例，已完成15例，超额完成一例。季度常住人口妇检应检1001人次，已检1001人次，妇检率为100%；流动人口应检1122人次，已检1122人次，妇检率100%，

对全乡所有人员进行分类管理，评出诚信户2564户，一般户2412户，不诚信户1425户。开展人文关怀行动，兑现人文关怀资金1.85万元。

【移民工作】 黔中水利枢纽工程炮损赔偿共243户，已兑现236户，赔偿资金150余万元；库底清理工作已通过省级专家验收，达合格标准。懒龙河水库开工建设，施工场地的征地已结束，正在进行库区土地确认，处理土地纠纷30余起，将移民后扶资金20.4万元安装牛场街上的路灯工程，牛场乡牛场村大坡林场耕作便道及人行步梯共投入99万元，后期扶持人口709人，全年扶持资金发放共计42.54万元，移民后期扶持培训200余人次，1—9月共发放移民资金188.6万元。

箐口彝族仡佬族布依族乡

【概况】 箐口彝族仡佬族布依族乡位于六枝特区西部，距特区政府所在地34公里，全乡辖7个行政村，112个村民组，72个自然村寨，共3559户，13707人。全乡总面积56.4平方公里，耕地面积15706.7亩，占总面积的18.6%。其中：水田2916.7亩，旱地12790.1亩。林地20945.9亩，占总面积的24.9%。牧草地23522.4亩，占总面积的38.7%。园地60.5亩，占0.07%。现有彝族、仡佬族、布依族、苗族等民族，少数民族8764人，占总人口的66.8%。其中：彝族人口4071人，占总人口的31.1%，仡佬族人口1457人，占总人口的11.1%，布依族人口1064人，占总人口的8.1%，苗族人口775人，占总人口的5.9%。全乡地处中山河谷地带，地形以高原、山地为主，平均海拔1418.65米。煤炭蕴藏量5.41亿吨，可开采量11800万吨。建有4对有证煤矿。森林覆盖率33.92%，

2014年财政总收入完成1274.38万元，同比增长3.77%。公共财政预算收入完成861.89万元，为任务数496.99的173.42%。实际完成社会固定资产投资13亿元；完成工业总产值4.3亿元，与2013年同期3.2亿元相比增长34.3%。招商引资实际到位资金2.48亿元，为任务数1.89亿元的131.22%。农村居民可支配收入达6263元，与2013年5020元同比增长24.7%。

【人口与计划生育】 2014年常住人口符合政策生育率97.67%，流动人口符合政策生育率92.5%，人口出生率8.53‰，人口自然增长率2.18‰，完成社会抚养费征收54万元。性别比106.56。全乡享受农低保增发20%的179人，高考女孩1人，老年公益1人，新农合参合补贴331人，独生子女保健费8人，办理独生子女一次补助3户，基础养老金21人，新农保182人，绝育奖185人，农村奖励扶助21人，少生快富3户，自强女孩2人，计生贫困户2户，人文关怀基金111人，民用煤补助130户，全乡妇检对象1669人次，其中：常住人口妇检率100%，流动人口妇检率99%。人口计生工作明显加强。

【医疗卫生及新农保】 新农合应参合人数11595人，参合率达98%；全年累计报销医疗费100.79万元，共9845人次；新农保应参保7314人，完成6403人，参保率89%；城居保应参保金额3600元，完成5600元，参保率155%；城乡居民社会养老覆盖率完成100%，实现了全覆盖。

【民政事务】 规范发放各种补贴、救助救济资金及物资。2014年，发放冬春救济粮80.7吨，解决困难群众1162户2800人；发放自然灾害资金2.6万元，解决困难群众64户；现有城镇低保对象46人，计发放城低保金15.88万元；现有农低保1991人，计发放农低保金256.47万元；解决32人次医疗补助金14.6万元；发放特区临时救助9人资金1.09万元；敬老院入住11人，五保对象42人，发放五保供养金81448元，五保供养补助金11810元；现有优抚对象50人，发放优抚金29.79万元；现有90岁老人7人，发放老龄补助金1.11万元；现役军人14人家属优待金6.3万元，2013年退役士兵一次性就业补助金5.04万元，老党员生活困难补助金1800元。

【项目建设】 1. 王家水沟小山塘建设工程投入资金69.81万元，现已基本竣工，完成投资51万元。

2. 箐口中学寄宿制宿舍投入资金220万元，建设面积1206平方米，现正在修第一层，完成投资50万元；箐口小学学生宿舍楼投入资金220万元，建设面积1206平方米，现主体完工，正在装修，完成投资100万元。

3. 北部库区精品核桃产业观光大道投入资金804万元，修建12公里，现已基本完工，完成投资700万元。

4. 箐口乡过瓦村茶叶基地建设正在实施，现8公里的产业路已修建完工，栽种茶叶200亩，完成投资650万元。

5. 靛红公路建设项目投入资金756万元，现正在实施，完成投资750万元。

【安全生产】 加大"六打六治"打非治违专项整治力度，对全乡境内煤矿、非煤矿山、道路交通、民爆物品、地质灾害、危化品等重点行业和领域进行综合排查。全乡共开展了执法检查8次，出动执法人员54人次，对2家煤矿下达整顿通知书，排查安全隐患12起，已整改12起，2014年无安全事故发生。

毛口布依族苗族乡

【概况】 毛口布依族苗族乡位于六枝特区西南部，距六枝特区政府驻地64公里。南北长18.9公里，东西宽约10公里。总面积105平方公里，耕地面积603公顷，辖6个行政村、1个居委会，共59个村民组。总人口3039户11278人。是一个以布依、苗族为主体民族大杂居的少数民族乡，布依族、苗族占全乡总人口85%以上，具有传统的民族文化和民间艺术，蜡染、绣花更是独具风格。

主要矿产资源有莹石矿、赤铁矿等。具有“天然温室”和“小吐鲁番”之称。

2014年生产总值完成2.64亿元，增长14.6%；财政总收入完成585.81万元；公共财政预算收入完成484.38万元；分别增长5.92%和10.01%。全社会固定资产投资完成8.01亿元，增长145.46%。招商引资完成9.37亿元，到位资金1.35亿元。全面小康实现度达33%，提高8个百分点；人口自然增长率控制在4.08‰以内；失业率控制在4.5%以下。农民人均纯收入达6300元，同比增长19.3%；

【重点产业培育】 发挥地域优势，积极打造“山地特色农业产业”。全力实施“3155工程”，完成了中药材种植2200亩，精品水果300亩，茶叶种植1300亩，大牲畜出栏1063头，猪出栏3313头，羊出栏1064只，人工种草750亩，改良草场1000亩。重点培育规范化、规模化农民专业合作社3个、肉牛养殖场1个，进一步壮大畜牧业，肉类生产总量新增21%。搞好民族特色工艺品和食品加工，莲花土特产合作社的水豆鼓和霉豆腐已进入市场销售；西陵航运公司，牂牁建筑有限公司为壮大村级集体经济做了坚实铺垫。

【三产产业】 依托旅游抓好现代服务行业，做活产业升级。积极推进AAAA级牂牁江风景名胜区的开发；配合完成月亮河（含九层山）国家级森林公园和牂牁江国家湿地公园申报工作；开工建设老王山国家级生态型多梯度训练基地大本营；举办了“天上滑翔伞、地上民族舞”系列旅游文体活动，丰富旅游业。围绕“吃、住、行、游、购、娱”等要素，通过“3个15万”政策扶持本土的服务行业，现有农家乐19家，平均每天接待游客可达2000余人，净收入40多万元。依托旅游发展富有民族特色蜡染和刺绣行业，使其成为商品流入市场，有2名妇女同志被评为“六盘水市十佳绣娘”。做大做强水上运输行业。现有航运公司2家，共有客运船舶26艘，快艇23艘，艟船48艘（水上农家乐、钓鱼棚），每年盈利500多万元。与中投集团签订100亿元的旅游开发项目，依托自然生态优势，使旅游业成为毛口支柱产业。

【生态文明建设】 紧紧围绕打造“背靠巍巍老王山，住在碧水蓝天下”的旅游度假圣地，以创建国家级生态文明示范区为目标，严格落实生态管理制度，严守生态红线，加大对老王山、九层山和沿湖一带的生态管控和治理力度，同时，有力推进退耕还林和石漠化治理的力度。2014年共投入3000多万元对沿湖一带进行石漠化治理。

【美丽乡村建设】 坚持以点带面、稳步推进，深入推进美丽乡村示范区建设。坚持在原有村庄形态上增加现代生活必要元素。依托“六项”行动，在半坡村投入210万元打造小康寨建设，现那傍组的1条公路硬化共900米，2条人行步道的硬化共6190米已全部实施完成，人行桥2座总长28米，排污沟1710米，垃圾池1个，公厕2个，太阳能路灯104盏，进寨大门1个，庭院硬化5460平方米，文体活动广场1500平方米，文化长廊200米，休闲亭3个。全面推进“四在农家·美丽乡村”建设。

【卫生与计生】 2014年，共出生人口77人，计划外生育2人，计生符合率为97.5%；全年共做四项手术109例；社会抚养费征收任务是19万元，现完成79万元，超额完成60万元；常住人口妇检达100%，流动人口妇检达90%以上；人口自然增长率为4.08‰。新型农村合作医疗工作参合人数9176人，参合率达98.01%，，全乡新型农村和城乡居民社会养老保险工作全覆盖，参保人数为3997人，其中新型农村社会养老保险参保人数3924人，城乡居民社会养老保险参保人数73人，参保人数与去年同期增加471人；参保资金为32.87万元，任务数26万元，超6.87万元。

【文化旅游】 2014年，加大旅游宣传工作力度，成功举办了“三月三”“五一”2次文艺演出，“六月六”组队到陇脚乡参加布依文化节，协助成功举办2014年度中国凉都六盘水牂牁江国际及国内优秀选手滑翔伞邀请赛；进一步丰富全乡村民的文化娱乐活动，举办了毛口乡第五套佳木斯健身操比赛，支持和组织村民传承布依族板凳舞等。

落别布依族彝族乡

【概况】 落别布依族彝族乡位于六枝特区东部，是六枝、镇宁、关岭三县交界处。东部与镇宁县接壤，南部以白水河为界，与关岭县隔河相望，西北与折溪乡、新窑乡、平寨镇、大用镇毗邻。东西长15.5公里，南北宽12.35公里，总面积94.4平方公里，辖13个行政村，1个居委会，95个村民组，7808户，总人口40951人，少数民族人口22113人，占总人口的54.24%。居住有布依族、彝族、苗族、蒙古族、土家族、仡佬族、回族、穿青族等8个少数民族，超过千人的少数民族有布依族、彝族。主体民族布依族14280人，彝族6597。矿产资源主要有煤炭、铁矿石、石灰石、硅等。现有煤矿二对，年产量在30万吨以上。森林覆盖率31.8%。

2014年完成财政总收入1996.07万元，占任务数1692.4万元的117.9%；完成招商引资18.87亿元，为任务数9.44亿的199.89%；完成社会固定资产投资15.19亿元，为任务数10亿的151.9%；完成工业产值7.81亿元，同比增长35%；农民人均收入6289元，同比增长22.3%。

【项目建设】 紧紧围绕"两加一推""稳中求进"主基调，按照"稳中求快，快中保好，能快则快，又快又好"的总体要求，着力抓好重点项目建设。一是贵州美升能源竹林煤矿建设项目、贵州天宝龙井国际温泉建设项目、六枝特区落别布依生态茶园建设项目、六枝特区宏顺燃气储备站及二甲醚充装站建设项目、多灵仙谷生态农业旅游度假区建设项目等相继开工投资建设。二是园区建设取得实质性进展。贵州鸿森茶业等4家企业入园施工。三是实施"一事一议"项目建设31个，受益群众达1337户、5057人。四是实施通村（组）公路、产业公路建设50余公里。项目建设取得实质性突破。

【新农村基础设施】 2014年，把基础设施建设作为全乡经济社会发展的重中之重的工作。向省农委争取资金200万元，并整合其它各类项目资金，全面实施底耳村青杠林小康示范寨建设，现已建成投入使用。其中小康路：完成通村组公路硬化9.63公里、人行步道4.16公里，庭院硬化20336平方米；小康水：完成人饮主管道安装7公里，青杠林进户管道4.3公里，排洪沟及引灌渠道4.42公里，污水排放系统工程2.4公里，累计受益5个村民组318户、1212人；小康房：计划完成特色民居改造98栋，已竣工40栋（主体完工37栋、在建21栋），三改129户；小康寨：完成村卫计室改造工程；修建活动广场3个（1200平方米）、篮球场1个、公厕5个、垃圾房2个；修建社区活动中心600余平方米（配建农家书屋、远程教育室）；安装太阳能路灯265盏；修建宣传栏2块、花池500米、保坎890立方米；购买自卸式垃圾车一辆（配套自卸垃圾箱13个）。在建项目有：村级幼儿园、进寨大门、垃圾堆放场、宣传牌40块、文化墙100平方米、水源地保护、村寨和广场绿化10000平方米、种植行道树200株等；小康电：活动室附近更换变压器和线路改造基本完工；小康讯：通信光缆、移动电话、电信宽带，远程教育设施功能齐备并已投入使用。牛角村平寨组小康示范寨建设项目工程全部完成。

【农业产业】 大力实施"3155"工程。完成中药材产业1000亩、蔬菜（核心区）1010余亩、茶叶产业1万亩、樱桃产业2万亩，特色经果种植10060亩、金刺梨产业5000亩，猕猴桃产业规划2万亩（2014年完成5000亩，2015年全部完成），花卉（苗圃）1000亩。农业工作完成粮食总播面2.7765万亩，占任务数2.35万亩的118.15%；粮食总产16829吨，比上年增产7.33%；粮食作物总产值达3365.8万元，同比增加值达1851.19万元。完成经济作物总播面5.203万亩，占任务数5.2万亩的100.06%；经济作物总产2.39455万吨，同比增长313.7%。经济作物总产值8285.52万元，同比增加值达 5799.864 万元。粮经比为 34.8:65.2。坚持畜禽防疫、规模规范养殖。培育养殖小区 3 个、养殖大户 14 户，年存栏母猪 210 头，后备母猪 56 头，年出栏育肥猪 613 头、商品仔猪 1250 头。大牲畜存栏 7454 头（匹）、出栏 1781 头（匹）；猪存栏 6674 头、出栏 13168 头；羊存栏 527 只、出栏 263 只；家禽存栏 35123 只、出栏 53925 只。

【人口计生】 率先推行人口计生“双诚信、双承诺”，切实抓好“人文关怀”行动和利益导向工作，实现“两降一升”的工作目标。2014 年，全乡出生 297 人，其中：常住人口出生 216 人，符合政策生育率 98.6%；流出人口出生 81 人，符合政策生育率 92.6%，性别比为 106 : 100。全年兑现各类奖励扶助金 45.65 万元，征收社会抚养费 86.06 万元；投入计生工作经费 80 余万元，协会工作经费 8 万元，落实免费生殖健康服务民心工程等配套资金 3 万余元，高标准改造建设村级卫计室 4 个；上报“少生快富”工程 10 户 10 万元。在 9 月 16 日召开的全省计生“双诚信双承诺”现场推进会中，牛角村被明确为观摩点。

【社会事务】 2014 年共发放农村低保金 571.52 万元，城镇低保金 122.15 万元，救济粮 34.99 万斤，落实优扶、优待、“五保”、医疗救助、救灾救济资金 197.63 万余元，发放残疾人就业保障金 0.6 万元，发放扶持残疾人生产补助金 0.9 万元，发放“阳光家园计划”残疾人居家托养补助金 0.3 万元，发放 90—100 周岁高高龄补助金 3 次 168 人共计 5.22 万元；完成 1820 名残疾人基础信息调查和录入工作；以“院民满意”为标准，认真抓好养老服务中心工作。2014 年，因病死亡 1 人，因病暂退治疗 2 人，新增入院 1 人，现有院民 20 人。床位利用率 42%，共下拨福利经费 3.3527 万元。

【教育教学】 全乡现有学校 12 所，在校生 2840 人，专任教师 259 人，学历合格率为 100%。适龄儿童入学率 100%，初中阶段毛入学率 102.7%，“三类残疾”儿童少年入学率 100%，小学辍学率为 0，初中辍学率为 2.48%，15、17 周岁完成率分别为 100% 和 92.56%。小学毕业生进入初中比例达到 100%。2014 年，高中阶段入学任务数 409 名，实际完成 414 名，完成率达 101.2%。教育教学质量较往年大幅提升。强化学校警务室建设；切实抓好学校安全、校园及周边环境整治等工作；建立健全食堂、食品安全管理制度和教师陪餐制度，制订食品安全应急预案，确保各校营养午餐工程安全。2014 年完成教师周转房建设 20 套 700 平方米，学生宿舍建设 1800 平方米，学生食堂建设 408 平方米；落别民中厕所建设 210 平方米。全乡教育事业发展展现出一片新景象。

【民族文化】 通过开展各种文体活动，积极参加全区首届布依油团制作大赛、全区布依六月六风情节、市特“百家绣娘”大赛等活动，配合市电视台拍摄“凉都故事”，使落别民族文化、民族风情、旅游资源、人文景观得到了充分展现。同时，将坝局石拱桥、板梅古堡、九硐桥向上级文化部门申报为县级文物保护，做好牛角民俗博物馆展品征集，争取上级支持建设板照布依姊妹箫传习所，配合市、特两级抓好板照古村寨整治规划。充分依托牛角民族文化广场的区位优势，建成布依特色夜食 5 家，民族购物超市 1 个，民族服饰加工厂 1 个，全面推动民族旅游文化和经济的发展。

【民众政谈】 2014 年 4 月 11 日，乡党委、政府在牛角文化广场开展“民众政谈”活动，与广大群众面对面进行交流，认真听取群众对政府工作的意见和建议，充分了解群众所想、所盼。为底耳村建设民族文化广场和村寨路面硬化，为牛角村水塘组进行串户路硬化，为索考防雹点工作人员解决住宿问题，为牛角村平寨组修建人行桥等。进一步密切了干群关系。

中寨布依族彝族苗族乡

【概况】 中寨布依族彝族苗族乡位于六枝特区西南部，西北与水城接壤，西南与晴隆、普安两县接壤，东部、北部与堕却乡、郎岱镇、陇脚乡毗邻。东西长约26.25公里，南北宽约18.15公里，总面积165.17平方公里，耕地面积24016.23亩。辖17个行政村，346个村民组，1.0628万户3.1721万人，少数民族占总人口的93.7%。建成通村硬化路69.33公里，覆盖全乡90%以上的行政村。主要矿藏有煤炭、铁、铅锌、砷等。

2014年财政总收入完成5570.09万元，占预算数5030.09万元的110.74%。公共财政预算收入完成3513.97万元，占预算数2719.76万元的129.20%。社会固定资产投资完成15.28亿元，完成年任务数18亿元的84.89%。农业总产值完成8396万元；工业总产值完成43914万元。

【3155工程】 完成核桃苗补植补种6586亩，补植6.59万株；完成魔芋种植4284亩；完成中药材补植补种3210亩；完成牂牁江沿岸特色精品水果种植2651亩（其中：1616特色精品水果，1035亩李子）；完成6253亩猕猴桃种植土地流转丈量登记工作（任务3000亩）；完成牧草种植50亩（任务数1000亩）。

【卫计工作】 2014年，全乡共出生人口257人，常住人口出生211人，流动人口出生46人，符合政策生育率96.21%，一孩性别比为101.37，综合性别比为107.26。共征收社会抚养费205万元；申请执行案件17例，执行金额16万余元。完成新型农村合作医疗保险参合3.66万人，共向上级缴纳合医款256.17万元（民政计生代缴28.17万元），完成任务数的100%。获得农村合作医疗门诊补助共2.03万人次621.29万元，其中获得农村医疗门诊报销补助1.83万人次88.41万元，获得农村合作医疗住院补助有1978人次532.88万元。

【文教事业】 在狠抓学校安全管理的同时，继续抓好“两基”巩固提高及“普实”工作；加强教师队伍建设，强化师德教育和组织开展基础教育课程改革及师资培训，提高教师教学业务水平；抓好教育“9+3”中职招生工作。输送390名学生到区内外职校就读；全面打造高效课堂，提高教育教学质量，完善中小学规范化管理，提升素质教育实施水平；认真做好义务教育均衡发展的各种硬件建设和档案整理完善工作，推动教学工作的稳步发展。完成中寨乡二中（30套）1050平方米教师周转房建设并投入使用；已开工建设83套教育卫生公租房建设工程。其中：捞河小学12套公租房建设主体工程完工，长寨小学12套、鲁戛小学16套公租房建设工程完成基础施工，乡政府驻地43套公租房建设工程即将完工；乡一中35套、乡中心小学40套教师周转房项目建设主体工程完工；争取“润雨计划”改造项目（阿哈小学、长寨小学食堂改造）2个，项目已完工并投入使用。

对已修建的木则村农民文化家园小广场进行工程后期完善并投入使用；组织实施四方井、大补王、小补王3村文化体育健身小广场项目建设；积极配合特区宣传部、特区团委等单位组织开展“多彩贵州”“六枝新秀”选拔活动；利用各村远程教育基地开展“明礼知耻，崇德向善”道德讲堂10余次，邀请专家进行践行社会主义核心价值观、预防职务犯罪等宣讲活动，营造全乡良好文化氛围。

【平安创建】 紧紧围绕影响平安中寨建设、影响人民群众安全感满意度的突出治安问题，深入开展“两抢一盗”、社会治安“三个严打”、深入推进平安凉都“333”专项行动集中整治。2014年，共侦破刑事案件12起，收戒吸食人员6名，办结治安案件200余件，集中对境内网吧、旅馆等场所进行排查清理10余次，乡境内无毒、赌、黄违法犯罪发生。另外，畅通渠道，抓好信访维稳工作。将辖区内重点信访人群建立包保台账，实行领导包保。全年共接待群众来信来访20余批300余人次，办理信访事项10件，网络舆情8件，处理各类民生服务诉求6件，回复率达90%。

【安全生产】 按照“党政同责、一岗双责、齐抓工管”的安全生产管理办法，加强企业安全监管。结合特区安委办“除大隐患防大事故”及“六打六治”工作要求，对境内涉及安全的各领域、各行业进行了安全隐患排查、打击，督促各企业建立了安全隐患排查档案。重点对煤矿、砂石厂、道路交通、水上交通、学校安全、森林防火、食品药品、烟花爆竹、危险化学品安全方面作了排查打击，共组织执法组检查20次，检查企事业单位和场所130家(次)，参加执法人员共160人(次)，查出隐患360条，已整改完毕360条。收缴非法营运摩托车352辆，面的车6辆，行政拘留3人。

【廉政建设】 深入开展党的群众路线教育实践活动，认真落实党风廉政建设“一岗双责”，严格执行中央“八项规定”，省委、市委“十项规定”和特区党委有关规定，加强公务用车整治，排查清理“吃空响”人员，摸排清理办公用房超标现象，2014年，“三公”经费压缩40余万元，会议压缩32%，文件压缩27%，减少接待1200余人次，共查处违反中央“八项”规定、省委“十项”规定的案件5起11人。集中整治了上班随意、会中打吨、推诿扯皮、逃避责任等不良现象，干部脱离群众现象明显扭转，政府公信力进一步提升，执行力进一步增强，群众对政府满意率进一步提高。

【强农惠农】 2014年，共兑现各种惠农补助资金345.49万元，兑现退耕还林和生态林补助资金96.38万元。完成总投资92.34万元的一事一议建设项目3个；拨付村级经费33万元。

【扶贫开发】 完成扶贫两项制度衔接、雨露计划等贫困学生就学困难补助调查及宣传工作；完成全乡21个村的基期调查及统计上报工作；完成扶贫项目的地理信息采集和全乡5360户1.43万人贫困人口建档立卡和贫困户信息采集录入工作，全年净减少贫困人口任务数2580人，完成净减少贫困人口2580人。

【财政一事一议奖补项目】 组织安装双夕村大寨组94盏太阳能路灯，项目资金36.19万元；实施双夕村大湾子至大寨830米的通组道路硬化，涉及项目资金23.44万元；实施了补许村窑子洞至穆家寨1.3公里的通组公路项目工程，项目资金32.17万元。两条公路建设已完工。

【社会保障】 全乡农村低保中共有长期保障户880户1214人，重点保障户1753户2782人，一般低保户1457户3901人，月发放低保金67.7万元；共有城镇低保户69户95人，月发放低保金3.11万元。双拥及重点优抚对象定补人员178人，享受高龄补贴69人（其中百岁老人1人）；完成2014年续缴新型农村社会养老保险金115万元，已完成目标任务的100%，发放基础养老金144万余元，城镇居民养老保险66人2.178万元；完成新型农村医疗保险参合3.66万人，共向上缴纳合医款256.17万元（民政计生代缴28.17万元），完成任务数的100%。获得农村合作医疗门诊补助共2.03万人次621.29万元，其中获得农村医疗门诊报销补助1.83万人次88.41万元，获得农村合作医疗住院补助有1978人次，532.88万元。

梭戛苗族彝族回族乡

【概况】 梭戛苗族彝族回族乡位于六枝特区西北部，距特区人民政府驻地32公里。东部与新华乡接壤，南部与岩脚为界，西连新场乡，北抵织金县的鸡场乡、阿弓镇。东西长15.2公里，南北宽9.8公里，总面积56平方公里，辖7个行政村，62个村民组，5239户，总人口23334人，少数民族7430人，占总人口的26.7%。居住有苗族、彝族、回族、布依族、白族、仡佬族、蒙古族等11个少数民族。是六枝特区的纯农业乡。森林覆盖率21%。

2014年完成财政总收入571.07万元，占全年目标任务的178.72%，较上年增长8.36%；公共预算收入完成510.87万元，占全年任务的223.18%，较上年增长24%；全社会固定资产投资完成7.6亿元，完成全年全社会固定资产投资目标任务的190%；工业总产值完成5472万元，占全年目标任务的105.98%；社会消费品零售额完成1507.8万元，完成全年目标任务的100%；同比增长19%；粮食总产量完成6380吨，同比增长5.3%；

农民人均可支配收入 6415 元，同比增长 25.9%；完成招商引资工作已签约资金 7.9 亿元，占任务的 103.94%；实际到位资金 2.41 亿元，占任务的 104.78%。

【计划生育工作】 2014 年，人口出生 119 人，常住人口出生 89 人；流动人口出生 30 人；人口出生率 5.07‰、自然增长率为 0.97‰。出生人口性别比 105.1；“两非”案件任务 1 件、完成 1 件。社会抚养费完成 62 万元。

【民政工作】 2014 年共发放救灾救济款 15 万元，覆盖全乡 7 个村 62 个村民组，解决 748 户、2250 人的生活困难问题；发放低保金 389，1065 元，涉及 2083 户、3522 人；完成养老保险保金收缴 39.935 万元；新型农村合作医疗参合率达 98.55%。农村社区建设实现全覆盖，并通过省级验收。村务公开率 100%。

【教育“9+3”工作】 全乡 7 — 12 周岁常住儿童 1802 人，已入学 1787 人，入学率 99.4%；13—15 周岁常住适龄少年 866 人，已入学 819 人，常住人口入学率 94.6%。小学上学年在校学生 2026 人，辍学 2 人，辍学率为 0.1%，初中上学年在校学生数 1088 人，辍学率为 2.2%。九年义务教育巩固率为 86.8%。

【项目建设】 投资 100 万元建成高兴游客接待中心；投资 400 万元对高兴博物馆道路建设和环境整治；投资 140 万元修建高兴村旅游厕所及附属设施建设；投资 360 万元建成博物馆展厅建设和停车场建设；投资 2500 万元的第一期小城镇建设主体工程已经完工，正在实施完善相关附属工程；投资近 9000 万元的第二期小城镇建设正在开展前期准备工作。投资 315 万元建设 2100 平方米的小学教师周转房的建设；投资 150 万建设 875 平方米的卫生周转房；投资 269 万元修建建筑面积为 1700 平方米的小学学生宿舍；投资 20 万元修建建筑面积为 150 平方米的团结小学食堂建设；投资 400 万元群众服务中心建设完成投资 200 余万元；投资 210 万元对陇戛老寨进行改造；投资 100 万元建设中寨村污水处理系统和湿地公园；配合做好黔中水利枢纽建设等工作。

【“3155”工程有效推进】 完成 1000 亩西红柿种植；完成 1000 头养牛项目，完成核桃种植 2800 亩；引资种植 1 万亩；正在实施刺梨种植 10000 亩，招商引资标准化种植 2 万亩。

【“六项”行动计划】 1. 小康寨建设。投资 1600 万元对高兴村村庄整治，建成旅游步道，文化广场、和通组公路等；投入 210 万元对打造高兴村陇戛组小康示范寨建设，主要是村寨道路硬化、庭院硬化、环境美化绿化、休闲亭建设、公厕、路灯安装、污水处理、垃圾池修建、垃圾箱安装、寨门修建等。投资 150 万元对高兴村陇戛寨的古屯营盘和旅游步道建设；2. 小康水建设。投资 35.82 万元对乐群村人畜饮水工程进行维修和改造，涉及 200 户 942 人。3. 小康路建设。2014 年来投资 370 万元实施全长 8.4 公里涉及 5 个自然村寨 2167 人的小康路建设；4. 小康房建设。投资 24 万元对高兴村陇戛寨的 30 户农户进行改厨、改厕和改圈。投资 54 万元对高兴村新一组进行“四在农家”改造。投资 6080 万元完成了 1380 户“四在农家”建设。5. 小康电建设。我乡电网改造基本完成。民用电保障率达 100%。6. 小康讯建设。7 个行政村办公地实现宽带网络全覆盖，建成高兴村农民上网室，

【综合治理】 2014年全乡排查解决矛盾纠纷2起，信访案件20起，化解20起，全乡无刑事案件发生，社会稳定，群众安居乐业。在禁毒方面按照新一轮 3 年禁毒人民战争的部署，切实加大对种植、制贩毒品犯罪的打击整治力度，认真组织开展吸毒人员排查登记，确保登记在册的吸毒人员个人信息、现状信息和戒毒信息准确率达到 100%。深入推进“阳光企业”“阳光学校”建设。

【旅游规划】 按照《中共六盘水市委办公室六盘水市人民政府办公室关于印发〈建立梭戛自然与文化生态旅游示范区工作方案〉的通知》《中共六枝特区委办公室六枝特区人民政府办公室关

于建立梭戛自然与文化生态旅游示范区工作方案的通知》要求，按照打造“世界知名、国内一流”的民族文化休闲度假旅游胜地为目标，委托深圳市物业国际建筑有限公司编制《中国贵州梭戛自然与生态文化旅游示范区开发策划及开发总体规划》，开发策划和总体规划利用世界的、中国唯一的长角苗及文化元素提出构建一景、一廊、一洞、一镇“四个一”的空间发展布局，将梭戛自然与文化生态旅游示范区规划为“一核、两带、多点、五片区”。“一核”，即以长角苗生态博物馆为核心；“两带”，即民俗风情文化旅游带与美丽乡村生态体验带，包括梭戛七个长角苗寨子；“多点”主要是凤凰溶洞、艺术山林、黔中坝前旅游观光、老卜底沿河特色长角苗文化长廊等重要旅游节点；“五片区”，即生态博览区、民族体验区、民族商业区、户外探险区以及自然保育区。规划已通过省、市专家评审。

【旅游基础设施建设】 按原生态的改造思路编制了高兴寨、补空寨、小坝田寨、陇戛寨、上安柱寨、下安柱寨、雨迭寨七个民族村寨的村庄整治和旅游发展规划，投入资金2831.83万元对陇戛寨进行村庄整治。在生态保育区实施2万亩刺梨园带动观光旅游业的发展，修建了人行步道及观光亭。投资150万元对高兴村陇戛寨的古屯营盘和旅游步道建设；投资24万元对陇戛寨的30户农户进行改厨、改厕和改圈。投资54万元对陇戛寨新一组进行“四在农家”改造。

陇脚布依族乡

【概况】 陇脚布依族乡位于六枝特区西南部，距特区政府所在地25公里。东与折溪乡隆茂村相连，南与郎岱镇青菜塘村交界，西与中寨乡四方井村接壤，北与新窑乡二塘村毗邻。地理环境呈东高西低走势，花德河横贯全乡5村20余个村民组，自东向西经中寨乡进入晴隆境内汇入北盘江，形成“东水西流”的独特地貌。

全乡总面积54.6平方公里。可耕地面积9289亩，其中水田8043亩，旱地1246亩。现辖1个居委会，8个行政村，72个村民组，全乡4346户、14850人。民族以布依族为主，少数民族总人口8669人，布依族占总人口的29.4%，布依族人口达4372人。

2014年，完成国民生产总值22769.36万元，与2013年14697万元同比增长54.9%，完成农业生产总值7585.28万元，与2013年6907万元同比增长9.82%；完成工业总产值4421万元，与2013年4286万元同比增长3.1%；固定资产投入全年任务数8亿元，已完成6.8亿元，占任务数的85%；完成财政总收入702万元，为任务数的174%；粮食总产量任务数7146吨，完成数7149吨，人均占有粮481公斤，农民人均纯收入达7284.58元。

陇脚乡属六枝特区唯一的一个纯布依族乡，布依风情浓郁，具有布依族特色的蜡染、刺绣等颇受各界人士青睐。凉都·月亮河夜郎布依文化生态园座坐于境内的补雨村和月亮河村的交界“龙山”处。

【党建工作】 2014年，辖14个党支部，共有党员269名。其中预备党员8名，占党员总数的2.97%。女党员40名，占党员总数的14.87%。吸收入党积极分子64名。少数民族党员154名，占党员总数的57.25%。35岁及以下的党员86名，占党员总数的31.97%。大专以上学历的党员62名，占党员总数的23.05%。外出流动党员47名。严格按照党员发展“十六字”方针发展党员，2014年共发展预备党员8名，培养入党积极分子64名。按照示范点建设的要求，将月亮河村和补雨村作为2014年党建示范点打造。深入开展“三培三带”活动，把农村党员培养成致富能手，把致富能手培养成党员，把党员培养成村干部，切实提高农村党员带头致富、带领群众共同致富、带动社会全面进步的能力，对于党员致富能手，乡党委采取送项目、送信息、送技术上门，想方设法改变其贫困落后面貌，让党员和村干部率先带头致富，从而带领群众共同致富。

在党的群众路线教育活动中，将学习贯穿始终，在整个活动中乡党委及14个党支部，269名党员干部参加了活动，党委中心组集中学习26次，全乡干部大会上专题学习6次，集中观看了《生死牛玉儒》《焦裕禄》《文朝荣》等教育片。各党支部共组织专题学习87场次，党委班子及支部书记上党课24场次，组织村组院坝讨论会13场次。深入村寨听取群众意见建议1000余人次，收集到意见建议300余条，乡党委班子征求到“四风”方面问题13个，班子成员273个。通过专题民主生活会和专题组织生活会的召开，全乡共提出批评意见286条，其中领导班子13条。在党员民主评议中，全乡253名党员参加评议：综合测评为“好”的党员数179人；综合测评为“一般”的党员数74人；没有综合测评为“差”的党员。落实好制度的废、改、立。修订了1项工作制度《党政领导班子干部职工每周值班制度》；沿用了10项规章制度；新建了2项制度；《月排名季奖惩制度》《应对突发事件奖惩制度》；全乡共13项制度，内容涵盖人、财、物、事的科学规范和健康运行，逐步建立健全了便于遵循、便于操作、便于落实的制度体系，落实好周末“错时服务”制度；对8个行政村5年发展进行规划。

【招商引资】 2014年，招商引资到位资金2.23亿元，主要项目有1月份开工的六枝特区陇脚乡多彩黔情生态农场建设项目（3000亩优质白茶种植），总投资3000万，到位资金60万，完成投资400万元，完成种植800亩；4月份开工的月亮河旅游景区建设项目（包括景区大门、停车场、游客服务中心、龙山景点建设等），总投资估算40亿元，按年度分步实施，到位资金1.8亿元，完成投资1.5亿元。6月份开工的陇脚乡优质油茶种植项目（15000亩优质油茶种植），总投资3200万元，到位资金2000万元，完成投资1500万元，完成种植1200亩；6月份开工的陇脚乡优质茶叶种植项目（3000亩优质茶叶种植），总投资3800万元，到位资金1000万元，完成投资800万元，完成种植3000亩。

【人口计生工作】 2014年，共有4346户、14850人，其中常住人口8018人，流动人口6832人，育龄妇女4752人。新出生96人，政策外生育5人，常住出生符合政策生育率为98.46%，流动人口符合政策生育率为87.1%；完成手术217例，其中结扎106例（含15例二女结扎），上环102例，补救9例；全年妇检总数为1102人，其中常住人口应检612人，已检612人，妇检率100%，流动人口应检490人，已检479人，妇检率97.8%；征收社会抚养费36.2万元，与任务数27万比，超额完成9.2万元；签定“双诚信、双承诺”协议4178份，签约率达96.13%，慰问诚信户209户，发放慰问金1.674万元。2014年第一、第二、第三季度，在全市104个乡镇（街道、社区）动态综合排名中分别排第十、第八、第九名，全区第二季度排名第二，第三季度排名第一。

【教育事业】 2014年，共有学校5所，其中中学1所，幼儿园1所，中心小学1所，村级完小1所，村级教学点1所，共有学生1164人。不断加大教育投入，逐步改善办学条件，总投资330万元的中心幼儿园教学楼、170万元的小学教师周转房（40套）、168万元的中学教师周转房（40套）均已投入使用。着力抓好9+3工作，与各村和乡属各部门分别签订“教育目标管理”“控辍保学”“9+3”工作责任状，将“控辍保学”任务分解到人，实行教师、站、所负责人联系责任制度，发现学生辍学及时进行家访，劝导学生复学。通过努力，全乡小学入学率为99.21%，辍学率为零；中学入学率为96.6%，辍学率为2.6%。九年义务教育巩固率达34.6%。

【社会事务】 截至10月底，共发放23户36人城市低保金10.4万元，发放60年代精减退职老职工定期定量补助及生活困难2人4800元，发放农村低保金275.4万元，发放90岁以上老人生活补助9人9900元，发放优抚对象抚恤金定补及生活补助95人47.1万元，发放2013年退役士兵自主就业经费4人3.96万元，发放2014年度优待金12人4.95万元，解决3户重点优抚对象建房补助资金4.5万元，发放救灾款9.5万元，救灾粮3.7万公斤、救灾物资60余件，发放农村五保、大病医疗救助金2580人20.635万余元（含民政代缴参合金），发放孤儿基本生活补助2人7200元，共解决困难群众5650余人次的生活困难。在发放救济粮、救济款、救济物资的过程中，严格按照规定发放，杜绝优亲厚友现象的发生，使粮、款、物的发放落到实处。进一步完善乡合医办和卫生院新农合系统建设，积极抓好广大患者各种医疗费的上报减免工作。全乡新型农村参合人数为11389人，参合率达101%；新型农村社会养老保险参保人数5013人，城乡居民社会养老保险参保人数10人，参保金37.04万元，新型农村社会养老保险和城镇居民养老保险基本实现全覆盖。

折溪彝族乡

【概况】 折溪彝族乡位于六枝特区东南部，距特区人民政府驻地21公里。东与关岭县接壤，南与郎岱镇相邻，西与陇脚乡相交，北抵落别乡邻。东西长16公里，南北宽3.45公里，总面积55平方公里，辖9个行政村，79个村民组，总人口19214人。居住有苗族、彝族、布依族、侗族、仡佬族等10个少数民族。森林覆盖率31.91%。

截至2014年10月底完成财政收入160.02万元，累计完成公共财政预算收入115.22万元，预计到年底完成247万元，占任务245.42万元的100.64%，同比增长313.17%；完成全社会固定资产投资59117万元，同比增长271.14%；完成工业总产值5801万元，同比增长39.52%；预计今年农民人均可支配收入达6678元，同比增长18.1%；完成招商协议引资额14.3亿元，占任务6.37亿元的224.45%，完成招商引资实际到位资金2.3亿元，占任务2.23亿元的103.14%。

【基础建设】 2014年完成刘家屋基至大溪寨产业路以工代赈水泥硬化建设9.2公里；完成投资20万元的1.1公里郭家院至丫口田水毁公路建设；完成投资149.3万元一事一议财政奖补资金通组道路建设5.8公里；投资120万元的洛阳村人饮工程已完工；投资127万元的隆茂村人畜饮水和投资71万元的滥坝村人畜饮水工程正在建设；投资2亿元库容量为235万立方米松树林水库建设项目已完成实物指标调查，目前正进行张榜公示；投资200万元的把仕寨小康寨建设基本完成。投资10个亿的风电项目的测风塔建设，测风运行正常；折溪乡35千伏变电站续建工程基本建成。乡幼儿园项目已完工并投入使用。投资80万元的卫生公租房已完成4层主体施工。建设规模1.8万亩的折溪高标准基本农田建设项目已于6月18日立项，正在进行施工设计。

【农业产业结构调整】 加强农业产业结构调整，充分利用地理、气候、土壤等自然优势，通过政策引导、项目资金扶持、技术指导，强化种养殖业在全乡的主导地位。种植茶叶4122亩、核桃5000亩、魔芋1240亩；完成油茶种植项目土地预流转10000亩，该项目已与投资商达成投资意向协议；完成粮食作物播种面积2.46万亩；完成粮食增产工程（水稻工程）0.9万亩，核心示范样板100亩；完成蔬菜种植面积9400亩（其中核心示范种植1000亩）；完成人工种草1000亩，改良草地1000亩；完成粮食总产量8332吨，同比增长1.85%；预计完成农业总产值4607万元。完成财扶资金绿壳蛋鸡养殖15000羽，完成财扶资金种草养羊项目28户、养殖黑山羊588只。完成净减贫人口755人，贫困人口逐步减少，农民生活水平不断提高。粮食人均占有量由415公斤上升到427公斤。全乡以核桃、茶叶、生姜、黑山羊养殖、生猪养殖的农业产业结构已基本成型。农业结构逐步优化，主导产业雏形的逐渐形成，将为全乡“一村一品，一乡一业”的产业布局奠定坚实基础，为群众增收致富和招商引资创造有利环境。

【计划生育】 认真完善计生工作新机制，落实计生工作责任制，严格兑现奖惩和奖励扶助政策，大力宣传计生政策。扎实开展计划生育“双诚信、双承诺”工作，以“双诚信、双承诺”工作为抓手，以“三个按月”工作为重点，全面推进人口和计生工作。截至9月30日，全乡共出生人口107人，其中常住人口出生87人，流出人口出生20人。常住人口符合政策生育率达97.8%，流出人口符合政策生育率为91.9%。

【教育事业】 合理调整学校布局，整合教育资源，加大教育投入力度，改善教育设施和办学条件，形成适应新形式、满足新需求的农村教育格局。各村均建有村校合一的远程教育接收点。2014年适龄儿童入学率达98.9%，适龄少年入学率105.76%，学年内小学辍学1.43%，中学辍学2.23%，15周岁完成率100%，17周岁完成率82.3%。全乡七个中小学校午餐工作正常运行。完成中等职业教育任务193人，占任务数193人的100%。

【科技文化事业】 一是加快农村人才开发，培育新型农民，不断加强科技知识培训，提升全民科技文化素质，推动科技知识在农村全面推广应用，加强新品种示范推广力度，强化科技培训服务。对全乡种养殖能手、科技示范户等进行了农业适用技术培训，共培训1800余人次，使其懂得1~2门农业科技实用技术，成为有文化、讲道德、懂技术、会经营的新型农民。二是新建的乡、村农民文化中心场所和农家书屋投入使用，各村通广播电视率达100%；安装“村村响”73套及“户户通1725套。民族传统傩戏、花灯得到传承和发展;节日开展的文体活动丰富多彩，有力地推动全乡民族文化体育事业向纵深和更高层次发展。

【卫生事业】 大力发展农村卫生事业，进一步整合卫生资源，改善农村医疗卫生条件，完善农村医疗保险机制和疾病预防体系建设，切实解决村民看病就医难问题，提高全民健康水平。认真实施新型农村合作医疗，农村合作医疗参合人数18784人，参合率98.75%。通过减免报销，切实解决了广大农民看病就医困难，因病致贫、因病返贫的现象得到遏制。

【社会保障】 以养老保险、医疗保险为主的社会保障体系正在稳步推进。农村社会养老保险参保人数5831人，参保率98.7%。2014年1—9月发放城镇低保20.21万元、农村低保250.5万元、抚恤定补款28.12万元、高龄补助1.14万元、农村医疗救助12.54万元、自然灾害生活补助6万元;通过帮扶、救助、慰问等方式投入资金150余万元，解决了农户生产生活困难，保障了农民的正常生活水平。

洒志彝族布依族苗族乡

【概况】 洒志彝族布依族苗族乡位于六枝特区南部，距特区人民政府驻地32公里。东、南邻关岭县，西连毛口乡，北抵郎岱镇。东西长23.2公里，南北宽8.6公里，总面积108平方公里，辖9个行政村，91个村民组，总人口22869人，居住有苗族、彝族、布依族、白族、仡佬族、黎族等10个少数民族。森林覆盖率39.9%。

2014年11月12日止，完成财政税收229.14万元，占特区下达目标任务274.11万元的83.6%；完成财政入库3.17万元，占任务2万元的158.5%。完成公共财政预算收入175.69万元，占任务数201.66万元的83.4%。完成招商引资金额6.5亿元，占特区下达目标任务6.37亿元的102%，实际到位资金1.4亿元，占特区下达目标任务2.23亿元的62.8%；完成固定资产投金额4.52亿元，占特区下达目标任务5.0亿元的90.4%；完成社会消费品零售总额723万元；完成工业总产值6413.03万元；完成工业增加值4040万元；农民人均纯收入达5008元。

【农业、畜牧业产业稳步发展】 2014年重点做好粮食综合直补、农机补贴、良种补贴、农资补贴的发放工作，及时把惠农支农政策落到实处，保护和调动农民的生产积极性。宣传动员农民积极做好春耕、备耕工作，动手早、进度快，完成夏收粮食播面1750公顷，2014年，完成粮食总产量8026吨，比上年增长1%；经济作物产量434.7万公斤；大牲畜存栏6513头，牛存栏6187头，牛出栏1423头，生猪存栏7985头，生猪出栏7556头，羊存栏2965只，羊出栏1780只，肉类总产量761吨，家禽存栏1.88万羽，家禽出栏1.82万羽。禽蛋产量17.3吨；牧业总产值1859万元，畜牧业增加值1012万元。

【产业结构调整】 按照市委、市政府提出的"3155"工程目标和特区委、政府提出的"5231"和"3215"工程目标的要求，结合全乡实际，制订全乡"2412"种植业工程和"1211"养殖业工程。大力鼓励发展特色农业产业，按照"土地流转集约化，农业发展产业化，农民增收市场化"的发展思路，2014年1—11月，全乡累计完成跳花坡、洒志、平桥、中寨4个村茶叶种植6500亩。积极与农业局协调，完成了平桥村200亩粮食增产的试点种植工作，免费发放魔芋种子30吨，种植魔芋750亩，占特区下达2000亩的37.5%，并与六枝特区宜枝魔芋有限责任公司达成收购协议，提高农民种植魔芋的积极性。

【基础设施建设】 （1）完成通村水泥路建设工程金家坪至坡荒、罗家丫口至上寨公路、簸箕田至包包寨公路等33.5公里的通村水泥路改造正在施工中，其中，金家坪至坡荒公路已铺装沙石6公里，罗家丫口至田坝上寨公路已铺装砂石10公里，全部竣工。

（2）完成乡卫生院19套周转房建设工程。

（3）全乡7个校（点）的饮水安全工程实施完毕，总投资49.12万元，解决了1532名师生的饮水困难问题；申报渔塘、中寨、簸箕田3个村农村饮水安全工程已得到上级部门的审批，工程正在施工中，总投资228.08万元，受益农户4305人。

（4）跳花坡小流域综合治理项目建设完成水保林种植367.57公顷，种植刺槐45万株、柳杉45万株，完成经济林40公顷，种植茶苗180万株，完成封禁治理面积741.12亩，建立管护牌2个，完成坡改梯治理面积28.6公顷，20米·水池完工7个，建设沉砂池10个，排洪沟渠0.3千米、生产便道1.2千米，完成投资438万元，占总投资的70.36%。

（5）退耕还林还草、天然林保护工程，完成全乡13114亩25°坡耕地摸底调查。

（6）完成农村危房改造85户，占特区下达目标任务96户的88.5%，补助资金共计99.55万元，预计11月底以前全面完成任务。乡人力资源和社会保障服务中心办公楼改造工程，面积200平方米，总投资20万元，工程已完工。

（7）续建项目：洒志煤矿45万吨技改项目，两个洞口已建好，洒志变电工程已全部竣工，发电站一期及线路工程已完工，总投资6400万元，新桥发电站二期工程已启动，预计投资8000万元。

（8）完成乡卫生计生服务大楼主体工程建设。

（9）完成了乡邮政大楼建设，现已投入使用。

（10）完成中心幼儿园的建设，现已经投入使用，在园幼儿182人。

【计划生育】 2014年全乡共有育龄妇女5008人，已婚育龄妇女3490人。2014年度人口出生153人。人口出生率6.99‰，重检妇检完成1204人次，生殖健康检查完成2836人次。（一年4次合计）（一孩98人，二孩51人，多孩4人，政策内146人，政策外7人，男孩81人，女孩74人）其中常住人口出生105人；流出人口出生48人；常住人口符合政策生育率为96.7%，流动人口符合政策生育率93.7%；一孩性别比为100，综合性别比为96.9完成社抚费征收82.45万元，占任务数35万的235.6%。

【新型农村合作医疗】 全乡农业总人口19236人，应参合15566人，实际参合15506人，除外出务工无法联系人员外，参合率达98%以上。住院补偿8866人次，共补偿179.76万元；门诊补偿7125人次，共补偿41.8663万元。

【城镇基本医疗保险】 全乡应缴纳续保和新参

保费共计50万元（不包括村干养老保险），已全部完成。全乡共有1871人（60岁以上人员）享受养老金待遇。

【社会事务】 全乡共有农低保对象1279户2684人，特区文件下达资金2799966元，已使用、核销2799966元；城镇低保对象34户49人，特区文件下达资金141560元，已使用、核销141560元；五保对象57户72人，特区文件下达资金10800元，已发放57户72人10800元；定期优抚救助对象67人，特区文件下达资金343624元，已使用、核销343624元；90岁以上老人18人（其中：百岁老人2人）。2014年共发放临时救助资金13.34万元，发放救济粮27.1万斤。分别投资6万元的洒志、跳花坡、平桥三个村幸福院已改造完毕，已于9月底正式启用；敬老院入住任务14人。

【残疾人工作】 完成残疾人摸底调查及基础信息采集工作，并做好网上录入工作，共采集残疾人基础信息1247人，已办证666人。

【"9+3"工作】 小学生辍学率控制在0.23%以内，初中生辍学率控制在2.78%以内，9年义务教育巩固率达85.2%以上，小学巩固率达95.3%，中学巩固率90.1%。任务数160人，实际完成176人。其中：高中40人；中职教育136人（区内81人，区外46人，参军入伍9人），完成任务数110%。

【招商引资】 2014年招商引资实际到位资金任务数3.2亿元。其中：引进重点项目为"崧野园艺公司"园艺种植项目，投资800万元；引进"多彩黔情"茶叶种植公司，投资800万元；引进贵州"森堡"实业公司到乡发展茶叶及经济林种植项目，投资1800万元；新增洒志煤矿技改工程项目，预计投资1.8亿；引进合作项目新桥电站扩建项目预计投资8000万元；鑫农牧业改扩建项目，投资600万元；春苗种养殖合作社和翱嘉潋种养殖专业合作社等单位发展茶叶种植项目，预计投资1000万元。

【安全生产】 认真组织力量对全乡重大安全隐患进行排查，对查处的安全隐患提出限期整改措施。乡党委、政府与全乡9个行政村签订了安全生产责任书，同时组织人员对地质灾害，滑坡地段、无证小煤窑等进行了检查，消除安全隐患15处。全力开展道路交通安全整治，社会消防"网格化"建设，共查摩托车、农用车载人无证驾驶213人（次）、面包车非法运营97次、整治消防隐患20余处及"平安乡镇"创建工作，辖区内社会治安满意率达到96%，知晓率达到85%以上。2014年发生安全事故数为零。